U0702665

全国各类成人高考应试辅导教材

数学 文理通用

高中起点 升本、专科

天明教育成人高考研究组 编

河南大学出版社
HENAN UNIVERSITY PRESS
·郑州·

图书在版编目(CIP)数据

数学：文理通用／天明教育成人高考研究组编. --郑州：河南大学出版社，2020.6(2024.12 重印)
ISBN 978-7-5649-4323-3

Ⅰ. ①数… Ⅱ. ①天… Ⅲ. ①数学—成人高等教育—入学考试—自学参考资料 Ⅳ. ①G723.46

中国版本图书馆 CIP 数据核字(2020)第 088867 号

数学：文理通用
SHUXUE：WENLI TONGYONG

出 版 人　于 华 龙
责任编辑　朱 建 伟
责任校对　马　　博
封面设计　天明教育

出版发行　河南大学出版社
地址：郑州市郑东新区商务外环中华大厦 2401 号　邮编：450046
电话：0371-86059701(营销部)　0371-22860116(南方出版中心)
网址：hupress.henu.edu.cn

印　　刷　河南省邮发印刷有限责任公司
版　　次　2020 年 6 月第 1 版　　印　　次　2024 年 12 月第 7 次印刷
开　　本　787 mm×1092 mm　1/16　　印　　张　15.5
字　　数　377 千字　　定　　价　40.00 元

版权所有　侵权必究
(本书如有印装质量问题，请与河南大学出版社营销部联系调换。)

前 言 Foreword

成人高等学校招生全国统一考试是为我国成人高等学校选拔合格的毕业生以进入更高层次学历教育的入学考试，可具体划分为高起专、高起本、专升本三个层次。近年来，随着我国成人教育事业的迅速发展，以及社会对人才要求的逐渐提高，越来越多的人加入了成人高考的行列。为满足广大考生复习备考的需求，我们遵循教育部颁布的考试大纲，精心编写了本套辅导教材。

本书根据《全国各类成人高等学校招生复习考试大纲（高中起点升本、专科）》及近几年考试的命题规律进行编写，具有如下特点：

1. 紧扣大纲，突出考点

本书按照考试大纲编写，覆盖了大纲规定的重点考试内容，知识内容翔实，叙述准确，文字精练，注重基础知识和能力训练，知识讲解紧贴考试实际，实用性、针对性强。

2. 条理性强，知识清晰

本书体系结构科学、合理，知识的条理性强，可帮助考生达到事半功倍的学习效果，同时也更符合成年人的学习特点；各章节知识点严格把关，力求做到不多、不重、不漏，满足不同水平的各类成人考生复习备考的需求。

3. 集讲解、练习于一体，夯实基础

每章节针对重点知识设置了大量经典例题和练习题，这些题在难易程度上贴近真实考试试题，遵循考试试题的形式、结构特点与命题方向，实用性强，考生可以通过做练习题对各章的学习内容进行自我检测，从而查漏补缺，强化和巩固重点知识。

4. 紧贴时代，内容新颖

本书在编写过程中，删减了陈旧和不符合考试大纲的内容，对相关知识及时更新，注重吸收新知识、新成果，增强本书的时代感。

本书是文理通用版，其中加★号部分为理工农医类考生需要掌握内容，文史财经类考生不用掌握，不加★号部分为文理考生都要掌握内容。由于时间仓促和编者水平有限，书中难免有不足之处，我们殷切地期望考生、专家和从事成人高考复习辅导的教师能就本书的内容提出意见和建议，以使本书更臻完善，更好地服务于读者。

最后祝考生朋友们备考顺利，取得优异的成绩！

本书编写组

目 录

Contents

第一部分 代数

第二部分　三角

第三部分　平面解析几何

★第四部分　立体几何

第五部分　概率与统计初步

第一部分　代数

代数是研究数、数量、关系、结构与代数方程（组）的通用解法及其性质的数学分支.

第一章　集合和简易逻辑

考纲导读

1. 了解集合的意义及其表示方法. 了解空集、全集、子集、交集、并集、补集的概念及其表示方法. 了解符号$\subseteq$, $\subsetneqq$, $=$, $\in$, $\notin$的含义,并能运用这些符号表示集合与集合、元素与集合的关系.

2. 理解充分条件、必要条件、充分必要条件的概念.

考点精讲

第一节　集合

一、集合的有关概念

1. 集合

把某些指定的对象看成一个整体,就形成了一个集合,简称集. 集合一般用大写字母 A, B, C 等表示.

2. 元素

集合中的每一个对象叫作这个集合的元素,简称元. 元素一般用小写字母 a, b, c 等表示.

3. 元素与集合的关系

对于一个给定的集合,它和它的元素之间是整体和个别的关系,即集合包含它的每一个元素,集合的每一个元素也都被包含在集合中.

如果 a 是集合 A 中的元素,则元素 a 属于集合 A,记作 $a\in A$.

如果 a 不是集合 A 中的元素,则元素 a 不属于集合 A,记作 $a\notin A$.

4. 集合中元素的性质

(1)确定性:对于一个给定的集合,集合中的元素必须是确定的.

(2)互异性:集合中的任意元素都互不相同.

(3)无序性:在一个集合中不考虑元素的排列顺序.

5. 集合的分类

(1)有限集:含有有限个元素的集合叫作有限集.

(2)无限集:含有无限个元素的集合叫作无限集.

(3)空集:不含任何元素的集合叫作空集,记作$\varnothing$.

注意：数 0，集合$\{0\}$与空集$\varnothing$的区别.

6. 数集

元素为数的集合叫作数集.

常用的数集：

(1)自然数集：全体非负整数组成的集合称为非负整数集(或自然数集)，记作 $\mathbf{N}$.

(2)整数集：全体整数组成的集合称为整数集，记作 $\mathbf{Z}$.

(3)正整数集：除 0 以外的所有自然数组成的集合称为正整数集，记作 $\mathbf{N}_+$ 或 $\mathbf{N}^*$.

(4)实数集：全体实数组成的集合称为实数集，记作 $\mathbf{R}$.

(5)有理数集：全体有理数组成的集合称为有理数集，记作 $\mathbf{Q}$.

二、集合的表示方法

1. 列举法

把集合中的元素一一列举出来，并将它们写在大括号内，这种表示集合的方法叫作列举法.

例："小于 4 的正整数集"这个集合可表示为$\{1,2,3\}$.

2. 描述法

把集合中的元素的共同属性写在大括号内，即$\{x|x$ 具有的属性$\}$，这种表示集合的方法叫作描述法.

例：不等式 $x<5$ 可表示为$\{x|x<5\}$.

3. 图示法

用封闭曲线的内部来表示集合的方法叫作图示法.

例：不等式 $1<x<5$ 可表示为如图 1－1 形式.

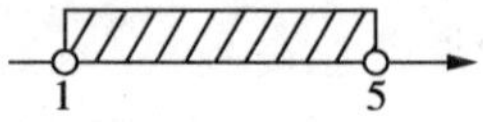

图 1－1

三、集合间的关系

1. 子集

对于两个集合 A 和 B，如果集合 A 的任何一个元素都是集合 B 的元素，那么集合 A 叫作集合 B 的子集，记作 $A\subseteq B$ 或 $B\supseteq A$，读作"A 包含于 B"，或"B 包含 A".

说明：在国家标准中，符号"$\subseteq$"也可用"$\subset$"，"$\supseteq$"也可用"$\supset$".

子集的性质：

(1)空集是任何一个集合的子集.

(2)任何一个集合都是它本身的子集.

(3)对于集合 A,B,C，若 $A\subseteq B,B\subseteq C$，则 $A\subseteq C$.

2. 真子集

若集合 A 是集合 B 的子集且集合 B 中至少存在一个元素不属于集合 A，那么集合 A 就叫作集合 B 的真子集，记作 $A\subsetneqq B$ 或 $B\supsetneqq A$.

3. 集合相等

对于两个集合 A 和 B，如果 $A\subseteq B$ 且 $B\subseteq A$，那么称集合 A 与集合 B 相等，记作 $A=B$.

4. 交集

由所有既属于集合 A 又属于集合 B 的元素所组成的集合，叫作集合 A 与集合 B 的交集，记作 $A\cap B$（如图 1－2），读作“A 交 B”，即 $A\cap B=\{x|x\in A$ 且 $x\in B\}$.

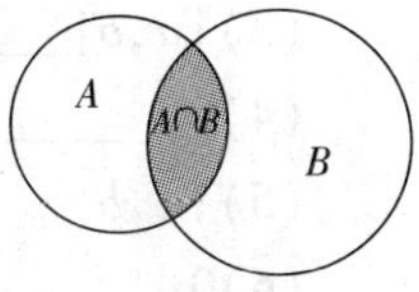

图 1－2

交集的性质：

(1) $A\cap A=A$.

(2) $A\cap\varnothing=\varnothing$.

(3) $A\cap B=B\cap A$.

5. 并集

由所有属于集合 A 或属于集合 B 的元素所组成的集合，叫作集合 A 与集合 B 的并集，记作 $A\cup B$（如图 1－3），读作“A 并 B”，即 $A\cup B=\{x|x\in A$ 或 $x\in B\}$.

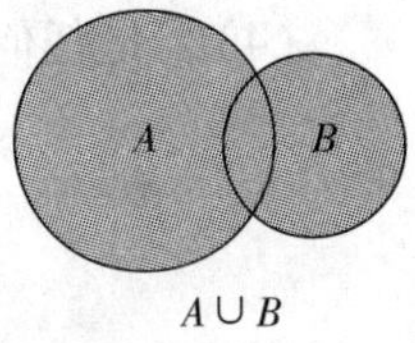

图 1－3

并集的性质：

(1) $A\cup A=A$.

(2) $A\cup\varnothing=A$.

(3) $A\cup B=B\cup A$.

6. 全集

在研究某些集合与集合之间的关系时，如果这些集合都是某一给定集合的子集，那么这个给定的集合叫作全集，用符号 U 表示.

7. 补集

如果已知全集为 U，且集合 $A\subseteq U$，那么由 U 中所有不属于 A 的元素组成的集合，叫作 U 中子集 A 的补集，记作 $\complement_U A$，当 U 明确时，简记为 $\complement A$（读作“A 补”），即 $\complement A=\{x|x\in U$ 且 $x\notin A\}$.

补集的性质：

(1) $A\cup\complement_U A=U$.

(2) $A\cap\complement_U A=\varnothing$.

(3) $\complement_U(\complement_U A)=A$.

如图 1－4，长方形内部表示全集 U，长方形内圆表示 U 的子集 A，阴影部分表示集合 A 在集合 U 中的补集 $\complement A$.

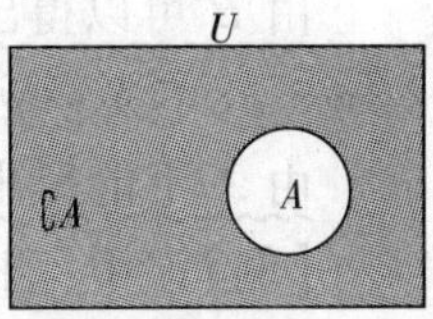

图 1－4

【例 1】设集合 $A=\{1,2,3,4,5\}$，$B=\{2,4,6\}$，$C=\{4,5,6\}$，则集合 $(A\cap C)\cup B=$（　　）.

A. $\{2,4,5,6\}$　　B. $\{4,5,6\}$

C. $\{1,2,3,4,5,6\}$　　D. $\{2,4,6\}$

【答案】A

【解析】$(A\cap C)\cup B=(\{1,2,3,4,5\}\cap\{4,5,6\})\cup\{2,4,6\}$

$=\{4,5\}\cup\{2,4,6\}$

$=\{2,4,5,6\}$.

【例 2】用适当的符号填空（$\in$，$\notin$，$=$，$\subsetneqq$，$\supsetneqq$）：

(1) 0 ________ **R**.

(2)a ________ $\{b,c\}$.

(3)$\{a,b\}$ ________ $\{b,a\}$.

(4)$\varnothing$ ________ $\{a\}$.

(5)$\{a,b\}$ ________ $\{b\}$.

(6)0 ________ $\{0\}$.

【答案】(1) $\in$;(2) $\notin$;(3) $=$;(4) $\subsetneqq$;(5) $\supsetneqq$;(6) $\in$

说明:(1)数字0与小写字母a,b,c等均表示集合的元素,其加上“{}”后表示集合.

(2)元素与集合之间具有的关系是$\in$,$\notin$;集合与集合之间具有的关系是$=$,$\subsetneqq$,$\supsetneqq$.

(3)集合与其元素的排列次序无关,即$\{a,b\}$与$\{b,a\}$表示相同的集合.

(4)$\varnothing$是任何非空集合的真子集.

第二节　简易逻辑

任何一个数学命题都包含条件和结论两部分,如果把条件和结论分别用p和q表示,则命题可表示为“如果p成立,那么q成立”,或“若p,则q”.

1. 充分条件

如果p成立,那么q成立,即$p \Rightarrow q$,此时条件p为结论q成立的充分条件.

2. 必要条件

如果q成立,那么p成立,即$q \Rightarrow p$,此时条件p为结论q成立的必要条件.

3. 充要条件

如果条件p既是结论q成立的充分条件,又是结论q成立的必要条件,即既有$p \Rightarrow q$,又有$q \Rightarrow p$,此时条件p为结论q成立的充分必要条件,简称充要条件.

★4. 充分不必要条件

由A可以得出B,但是由B不一定能得出A,则A是B的充分不必要条件.

★5. 必要不充分条件

由B可以得出A,但是由A不一定能得出B,则A是B的必要不充分条件.

★6. 既不充分也不必要条件

由A不能得出B,由B也不能得出A,则A是B的既不充分也不必要条件.

【例】设甲:四边形$ABCD$是平行四边形,乙:四边形$ABCD$是正方形,则(　　).

A. 甲是乙的充分条件,但不是乙的必要条件

B. 甲是乙的必要条件,但不是乙的充分条件

C. 甲是乙的充分必要条件

D. 甲不是乙的充分条件,也不是乙的必要条件

【答案】B

【解析】因为正方形是平行四边形,即乙$\Rightarrow$甲,所以甲是乙的必要条件.

但是平行四边形不一定是正方形,即甲不能推出乙,所以甲不是乙的充分条件.

所以甲是乙的必要条件,但不是乙的充分条件.

跟踪训练

一、选择题

1. 已知集合 $A=\{1,3,5,7,9\}$，$B=\{0,3,6,9,12\}$，则 $A\cap B=$(　　).

A. $\{3,5\}$　　B. $\{3,6\}$

C. $\{3,7\}$　　D. $\{3,9\}$

2. 设全集 $U=\{0,1,2,3,4,5\}$，$M=\{0,3,4\}$，$N=\{0,1,2,3\}$，则 $M\cap \complement_U N$ 是(　　).

A. $\{1,2\}$　　B. $\{4\}$　　C. $\{0,1,3,5\}$　　D. $\{0,3\}$

3. 设集合 $M=\{x|x\geqslant -4\}$，$N=\{x|x<6\}$，则 $M\cup N=$(　　).

A. $\mathbf{R}$　　B. $\{x|-4\leqslant x<6\}$

C. $\varnothing$　　D. $\{x|-4<x<6\}$

4. 设 $M=\{x|x\leqslant \sqrt{10}\}$，$a=3$，下列各式正确的是(　　).

A. $a\subsetneqq M$　　B. $a\notin M$　　C. $\{a\}\in M$　　D. $\{a\}\subsetneqq M$

5. 设集合 $U=\{1,2,3,4,5\}$，集合 $A=\{1,4\}$，则$\complement_U A$ 的所有真子集的个数是(　　).

A. 3　　B. 6　　C. 7　　D. 8

6. 若 M,P 为非空集合，且 $M\subsetneqq P$，$P\subsetneqq U$，U 为全集，则下列集合中为空集的是(　　).

A. $M\cap P$　　B. $\complement_U M\cap \complement_U P$

C. $\complement_U M\cap P$　　D. $M\cap \complement_U P$

7. 命题甲：$|x|>2$，命题乙：$x>3$，则(　　).

A. 甲是乙的充要条件　　B. 甲是乙的必要但不充分条件

C. 甲是乙的充分但不必要条件　　D. 甲不是乙的必要条件也不是乙的充分条件

二、填空题

1. 若 $A=\{x|x>-1\}$，$B=\{x|x>-3\}$，则 $A\cap B=$________，$A\cup B=$________.

2. 若 $A=\{(x,y)|ax-y^2+b=0\}$，$B=\{(x,y)|x^2-ay-b=0\}$，$A\cap B\supseteq\{(1,2)\}$，则 $a=$________，$b=$________.

3. 已知集合 $A=\{-1,2\}$，$B=\{x|mx+1=0\}$，若 $A\cup B=A$，则实数 m 的取值集合是________.

4. 用适当的符号($\in,\notin,=,\subseteq,\supseteq,\subsetneqq,\supsetneqq$)填空：

(1)0 ________ $\{0\}$.

(2)3 ________ $\{0,1,2\}$.

(3)a ________ $\{a,b,c\}$.

(4)$\{0,1\}$ ________ $\{1,0\}$.

(5)$\varnothing$ ________ $\{0,1,5\}$.

(6)$\mathbf{R}$ ________ $\mathbf{Z}$.

5. $\neg A$ 是命题 A 的否定，如果 B 是$\neg A$ 的必要不充分条件，那么$\neg B$ 是 A 的________条件.

三、解答题

写出集合$\{0,1,5\}$的所有子集和真子集.

参考答案及解析

一、选择题

1. D

2. B 【解析】$\complement_U N=\{4,5\}$，所以 $M\cap\complement_U N=\{4\}$.

3. A 【解析】$M\cup N=\mathbf{R}$.

4. D 【解析】符号“$\subsetneqq$”用于表示集合与集合的关系，a 是元素，A 错；因为 $3<\sqrt{10}$，故 B 错；符号“$\in$”用于表示元素与集合的关系，而 $\{a\}$，M 都是集合，C 错；故选 D.

5. C 【解析】$\complement_U A=\{2,3,5\}$ 的真子集的个数是 $2^n-1=2^3-1=7$.

6. D 【解析】由 $M\cap P=M$，可知 A 错；由 $\complement_U M\cap\complement_U P=\complement_U P$，可知 B 错；由 $M\subsetneqq P$ 知 $\complement_U M\cap P$ 是由集合 P 中除去 M 中所有元素组成的非空集合（如图 1－5），所以 C 错；故选 D.

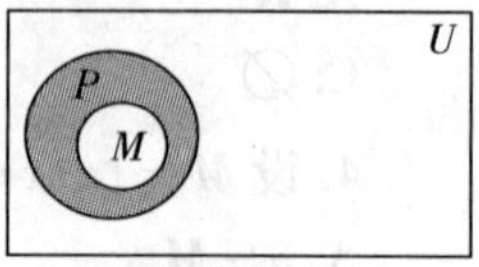

图 1－5

7. B 【解析】$|x|>2\not\Rightarrow x>3$，但 $x>3\Rightarrow|x|>2$，故 $|x|>2$ 是 $x>3$ 的必要条件但不是充分条件.

二、填空题

1. A；B 【解析】$A\cap B=A$；$A\cup B=B$.

2. -3；7 【解析】元素 (x,y) 既可看作点的坐标，也可以视为二元方程的一对有序解，条件 $\{(1,2)\}\subseteq A\cap B$ 说明，元素 $(1,2)\in A$ 且 $(1,2)\in B$，故 $(1,2)$ 是方程组 $\begin{cases}ax-y^2+b=0,\\x^2-ay-b=0\end{cases}$ 的解，将 $\begin{cases}x=1,\\y=2\end{cases}$ 代入可得 $\begin{cases}a-4+b=0,\\1-2a-b=0.\end{cases}$ 解之得 $\begin{cases}a=-3,\\b=7.\end{cases}$

3. $\{0,1,-\frac{1}{2}\}$ 【解析】$A\cup B=A$ 等价于 $B\subseteq A$，因为 $A=\{-1,2\}$，而 B 集合至多有一个元素，所以 B 有三种可能，$B=\varnothing,\{-1\},\{2\}$，对应的 $m=0,1,-\frac{1}{2}$.

4. (1) $\in$ (2) $\notin$ (3) $\in$ (4) $=$ (5) $\subsetneqq$ (6) $\supsetneqq$

5. 充分不必要 【解析】“B 是 $\neg A$ 的必要不充分条件”，即 $B\Leftarrow\neg A$ 但 $B\not\Rightarrow\neg A$. 故 $\neg B\Rightarrow A$ 但 $\neg B\not\Leftarrow A$.

三、解答题

解：$\{0,1,5\}$ 是由 3 个元素组成的集合，其子集有以下几种：

单元素子集：$\{0\},\{1\},\{5\}$；

含两个元素的子集：$\{0,1\},\{0,5\},\{1,5\}$；

集合本身：$\{0,1,5\}$.

因为 $\varnothing$ 是任何集合的子集（也是非空集合的真子集），

所以集合 $\{0,1,5\}$ 的所有子集是：$\varnothing,\{0\},\{1\},\{5\},\{0,1\},\{0,5\},\{1,5\},\{0,1,5\}$.

集合 $\{0,1,5\}$ 的所有真子集是：$\varnothing,\{0\},\{1\},\{5\},\{0,1\},\{0,5\},\{1,5\}$.

第二章 函数

考纲导读

1. 理解函数的概念,会求一些常见函数的定义域.

2. 了解函数的单调性和奇偶性的概念,会判断一些常见函数的单调性和奇偶性.

3. 理解一次函数、反比例函数的概念,掌握它们的图象和性质,会求它们的解析式.

4. 理解二次函数的概念,掌握它的图象和性质以及函数 $y=ax^2+bx+c(a\neq0)$ 与 $y=ax^2(a\neq0)$ 的图象间的关系;会求二次函数的解析式及最大值或最小值,能运用二次函数的知识解决有关问题.

5. 理解分数指数幂的概念,掌握有理指数幂的运算性质.掌握指数函数的概念、图象和性质.

6. 理解对数的概念,掌握对数的运算性质.掌握对数函数的概念、图象和性质.

★7. 了解反函数的意义,会求一些简单函数的反函数.

考点精讲

★一、平面直角坐标系

平面内两条有公共原点且互相垂直的数轴构成一个平面直角坐标系,简称直角坐标系.平面直角坐标系使平面上的点 A 与有序实数对 (x,y) 一一对应,建立了直角坐标系的平面叫作直角坐标平面.

二、函数的概念与性质

1. 函数的定义

在某个变化过程中,有两个变量 x,y,如果对于 x 在某一范围内的每一个值,按照某个对应法则,y 有唯一确定的值与之对应,那么就称 y 是 x 的函数,记作 $y=f(x)$,其中 x 是自变量,y 是因变量,f 表示对应法则.

2. 定义域与值域

自变量 x 的取值范围叫作函数的定义域,与自变量 x 相对应的 y 值叫作函数值,函数值的集合叫作函数的值域.

定义域、值域和对应法则是函数的三要素.

3. 函数的图象

满足函数 $y=f(x)$ 关系的点 (x,y) 组成的集合,称为该函数的图象.

4. 一些函数的定义域

(1) 函数 $y=\frac{1}{x}$ 的定义域为 $x\neq0$.

(2)函数 $y=\sqrt[n]{x}$(n 为正偶数)的定义域为 $x\geqslant 0$.

(3)函数 $y=\log_a x$($a>0$ 且 $a\neq 1$)的定义域为 $x>0$.

说明:①给定函数时,要指明它的定义域. 若未指明,对于用解析式表示的函数的定义域是指使函数解析式有意义的自变量取值的集合.

②两个相同的函数必须满足两个条件:对应法则一致;定义域相同.

5. 函数的表示法

(1)解析式法:用含有数学关系的等式来表示两个变量之间的函数关系的方法称为解析式法,如 $y=2x$.

(2)列表法:用数值表来表示两个变量之间的函数关系的方法称为列表法. 比如用列表法表示 $y=2x$,如下表所示.

x	…	-2	-1	0	1	2	…
y	…	-4	-2	0	2	4	…

(3)图象法:用图象来表示两个变量之间的函数关系的方法称为图象法. 函数图象为满足函数 $y=f(x)$ 的所有点 (x,y) 的集合,即 $\{(x,y)\mid y=f(x)\}$,比如用图象法表示 $y=2x$,如图 2-1.

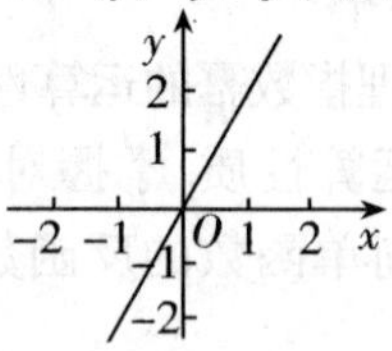

图 2-1

6. 函数的性质

(1)单调性

设 $f(x)$ 是定义在某区间上的函数,x_1,x_2 是这一区间上的任意两个值,且 $x_1<x_2$.

如果 $f(x_1)<f(x_2)$,则称函数 $f(x)$ 在这一区间上是单调递增函数,或称增函数.

如果 $f(x_1)>f(x_2)$,则称函数 $f(x)$ 在这一区间上是单调递减函数,或称减函数.

增函数和减函数统称单调函数. 如果函数在一个区间上是单调的,则称这个区间为函数的单调区间.

增函数的图象是从左向右上升,减函数的图象是从左向右下降.

区间是数集的另一种表示方法:

如:集合 $\{x\mid a\leqslant x\leqslant b\}$ 可表示为闭区间 $[a,b]$.

集合 $\{x\mid a<x<b\}$ 可表示为开区间 (a,b).

集合 $\{x\mid a\leqslant x<b\}$,$\{x\mid a<x\leqslant b\}$ 可表示为半开区间 $[a,b)$,$(a,b]$.

集合 $\{x\mid x<b\}$,$\{x\mid x>a\}$ 可表示为 $(-\infty,b)$,$(a,+\infty)$.

(2)奇偶性

设函数 $f(x)$ 的定义域为 D.

如果对任意 $x\in D$,有 $-x\in D$,使 $f(-x)=-f(x)$,则称函数 $f(x)$ 为奇函数.

奇函数的图象关于原点对称.

如果对任意 $x\in D$,有 $-x\in D$,使 $f(-x)=f(x)$,则称函数 $f(x)$ 为偶函数.

偶函数的图象关于 y 轴对称.

说明:函数的奇偶性是在函数的定义域关于原点对称的条件下来讨论的.

【例】函数 $f(x)=x|x|$(　　).

A. 既是偶函数又是增函数　　B. 既是偶函数又是减函数

C. 既是奇函数又是增函数　　D. 既是奇函数又是减函数

【答案】C

【解析】因为函数 $f(x)$ 的定义域为 $\mathbf{R}$,又有 $f(-x)=-x|-x|=-x|x|=-f(x)$,

所以 $f(x)=x|x|$ 是奇函数.

因为 $f(x)=\begin{cases}x^2,x\geqslant 0,\\ -x^2,x<0,\end{cases}$

而 $f(x)=x^2(x\geqslant 0)$ 和 $f(x)=-x^2(x<0)$ 都是增函数,

所以 $f(x)=x|x|$ 是增函数.

(3)周期性

对于函数 $y=f(x)$,如果存在一个非零常数 T,使得 x 取定义域上的任意值时,都有 $f(x+T)=f(x)$ 成立,那么就称函数 $y=f(x)$ 为周期函数,常数 T 称为这个函数的周期.

令 a,b 均不为零:

对函数 $y=f(x)$,存在 $f(x)=f(x+a)$,则函数的周期 $T=|a|$.

对函数 $y=f(x)$,存在 $f(x)=-f(x+a)$,则函数的周期 $T=|2a|$.

对函数 $y=f(x)$,存在 $f(a+x)=f(b+x)$,则函数的周期 $T=|b-a|$.

说明:周期函数的周期不止一个,如果所有周期中存在一个最小正数,那么这个最小正数就称为函数的最小正周期.

若 $y=f(x)$ 的最小正周期为 T,且存在常数 $\omega\neq 0$,则 $y=f(\omega x)$ 也是周期函数,且最小正周期为 $\frac{T}{|\omega|}$.

【例】函数 $f(x)$ 的定义域为全体实数,且 $f(x)$ 是以 5 为周期的奇函数,已知 $f(-2)=1$,则 $f(12)=$(　　).

A. 1　　B. -1

C. 5　　D. -5

【答案】B

【解析】因为 $f(x)$ 是奇函数,所以 $f(-2)=-f(2)$.

因为 $f(-2)=1$,所以 $f(2)=-1$.

因为 $f(x)$ 的周期为 5,所以 $f(x+5)=f(x)$.

所以 $f(12)=f(5\times 2+2)=f(2)=-1$.

★7. 反函数的概念

设函数 $y=f(x)$ 的定义域为集合 A,值域为集合 C. 从 $y=f(x)$ 中解出 x,得到 $x=\varphi(y)$. 如果对于 y 在 C 中的任意一个值,通过式子 $x=\varphi(y)$,x 在 A 中都有唯一的值和它对应,那么 $x=$

$\varphi(y)$就表示 x 是自变量 y 的函数.这样的函数 $x=\varphi(y)$ 叫作函数 $y=f(x)$ 的反函数,记作 $x=f^{-1}(y)$.习惯上用 x 表示自变量,y 表示函数.这样 $y=f(x)$ 的反函数记作 $y=f^{-1}(x)$,$x\in C$.

函数的定义域和值域分别是它的反函数的值域和定义域.

函数 $y=f(x)$ 和其反函数 $y=f^{-1}(x)$ 的图象关于直线 $y=x$ 对称.

注意:若函数 $f(x)$ 的图象过点(a,b),那么 $f^{-1}(x)$ 的图象必过点(b,a),反之亦然.

【例】求下列函数的反函数:

(1)$y=1+\sqrt[3]{x+1}$;

(2)$y=\dfrac{2^x}{1+2^x}$;

(3)$y=5-\lg(x+1)$.

【解析】(1)由 $y=1+\sqrt[3]{x+1}$,得 $\sqrt[3]{x+1}=y-1$,$x+1=(y-1)^3$,$x=(y-1)^3-1$.

因此,所求反函数为 $y=(x-1)^3-1$.

(2)由 $y=\dfrac{2^x}{1+2^x}$,得$(1+2^x)y=2^x$,$2^x(y-1)=-y$,$2^x=\dfrac{y}{1-y}$,$x=\log_2\dfrac{y}{1-y}$.

因此,所求反函数为 $y=\log_2\dfrac{x}{1-x}$.

(3)由 $y=5-\lg(x+1)$,得 $\lg(x+1)=5-y$,$x+1=10^{5-y}$,$x=10^{5-y}-1$.

因此,所求反函数为 $y=10^{5-x}-1$.

三、一次函数

1.定义

函数 $y=kx+b$(k,b 是常数且 $k\neq0$)叫作一次函数.

当 $b=0$ 时,函数 $y=kx$($k\neq0$)叫作正比例函数(也可以说 y 与 x 成正比例).

2.定义域与值域

一次函数 $y=kx+b$ 的定义域与值域都是 **R**.

3.图象

正比例函数 $y=kx$ 的图象为经过原点$(0,0)$的直线.

一次函数 $y=kx+b$ 的图象为经过点$(0,b)$且与直线 $y=kx$ 平行的直线.

k,b 不同取值情况下一次函数 $y=kx+b$ 的图象,如图 2-2.

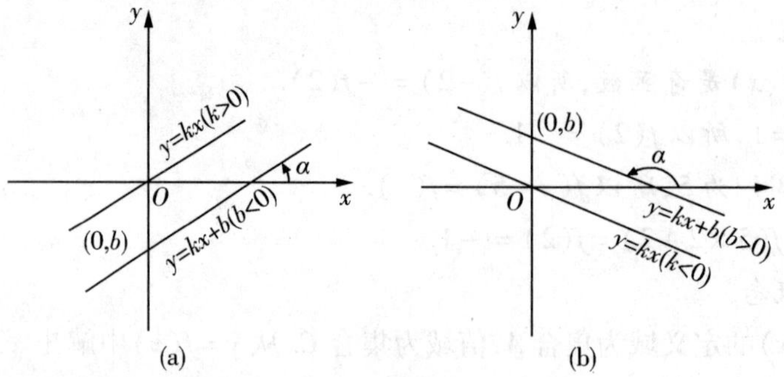

图 2-2

当 $b<0$ 时，直线通过 y 轴的负半轴，如图 2－2(a)；

当 $b>0$ 时，直线通过 y 轴的正半轴，如图 2－2(b).

4. 一次函数的性质

(1)单调性

当 $k>0$ 时，一次函数 $y=kx+b$ 在区间 $(-\infty,+\infty)$ 内为增函数，即 y 值随着 x 值的增大而增大，此时函数图象的倾斜角 α 是锐角[如图 2－2(a)]；当 $k<0$ 时，一次函数 $y=kx+b$ 在区间 $(-\infty,+\infty)$ 内为减函数，即 y 值随着 x 值的增大而减小，此时函数图象的倾斜角 α 是钝角[如图 2－2(b)].

(2)奇偶性

正比例函数 $y=kx$ 为奇函数.

一次函数 $y=kx+b$ 为非奇非偶函数.

四、二次函数

1. 定义

形如 $y=ax^2+bx+c$(a,b,c 为常数且 $a\neq0$)的函数叫作二次函数.

2. 定义域与值域

二次函数 $y=ax^2+bx+c$ 的定义域为 $\mathbf{R}$.

当 $a>0$ 时，函数的值域是 $\left[\frac{4ac-b^2}{4a},+\infty\right)$.

当 $a<0$ 时，函数的值域是 $\left(-\infty,\frac{4ac-b^2}{4a}\right]$.

3. 图象

二次函数 $y=ax^2+bx+c$ 是顶点为 $\left(-\frac{b}{2a},\frac{4ac-b^2}{4a}\right)$，对称轴为 $x=-\frac{b}{2a}$ 的抛物线.

当 $a>0$ 时，图象开口向上[如图 2－3(a)]；当 $a<0$ 时，图象开口向下[如图 2－3(b)].

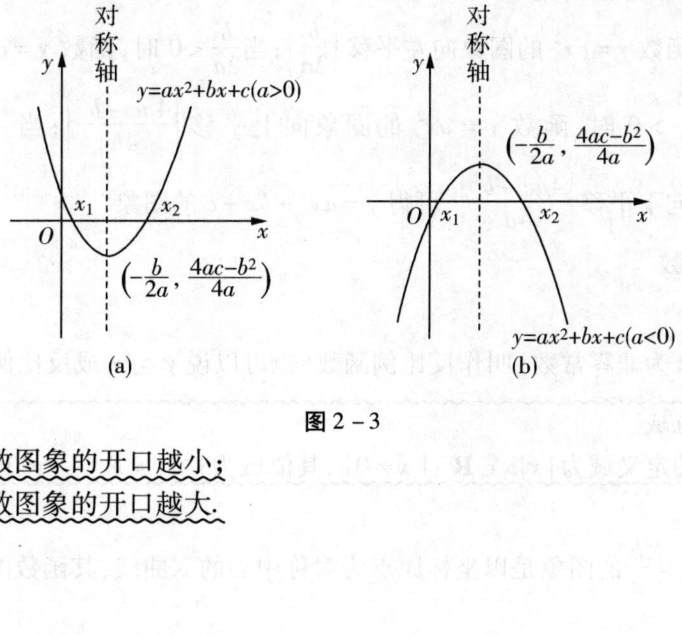

图 2－3

$|a|$ 越大，函数图象的开口越小；

$|a|$ 越小，函数图象的开口越大.

4. 性质

(1) 当 $a>0$ 时，二次函数 $y=ax^2+bx+c$ 在区间 $\left(-\infty,-\frac{b}{2a}\right]$ 上是减函数，在区间 $\left[-\frac{b}{2a},+\infty\right)$ 上是增函数.

当 $a<0$ 时，二次函数 $y=ax^2+bx+c$ 在区间 $\left(-\infty,-\frac{b}{2a}\right]$ 上是增函数，在区间 $\left[-\frac{b}{2a},+\infty\right)$ 上是减函数.

(2) 当 $b=0$ 时，函数图象的对称轴为 y 轴，此时函数为偶函数.

(3) 当 $a>0$ 时，函数在 $x=-\frac{b}{2a}$ 处取得最小值，$y_{最小值}=\frac{4ac-b^2}{4a}$；函数无最大值.

当 $a<0$ 时，函数在 $x=-\frac{b}{2a}$ 处取得最大值，$y_{最大值}=\frac{4ac-b^2}{4a}$；函数无最小值.

5. 二次函数 $y=ax^2+bx+c$ 图象与 x 轴的交点

当 $\Delta=b^2-4ac>0$ 时，函数图象与 x 轴有两个交点.

当 $\Delta=b^2-4ac=0$ 时，函数图象与 x 轴有一个交点.

当 $\Delta=b^2-4ac<0$ 时，函数图象与 x 轴没有交点.

★6. 二次函数的顶点式

$y=a(x-m)^2+n(a\neq0)$，其图象的顶点坐标为 (m,n).

$y=ax^2+bx+c\ (a\neq0)$ 叫作二次函数的一般式.

7. 函数 $y=ax^2+bx+c(a\neq0)$ 与函数 $y=ax^2(a\neq0)$ 图象间的关系

函数 $y=ax^2+bx+c$ 的顶点式为 $y=a\left(x+\frac{b}{2a}\right)^2+\frac{4ac-b^2}{4a}$，所以函数 $y=ax^2+bx+c$ 的图象可通过函数 $y=ax^2$ 的图象平移得到.

当 $\frac{b}{2a}>0$ 时，函数 $y=ax^2$ 的图象向左平移 $\left|\frac{b}{2a}\right|$；当 $\frac{b}{2a}<0$ 时，函数 $y=ax^2$ 的图象向右平移 $\left|\frac{b}{2a}\right|$；当 $\frac{4ac-b^2}{4a}>0$ 时，函数 $y=ax^2$ 的图象向上平移 $\left|\frac{4ac-b^2}{4a}\right|$；当 $\frac{4ac-b^2}{4a}<0$ 时，函数 $y=ax^2$ 的图象向下平移 $\left|\frac{4ac-b^2}{4a}\right|$，可得 $y=ax^2+bx+c$ 的图象.

五、反比例函数

1. 定义

函数 $y=\frac{k}{x}$ (k 为非零常数) 叫作反比例函数 (也可以说 y 与 x 成反比例).

2. 定义域与值域

反比例函数的定义域为 $\{x|x\in\mathbf{R}\text{ 且 }x\neq0\}$，其值域为 $\{y|y\in\mathbf{R}\text{ 且 }y\neq0\}$.

3. 图象

反比例函数 $y=\frac{k}{x}$ 的图象是以坐标原点为对称中心的双曲线，其函数图象的每一分支无

限靠近 x,y 轴.

当 $k>0$ 时,函数图象的双曲线在第一、第三象限[如图 2－4(a)];

当 $k<0$ 时,函数图象的双曲线在第二、第四象限[如图 2－4(b)].

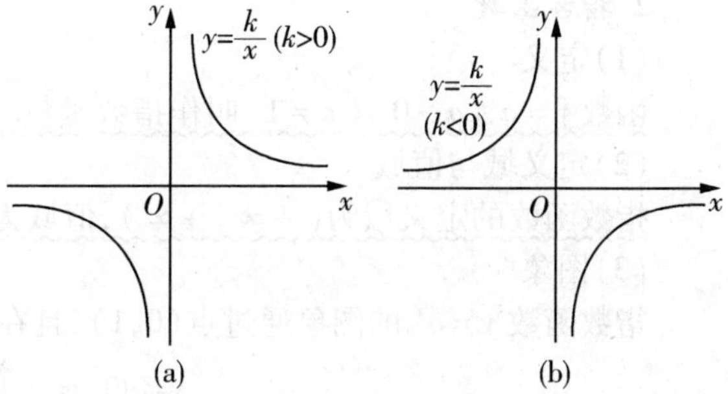

图 2－4

4. 性质

(1) 当 $k>0$ 时,反比例函数 $y=\frac{k}{x}$ 在定义域 $\{x|x\in R$ 且 $x\neq0\}$ 上为减函数;

当 $k<0$ 时,反比例函数 $y=\frac{k}{x}$ 在定义域 $\{x|x\in R$ 且 $x\neq0\}$ 上为增函数.

(2) 函数 $y=\frac{k}{x}$ 是奇函数.

六、指数函数

1. 指数

(1) 指数的基本概念

①正整数指数幂:$a^n=\underbrace{a\cdot a\cdot\cdots\cdot a}_{n个}(n\in\mathbf{N}_+$ 且 $n>1)$,其中 a 叫作底数,n 叫作指数,a^n 叫作幂.

②零指数幂:$a^0=1(a\neq0)$.

③负整数指数幂 $a^{-n}=\frac{1}{a^n}(a\neq0,n\in\mathbf{N}_+)$.

④分数指数幂

$$a^{\frac{m}{n}}=\sqrt[n]{a^m}\ (a\geqslant0;m,n\in\mathbf{N}_+ 且\ n>1);$$

$$a^{-\frac{m}{n}}=\frac{1}{a^{\frac{m}{n}}}=\frac{1}{\sqrt[n]{a^m}}(a>0;m,n\in\mathbf{N}_+ 且\ n>1).$$

⑤有理指数幂 $a^x(a>0,x\in\mathbf{Q})$.

整数指数幂、分数指数幂,统称为有理数指数幂.

(2) 幂的运算法则

①$a^m\cdot a^n=a^{m+n}$.

②$\frac{a^m}{a^n}=a^{m-n}$.

③$(a^m)^n=a^{mn}$.

④$(ab)^m=a^m\cdot b^m$.

式中,$a>0,b>0,m,n$ 都是实数.

【例】已知 $a^m=\sqrt{2},a^n=\sqrt{3}$,求 a^{3n-4m} 的值.

【解析】由已知,得 $a^{3n-4m}=\frac{a^{3n}}{a^{4m}}=\frac{(a^n)^3}{(a^m)^4}=\frac{(\sqrt{3})^3}{(\sqrt{2})^4}=\frac{3\sqrt{3}}{4}$.

2. 指数函数

(1)定义

函数 $y=a^x(a>0$ 且 $a\neq1)$ 叫作指数函数.

(2)定义域与值域

指数函数的定义域为$(-\infty,+\infty)$,值域为$(0,+\infty)$.

(3)图象

指数函数 $y=a^x$ 的图象通过点$(0,1)$,且在 x 轴上方(如图 2－5).

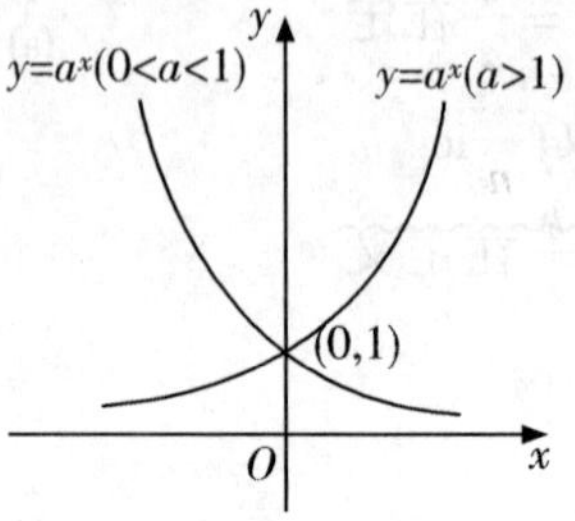

图 2－5

当 $a>1$ 时,函数曲线左方与 x 轴无限靠近;

当 $0<a<1$ 时,函数曲线右方与 x 轴无限靠近.

(4)性质

①$a^0=1,a^1=a$.

②$a^x>0$.

③当 $a>1$ 时,指数函数 $y=a^x$ 单调递增;当 $0<a<1$ 时,指数函数 $y=a^x$ 单调递减.

④若 $a>1$,当 $x<0$ 时,指数函数 $y=a^x$ 的值域为$(0,1)$;当 $x>0$ 时,指数函数 $y=a^x$ 的值域为$(1,+\infty)$.

若 $0<a<1$,当 $x<0$ 时,指数函数 $y=a^x$ 的值域为$(1,+\infty)$;当 $x>0$ 时,指数函数 $y=a^x$ 的值域为$(0,1)$.

七、对数函数

1. 对数

(1)定义

如果 $a^b=N(a>0$ 且 $a\neq1)$,那么 b 叫作以 a 为底的 N 的对数,记作 $\log_a N=b$. 其中 a 叫底数,N 叫真数.

常用对数:以 10 为底的对数 $\log_{10}N$ 叫作常用对数,简记为$\lg N$.

自然对数:以 e 为底的对数 $\log_e N$ 叫作自然对数,简记为$\ln N$.

(2)性质

①零和负数没有对数,即真数 N 必须大于零.

②底数的对数等于 1,记作 $\log_a a=1$.

③1 的对数等于 0,记作 $\log_a 1=0$.

④对数恒等式:$a^{\log_a N}=N$.

(3)运算法则

若 $a>0$ 且 $a\neq1,M>0,N>0$,则

①$\log_a(MN)=\log_a M+\log_a N$.

②$\log_a(\frac{M}{N})=\log_a M-\log_a N$.

③$\log_a M^n=n\log_a M$.

④$\log_a\sqrt[n]{M}=\frac{1}{n}\log_a M$.

(4)换底公式

设 $a,b,N>0$ 且 $a\neq1,b\neq1$,则有 $\log_a N=\frac{\log_b N}{\log_b a}$.

同理可得 $\log_a b=\frac{1}{\log_b a},\log_{a^n}b=\frac{1}{n}\log_a b$.

【例】$\log_4 8+\log_4 2-\left(\frac{1}{4}\right)^0=$(　　).

A. 3　　B. 2

C. 1　　D. 0

【答案】C

【解析】$\log_4 8+\log_4 2-\left(\frac{1}{4}\right)^0=\log_4(8\times2)-1=\log_4 16-1=\log_4 4^2-1=2-1=1$.

2. 对数函数

(1)定义

函数 $y=\log_a x(a>0$ 且 $a\neq1)$叫作对数函数.

(2)定义域与值域

对数函数 $y=\log_a x$ 的定义域为$(0,+\infty)$,值域为$(-\infty,+\infty)$.

(3)图象

对数函数 $y=\log_a x$ 的图象通过点(1,0)且在 y 轴右方(如图 2-6).

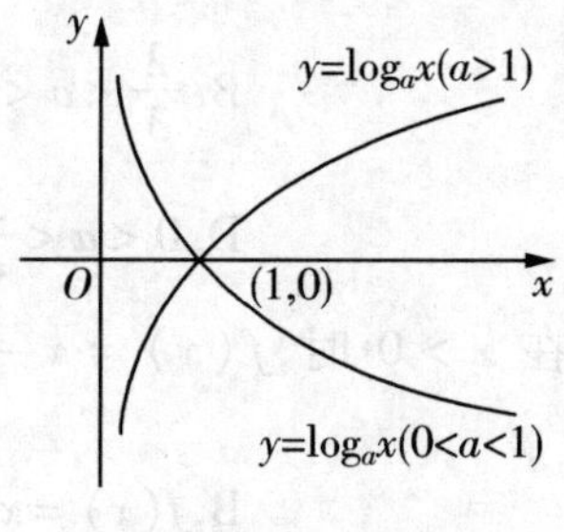

图 2-6

当 $a>1$ 时,曲线下方与 y 轴无限靠近;

当 $0<a<1$ 时,曲线上方与 y 轴无限靠近.

(4)性质

①若 $a>1$,则当 $x>1$ 时,$\log_a x>0$;当 $x=1$ 时,$\log_a x=0$;当 $0<x<1$ 时,$\log_a x<0$.

若 $0<a<1$,则当 $x>1$ 时,$\log_a x<0$;当 $x=1$ 时,$\log_a x=0$;当 $0<x<1$ 时,$\log_a x>0$.

②当 $a>0$ 时,对数函数 $\log_a x$ 在区间$(0,+\infty)$上是增函数;当 $0<a<1$ 时,对数函数 $\log_a x$ 在区间$(0,+\infty)$上是减函数.

【例】若 $3^{2+\log_3 x}=27$，则 $x=$(　　).

A. -3　　B. 3　　C. 18　　D. $\frac{1}{3}$

【答案】B

【解析】由 $3^{2+\log_3 x}=27$ 可推出 $3^2\cdot 3^{\log_3 x}=27$，即得出 $3^{\log_3 x}=3$，所以 $x=3$.

跟踪训练

一、选择题

1. 已知 $f(2x+1)=4x+\frac{1}{2}$，则 $f\left(\frac{1}{4}\right)=$(　　).

A. $\frac{3}{8}$　　B. -1　　C. $\frac{4}{3}$　　D. $\frac{8}{5}$

2. 设函数 $f(x)=x^2+(m-3)x+3$ 是偶函数，则 $m=$(　　).

A. -3　　B. 1　　C. 3　　D. 5

3. 对于函数 $y=3^x$，当 $x\leqslant 0$ 时，y 的取值范围是(　　).

A. $y\leqslant 1$　　B. $0<y\leqslant 1$

C. $y\leqslant 3$　　D. $0<y\leqslant 3$

4. 函数 $y=e^{|x|}$（e 是大于 2 的常数）是(　　).

A. 奇函数，且在区间 $(0,+\infty)$ 内单调递增

B. 偶函数，且在区间 $(-\infty,0)$ 内单调递增

C. 偶函数，且在区间 $(-\infty,0)$ 内单调递减

D. 偶函数，且在区间 $(-\infty,+\infty)$ 内单调递增

5. 设 $\log_a\frac{2}{3}<1$，则 a 的取值范围是(　　).

A. $0<a<\frac{2}{3}$ 或 $a>1$　　B. $\frac{2}{3}<a<1$

C. $a>1$　　D. $0<a<\frac{3}{4}$

6. 设函数 $f(x)$ 是偶函数且在 $x>0$ 时，$f(x)=x-1$，则当 $x<0$ 时，$f(x)$ 的表达式是(　　).

A. $f(x)=-x+1$　　B. $f(x)=x+1$

C. $f(x)=x-1$　　D. $f(x)=-x-1$

二、填空题

1. 函数 $y=\sqrt{-x^2+3x+18}$ 的定义域是________.

2. 将函数 $y=-\frac{1}{2}x^2+x+1$ 的图象先向左平移 2 个单位，再向上平移 $\frac{1}{2}$ 个单位，所得图象对应的函数解析式为________.

3. 若一次函数 $y=f(x)$ 满足 $f[f(x)]=9x+1$，则 $f(x)=$________.

4. 二次函数 $f(x)=x^2+2ax+3$ 的图象的对称轴为 $x=1$，则 $a=$________.

5. $\log_2 m = -4$，则 $m^{-\frac{3}{2}}=$ ________.

6. 已知 $3^a=3x$，$3^b=3y$，则 $\log_9(xy)=$ ________.

三、解答题

1. 已知函数 $f(x)=x^2+x+1$.

(1) 求 $f(2x)$ 的解析式；

(2) 求 $f(f(x))$ 的解析式；

(3) 对任意 $x\in\mathbf{R}$，求证：$f\left(x-\frac{1}{2}\right)=f\left(-\frac{1}{2}-x\right)$ 恒成立.

2. 已知 $x=\sqrt{2}+1$，求 $\log_4(x^2-3)$.

参考答案及解析

一、选择题

1. B 【解析】先求 $f(x)\Rightarrow f\left(\frac{1}{4}\right)$.

令 $2x+1=t$，则 $x=\frac{1}{2}t-\frac{1}{2}$，所以 $f(t)=2t-\frac{3}{2}$，即 $f(x)=2x-\frac{3}{2}$，所以 $f\left(\frac{1}{4}\right)=2\times\frac{1}{4}-\frac{3}{2}=-1$.

2. C 【解析】由 $f(x)=x^2+(m-3)x+3$ 是偶函数可知 $m-3=0$，即 $m=3$.

3. B 【解析】由指数函数图形（见图 2－5）可知，对于 $a>1$，当 $x\leqslant 0$ 时，$0<y\leqslant 1$.

4. C

5. A 【解析】$\log_a\frac{2}{3}<1\Rightarrow\log_a\frac{2}{3}<\log_a a\Rightarrow\begin{cases}\frac{2}{3}<a,a>1\\\frac{2}{3}>a,0<a<1\end{cases}\Rightarrow 0<a<\frac{2}{3}$ 或 $a>1$.

6. D 【解析】因为 $f(x)$ 是偶函数，所以 $f(x)=x-1(x>0)$ 与 $f(x)(x<0)$ 的图象关于 y 轴对称，所以 $f(x)=-x-1(x<0)$.

二、填空题

1. $\{x|-3\leqslant x\leqslant 6\}$

2. $y=-\frac{1}{2}(x+1)^2+2$ 【解析】$y=-\frac{1}{2}x^2+x+1=y=-\frac{1}{2}(x-1)^2+\frac{3}{2}$.

$\because$ 图象向左平移 2 个单位，

$\therefore y=-\frac{1}{2}(x-1+2)^2+\frac{3}{2}$，再往上平移$\frac{1}{2}$个单位，

则 $y=-\frac{1}{2}(x+1)^2+\frac{3}{2}+\frac{1}{2}=-\frac{1}{2}(x+1)^2+2$.

3. $3x+\frac{1}{4}$ 或 $-3x-\frac{1}{2}$ 【解析】设函数 $f(x)=kx+b(k\neq 0)$，则由 $f[f(x)]=9x+1$ 可得 $k(kx+b)+b=9x+1$，

所以 $k^2=9,(k+1)b=1$.

所以 $\begin{cases}k=3,\\ b=\dfrac{1}{4},\end{cases}$ 或 $\begin{cases}k=-3,\\ b=-\dfrac{1}{2},\end{cases}$ 所以 $f(x)=3x+\dfrac{1}{4}$ 或 $f(x)=-3x-\dfrac{1}{2}$.

4. -1 【解析】二次函数 $y=a_1x^2+b_1x+c_1$ 的图象的对称轴方程为 $x=-\dfrac{b_1}{2a_1}$.

依据所给函数可知 $a_1=1,b_1=2a$，所以 $x=-\dfrac{2a}{2}=-a$.

已知 $x=1$，所以 $a=-1$.

5. 64 【解析】$\log_2 m=-4\Rightarrow m=2^{-4}$，所以 $m^{-\frac{3}{2}}=(2^{-4})^{-\frac{3}{2}}=64$.

6. $\dfrac{1}{2}(a+b-2)$ 【解析】$xy=3^{a-1}\cdot 3^{b-1}$，

所以 $\log_9(xy)=\log_9(3^{a-1}\cdot 3^{b-1})=\log_9 3^{a-1}+\log_9 3^{b-1}=(a+b-2)\log_9 3=(a+b-2)\cdot\dfrac{\lg 3}{\lg 9}=(a+b-2)\cdot\dfrac{\lg 3}{2\lg 3}=\dfrac{1}{2}(a+b-2)$.

三、解答题

1. 解：(1) $f(2x)=4x^2+2x+1$；

(2) $f(f(x))=x^4+2x^3+4x^2+3x+3$；

(3) 因为 $f\left(x-\dfrac{1}{2}\right)=\left(x-\dfrac{1}{2}\right)^2+\left(x-\dfrac{1}{2}\right)+1=\left(-\dfrac{1}{2}-x\right)^2+\left(-\dfrac{1}{2}-x\right)+1$，

所以 $f\left(x-\dfrac{1}{2}\right)=f\left(-\dfrac{1}{2}-x\right)$ 恒成立.

2. 解：$\because x=\sqrt{2}+1$，

$\therefore \log_4[(\sqrt{2}+1)^2-3]=\log_4 2\sqrt{2}=\dfrac{\log_2 2^{\frac{3}{2}}}{\log_2 2^2}=\dfrac{\frac{3}{2}}{2}=\dfrac{3}{4}$.

第三章　不等式和不等式组

考纲导读

★1. 理解不等式的性质. 会用不等式的性质和基本不等式 $a^2+b^2\geqslant 2ab(a,b\in\mathbf{R})$,$|a+b|\leqslant|a|+|b|(a,b\in\mathbf{R})$,解决一些简单问题.

2. 会解一元一次不等式、一元一次不等式组和可化为一元一次不等式组的不等式,会解一元二次不等式. 会表示不等式或不等式组的解集.

3. 了解绝对值不等式的性质,会解形如 $|ax+b|\geqslant c$ 和 $|ax+b|\leqslant c$ 的绝对值不等式.

考点精讲

一、不等式的概念及性质

1. 概念

表示两个量之间大小关系的记号叫作不等号,常用的不等号有"<"(小于),">"(大于),"≤"(小于或等于),"≥"(大于或等于),"≠"(不等于).

用不等号把两个算式连接起来的式子叫作不等式. 例如:$3>2$,$x^2+1>0$.

2. 不等式的分类

(1)条件不等式:如 $x^2-2x-3\leqslant 0$,当 $-1\leqslant x\leqslant 3$ 时,此不等式能成立.

(2)绝对不等式:如 $2x^2+1>0$. 此不等式对于任何实数 x 都成立.

(3)矛盾不等式:如 $4x^2+4x+1<0$. 此不等式对于任何实数 x 都不成立.

3. 性质

设 a,b,c 为实数.

不等式的基本性质:

(1)如果 $a>b$,那么 $b<a$;如果 $a<b$,那么 $b>a$.

(2)如果 $a>b$ 且 $b>c$,那么 $a>c$.

(3)如果 $a>b$,那么 $a+c>b+c$.

(4)如果 $a>b$ 且 $c>0$,那么 $ac>bc$.

(5)如果 $a>b$ 且 $c<0$,那么 $ac<bc$.

(6)如果 $a>b,c>d$,那么 $a+c>b+d$.

(7)如果 $a>b>0,c>d>0$,那么 $ac>bd$.

(8)如果 $a>b,ab>0$,则 $\dfrac{1}{a}<\dfrac{1}{b}$.

(9)如果 $a>b>0$,那么 $a^n>b^n(n\in\mathbf{N},n>1)$.

(10)如果 $a>b>0$,那么 $\sqrt[n]{a}>\sqrt[n]{b}$;如果 $\sqrt[n]{a}>\sqrt[n]{b}$,那么 $a>b(n\in\mathbf{N},n>1)$.

说明:不等式的两边同时加上或者减去同一个数或同一个整式,不等号的方向不变,所得不等式与原不等式是同解不等式.

不等式的两边同时乘以或者除以同一个正数,不等号的方向不变,所得不等式与原不等式是同解不等式.

不等式的两边同时乘以或者除以同一负数,不等号的方向改变,所得不等式与原不等式是同解不等式.

4. 不等式的解与解集

使不等式成立的未知数的值,叫作不等式的解.

使不等式成立的未知数的所有可取值的集合,叫作不等式的解的集合,简称为不等式的解集.

5. 解不等式

求不等式解集或证明不等式无解的过程叫作解不等式.

6. 同解不等式与同解变形

如果两个不等式的解集相同,那么这两个不等式叫作同解不等式.

使一个不等式变形为另一个与其同解的不等式的过程叫作同解变形.

【例】不等式 $|x-2|<3$ 的解集中包含的整数有(　　).

A. 8 个　　B. 7 个　　C. 6 个　　D. 5 个

【答案】D

【解析】$|x-2|<3$,即 $-3<x-2<3$,由此可得 $-1<x<5$. 所以 x 可取的整数有 0,1,2,3,4,共 5 个.

★7. 不等式的意义

若 $a,b\in\mathbf{R}$,有

(1)$a-b>0\Leftrightarrow a>b$.

(2)$a-b=0\Leftrightarrow a=b$.

(3)$a-b<0\Leftrightarrow a<b$.

★二、基本不等式

1. 如果 $a\in\mathbf{R}$,那么 $a^2\geqslant 0$(当且仅当 $a=0$ 时,有 $a^2=0$).

2. 如果 $a,b\in\mathbf{R}$,那么 $a^2+b^2\geqslant 2ab$(当且仅当 $a=b$ 时,有 $a^2+b^2=2ab$).

3. 如果 $a,b\in\mathbf{R}$,且 $a\geqslant 0,b\geqslant 0$,那么 $a+b\geqslant 2\sqrt{ab}$(当且仅当 $a=b$ 时,有 $a+b=2\sqrt{ab}$).此式通常称为均值定理,用它可以求函数的最大值或最小值,若 $a+b$ 为定值,当 $a=b$ 时,ab 有最大值为 $\frac{(a+b)^2}{4}$;若 ab 为定值,当 $a=b$ 时,$a+b$ 有最小值为 $2\sqrt{ab}$.

4. 若 $a>0$,则 $a+\frac{1}{a}\geqslant 2$(当且仅当 $a=1$ 时,有 $a+\frac{1}{a}=2$).

三、一元一次不等式

1. 定义

只含有一个未知数且未知数的次数为 1 的不等式,叫作一元一次不等式.

一般形式为:$ax>b$ 或 $ax<b(a\neq0)$.

2. 解法

经同解变形(去分母、去括号、移项、合并同类项、系数化为 1 等)求出解集.

注意:不等式两边同乘以或除以同一负数时,不等号的方向必须改变.

3. 解集类型

(1)当 $a>0$ 时,不等式 $ax>b$ 的解集为 $\{x|x>\frac{b}{a}\}$(如图 3－1).

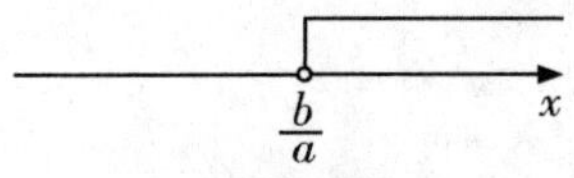

图 3－1

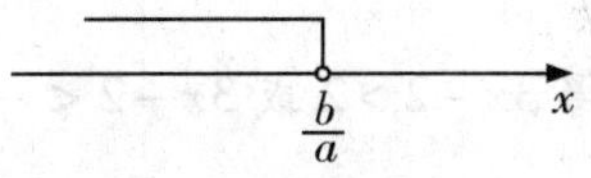

图 3－2

(2)当 $a<0$ 时,不等式 $ax>b$ 的解集为 $\{x|x<\frac{b}{a}\}$(如图 3－2).

(3)当 $a=0$ 时,若 $b<0$,则不等式 $ax>b$ 的解集为全体实数;若 $b\geqslant0$,则不等式 $ax>b$ 的解集为 $\varnothing$.

【例】解不等式 $-8<\frac{-3x-2}{4}-5<-5$.

【解析】不等式各方向同乘以 4,得

$$-32<-3x-2-20<-20,\text{即} -32<-3x-22<-20.$$

不等式各方向同时加 22,得　　$-10<-3x<2$,

再同时除以 -3,得

$$\frac{10}{3}>x>-\frac{2}{3}.$$

所以不等式的解集为 $-\frac{2}{3}<x<\frac{10}{3}$.

4. 含绝对值的不等式的解法

(1)$|x|>a$ 和 $|x|<a$ 型不等式的解法

设 $a>0$.

$|x|>a$ 即为 $\begin{cases}x>a,\\-x>a,\end{cases}$ 所以 $|x|>a$ 的解集为 $\{x|x>a \text{ 或 } x<-a\}$.

$|x|<a$ 即为 $\begin{cases}x<a,\\-x<a,\end{cases}$ 所以 $|x|<a$ 的解集为 $\{x|-a<x<a\}$.

当 $a\leqslant0$ 时,$|x|<a$ 的解集为 $\varnothing$.

当 $a<0$ 时,$|x|>a$ 的解集为全体实数;当 $a=0$ 时,$|x|>a$ 的解集为 $\{x|x\neq0\}$.

(2) $|ax+b|\geqslant c$ 和 $|ax+b|\leqslant c$ 型不等式

解不等式 $|ax+b|\geqslant c$ 相当于解 $ax+b\geqslant c$ 或 $ax+b\leqslant -c$.

解不等式 $|ax+b|\leqslant c$ 相当于解 $-c\leqslant ax+b\leqslant c$.

【例 1】解不等式 $|3-2x|-5>0$.

【解析】经移项，原不等式化为 $|2x-3|>5$，则

$$2x-3>5 \text{ 或 } 2x-3<-5,$$

所以 $x>4$ 或 $x<-1$ 为所求不等式的解.

【例 2】解不等式 $2<|3x-2|<3$.

【解析】原不等式同解于不等式组

$$\begin{cases}|3x-2|>2, ① \\ |3x-2|<3. ②\end{cases}$$

由①，得 $3x-2>2$ 或 $3x-2<-2$，则

$$x>\frac{4}{3} \text{ 或 } x<0. ③$$

由②，得 $-3<3x-2<3$，则

$$-\frac{1}{3}<x<\frac{5}{3}. ④$$

使③，④同时成立，得 $-\frac{1}{3}<x<0$ 或 $\frac{4}{3}<x<\frac{5}{3}$，此为原不等式的解.

四、一元一次不等式组

1. 定义

由几个一元一次不等式所组成的不等式组，叫作一元一次不等式组.

2. 解集

一元一次不等式组中，几个不等式解集的公共部分，叫作这个不等式组的解集.

解集类型：

设 $a>b$，

不等式组	图示	解集
$\begin{cases}x>a, \\ x>b.\end{cases}$	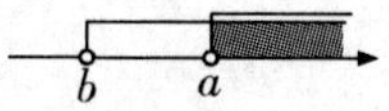	$x>a$（同大取大）
$\begin{cases}x<a, \\ x<b.\end{cases}$	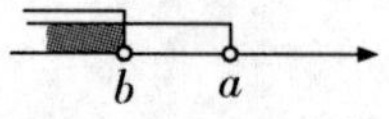	$x<b$（同小取小）
$\begin{cases}x<a, \\ x>b.\end{cases}$	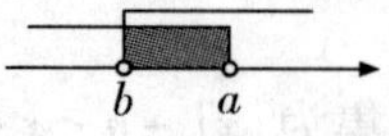	$b<x<a$（大小交叉取中间）
$\begin{cases}x>a, \\ x<b.\end{cases}$	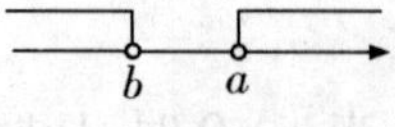	无解（大小分离解为空）

【例】解不等式组

$$\begin{cases}\dfrac{x}{2}-\dfrac{x}{3}>-1, ① \\ 2(x-3)-3(x-2)<0, ②\end{cases}$$

并用数轴表示其解集.

【解析】由①,得 $x>-6$;

由②,得 $x>0$.

所以原不等式组化成

$$\begin{cases}x>-6, \\ x>0.\end{cases}$$

即原不等式组的解集为 $x>0$.

此解集在数轴上表示为 x 轴上粗实线部分,如图 3-3 所示.

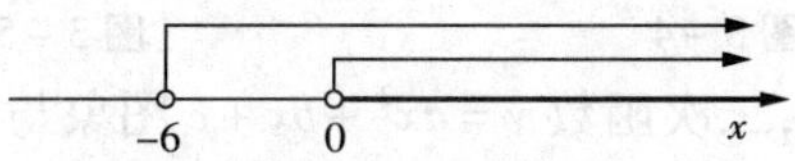

图 3-3

3. 可化为一元一次不等式组求解的两类不等式

(1) 不等式 $(ax+b)(cx+d)>0$ 及 $\dfrac{ax+b}{cx+d}>0$ 型的解法

两个不等式均可化为如下两个不等式组:

$$\begin{cases}ax+b>0, \\ cx+d>0,\end{cases} 或 \begin{cases}ax+b<0, \\ cx+d<0,\end{cases}$$

所以不等式 $(ax+b)(cx+d)>0$ 或 $\dfrac{ax+b}{cx+d}>0$ 的解集是以上两个不等式组解集的并集.

(2) 不等式 $(ax+b)(cx+d)<0$ 及 $\dfrac{ax+b}{cx+d}<0$ 型的解法

两个不等式均可化为如下两个不等式组:

$$\begin{cases}ax+b>0, \\ cx+d<0,\end{cases} 或 \begin{cases}ax+b<0, \\ cx+d>0,\end{cases}$$

同理,不等式 $(ax+b)(cx+d)<0$ 或 $\dfrac{ax+b}{cx+d}<0$ 的解集是以上两个不等式组解集的并集.

五、一元二次不等式

1. 定义

含有一个未知数且未知数的最高次数是二次的不等式,叫作一元二次不等式.

一元二次不等式的一般形式为 $ax^2+bx+c>0$ 或 $ax^2+bx+c<0$,其中 $a>0$.

2. 解集

由一元二次方程 $ax^2+bx+c=0(a>0)$ 的判别式 $\Delta=b^2-4ac$ 与二次函数 $y=ax^2+bx+c$ 图象的相应位置关系来确定一元二次不等式的解集.

(1) 当 $\Delta=b^2-4ac>0$ 时,二次函数 $y=ax^2+bx+c$ 图象与 x 轴有两个交点,即一元二次

方程 $ax^2+bx+c=0$ 有两个不相等的实数根 x_1, x_2（设 $x_1<x_2$），所以使不等式 $ax^2+bx+c>0$ 成立的 x 值为 $x<x_1$ 或 $x>x_2$，如图 3－4 中 $y>0$ 时所对应的 x 轴的范围（阴影部分）；使不等式 $ax^2+bx+c<0$ 成立的 x 值为 $x_1<x<x_2$，如图 3－5 中 $y<0$ 时所对应的 x 轴的范围（阴影部分）.

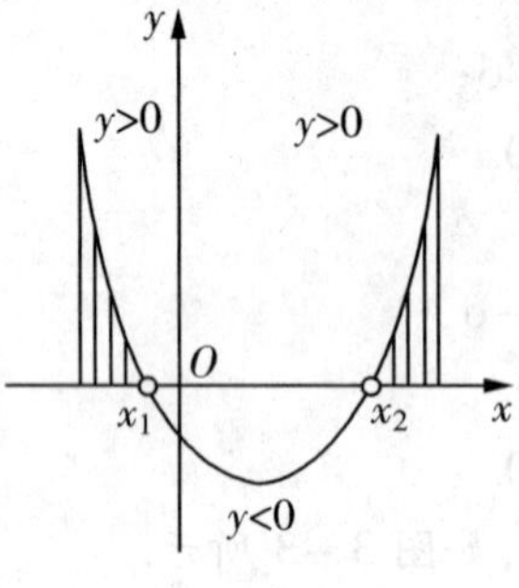

图 3－4

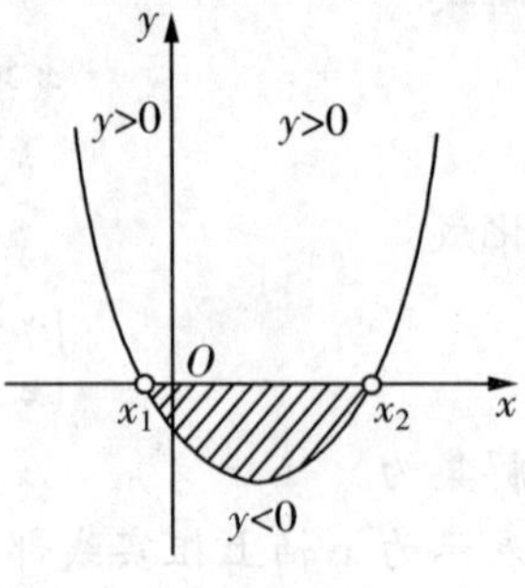

图 3－5

（2）当 $\Delta=b^2-4ac=0$ 时，二次函数 $y=ax^2+bx+c$ 图象与 x 轴有一个交点，即一元二次方程 $ax^2+bx+c=0$ 有两个相等的实数根 $x_1=x_2=-\dfrac{b}{2a}$. 所以使不等式 $ax^2+bx+c>0$ 成立的 x 值为 $x\neq-\dfrac{b}{2a}$，如图 3－6 中 $y>0$ 时所对应的 x 轴的范围（阴影部分）；因为 $y=ax^2+bx+c$ 图象都在 x 轴的上方，所以不存在使不等式 $ax^2+bx+c<0$ 成立的 x 值，即其不等式的解集为 $\varnothing$.

（3）当 $\Delta=b^2-4ac<0$ 时，二次函数 $y=ax^2+bx+c$ 图象与 x 轴没有交点，即一元二次方程 $ax^2+bx+c=0$ 没有实数根，所以使不等式 $ax^2+bx+c>0$ 成立的 x 值为所有实数，如图 3－7 中 $y>0$ 时所对应的 x 轴的范围（阴影部分），即其解集为 $\mathbf{R}$；同理，因为 $y=ax^2+bx+c$ 图象都在 x 轴的上方，所以不等式 $ax^2+bx+c<0$ 的解集为 $\varnothing$.

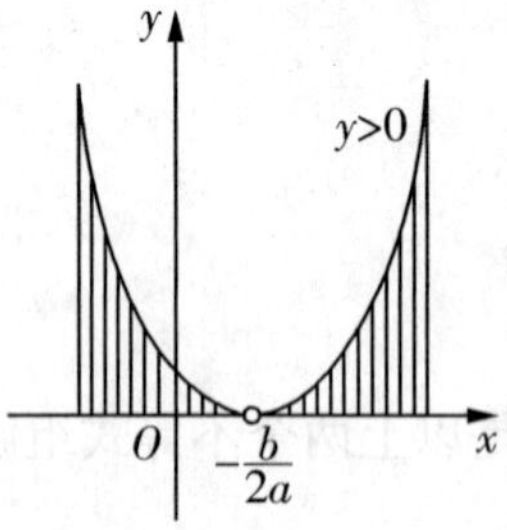

图 3－6

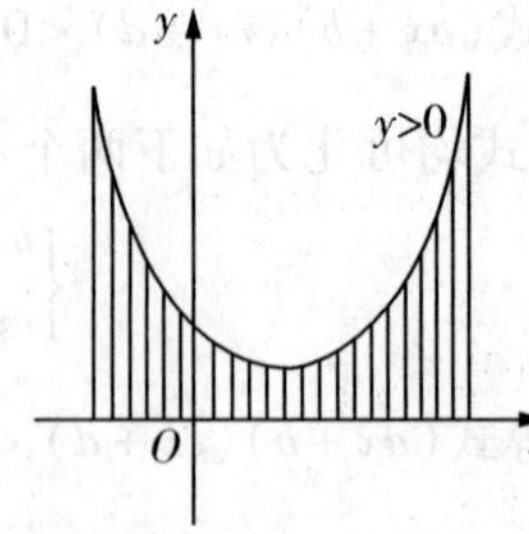

图 3－7

3. 解一元二次不等式的方法

（1）因式分解法

当不等式中的二次三项式 ax^2+bx+c 容易分解为两个一次因式的乘积时，可把一元二次不等式化为两个一元一次不等式组求解. 两个不等式组解集的并集即为所求一元二次不等式的解集.

（2）图象法

利用一元二次不等式与相应的一元二次方程 $ax^2+bx+c=0$（$a\neq0$）与二次函数 $y=$

$ax^2+bx+c(a>0)$的有关性质求解，解集情况如下表：

判别式 $\Delta=b^2-4ac$	$\Delta>0$	$\Delta=0$	$\Delta<0$
二次函数 $y=ax^2+bx+c(a>0)$的图象	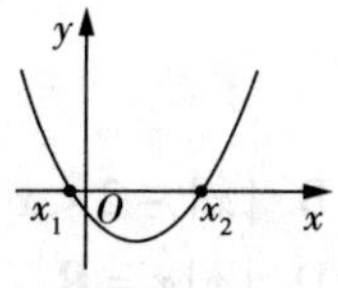	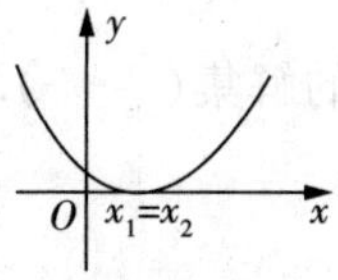	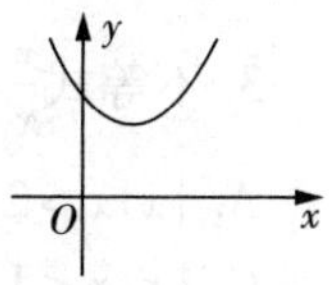
一元二次方程 $ax^2+bx+c=0(a>0)$的根	有两个不相等的实根 $x_1,x_2(x_1<x_2)$	有两个相等的实根 $x_1=x_2=-\dfrac{b}{2a}$	没有实根
$ax^2+bx+c>0(a>0)$的解集	$\{x\mid x<x_1$ 或 $x>x_2\}$ 即$(-\infty,x_1)\cup(x_2,+\infty)$	$\{x\mid x\in\mathbf{R},x\neq-\dfrac{b}{2a}\}$即 $(-\infty,-\dfrac{b}{2a})\cup(-\dfrac{b}{2a},+\infty)$	$\mathbf{R}$ 即$(-\infty,+\infty)$
$ax^2+bx+c<0(a>0)$的解集	$\{x\mid x_1<x<x_2\}$即(x_1,x_2)	$\varnothing$	$\varnothing$

注意：表内规定了$a>0$. 当$a<0$时，只需将不等式的两边同乘以-1，并把不等号改变方向，就可化为表内类型.

【例 1】解不等式$12x^2-5x-3>0$.

【解析】方程$12x^2-5x-3=0$的根是$x_1=-\dfrac{1}{3},x_2=\dfrac{3}{4}$.

又因为x^2的系数是$12>0$，所以原不等式的解集是$x<-\dfrac{1}{3}$或$x>\dfrac{3}{4}$.

【例 2】解不等式$-2x^2\geqslant3x-4$.

【解析】原不等式可化成$2x^2+3x-4\leqslant0$.

因为方程$2x^2+3x-4=0$的根是$x_1=\dfrac{-3+\sqrt{41}}{4},x_2=\dfrac{-3-\sqrt{41}}{4}$，又$x^2$的系数是$2>0$，

所以，原不等式的解集是$\dfrac{-3-\sqrt{41}}{4}\leqslant x\leqslant\dfrac{-3+\sqrt{41}}{4}$.

跟踪训练

一、选择题

1. 不等式$|3-2x|<7$的解集是(　　).

A. $\{x\mid -2<x<5\}$

B. $\{x\mid -\dfrac{7}{2}<x<\dfrac{3}{2}\}$

C. $\{x\mid x<-2$ 或 $x>5\}$

D. $\{x\mid x<-4$ 或 $x>4\}$

2. 不等式$x^2+2x-15>0$的解集是(　　).

A. $\{x\mid -5<x<3\}$

B. $\{x|x<-5 或 x>3\}$

C. $\{x|-3<x<5\}$

D. $\{x|x<-3 或 x>5\}$

3. 不等式$\frac{x-1}{x-2}>1$的解集(　　).

A. $\{x|x>2\}$　　B. $\{x|-2<x<1\}$

C. $\{x|x<1\}$　　D. $\{x|x\in \mathbf{R}\}$

4. 已知 $a>b$，则下列不等式恒成立的是(　　).

A. $a^2>b^2$　　B. $\frac{a}{b}>1$

C. $\frac{1}{a}<\frac{1}{b}$　　D. $5^a>5^b$

5. 不等式组$\begin{cases}a-2x>0,\\|x-1|<3\end{cases}$的解集为 $-2<x<4$，则 a 的取值范围是(　　).

A. $a\leqslant -4$　　B. $a\geqslant -4$

C. $a\geqslant 8$　　D. $a\leqslant 8$

6. 若方程 $ax^2+bx+c=0$ 中 $a<0,\Delta>0$，两根为 x_1,x_2 且 $x_1<x_2$，则不等式 $ax^2+bx+c<0$ 的解集为(　　).

A. $\{x|x\in \mathbf{R}\}$　　B. $\{x|x>x_2 或 x<x_1\}$

C. $\{x|x_1<x<x_2\}$　　D. $\varnothing$

二、填空题

1. 用适当的符号填空(“>”或“<”)：

(1)当 $a>0,b>0$ 时，ab ________0.

(2)当 a ________0，$b<0$ 时，$ab>0$.

(3)当 $a>0,b<0$ 时，ab ________0.

(4)当 $a<0,b$ ________0 时，$ab<0$.

2. 不等式 $x^2-2x-3>0$ 的解集是________.

3. 不等式$\frac{4-3x}{4x-3}<0$的解集是________.

4. 不等式 $2<|3x-2|<3$ 的解集是________.

三、解答题

1. 当 a 为何值时，不等式 $(a+3)x^2-5x-4<0$ 的解集为全体实数？

2. 解下列不等式：

(1) $1-3(x-2)\geqslant x-(5-2x)$；

(2) $(2x-1)(x-3)>-2$；

(3) $-x^2+2x-\frac{2}{3}>0$.

3. 解下列不等式组：

(1) $\begin{cases}4x-30\leqslant 0,\\6x+24\geqslant 0.\end{cases}$

(2) $\begin{cases}\frac{1}{2}x-(2x+3)<\frac{1}{4},\\4(x-3)-5x\geqslant-15.\end{cases}$

(3) $\begin{cases}\frac{x}{2}-\frac{x}{3}>-1,\\2(x-3)-3(x-2)<0.\end{cases}$

参考答案及解析

一、选择题

1. A　【解析】$|3-2x|<7\Rightarrow-7<3-2x<7\Rightarrow-10<-2x<4\Rightarrow-2<x<5$.

2. B

3. A　【解析】$\frac{x-1}{x-2}>1\Rightarrow\frac{x-1}{x-2}-1>0\Rightarrow\frac{1}{x-2}>0\Rightarrow x-2>0\Rightarrow x>2$.

4. D

5. C　【解析】由$\begin{cases}a-2x>0,\\|x-1|<3\end{cases}\Rightarrow\begin{cases}2x<a,\\-3<x-1<3\end{cases}\Rightarrow\begin{cases}x<\frac{a}{2},\\-2<x<4.\end{cases}$已知原方程组的解集为$-2<x<4$,故$\frac{a}{2}\geqslant4$即$a\geqslant8$.

6. B　【解析】二次函数$y=ax^2+bx+c$的图象如图3－8所示,所以$ax^2+bx+c<0$的解为$x<x_1$或$x>x_2$.

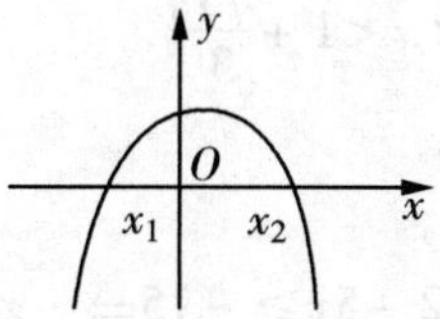

图3－8

二、填空题

1. (1) >;(2) <;(3) <;(4) >

2. $\{x|x<-1$或$x>3\}$

3. $\{x|x<\frac{3}{4}$或$x>\frac{4}{3}\}$　【解析】$\frac{4-3x}{4x-3}<0\Rightarrow\begin{cases}4-3x<0,\\4x-3>0\end{cases}$或$\begin{cases}4-3x>0,\\4x-3<0\end{cases}\Rightarrow\begin{cases}x>\frac{4}{3},\\x>\frac{3}{4}\end{cases}$或$\begin{cases}x<\frac{4}{3},\\x<\frac{3}{4}\end{cases}\Rightarrow x>\frac{4}{3}$或$x<\frac{3}{4}$.

4. $\{x|-\frac{1}{3}<x<0\}\cup\{x|\frac{4}{3}<x<\frac{5}{3}\}$　【解析】不等式$2<|3x-2|<3$相当于$|3x-2|<3$

且$|3x-2|>2$两个不等式，如图3－9所示，所以不等式的解集为$\{x|-\frac{1}{3}<x<0\}\cup\{x|\frac{4}{3}<x<\frac{5}{3}\}$.

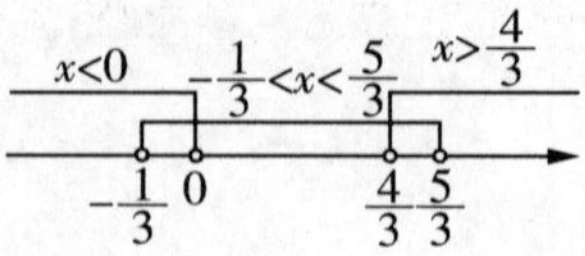

图3－9

三、解答题

1. 解：由已知可得$\begin{cases}a+3<0,\\ \Delta=5^2+4(a+3)\cdot 4<0\end{cases}\Rightarrow\begin{cases}a<-3,\\ a<-\frac{73}{16},\end{cases}$所以$a<-\frac{73}{16}$.

2. 解：(1)根据不等式的性质整理可得$1-3x+6\geqslant x+2x-5\Rightarrow 6x\leqslant 12\Rightarrow x\leqslant 2$，故不等式的解集为$\{x|x\leqslant 2\}$.

(2)$\{x|x<1$ 或 $x>\frac{5}{2}\}$.

(3)$-x^2+2x-\frac{2}{3}>0\Rightarrow x^2-2x+\frac{2}{3}<0\Rightarrow 3x^2-6x+2<0$.

$\Delta=12>0$，且方程$3x^2-6x+2=0$的两个根为$x_1=1-\frac{\sqrt{3}}{3}$，$x_2=1+\frac{\sqrt{3}}{3}$，

所以原不等式解集为$\{x|1-\frac{\sqrt{3}}{3}<x<1+\frac{\sqrt{3}}{3}\}$.

3. 解：(1)$\{x|-4\leqslant x\leqslant\frac{15}{2}\}$.

(2)$4(x-3)-5x\geqslant -15\Rightarrow 4x-12-5x\geqslant -15\Rightarrow -x\geqslant -3\Rightarrow x\leqslant 3$.

$\frac{1}{2}x-(2x+3)<\frac{1}{4}\Rightarrow\frac{1}{2}x-2x-3<\frac{1}{4}\Rightarrow-\frac{3}{2}x<\frac{13}{4}\Rightarrow x>-\frac{13}{6}$.

所以不等式组的解集为$\left(-\frac{13}{6},3\right]$.

(3)$\{x|x>0\}$.

第四章　数列

考纲导读

1. 了解数列及其通项,前 n 项和的概念.

2. 理解等差数列、等差中项的概念,会运用等差数列的通项公式、前 n 项和公式解决有关问题.

3. 理解等比数列、等比中项的概念,会运用等比数列的通项公式、前 n 项和公式解决有关问题.

考点精讲

一、数列的有关概念

1. 定义

按一定次序排列的一列数叫作数列.

例如:1,2,3,4,…,n,…是从正整数 1 开始依次排列的数列,简记为$\{n\}$.

一般地,常用 $a_1,a_2,\cdots,a_n,\cdots$来表示数列,简记为$\{a_n\}$.

数列里的每一个数都叫作数列的项. 数列中的各项依次叫作这个数列的第 1 项,第 2 项,…,第 n 项,…. 第 1 项也叫作首项. 通常用 a_n 表示数列的第 n 项,下标 n 叫作项数.

项数有限的数列叫作有穷数列.

例如:1,2,3,…,15. 该数列是项数为 15 的数列.

项数无限的数列叫作无穷数列.

例如:1,2,3,…,n…. 该数列即为无穷数列.

2. 通项公式

如果数列$\{a_n\}$的第 n 项 a_n 与 n 之间的关系可以用一个公式来表示,那么这个公式就叫作这个数列的通项公式.

说明:不是所有的数列都有通项公式.

数列$\{a_n\}$的第 n 项 a_n 与此数列前 n 项和 $S_n=a_1+a_2+\cdots+a_n$ 之间有如下关系:

$$a_n=\begin{cases}S_1,n=1,\\S_n-S_{n-1},n\in\mathbf{N}_+,\text{且 }n\geqslant 2.\end{cases}$$

二、等差数列

1. 定义

如果一个数列从第 2 项起,每一项与它的前一项之间的差等于同一个常数,这个数列就叫作等差数列,这个常数叫作这个等差数列的公差,公差常用字母 d 表示.

等差数列的一般形式：

$$a_1, a_1+d, a_1+2d, \cdots, a_1+(n-1)d, \cdots.$$

2.通项公式

$$a_n = a_1 + (n-1)d.$$

3.等差中项

如果 a, A, b 成等差数列，那么 A 叫作 a 与 b 的等差中项，且有 $A=\dfrac{a+b}{2}$.

a, b, c 成等差数列 $\Leftrightarrow 2b=a+c$.

4.等差数列的前 n 项和公式

(1)已知等差数列的首项和末项，则前 n 项和公式为 $S_n=\dfrac{n(a_1+a_n)}{2}$.

(2)已知等差数列的首项和公差，则前 n 项和公式为 $S_n=na_1+\dfrac{n(n-1)}{2}d$.

5.性质

$a_n=a_m+(n-m)d$.

$S_{2n-1}=(2n-1)a_n$.

如果 $m+n=p+q(m,n,p,q\in \mathbf{N}^*)$，那么 $a_m+a_n=a_p+a_q$.

设等差数列的偶数项之和为 $S_{偶}$，奇数项之和为 $S_{奇}$：

当等差数列的项数为 $2n$ 时，$\dfrac{S_{偶}}{S_{奇}}=\dfrac{a_{n+1}}{a_n}$；$S_{偶}-S_{奇}=nd$.

当等差数列的项数为 $2n-1$ 时，$\dfrac{S_{奇}}{S_{偶}}=\dfrac{n}{n-1}$；$S_{奇}-S_{偶}=a_n$.

【例1】在等差数列 $\{a_n\}$ 中，已知 $a_1=2, a_2+a_3=13$，则 $a_4+a_5+a_6=$(　　).

A. 40　　B. 42　　C. 43　　D. 45

【答案】B

【解析】在等差数列 $\{a_n\}$ 中，已知 $a_1=2, a_2+a_3=13$，所以 $d=3, a_5=14, a_4+a_5+a_6=3a_5=42$.

【例2】已知等差数列的第5项等于10，前3项和等于3，那么这个等差数列的公差 $d=$(　　).

A. 3　　B. 1

C. −1　　D. −3

【答案】A

【解析】由已知条件可得方程组 $\begin{cases}a_1+4d=10,\\ a_1+(a_1+d)+(a_1+2d)=3,\end{cases}$ 即 $\begin{cases}a_1+4d=10,\\ a_1+d=1,\end{cases}$ 解得 $d=3$.

【例3】在等差数列 $\{a_n\}$ 中，已知 $S_n=S_m(m\neq n)$，求 S_{m+n}.

【解析】由已知，得 $\dfrac{n}{2}[2a_1+(n-1)d]=\dfrac{m}{2}[2a_1+(m-1)d]$.

整理得 $2a_1(n-m)+(n^2-m^2-n+m)d=0, 2a_1(n-m)+(n-m)(n+m-1)d=0$.

由于 $m\neq n$，于是得 $2a_1+(n+m-1)d=0$，从而

$$S_{m+n}=\frac{m+n}{2}[2a_1+(m+n-1)d]=0.$$

三、等比数列

1. 定义

如果一个数列从第2项起，每一项与它的前一项之间的比等于同一个常数，这个数列就叫作等比数列，这个常数叫作这个等比数列的公比，公比常用字母 q 表示，$q=\frac{a_{n+1}}{a_n}(q\neq 0)$.

等比数列的一般形式：

$$a_1,a_1q,a_1q^2,\cdots,a_1q^{n-1},\cdots(a_1q\neq 0).$$

2. 通项公式

$$a_n=a_1q^{n-1}.$$

3. 等比中项

如果 a,G,b 成等比数列，那么 G 叫作 a 与 b 的等比中项，且有 $G^2=ab$ 或 $G=\pm\sqrt{ab}$.

a,b,c 成等比数列 $\Leftrightarrow b^2=ac$.

4. 等比数列的前 n 项和公式

(1) 当 $q=1$ 时，前 n 项和公式为 $S_n=na_1$.

(2) 当 $q\neq 1$ 时，前 n 项和公式为 $S_n=\frac{a_1(1-q^n)}{1-q}$ 或 $S_n=\frac{a_1-a_nq}{1-q}(q\neq 1)$.

5. 性质

如果 $m+n=p+q(m,n,p,q\in\mathbf{N}^*)$，那么 $a_ma_n=a_pa_q$.

设等比数列的偶数项之和为 $S_{偶}$，奇数项之和为 $S_{奇}$，当总项数为 $2n$ 时，$S_{偶}=S_{奇}q$.

项数一定的等比数列 $\{a_n\}$ 中与首末两项等距离的两项之积等于首末两项之积，即

$$a_1a_n=a_2a_{n-1}=a_3a_{n-2}=\cdots=a_ka_{n-k+1}.$$

说明：解题时，已知三数成等比数列，可设三数为 $\frac{a}{q},a,aq$.

【例1】公比为2的等比数列 $\{a_n\}$ 中，已知 $a_1+a_2+a_3=7$，则 $a_1=$(　　).

A. $-\frac{7}{3}$　　B. 1　　C. $\frac{7}{3}$　　D. 7

【答案】B

【解析】已知公比 $q=2$，由通项公式得 $a_1+a_2+a_3=a_1+a_1q+a_1q^2=a_1(1+q+q^2)=a_1(1+2+4)=7a_1=7$.

因此 $a_1=1$.

【例2】若 a,b,c 成等比数列，则函数 $f(x)=ax^2+bx+c(a\neq 0)$ 的图象与 x 轴交点的个数是(　　).

A. 2个　　B. 1个

C. 0个　　D. 不能确定

【答案】C

【解析】a,b,c 成等比数列$\Leftrightarrow b^2=ac$.

令 $f(x)=0$ 得 $ax^2+bx+c=0(a\neq 0)$ 的判别式 $\Delta=b^2-4ac=b^2-4b^2=-3b^2<0$.

所以函数 $f(x)=ax^2+bx+c(a\neq 0)$ 的图象与 x 轴无交点.

跟踪训练

一、选择题

1. 在等差数列$\{a_n\}$中，已知 $a_4+a_8=16$，则 $a_2+a_{10}=$(　　).

A. 12　　B. 16

C. 20　　D. 24

2. 已知两数的等差中项为 10，等比中项为 8，则以这两个数为根的一元二次方程是(　　).

A. $x^2+10x+8=0$　　B. $x^2-10x+64=0$

C. $x^2-20x+8=0$　　D. $x^2-20x+64=0$

3. 已知$\{a_n\}$是等比数列且 $a_n>0$，$a_2\cdot a_4+2a_3\cdot a_5+a_4\cdot a_6=25$ 则 $a_3+a_5=$(　　).

A. 5　　B. 10

C. 15　　D. 20

4. 已知数列$\{a_n\}$的前 n 项和为 S_n，$a_1=1$，$S_n=2a_{n+1}$，则 $S_n=$(　　).

A. 2^{n-1}　　B. $\left(\frac{3}{2}\right)^{n-1}$

C. $\left(\frac{2}{3}\right)^{n-1}$　　D. $\frac{1}{2^{n-1}}$

5. 如果 a,b,c 都大于 0，且 a,b,c 既成等差数列又成等比数列，那么(　　).

A. $a+c=2b^2$　　B. $ac=b$

C. $a=b=c$　　D. $a+b=4c$

6. 在各项均为正数的等比数列$\{a_n\}$中，若 $a_5\cdot a_6=9$，则 $\log_3 a_1+\log_3 a_2+\cdots+\log_3 a_{10}=$(　　).

A. 12　　B. 10

C. 8　　D. $2+\log_3 5$

二、填空题

1. 数列 $1,\frac{1}{3},\frac{1}{5},\frac{1}{7},\frac{1}{9},\frac{1}{11},\cdots$ 的通项公式为________.

2. 等比数列$\{a_n\}$的前 n 项和为 S_n，若 $S_3+3S_2=0$，则公比 $q=$________.

3. 已知数列的前 n 项和 $S_n=\frac{1}{3}(3^n-1)$，则 $a_5=$________.

4. 已知$\{a_n\}$为等差数列，S_n 为其前 n 项和，若 $a_1=\frac{1}{2}$，$S_2=a_3$，则 $a_2=$________，$S_n=$________.

5. 一个等差数列的第 1 项与第 7 项之和为 24，则这个等差数列的第 4 项的数值等于________.

6. 设二次函数 $f(x)=ax^2-x$，若 $f(1),f(-1),\frac{1}{3}f(3)$ 成等比数列，则 $a=$________.

三、解答题

1. 已知 $\{a_n\}$ 为等差数列，且 $a_1+a_3=8,a_2+a_4=12$.

(1)求数列 $\{a_n\}$ 的通项公式；

(2)记 $\{a_n\}$ 的前 n 项和为 S_n，若 a_1,a_k,S_{k+2} 成等比数列，求正整数 k 的值.

2. 已知等差数列 $\{a_n\}$ 的前 n 项和为 $S_n=-2n^2-n$.

(1)求通项 a_n 的表达式；

(2)求 $a_1+a_3+a_5+\cdots+a_{25}$ 的值.

3. 设 $\{a_n\}$ 为等差数列，且公差 d 为正数，已知 $a_2+a_3+a_4=15$，又 a_2,a_3-1,a_4 成等比数列，求 a_1 和 d.

4. 已知数列 $\{a_n\}$ 的前 n 项和 $S_n=2a_n-3$.

(1)求 $\{a_n\}$ 的通项公式；

(2)设 $b_n=\frac{na_n}{2^n}$，求数列 $\{b_n\}$ 的前 n 项和.

参考答案及解析

一、选择题

1. B 【解析】因为 $a_4+a_8=(a_1+3d)+(a_1+7d)=2a_1+10d,a_2+a_{10}=(a_1+d)+(a_1+9d)=2a_1+10d$.

所以 $a_4+a_8=a_2+a_{10}=16$.

2. D 【解析】设两数为 x_1 和 x_2，由已知得 $x_1+x_2=20,x_1\cdot x_2=64$. 所以以 x_1,x_2 为根的方程为 $x^2-20x+64=0$.

3. A 【解析】由等比数列的性质得 $a_2\cdot a_4=a_3\cdot a_3,a_4\cdot a_6=a_5\cdot a_5$.

因为 $a_2\cdot a_4+2a_3\cdot a_5+a_4\cdot a_6=25$ 且 $a_n>0$，

所以 $a_3\cdot a_3+2a_3\cdot a_5+a_5\cdot a_5=25\Rightarrow(a_3+a_5)^2=25\Rightarrow a_3+a_5=5$.

4. B 【解析】由 $S_n=2a_{n+1}$ 可知，当 $n=1$ 时，$a_2=\frac{1}{2}S_1=\frac{1}{2}$.

当 $n\geqslant2$ 时，有

$$S_n=2a_{n+1},\quad ①$$
$$S_{n-1}=2a_n.\quad ②$$

由①－②可得 $a_n=2a_{n+1}-2a_n$，即 $a_{n+1}=\frac{3}{2}a_n$.

故该数列是从第二项起以 $\frac{1}{2}$ 为首项，以 $\frac{3}{2}$ 为公比的等比数列，所以数列的通项公式为

$$a_n=\begin{cases}1,n=1,\\ \frac{1}{2}\left(\frac{3}{2}\right)^{n-2},n\geqslant2.\end{cases}$$

故当 $n\geqslant 2$ 时，$S_n=1+\dfrac{\frac{1}{2}\left[1-\left(\frac{3}{2}\right)^{n-1}\right]}{1-\frac{3}{2}}=\left(\dfrac{3}{2}\right)^{n-1}$.

当 $n=1$ 时，$S_1=\left(\dfrac{3}{2}\right)^{1-1}=1$.

5. C 【解析】解方程组 $\begin{cases}2b=a+c,\\ b^2=ac.\end{cases}$

6. B 【解析】因为 $a_5\cdot a_6=9$，

所以 $\log_3a_1+\log_3a_2+\cdots+\log_3a_{10}=\log_3(a_1\cdot a_2\cdot\cdots\cdot a_{10})$

$$=\log_3[(a_1\cdot a_{10})\cdot(a_2\cdot a_9)\cdot\cdots\cdot(a_5\cdot a_6)]$$
$$=\log_3(a_5\cdot a_6)^5$$
$$=\log_3(3^2)^5$$
$$=\log_3 3^{10}=10.$$

二、填空题

1. $a_n=\dfrac{1}{2n-1}$ 【解析】数列的前 6 项的分子都是 1，分母 1，3，5，7，9，11 是奇数，其第 n 项为 $2n-1$，因此，通项公式为 $a_n=\dfrac{1}{2n-1}$.

2. -2 【解析】当 $q=1$ 时，$S_3=3a_1$，$S_2=2a_1$，由 $S_3+3S_2=0$ 得 $9a_1=0$，所以 $a_1=0$，与 $\{a_n\}$ 是等比数列矛盾，故 $q\neq1$. 由 $S_3+3S_2=0$ 得 $\dfrac{a_1(1-q^3)}{1-q}+\dfrac{3a_1(1-q^2)}{1-q}=0$，解得 $q=-2$.

3. 54 【解析】$a_n=S_n-S_{n-1}=\dfrac{1}{3}(3^n-1)-\dfrac{1}{3}(3^{n-1}-1)$

$$=\frac{1}{3}(3^n-1-3^{n-1}+1)$$
$$=\frac{1}{3}\times3^{n-1}(3-1)$$
$$=\frac{2}{3}\times3^{n-1}$$
$$=2\times3^{n-2}(n\geqslant2).$$

所以 $a_5=2\times3^{5-2}=2\times3^3=54$.

4. 1；$\dfrac{1}{4}n^2+\dfrac{1}{4}n$ 【解析】因为 $S_2=a_3$，所以 $a_1+a_1+d=a_1+2d\Rightarrow d=\dfrac{1}{2}\Rightarrow a_2=a_1+d=1$，$S_n=\dfrac{1}{4}n(n+1)$.

5. 12 【解析】由等差数列的性质得 $a_1+a_7=a_2+a_6=a_3+a_5=2a_4$. 已知 $a_1+a_7=24$，故有 $2a_4=24$，因此 $a_4=12$.

6. 3 【解析】由已知得 $[f(-1)]^2=f(1)\cdot\dfrac{1}{3}f(3)$

$\Rightarrow (a+1)^2=(a-1)\cdot\frac{1}{3}(9a-3)\Rightarrow a^2-3a=0$

$\Rightarrow a(a-3)=0.$

$\because a\neq 0, \therefore a=3.$

三、解答题

1. 解：(1) 设数列 $\{a_n\}$ 的公差为 d，由题意可知 $\begin{cases}2a_1+2d=8,\\2a_1+4d=12,\end{cases}$ 解得 $a_1=2, d=2.$

所以 $a_n=a_1+(n-1)d=2+2(n-1)=2n.$

(2) 由(1)可得 $S_n=\frac{(a_1+a_n)n}{2}=\frac{(2+2n)n}{2}=n(1+n)$. 因 a_1, a_k, S_{k+2} 成等比数列，所以 $a_k^2=a_1\cdot S_{k+2}$，从而 $(2k)^2=2(k+2)(k+3)$，即 $k^2-5k-6=0.$

解得 $k=6$ 或 $k=-1$（舍去），因此 $k=6.$

2. 解：(1) 当 $n\geqslant 2$ 时，

$a_n=S_n-S_{n-1}=(-2n^2-n)-[-2(n-1)^2-(n-1)]=1-4n.$

当 $n=1$ 时，$a_1=S_1=-2-1=-3$，满足公式 $a_n=1-4n.$

所以 $a_n=1-4n(n\geqslant 1).$

(2) 由(1)知 $a_1=-3, a_2=-7$，因此 $d=a_2-a_1=-7-(-3)=-4.$

$\{a_n\}$ 是以 $a_1=-3$ 为首项，公差 $d=-4$ 的等差数列，于是 $a_1, a_3, a_5, \cdots, a_{25}$ 是以 $a_1=-3$ 为首项，公差为 -8，项数为 13 的等差数列，

所以 $a_1+a_3+a_5+\cdots+a_{25}=13\times(-3)+\frac{13\times 12\times(-8)}{2}=-663.$

3. 解：由等差数列的性质知 $a_2+a_4=2a_3.$

由已知条件及上式得 $15=a_2+a_3+a_4=3a_3$，

因此 $a_3=\frac{15}{3}=5.$

所以 $a_2+a_4=2\times 5=10.$ ①

由 a_2, a_3-1, a_4 成等比数列以及上式得

$a_2\cdot a_4=(a_3-1)^2=(5-1)^2=16.$ ②

解方程组①②，得 $a_2=2$（$a_2=8>a_3$ 舍去），

由此可得 $d=a_3-a_2=5-2=3$，

$a_1=a_2-d=2-3=-1.$

4. 解：(1) 当 $n=1$ 时，由所给递推公式可得 $S_1=2a_1-3.$

又因为 $a_1=S_1$，

所以 $a_1=2a_1-3$，即 $a_1=3.$

当 $n\geqslant 2$ 时，

$a_n=S_n-S_{n-1}=(2a_n-3)-(2a_{n-1}-3)=2(a_n-a_{n-1})$，

由此可得 $a_n=2a_{n-1}$.

因此$\frac{a_n}{a_{n-1}}=2$.

上述表明$\{a_n\}$为首项 $a_1=3$,公比为 $q=2$ 的等比数列.

因此对于任何 $n\geqslant 1$,得 $a_n=a_1q^{n-1}=3\cdot 2^{n-1}$.

(2)根据(1)可得 $b_n=\frac{na_n}{2^n}=\frac{n\cdot 3\cdot 2^{n-1}}{2^n}=\frac{3}{2}n$.

因此,$\{b_n\}$的前 n 项和为

$$\begin{aligned}b_1+b_2+\cdots+b_n&=\frac{3}{2}(1+2+\cdots+n)\\&=\frac{3}{2}\cdot\frac{(1+n)n}{2}\\&=\frac{3n(n+1)}{4}.\end{aligned}$$

★第五章 复数

考纲导读

1. 了解复数的概念及复数的代数表示和几何意义.
2. 会进行复数的代数形式的加、减、乘、除运算.

考点精讲

一、复数的概念

1. 虚数单位

i 叫作虚数单位. 并规定:$i^2=-1$. 且实数可以与它进行四则运算,进行四则运算时,原有的加、乘运算律仍然成立.

2. i 与 −1 的关系

i 就是 −1 的平方根,即方程 $x^2=-1$ 的一个根,方程 $x^2=-1$ 的另一个根是 −i.

3. i 的乘方具有的性质

$i^2=-1, i^{4n}=1, i^{4n+1}=i, i^{4n+2}=-1, i^{4n+3}=-i (n\in \mathbf{N})$.

4. 复数

$a+bi(a,b\in\mathbf{R})$ 叫作复数,其中 a 与 b 分别叫作复数的实部与虚部. 当 $b=0$ 时,$a+bi$ 是一个实数;当 $b\neq0$ 时,$a+bi$ 叫作虚数;当 $a=0, b\neq0$ 时,bi 叫作纯虚数;$a+bi(a,b\in\mathbf{R})$ 叫作复数的代数式. 复数集用 **C** 表示,显然 $\mathbf{R}\subsetneqq\mathbf{C}$,即实数集 **R** 是复数集 **C** 的真子集.

$$\text{复数}(a+bi)\begin{cases}\text{实数}(b=0)\\ \text{虚数}(b\neq0)\begin{cases}\text{纯虚数}(a=0,b\neq0)\\ \text{非纯虚数}(a\neq0,b\neq0)\end{cases}\end{cases}$$

5. 复数相等的概念

两个复数相等的充要条件:

$$a+bi=c+di\Leftrightarrow a=c,b=d.$$

特别地,

$$z=a+bi=0\Leftrightarrow a=0,b=0.$$

6. 复数的几何表示

复数 $z=a+bi$ 可以用坐标平面内的点 $Z(a,b)$ 来表示,点 Z 的横坐标为复数的实部 a,纵坐标为复数的虚部 b,这个坐标平面叫作复平面,其中横轴叫实轴,纵轴(除去原点)叫虚轴.

复数 $z=a+bi$ 可以用复平面上以原点 O 为起点,$Z(a,b)$ 为终点的向量 $\overrightarrow{OZ}$ 来表示.

复数 $z=a+bi$ 与复平面上的点 $Z(a,b)$ 或向量 $\overrightarrow{OZ}$ 成一一对应关系.

7. 复数的模

设复数 $z=a+bi$，那么 $\sqrt{a^2+b^2}$ 叫作复数 z 的模，记作 $|z|$，即 $|z|=\sqrt{a^2+b^2}$.

$|z|$ 还可记为 r 或 $|a+bi|$.

复数的模也叫作复数的绝对值.

注意：实数可以比较大小，不都是实数的两个复数不能比较大小，但复数的模可以比较大小.

8. 共轭复数

若 $z=a+bi$，$\bar{z}=a-bi$，则 z 与 $\bar{z}$ 互为共轭复数.

一般地，复数 z 的共轭复数用 $\bar{z}$ 表示.

二、复数代数式的运算

设复数 $z_1=a_1+b_1\mathrm{i}$，$z_2=a_2+b_2\mathrm{i}$.

1. 加法与减法

$$(a_1+b_1\mathrm{i})\pm(a_2+b_2\mathrm{i})=(a_1\pm a_2)+(b_1\pm b_2)\mathrm{i}.$$

注意：复数运算的结果应表示成一个复数.

2. 乘法

两复数相乘可按多项式乘法法则来计算，注意实部与虚部分别合并及 $\mathrm{i}^2=-1$：

$$(a_1+b_1\mathrm{i})(a_2+b_2\mathrm{i})=(a_1a_2-b_1b_2)+(b_1a_2+a_1b_2)\mathrm{i}.$$

注意：$z\cdot\bar{z}\in\mathbf{R}$.

3. 除法

$$(a_1+b_1\mathrm{i})\div(a_2+b_2\mathrm{i})=\frac{a_1+b_1\mathrm{i}}{a_2+b_2\mathrm{i}}=\frac{(a_1+b_1\mathrm{i})(a_2-b_2\mathrm{i})}{(a_2+b_2\mathrm{i})(a_2-b_2\mathrm{i})}$$

$$=\frac{(a_1a_2+b_1b_2)+(b_1a_2-a_1b_2)\mathrm{i}}{a_2^2+b_2^2}.$$

4. 复数的运算律

(1)加法交换律：$z_1+z_2=z_2+z_1$.

(2)加法结合律：$(z_1+z_2)+z_3=z_1+(z_2+z_3)$.

(3)乘法交换律：$z_1\cdot z_2=z_2\cdot z_1$.

(4)乘法结合律：$(z_1\cdot z_2)\cdot z_3=z_1\cdot(z_2\cdot z_3)$.

(5)乘法分配律：$z_1(z_2+z_3)=z_1z_2+z_1z_3$.

【例 1】复数 $z=a+bi$ 是纯虚数的充要条件是（　　）.

A. $a=0$　　B. $b=0$

C. $ab=0$　　D. $\frac{a}{b}=0$

【答案】D

【解析】由于 $z=a+bi$ 是纯虚数 $\Rightarrow a=0$ 且 $b\neq0\Rightarrow\frac{a}{b}=0$.

又$\frac{a}{b}=0 \Rightarrow a=0$ 且 $b \neq 0 \Rightarrow a+bi$ 是纯虚数.

所以 $z=a+bi$ 是纯虚数$\Leftrightarrow \frac{a}{b}=0$. 故选 D.

【例 2】已知复数 $z=a+bi$，其中 $a,b \in \mathbf{R}$，且 $b \neq 0$，则(　　).

A. $|z^2| \neq |z|^2 = z^2$　　B. $|z^2| = |z|^2 = z^2$

C. $|z^2| = |z|^2 \neq z^2$　　D. $|z^2| = z^2 \neq |z|^2$

【答案】C

【解析】由于$|z^2|$，$|z|^2 \in \mathbf{R}$，而 z^2 不一定是实数. 故选 C.

【例 3】若$(2x+y)+(3x+1)\mathrm{i}=0$，$x,y \in \mathbf{R}$，则(　　).

A. $x=-1, y=2$　　B. $x=1, y=-2$

C. $x=-\frac{1}{3}, y=\frac{2}{3}$　　D. $x=\frac{1}{3}, y=-\frac{2}{3}$

【答案】C

【解析】由已知，$(2x+y)+(3x+1)\mathrm{i}=0+0 \cdot \mathrm{i}$.

由两个复数相等的充要条件，得

$$\begin{cases}2x+y=0,\\3x+1=0.\end{cases}$$

解之，得 $x=-\frac{1}{3}, y=\frac{2}{3}$. 故选 C.

跟踪训练

一、选择题

1. 复数$\frac{3-\mathrm{i}}{1-\mathrm{i}}=$(　　).

A. $1+2\mathrm{i}$　　B. $1-2\mathrm{i}$

C. $2+\mathrm{i}$　　D. $2-\mathrm{i}$

2. 已知 z 是纯虚数，$\frac{z+2}{1-\mathrm{i}}$是实数，那么 z 等于(　　).

A. $2\mathrm{i}$　　B. i

C. $-\mathrm{i}$　　D. $-2\mathrm{i}$

3. 复数 $z=\frac{2-\mathrm{i}}{1+\mathrm{i}}$在复平面内对应的点位于(　　).

A. 第一象限　　B. 第二象限

C. 第三象限　　D. 第四象限

4. 在复平面内，过原点和$\sqrt{3}-\mathrm{i}$ 的直线的倾斜角为(　　).

A. $\frac{\pi}{6}$　　B. $-\frac{\pi}{6}$

C. $\frac{2}{3}\pi$　　D. $\frac{5}{6}\pi$

5. 复数 $z=a+b\mathrm{i}$（$a,b\in\mathbf{R}$ 且 a,b 不同时为 0）等于它的共轭复数的倒数的充要条件是(　　).

A. $a+b=1$　　B. $a^2+b^2=1$

C. $ab=1$　　D. $a=b$

6. 若 $m\in\mathbf{R}$，且 $|\log_3 m-3\mathrm{i}|=5$，则 $m=$(　　).

A. 64　　B. 64 或 64^{-1}

C. 81 或 81^{-1}　　D. 81

二、填空题

1. 复数 $z=\frac{2}{1+\sqrt{3}\mathrm{i}}$ 的实部是________，虚部是________，模是________，$z+\bar{z}=$________，$z\cdot\bar{z}=$________.

2. $(1+\mathrm{i})(4-\mathrm{i}^3)(2+3\mathrm{i}^5)=$________.

3. 已知 z 是复数，i 是虚数单位，若 $(1-\mathrm{i})z=2\mathrm{i}$，则 $z=$________.

4. 若复数 z 满足 $z(1+\mathrm{i})=1-\mathrm{i}$（i 是虚数单位），则其共轭复数 $\bar{z}=$________.

三、解答题

1. 计算 $\frac{\sqrt{5}+\sqrt{3}\mathrm{i}}{\sqrt{5}-\sqrt{3}\mathrm{i}}-\frac{\sqrt{3}+\sqrt{5}\mathrm{i}}{\sqrt{3}-\sqrt{5}\mathrm{i}}$.

2. 在复数范围内分解因式.

(1) $2x^2+4x+5$；

(2) x^4-a^4（a 为实数）.

3. 在复平面内，求适合 $|z-1-\mathrm{i}|=5$ 的复数 z 所对应的点的轨迹.

4. 已知 $(2k^2-3k-2)+(k^2+k-6)\mathrm{i}$ 是纯虚数且虚部小于 0，求实数 k.

参考答案及解析

一、选择题

1. C　【解析】$\frac{3-\mathrm{i}}{1-\mathrm{i}}=\frac{(3-\mathrm{i})(1+\mathrm{i})}{(1-\mathrm{i})(1+\mathrm{i})}=\frac{4+2\mathrm{i}}{2}=2+\mathrm{i}$. 故选 C.

2. D　【解析】由题意得 $z=a\mathrm{i}$（$a\in\mathbf{R}$ 且 $a\neq0$），所以 $\frac{z+2}{1-\mathrm{i}}=\frac{(2+a\mathrm{i})(1+\mathrm{i})}{(1-\mathrm{i})(1+\mathrm{i})}=\frac{2-a+(a+2)\mathrm{i}}{2}$，则当 $a+2=0$，即 $a=-2$ 时，$\frac{z+2}{1-\mathrm{i}}$ 为实数. 则有 $z=-2\mathrm{i}$. 故选 D.

3. D　【解析】$z=\frac{2-\mathrm{i}}{1+\mathrm{i}}=\frac{1}{2}-\frac{3}{2}\mathrm{i}$，它对应的点在第四象限. 故选 D.

4. D　【解析】$\sqrt{3}-\mathrm{i}$ 对应的点为 $(\sqrt{3},-1)$，则所求直线的斜率为 $-\frac{\sqrt{3}}{3}$，则倾斜角为 $\frac{5}{6}\pi$. 故选 D.

5. B 【解析】如果复数 $a+bi$ 等于它的共轭复数的倒数，即 $a+bi=\frac{1}{a-bi}$，由此得到

$$(a+bi)(a-bi)=1,a^2-(bi)^2=1,a^2+b^2=1.$$

反之，上述推导过程每一步均可逆，即由 $a^2+b^2=1$ 推出 $a+bi$ 等于它的共轭复数的倒数. 因此，复数 $a+bi$ 等于它的共轭复数的倒数 $\frac{1}{a-bi}$ 的充要条件是 $a^2+b^2=1$. 故选 B.

6. C 【解析】由已知，$\sqrt{(\log_3 m)^2+(-3)^2}=5$.

$$(\log_3 m)^2=16,$$
$$\log_3 m=\pm4.$$

则 $m=3^4$ 或 $m=3^{-4}$，即 $m=81$ 或 $m=81^{-1}$. 故选 C.

二、填空题

1. $\frac{1}{2}$；$-\frac{\sqrt{3}}{2}$；1；1；1 【解析】$\because z=\frac{2}{1+\sqrt{3}i}=\frac{2(1-\sqrt{3}i)}{(1+\sqrt{3}i)(1-\sqrt{3}i)}=\frac{2-2\sqrt{3}i}{1-(\sqrt{3}i)^2}$

$$=\frac{2-2\sqrt{3}i}{1-3i^2}=\frac{2-2\sqrt{3}i}{1+3}=\frac{1}{2}-\frac{\sqrt{3}}{2}i.$$

$\therefore$ 实部为 $\frac{1}{2}$，虚部为 $-\frac{\sqrt{3}}{2}$.

$$r=\sqrt{\left(\frac{1}{2}\right)^2+\left(-\frac{\sqrt{3}}{2}\right)^2}=\sqrt{\frac{1}{4}+\frac{3}{4}}=\sqrt{1}=1.$$

$$z+\bar{z}=\left(\frac{1}{2}-\frac{\sqrt{3}}{2}i\right)+\left(\frac{1}{2}+\frac{\sqrt{3}}{2}i\right)=1.$$

$$z\cdot\bar{z}=\left(\frac{1}{2}-\frac{\sqrt{3}}{2}i\right)\left(\frac{1}{2}+\frac{\sqrt{3}}{2}i\right)=1.$$

2. $-9+19i$ 【解析】$(1+i)(4-i^3)(2+3i^5)=(1+i)(4+i)(2+3i)$

$$=(3+5i)(2+3i)$$
$$=-9+19i.$$

3. $-1+i$ 【解析】$(1-i)z=2i$，$z=\frac{2i}{1-i}=-1+i$.

4. i 【解析】$z=\frac{1-i}{1+i}=\frac{(1-i)^2}{(1+i)(1-i)}=-i$，所以 $\bar{z}=i$.

三、解答题

1. 解：$\frac{\sqrt{5}+\sqrt{3}i}{\sqrt{5}-\sqrt{3}i}-\frac{\sqrt{3}+\sqrt{5}i}{\sqrt{3}-\sqrt{5}i}=\frac{(\sqrt{5}+\sqrt{3}i)^2}{8}-\frac{(\sqrt{3}+\sqrt{5}i)^2}{8}=\frac{1}{2}.$

2. 解：(1) $2x^2+4x+5=2(x^2+2x+1-1)+5$

$$=2(x+1)^2+3$$
$$=(\sqrt{2}x+\sqrt{2}+\sqrt{3}i)(\sqrt{2}x+\sqrt{2}-\sqrt{3}i)$$
$$=2\left(x+\frac{2-\sqrt{6}i}{2}\right)\left(x+\frac{2+\sqrt{6}i}{2}\right).$$

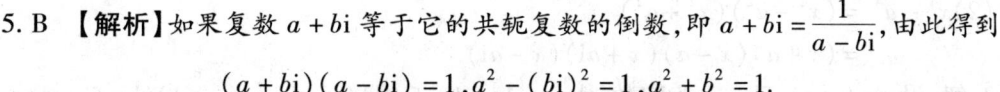

(2) $x^4-a^4=(x^2-a^2)(x^2+a^2)$

$=(x+a)(x-a)(x+ai)(x-ai)$.

3. 解：设 $z=x+yi$，且 x,y 为实数. 由 $|z-1-i|=5$ 得 $|(x-1)+(y-1)i|=5$.

由复数模的概念，得 $\sqrt{(x-1)^2+(y-1)^2}=5$，$(x-1)^2+(y-1)^2=25$.

所以复数 z 所对应的点的轨迹是圆.

4. 解：由已知，得 $\begin{cases}2k^2-3k-2=0, ① \\ k^2+k-6<0. ②\end{cases}$

由①，得 $k=2$ 或 $k=-\frac{1}{2}$.

由②，得 $-3<k<2$.

所以 $k=-\frac{1}{2}$.

第六章 导数

考纲导读

★1. 了解函数极限的概念，了解函数连续的意义.

2. 理解导数的概念及几何意义.

3. 掌握函数 $y=c$（c 为常数），$y=x^n$（$n\in \mathbf{N}_+$）的导数公式，会求多项式函数的导数.

★4. 会用基本导数公式［$y=c$，$y=x^n$（n 为有理数），$y=\sin x$，$y=\cos x$，$y=e^x$ 的导数］，掌握两个函数和、差、积、商的求导法则.

5. 理解极大值、极小值、最大值、最小值的概念，并会用导数求多项式函数的单调区间、极大值、极小值及闭区间上的最大值和最小值.

6. 会求有关曲线的切线方程，会用导数求简单实际问题的最大值与最小值.

考点精讲

★一、函数极限

1. 当 $x\to\infty$ 时函数的极限

（1）当自变量 x 取正值且无限增大时，如果函数 $y=f(x)$ 的值无限趋近于一个常数 A，就说当 x 趋向于正无穷大时，函数 $y=f(x)$ 的极限是 A，记作

$$\lim_{x\to+\infty}f(x)=A \text{ 或当 } x\to+\infty \text{ 时}, f(x)\to A.$$

（2）当自变量 x 取负值而 $|x|$ 无限增大时，如果函数 $y=f(x)$ 的值无限趋近于一个常数 A，就说当 x 趋向于负无穷大时，函数 $y=f(x)$ 的极限是 A，记作

$$\lim_{x\to-\infty}f(x)=A \text{ 或当 } x\to-\infty \text{ 时}, f(x)\to A.$$

（3）当自变量 x 的绝对值无限增大时，如果函数 $y=f(x)$ 的值无限趋近于一个常数 A，就说当 x 趋向于无穷大时，函数 $y=f(x)$ 的极限是 A，记作

$$\lim_{x\to\infty}f(x)=A \text{ 或当 } x\to\infty \text{ 时}, f(x)\to A.$$

（4）x 趋向无穷大时，常数函数 $f(x)=C$ 的极限就是 C，即 $\lim\limits_{x\to\infty}C=C$.

（5）x 趋向无穷大时，函数 $y=\frac{1}{x}$ 的极限就是 0，即 $\lim\limits_{x\to\infty}\frac{1}{x}=0$.

2. 当 $x\to x_0$ 时函数的极限

（1）当自变量 x 无限趋近于常数 x_0（但 $x\neq x_0$）时，如果函数 $y=f(x)$ 无限趋近于一个常

数 A,就说当 x 趋向于 x_0 时,函数 $y=f(x)$ 的极限是 A,记作

$\lim\limits_{x\to x_0}f(x)=A$ 或当 $x\to x_0$ 时, $f(x)\to A$.

(2)当 $x\to x_0$ 时,常数函数 $f(x)=C$ 的极限就是这个常数,即 $\lim\limits_{x\to x_0}C=C$.

(3)当 $x\to x_0$ 时,函数 $f(x)=x$ 也无限趋近于 x_0,即 $\lim\limits_{x\to x_0}x=x_0$.

3. 函数的左、右极限

(1)函数的左极限

当自变量 x 从点 x_0 的左侧(即 $x<x_0$)无限地趋近于 x_0 时,函数 $f(x)$ 无限地趋近于某一个常数 A,则称 A 是函数 $f(x)$ 在点 x_0 处的左极限,记作

$$\lim_{x\to x_0^-}f(x)=A.$$

(2)函数的右极限

当自变量 x 从点 x_0 的右侧(即 $x>x_0$)无限地趋近于 x_0 时,函数 $f(x)$ 无限地趋近于某一个常数 A,则称 A 是函数 $f(x)$ 在点 x_0 处的右极限,记作

$$\lim_{x\to x_0^+}f(x)=A.$$

注: $\lim\limits_{x\to x_0}f(x)=A\Leftrightarrow\lim\limits_{x\to x_0^-}f(x)=\lim\limits_{x\to x_0^+}f(x)=A$.

二、函数极限的运算法则

设 $\lim\limits_{x\to x_0}f(x)=A,\lim\limits_{x\to x_0}g(x)=B$,则

(1) $\lim\limits_{x\to x_0}[f(x)\pm g(x)]=\lim\limits_{x\to x_0}f(x)\pm\lim\limits_{x\to x_0}g(x)=A\pm B$;

(2) $\lim\limits_{x\to x_0}[cf(x)]=c\lim\limits_{x\to x_0}f(x)=cA$($c$ 为常数);

(3) $\lim\limits_{x\to x_0}[f(x)\cdot g(x)]=\lim\limits_{x\to x_0}f(x)\cdot\lim\limits_{x\to x_0}g(x)=A\cdot B$;

(4) $\lim\limits_{x\to x_0}\dfrac{f(x)}{g(x)}=\dfrac{\lim\limits_{x\to x_0}f(x)}{\lim\limits_{x\to x_0}g(x)}=\dfrac{A}{B}(B\neq 0)$;

(5) $\lim\limits_{x\to x_0}[f(x)]^n=[\lim\limits_{x\to x_0}f(x)]^n=A^n$($n$ 为任意正整数).

【例 1】求下列极限

(1) $\lim\limits_{x\to\infty}\dfrac{x-\cos x}{x}$;

(2) $\lim\limits_{x\to 1}\dfrac{x^2-3x+2}{x^2-4x+3}$.

【解析】(1)原式 $=\lim\limits_{x\to\infty}(1-\dfrac{\cos x}{x})=1-\lim\limits_{x\to\infty}\dfrac{\cos x}{x}=1$.

(2)原式 $=\lim\limits_{x\to 1}\dfrac{(x-2)(x-1)}{(x-3)(x-1)}=\lim\limits_{x\to 1}\dfrac{(x-2)}{(x-3)}=\dfrac{1}{2}$.

【例 2】设函数 $f(x)=\begin{cases}1,x>0,\\-1,x<0,\end{cases}$ 求 $\lim\limits_{x\to+\infty}f(x)$ 和 $\lim\limits_{x\to-\infty}f(x)$.

【解析】当 $x\to+\infty$ 时, $f(x)$ 的值总是 1,即 $\lim\limits_{x\to+\infty}f(x)=1$.

当 $x\to-\infty$ 时，$f(x)$ 的值总是 -1，即 $\lim\limits_{x\to-\infty}f(x)=-1$.

【例3】已知 $a>0$，求 $\lim\limits_{x\to+\infty}\dfrac{1}{1+a^x}$.

【解析】当 $0<a<1$，且 $x\to+\infty$ 时，$a^x\to0$，则原式 $=1$；

当 $a=1$，且 $x\to+\infty$ 时，$a^x\to1$，则原式 $=\dfrac{1}{2}$；

当 $a>1$，且 $x\to+\infty$ 时，$\dfrac{1}{a^x}\to0$，所以

$$\lim_{x\to+\infty}\frac{1}{1+a^x}=\lim_{x\to+\infty}\frac{\frac{1}{a^x}}{\frac{1}{a^x}+1}=\frac{0}{0+1}=0.$$

★三、函数的连续性

1. 函数 $f(x)$ 在点 $x=x_0$ 处连续

若函数 $f(x)$ 在点 $x=x_0$ 处及其附近有定义，且 $\lim\limits_{x\to x_0}f(x)=f(x_0)$，则称函数 $f(x)$ 在点 x_0 处连续.

2. 函数 $f(x)$ 在点 x_0 处右连续（或左连续）

若函数 $f(x)$ 在点 $x=x_0$ 处及其右侧（或左侧）有定义，且

$$\lim_{x\to x_0^+}f(x)=f(x_0)\ [\text{或}\lim_{x\to x_0^-}f(x)=f(x_0)],$$

则称 $f(x)$ 在点 x_0 处右连续（或左连续）.

3. 函数 $f(x)$ 在区间 (a,b) 内连续

若函数 $f(x)$ 在区间 (a,b) 内每一个点处都连续，则称 $f(x)$ 在区间 (a,b) 内连续，或称 $f(x)$ 是区间 (a,b) 内的连续函数.

4. 函数 $f(x)$ 在区间 $[a,b]$ 上连续

若函数 $f(x)$ 在区间 $[a,b]$ 内连续，且在 $x=a$ 处右连续，在 $x=b$ 处左连续，则称函数 $f(x)$ 在区间 $[a,b]$ 上连续.

闭区间上的连续函数，其图象是一条连续的曲线.

★四、连续函数的性质

(1) 最大值最小值定理

若函数 $f(x)$ 在闭区间 $[a,b]$ 上连续，则 $f(x)$ 在该区间上有最大值和最小值.

(2) 若函数 $f(x)$，$g(x)$ 在点 $x=x_0$ 处连续，那么

$$f(x)\pm g(x),\ f(x)\cdot g(x),\ \frac{f(x)}{g(x)}[g(x)\neq0]$$

在点 $x=x_0$ 处都连续.

★五、初等函数的连续性

指数函数、对数函数、三角函数等都是基本初等函数，基本初等函数及常数函数经有限次四则运算后所得到的函数，都是初等函数. 它们在其定义域里每一点处都连续.

因此，求初等函数 $f(x)$ 在点 $x=x_0$ 处的极限，即求 $f(x_0)$. 但点 x_0 必须是 $f(x)$ 定义域内的点.

【例 1】设 $f(x)=\begin{cases}x-1,x<0,\\0,x=0,\\x+1,x>0\end{cases}$ 考查函数 $f(x)$ 在点 $x=0$ 处的连续性.

【解析】$f(x)$ 在点 $x=0$ 处有定义，且 $f(0)=0$.

但是 $\lim\limits_{x\to0^-}f(x)=-1$，$\lim\limits_{x\to0^+}f(x)=1$，

因为 $f(x)$ 在点 $x=0$ 处左右极限不相等，所以 $\lim\limits_{x\to0}f(x)$ 不存在.

因此，$f(x)$ 在点 $x=0$ 处不连续.

【例 2】判断函数 $f(x)=\begin{cases}1,x\geqslant0,\\-1,x<0\end{cases}$ 在点 $x=0$ 处：(1)左连续；(2)右连续；(3)连续.

【解析】(1)因为 $\lim\limits_{x\to0^-}f(x)=-1$，又 $f(0)=1$，

所以 $\lim\limits_{x\to0^-}f(x)\neq f(0)$，故 $f(x)$ 在点 $x=0$ 处非左连续.

(2)因为 $\lim\limits_{x\to0^+}f(x)=1$，又 $f(0)=1$，

所以 $\lim\limits_{x\to0^+}f(x)=f(0)$，故 $f(x)$ 在点 $x=0$ 处右连续.

(3)由(1)知，函数 $f(x)$ 在点 $x=0$ 处不连续.

六、导数

1. 函数的增量

设函数 $y=f(x)$ 的自变量 x 由某一值 x_0（称为初值）变到另一值 x_1（称为终值）时，则称终值与初值之差 x_1-x_0 为自变量的增量（或改变量），记作 Δx，即 $\Delta x=x_1-x_0$，因此 $x_1=x_0+\Delta x$.

相对应地，x 的初值与终值所对应的函数值 $y_0=f(x_0)$ 和 $y_1=f(x_1)$ 分别叫作函数的初值与终值. 函数值由 y_0 增加到 y_1，则 y_1-y_0 为函数的增量（或改变量），记作 Δy，即

$$\Delta y=y_1-y_0=f(x_1)-f(x_0) \text{ 或 } \Delta y=f(x_0+\Delta x)-f(x_0).$$

2. 导数的定义

设函数 $y=f(x)$ 在点 x_0 的邻域内有定义，当自变量 x 在点 x_0 处有增量 Δx 时，函数有对应的增量 $\Delta y=f(x_0+\Delta x)-f(x_0)$. 如果 $\Delta x\to0$ 时，$\dfrac{\Delta y}{\Delta x}$ 的极限存在，则称这个极限为函数 $f(x)$ 在点 x_0 处的导数，记作 $f'(x_0)$ 或 $y'|_{x=x_0}$，即

$$f'(x_0)=\lim_{\Delta x\to0}\frac{\Delta y}{\Delta x}=\lim_{\Delta x\to0}\frac{f(x_0+\Delta x)-f(x_0)}{\Delta x}.$$

函数 $y=f(x)$ 在点 x_0 处的导数存在，简称为函数 $f(x)$ 在点 x_0 处可导，否则称函数 $f(x)$ 在点 x_0 处不可导.

如果函数 $f(x)$ 在区间 $[a,b]$ 内每一点都可导，就称函数 $f(x)$ 在区间 $[a,b]$ 内可导. 此时，对于每一个 $x\in(a,b)$，都有一个导数值 $f'(x)$ 与之对应，所以 $f'(x)$ 也是 x 的函数，称它为原函数 $y=f(x)$ 的导函数，记作 y' 或 $f'(x)$.

说明：在不会产生混淆的情况下，有时也把导函数称为导数.

3. 导数的几何意义

导数 $f'(x_0)$ 表示曲线 $y=f(x)$ 在点 (x_0,y_0) 处的切线的斜率,即 $f'(x_0)=\tan\alpha$,其中 α 为切线的倾斜角(如图 6-1).

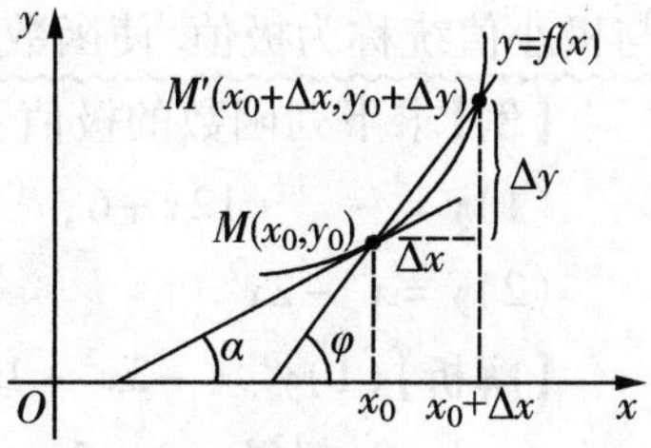

图 6-1

由此应用直线的点斜式方程可得曲线 $y=f(x)$ 在点 (x_0,y_0) 处的切线方程为

$$y-y_0=f'(x_0)(x-x_0).$$

4. 常见函数的导数公式

(1) $(c)'=0$(c 为常数).

(2) $(x^n)'=nx^{n-1}$(n 为有理数).

(3) $(e^x)'=e^x$.

(4) $(a^x)'=a^x\ln a$.

(5) $(\ln x)'=\dfrac{1}{x}$.

(6) $(\log_a x)'=\dfrac{1}{x\ln a}$.

(7) $(u\pm v)'=u'\pm v'$.

(8) $(uv)'=u'v+uv'$.

(9) $\left(\dfrac{u}{v}\right)'=\dfrac{u'v-uv'}{v^2}(v\neq0)$.

(10) 多项式函数 $y=a_0x^n+a_1x^{n-1}+\cdots+a_{n-1}x+a_n$ 的导数,其中 $a_0,a_1,\cdots a_{n-1},a_n$ 为常数.

$$(a_0x^n+a_1x^{n-1}+\cdots+a_{n-1}x+a_n)'=a_0nx^{n-1}+a_1(n-1)x^{n-2}+\cdots+a_{n-1}.$$

说明:有限个函数的代数和的导数等于它们的导数的代数和,如:

$$(a_0x^n+a_1x^{n-1}+\cdots+a_{n-1}x+a_n)'=(a_0x^n)'+(a_1x^{n-1})'+\cdots+(a_{n-1}x)'+(a_n)'.$$

【例 1】 求 $y=3x^3+5x^2+x+10$ 的导数.

【解析】 $y'=(3x^3)'+(5x^2)'+(x)'+(10)'=9x^2+10x+1$.

【例 2】 曲线 $y=x^4+x^3$ 在点 $(-1,0)$ 处的切线方程为(　　).

A. $x+7y+1=0$　　B. $x+y+1=0$

C. $x-y+1=0$　　D. $7x+y+7=0$

【答案】 B

【解析】 $y'=(x^4+x^3)'=(x^4)'+(x^3)'=4x^3+3x^2$.

$y'|_{x=-1}=4\times(-1)^3+3\times(-1)^2=-1$.

所以切线的斜率 $k=-1$.

由直线的点斜式方程可得切线方程为 $y-0=-1\times(x+1)$,即 $x+y+1=0$.

七、极值、最值

1. 极值

设函数 $f(x)$ 在区间 (a,b) 内有定义,x_0 是区间 (a,b) 内的一个点. 如果对于点 x_0 附近的任意点 $x(x\neq x_0)$,$f(x)<f(x_0)$ 均成立,则称 $f(x_0)$ 是函数 $f(x)$ 的一个极大值;如果对于点 x_0

附近的任意点 $x(x\neq x_0)$，$f(x)>f(x_0)$ 均成立，则称 $f(x_0)$ 是函数 $f(x)$ 的一个极小值. 极大值与极小值统称为极值. 使函数取得极值 $f(x_0)$ 的点 x_0 叫作极值点.

【例】求下列函数的极值：

(1) $y=-x^3+12x+6$；

(2) $y=x^4-2x^2$.

【解析】(1) $y'=-3x^2+12=-3(x^2-4)$.

令 $y'=0$，解得 $x=\pm 2$.

当 x 变化时，y' 及 y 的变化情况如下表：

x	$(-\infty,-2)$	-2	$(-2,2)$	2	$(2,+\infty)$
y'	$-$	0	$+$	0	$-$
y	↘	-10	↗	22	↘

可见，$y_{极小值}=-10$，$y_{极大值}=22$.

(2) $y'=4x^3-4x=4x(x^2-1)=4x(x+1)(x-1)$.

令 $y'=0$，解得 $x=0$ 或 $x=\pm 1$.

当 x 变化时，y' 及 y 的变化情况如下表：

x	$(-\infty,-1)$	-1	$(-1,0)$	0	$(0,1)$	1	$(1,+\infty)$
y'	$-$	0	$+$	0	$-$	0	$+$
y	↘	-1	↗	0	↘	-1	↗

可见，当 $x=1$ 或 $x=-1$ 时，y 取得极小值，其值均为 -1；当 $x=0$ 时，y 取得极大值 $y_{极大值}=0$.

2. 最值

设函数 $f(x)$（如图 6－2）在区间 (a,b) 内只取得有限个极大值与极小值. 把这有限个极值与 $f(x)$ 在区间端点的值 $f(a)$ 和 $f(b)$ 合在一起，其中最大的就是 $f(x)$ 在 $[a,b]$ 上的最大值，最小的就是 $f(x)$ 在 $[a,b]$ 上的最小值. 最大值和最小值统称为最值.

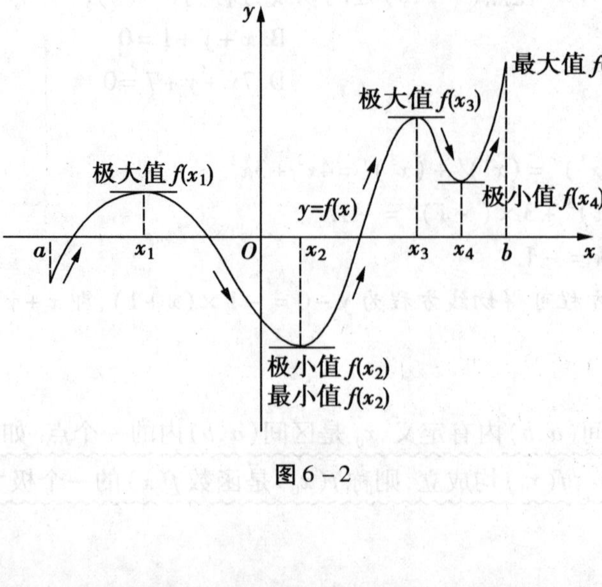

图 6－2

【例】求函数 $y=x^3-12x+6, x\in[-2,3]$ 的最大值与最小值.

【解析】$y'=3x^2-12=3(x-2)(x+2)$.

令 $y'=0$，解得 $x=\pm 2$.

由于 $x=-2$ 恰为给定区间 $[-2,3]$ 的左端点，故 $x=-2$ 时，y 没有极值.

而在 $(-2,2)$ 内，$y'<0$；

在 $(2,3)$ 内，$y'>0$，

因此，当 $x=2$ 时，$y_{极小值}=-10$.

又当 $x=-2$ 时，$y=22$；当 $x=3$ 时，$y=-3$.

故 $y_{\max}=22$，$y_{\min}=-10$.

八、导数的应用

1. 多项式函数 $y=f(x)$ 的单调性的判别法

(1) 如果函数 $f(x)$ 在区间 (a,b) 内的导数 $f'(x)>0$，则称函数 $f(x)$ 在区间 (a,b) 上单调递增.

(2) 如果函数 $f(x)$ 在区间 (a,b) 内的导数 $f'(x)<0$，则称函数 $f(x)$ 在区间 (a,b) 上单调递减.

说明：根据函数在区间 (a,b) 上的单调性，可将区间 (a,b) 分别称为函数 $f(x)$ 的单调递增区间或单调递减区间.

2. 多项式函数 $y=f(x)$ 的极值的判别法

设 $f'(x_0)=0$.

(1) 如果当 $x<x_0$ 时，$f'(x)>0$；当 $x>x_0$ 时，$f'(x)<0$，则称函数 $f(x)$ 在 x_0 处取得极大值[如图 6-3(a)].

(2) 如果当 $x<x_0$ 时，$f'(x)<0$；当 $x>x_0$ 时，$f'(x)>0$，则称函数 $f(x)$ 在 x_0 处取得极小值[如图 6-3(b)].

(3) 如果在 x_0 的两侧，$f'(x)$ 有相同的符号，则称函数 $f(x)$ 在 x_0 处不取极值[如图 6-3(c)].

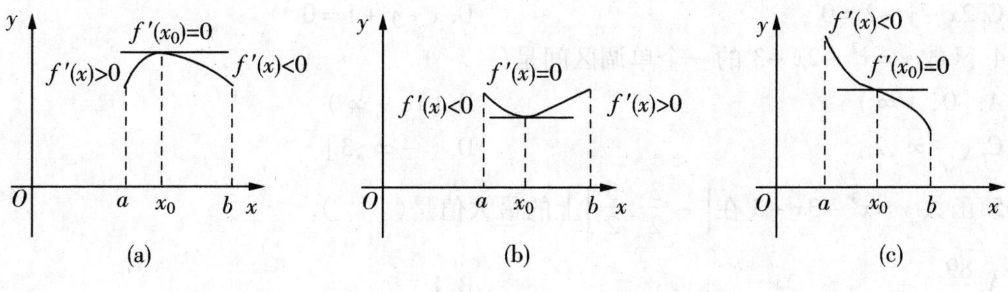

图 6-3

说明：使 $f'(x_0)=0$ 的点 x_0 叫作函数 $f(x)$ 的驻点.

3. 求多项式函数 $y=f(x)$ 单调区间与极值的步骤

(1) 求出函数的导数 y'；

(2)令 $y'=0$,求出函数的驻点;

(3)以驻点为界将多项式函数的定义域$(-\infty,+\infty)$分成若干个部分区间;

(4)确定上述部分区间内 y' 的符号,然后判别函数的单调性与极值.

【例】函数 $f(x)=\frac{1}{3}x^3-x^2-3x$ 有(　　).

A. 极大值 $f(3)$,极小值 $f(-1)$　　B. 极大值 $f(-1)$,极小值 $f(3)$

C. 极大值 $f(-1)$,没有极小值　　D. 没有极大值,极小值 $f(-1)$

【答案】B

【解析】$f'(x)=x^2-2x-3=(x+1)(x-3)$.

令 $f'(x)=0$,解得 $x_1=-1,x_2=3$.

x	$(-\infty,-1)$	-1	$(-1,3)$	3	$(3,+\infty)$
$f'(x)$	+		−		+
$f(x)$	↗	极大值	↘	极小值	↗

所以极大值为 $f(-1)$,极小值为 $f(3)$.

跟踪训练

一、选择题

1. $f(x)=ax^3+3x^2+2,f'(-1)=4$,则 $a=$(　　).

A. $\frac{10}{3}$　　B. $\frac{13}{3}$　　C. $\frac{16}{3}$　　D. $\frac{19}{3}$

2. 函数 $y=2x^2-8x+3$ 的(　　).

A. 极大值为2　　B. 最小值为 -2

C. 最大值为5　　D. 极小值为 -5

3. 曲线 $y=x^5-x^4+x+1$ 在点(1,2)处的切线方程为(　　).

A. $2x-y=0$　　B. $2x+y+1=0$

C. $2x-y-2=0$　　D. $x-y+1=0$

4. 函数 $y=x^2-2x+3$ 的一个单调区间是(　　).

A. $[0,+\infty)$　　B. $[1,+\infty)$

C. $(-\infty,2]$　　D. $(-\infty,3]$

5. 函数 $y=x^3-3x+3$ 在 $\left[-\frac{3}{2},\frac{5}{2}\right]$ 上的最大值是(　　).

A. $\frac{89}{8}$　　B. 1

C. $\frac{33}{8}$　　D. 5

6. 若 $f(x)=x^3+ax^2+bx+c$,且 $f(0)=0$ 为函数的极值,则(　　).

A. $c\neq0$　　B. 当 $a>40$ 时,$f(0)$为极大值

C. $b=0$　　D. 当 $a<40$ 时，$f(0)$ 为极小值

7. 如果二次函数 $y=x^2+px+q$ 的图象经过原点和点 $(-4,0)$，则该二次函数的最小值为(　　).

A. -8　　B. -4　　C. 0　　D. 12

8. 已知 $m>1$ 或 $m<-2$，那么方程 $2(m+1)x^2+4mx+3m-2=0$ (　　).

A. 无实数根　　B. 有两个不相等的实数根

C. 有两个相等的实数根　　D. 一正根，一负根

二、填空题

1. $y=5x+8$ 的导数 $y'=$________.

2. 函数 $y=x^3-2x^2-9x+31$ 的驻点为________.

3. 设 $f(x)=x(x+1)(x+2)\cdots(x+n)$，则 $f'(0)=$________.

4. 函数 $f(x)=(x-1)^2(x-2)$ 在闭区间 $[0,3]$ 上的最大值为________，最小值为________.

5. 函数 $y=3x^2+6x+5$ 的单调增区间为________，单调减区间为________.

6. 若 $f'(x_0)=2$，$\lim\limits_{k\to0}\dfrac{f(x_0-k)-f(x_0)}{2k}=$________.

三、解答题

1. 求下列函数在给定区间上的最大值和最小值.

(1) $f(x)=x^3-3x^2-9x+5$，$[-2,6]$.

(2) $f(x)=4x^2(x^2-2)$，$[-2,2]$.

2. 已知曲线 $C:y=x^3-3x^2+2x$，直线 $l:y=kx$，且 l 与 C 切于点 $(x_0,y_0)(x_0\neq0)$，求直线 l 的方程及切点坐标.

3. 有一个长方形的铁片，长为 8m，宽为 5m，在每个角剪去同样大小的正方形，问正方形的边长为多大才能使剩下的铁片折起来所做的开口盒子的容积为最大.

参考答案及解析

一、选择题

1. A　【解析】$f'(x)=3ax^2+6x$，$f'(-1)=3a-6=4$，$a=\dfrac{10}{3}$.

2. D　【解析】$y'=4x-8$，令 $y'=0$ 得 $x=2$. 当 $x<2$ 时，$y'<0$；当 $x>2$ 时，$y'>0$. 故当 $x=2$ 时，y 取极小值，且 $y_{极小值}=-5$.

3. A　【解析】$k=y'|_{x=1}=(5x^4-4x^3+1)|_{x=1}=2$.

所以曲线在点 $(1,2)$ 处的切线方程为 $y-2=2(x-1)$，即 $2x-y=0$.

4. B　【解析】解法一：$y'=2x-2$.

令 $y'=0$，即 $2x-2=2(x-1)=0$，解得函数的驻点 $x=1$.

因此，当 $x \geqslant 1$ 时，$y' \geqslant 0$，所给函数是单调增加的，所以函数的一个单调区间为 $[1, +\infty)$.

解法二：$y = x^2 - 2x + 3 = x^2 - 2x + 1 - 1 + 3 = (x-1)^2 + 2$.

由此可知所给函数的图象是顶点为 $(1,2)$ 且开口向上的抛物线，因此它的一个单调区间为 $[1, +\infty)$.

5. A 【解析】$y' = 3x^2 - 3$，令 $y' = 0$ 得 $x = \pm 1$，$f\left(-\frac{3}{2}\right) = \frac{33}{8}$，$f(-1) = 5$，$f(1) = 1$，$f\left(\frac{5}{2}\right) = \frac{89}{8}$，则最大值为 $\frac{89}{8}$.

6. C 【解析】$f'(x) = 3x^2 + 2ax + b$，由题意知 $f'(0) = b = 0$，$f(0) = c = 0$.

7. B 【解析】由所给函数的图象经过原点和点 $(-4,0)$ 可得方程组

$$\begin{cases} 0 = 0 + p \times 0 + q, \\ 0 = (-4)^2 + p \times (-4) + q, \end{cases} \text{即} \begin{cases} q = 0, \\ q - 4p + 16 = 0. \end{cases}$$

解得 $p = 4$，$q = 0$.

因此，所给二次函数为 $y = x^2 + 4x$，求导数得 $y' = 2x + 4$.

令 $y' = 0$，解得 $x = -2$，于是所求最小值为

$$y = (-2)^2 + 4(-2) = -4.$$

8. A 【解析】$\Delta = (4m)^2 - 4 \times 2(m+1)(3m-2) = -8(m-1)(m+2)$，当 $m > 1$ 或 $m < -2$ 时，$\Delta < 0$，故方程无解.

二、填空题

1. 5

2. $\frac{2 \pm \sqrt{31}}{3}$

3. $n!$ 【解析】设 $g(x) = (x+1)(x+2)\cdots(x+n)$，则 $f(x) = xg(x)$，所以 $f'(x) = g(x) + xg'(x)$，所以 $f'(0) = g(0) + 0 \cdot g'(0) = g(0) = 1 \cdot 2 \cdot \cdots \cdot n = n!$.

4. 4；-2

5. $[-1, +\infty)$；$(-\infty, -1]$

6. -1 【解析】根据导数的定义 $f'(x_0) = \lim\limits_{k \to 0} \frac{f[x_0 + (-k)] - f(x_0)}{-k}$（这里 $\Delta x = -k$），

$$\text{所以} \lim_{k \to 0} \frac{f(x_0 - k) - f(x_0)}{2k} = \lim_{k \to 0} \left[-\frac{1}{2} \cdot \frac{f(x_0 - k) - f(x_0)}{-k} \right]$$

$$= -\frac{1}{2} \lim_{k \to 0} \frac{f(x_0 - k) - f(x_0)}{-k}$$

$$= -\frac{1}{2} f'(x_0) = -1.$$

三、解答题

1. 解：(1) $f'(x) = 3x^2 - 6x - 9 = 3(x^2 - 2x - 3) = 3(x+1)(x-3)$.

令 $f'(x) = 0$，解得 $x_1 = -1$，$x_2 = 3$.

用 $x_1=-1, x_2=3$ 将区间 $[-2,6]$ 分成三个部分区间 $(-2,-1)$，$(-1,3)$，$(3,6)$. 列表如下：

x	-2	$(-2,-1)$	-1	$(-1,3)$	3	$(3,6)$	6
$f'(x)$		+		−		+	
$f(x)$		↗	极大值	↘	极小值	↗	

极大值 $f(-1)=(-1)^3-3(-1)^2-9(-1)+5=-1-3+9+5=10$.

极小值 $f(3)=3^3-3\cdot 3^2-9\cdot 3+5=27-27-27+5=-22$.

区间端点的函数值：

$f(-2)=(-2)^3-3(-2)^2-9(-2)+5=-8-12+18+5=3$.

$f(6)=6^3-3\cdot 6^2-9\cdot 6+5=216-108-54+5=59$.

比较上面四个数可知，最大值为59，最小值为 -22.

(2) $f(x)=4x^2(x^2-2)=4x^4-8x^2$.

$f'(x)=16x^3-16x=16x(x^2-1)=16x(x+1)(x-1)$.

令 $f'(x)=0$，解得 $x_1=-1, x_2=0, x_3=1$.

x	-2	$(-2,-1)$	-1	$(-1,0)$	0	$(0,1)$	1	$(1,2)$	2
$f'(x)$		−		+		−		+	
$f(x)$		↘	极小值	↗	极大值	↘	极小值	↗	

$f(-2)=32, f(-1)=-4, f(0)=0, f(1)=-4, f(2)=32$.

所以最大值为32，最小值为4.

2. 解：由 l 过原点知，$k=\frac{y_0}{x_0}(x_0\neq 0)$，点 (x_0,y_0) 在曲线 C 上，$y_0=x_0^3-3x_0^2+2x_0$，

所以 $\frac{y_0}{x_0}=x_0^2-3x_0+2$，$y'=3x^2-6x+2$，$k=3x_0^2-6x_0+2$，

又 $k=\frac{y_0}{x_0}$，所以 $3x_0^2-6x_0+2=x_0^2-3x_0+2$，$2x_0^2-3x_0=0$，所以 $x_0=0$ 或 $x_0=\frac{3}{2}$.

由 $x_0\neq 0$ 可知 $x_0=\frac{3}{2}$，所以 $y_0=\left(\frac{3}{2}\right)^3-3\times\left(\frac{3}{2}\right)^2+2\times\frac{3}{2}=-\frac{3}{8}$.

所以 $k=\frac{y_0}{x_0}=-\frac{1}{4}$.

所以直线 l 的方程为 $y=-\frac{1}{4}x$，切点为 $\left(\frac{3}{2},-\frac{3}{8}\right)$.

3. 解：设剪去正方形的边长为 x m $(0<x<2.5)$.

则盒子的底面长为 $(8-2x)$ m，宽为 $(5-2x)$ m.

故盒子的容积为 $V(x)=x(8-2x)(5-2x)$.

$V'(x)=12x^2-52x+40=4(x-1)(3x-10)$.

令 $V'(x)=0$,解得 $x_1=1, x_2=\frac{10}{3}$.

当 $x<1$ 时,$V'(x)>0$;

当 $1<x<\frac{10}{3}$时,$V'(x)<0$;

当 $x>\frac{10}{3}$时,$V'(x)>0$.

故当 $x=1$ 时,$V(x)$取得极大值,$V(1)=18$.

所以当小正方形的边长为 1 m 时,最大容积为 18 m^3.

第二部分　三角

三角学是以研究三角形的边和角的关系为基础，同时还研究三角函数的性质以及它们的应用的一个数学分支.

第七章 三角函数及其有关概念

考纲导读

1. 了解任意角的概念,理解象限角和终边相同的角的概念.
2. 理解弧度的概念,会进行弧度与角度的换算.
3. 理解任意角三角函数的概念.了解三角函数在各象限的符号和特殊角的三角函数值.

考点精讲

一、角的概念

1. 角

角可以看作是平面内一条射线绕着它的端点旋转而形成的,即一条射线由原来的位置 OA 绕着它的端点 O 旋转到另一个位置 OB,这就形成一个角 α(如图 7-1).旋转开始时的射线 OA 叫作角 α 的始边,旋转终止时的射线 OB 叫作角 α 的终边,射线的端点 O 叫作角 α 的顶点.

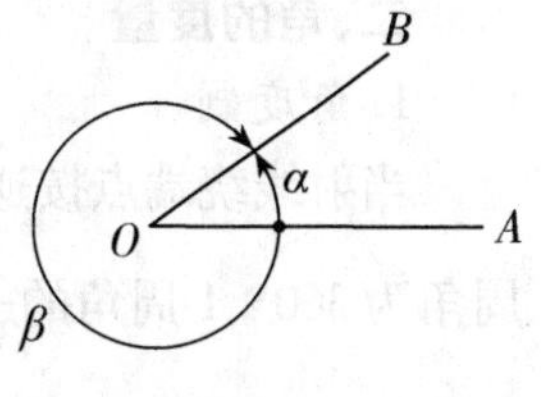

图 7-1

2. 正角、负角和零角

角的形成与射线旋转的方向有关,按逆时针方向旋转所成的角叫作正角;按顺时针方向旋转所成的角叫作负角;如果一条射线没有做任何旋转,这时它所形成的角为零角.

3. 终边相同的角

如果角 α 和角 β 的顶点重合且终边位置相同(如图 7-1),则称两个角为终边相同的角.与角 α 具有相同终边的角有无限多个,连同 α 在内,这些角可用无限集 $\{\beta|\beta=k\cdot360°+\alpha,k\in\mathbf{Z}\}$ 或 $\{\beta|\beta=2k\pi+\alpha,k\in\mathbf{Z}\}$ 表示.

4. 象限角

在平面直角坐标系中,使角的顶点与原点重合,使角的始边与 x 轴正向重合,这时角的终边落在第几象限,就称这个角为第几象限的角.

如图 7-2 所示:

若 α 为第Ⅰ象限的角,则 $2k\pi<\alpha<2k\pi+\dfrac{\pi}{2}(k\in\mathbf{Z})$;

若 α 为第Ⅱ象限的角,则 $2k\pi+\dfrac{\pi}{2}<\alpha<2k\pi+\pi(k\in\mathbf{Z})$;

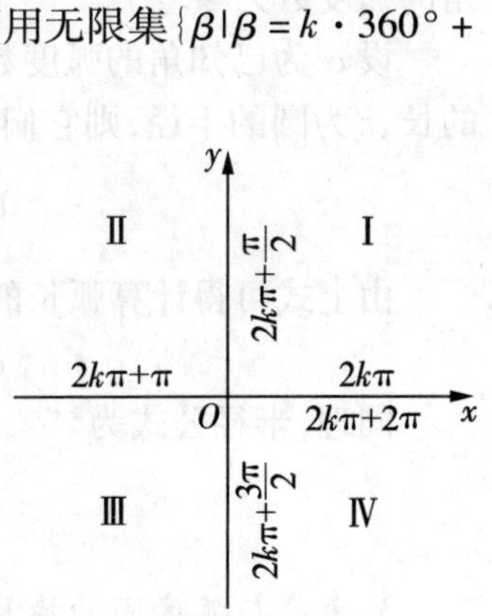

图 7-2

若 α 为第Ⅲ象限的角，则 $2k\pi+\pi<\alpha<2k\pi+\frac{3\pi}{2}(k\in\mathbf{Z})$；

若 α 为第Ⅳ象限的角，则 $2k\pi+\frac{3\pi}{2}<\alpha<2k\pi+2\pi(k\in\mathbf{Z})$.

说明：对于终边落在坐标轴上的角，规定这个角不属于任何象限.

【例】填空题：

(1) 405°是第________象限角.

(2) −973°是第________象限角.

(3) 1 310°是第________象限角.

【答案】(1)一；(2)二；(3)三

【解析】(1)因为 405° = 360° + 45°，所以 405°与 45°的终边相同，而 45°是第一象限的角，所以 405°也是第一象限的角.

(2)因为 −973° = −3×360° + 107°，所以 −973°与 107°的终边相同，而 107°是第二象限的角，所以 −973°也是第二象限的角.

(3)因为 1 310° = 3×360° + 230°，所以 1 310°与 230°的终边相同，而 230°是第三象限的角，所以 1 310°也是第三象限的角.

二、角的度量

1. 角度制

当射线绕端点按逆时针方向旋转使终边与始边第一次重合时所形成的角叫周角. 规定 1 周角为 360°，1 周角的 $\frac{1}{360}$ 称为 1 度的角，这种用“度”做单位来测量角的制度，叫作角度制. 1 度的 $\frac{1}{60}$ 称为 1 分，1 分的 $\frac{1}{60}$ 称为 1 秒. 度、分、秒分别用“°”“′”“″”来表示，故：$1°=60'$，$1'=60''$.

2. 弧度制

等于半径长的圆弧所对的圆心角称为 1 弧度的角（如图 7－3），用“弧度”做单位来测量角的制度，叫作弧度制. 1 弧度也记作 1rad.

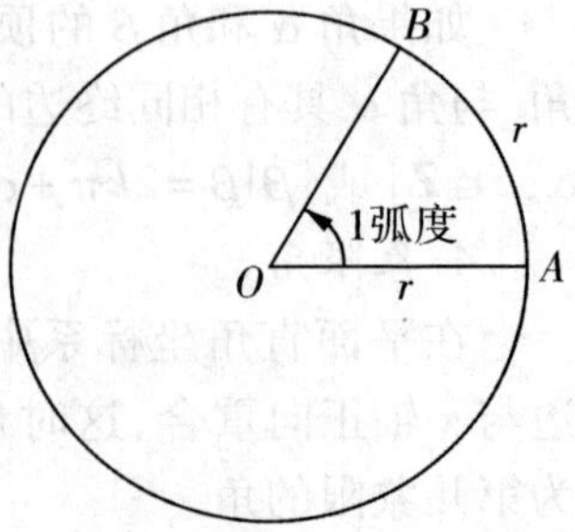

图 7－3

一般规定正角的弧度数为正数，负角的弧度数为负数，零角的弧度数为零.

设 α 为已知角的弧度数，l 为角 α 作为圆心角时所对圆弧的长，r 为圆的半径，则它们之间具有以下关系：

$$|\alpha|=\frac{l}{r}.$$

由上式可得计算弧长的公式

$$l=|\alpha|r,$$

同理，半径公式为

$$r=\frac{l}{|\alpha|}(\alpha\neq0).$$

3. 角度与弧度间的换算关系

180° = π 弧度.

$1° = \frac{\pi}{180}$弧度≈0.017 453 弧度.

1 弧度 $= \left(\frac{180}{\pi}\right)° \approx 57.30° = 57°18'$.

特殊角的角度与弧度的换算关系(如下表):

0°	30°	45°	60°	90°	180°	360°
0	$\frac{\pi}{6}$	$\frac{\pi}{4}$	$\frac{\pi}{3}$	$\frac{\pi}{2}$	π	2π

说明:在弧度制中单位“弧度”可省略不写.

【例】填空题:

(1) −400 度≈________弧度.

(2)1.3 弧度≈________度.

(3)$20°51' =$ ________π.

【答案】(1) $-\frac{20\pi}{9}$;(2)74.49;(3)$\frac{139}{1\ 200}$

【解析】(1) $-400° = \left(\frac{\pi}{180}\right) \times (-400) = -\frac{20\pi}{9}$.

(2)$1.3 \approx 57.30° \times 1.3 \approx 74.49°$.

(3)因为 $1° = 60'$, $1' = \left(\frac{1}{60}\right)°$,所以 $20°51' = \left(20\frac{51}{60}\right)° = \left(\frac{417}{20}\right)°$.

由于 $1° = \frac{\pi}{180}$,故 $20°51' = \left(\frac{417}{20}\right) \times \frac{\pi}{180} = \frac{139\pi}{1\ 200}$.

三、任意角的三角函数

1. 定义

在平面直角坐标系中,设 $P(x,y)$ 是角 α 的终边上的任意一点,其与坐标原点的距离为 $r(r>0)$,则比值 $\frac{y}{r}, \frac{x}{r}, \frac{y}{x}, \frac{x}{y}, \frac{r}{x}, \frac{r}{y}$ 分别叫作角 α 的正弦、余弦、正切、余切、正割、余割. 即:

$$\sin\alpha = \frac{y}{r}, \cos\alpha = \frac{x}{r},$$

$$\tan\alpha = \frac{y}{x}, \cot\alpha = \frac{x}{y},$$

$$\sec\alpha = \frac{r}{x}, \csc\alpha = \frac{r}{y}.$$

对于确定的角 α,以上六个比值都有确定的值与之相对应,它们都是以角为自变量,以比值为函数值的函数,这些函数统称为任意角的三角函数.

当角 α 为锐角时,上述比值中的 x,y,r 分别对应图 7−4 中的直角三角形中角 α 的一条邻边,角 α 的对边,直角三角形的斜边.

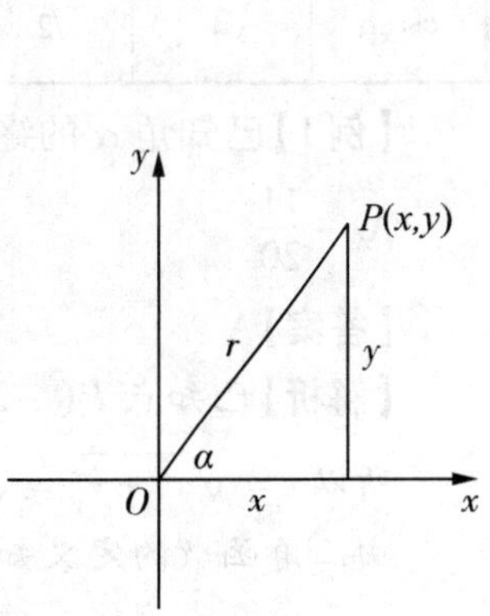

图 7−4

说明:正弦与余弦、正切与余切、正割与余割互称为余函数.

例如：正弦是余弦的余函数，余弦是正弦的余函数，其余的类似.

2. 三角函数在各象限的符号

三角函数的符号由角的终边所在的象限来确定，如图 7－5.

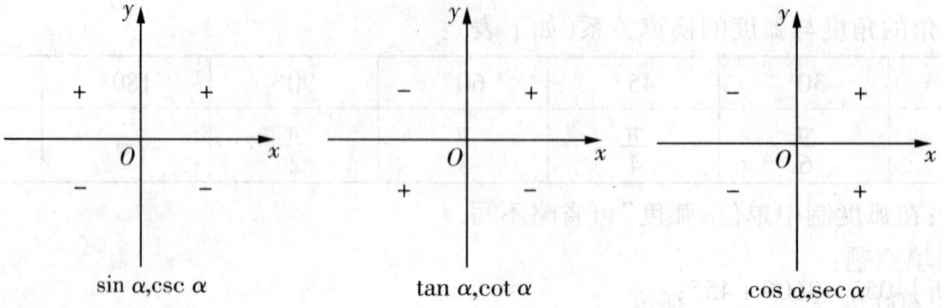

图 7－5

3. 特殊角的三角函数值

下表为常用的一些特殊角的三角函数值.

α	30°	45°	60°	90°	120°	150°	180°	270°	360°
角 α 的弧度数	$\frac{\pi}{6}$	$\frac{\pi}{4}$	$\frac{\pi}{3}$	$\frac{\pi}{2}$	$\frac{2\pi}{3}$	$\frac{5\pi}{6}$	π	$\frac{3\pi}{2}$	2π
$\sin\alpha$	$\frac{1}{2}$	$\frac{\sqrt{2}}{2}$	$\frac{\sqrt{3}}{2}$	1	$\frac{\sqrt{3}}{2}$	$\frac{1}{2}$	0	-1	0
$\cos\alpha$	$\frac{\sqrt{3}}{2}$	$\frac{\sqrt{2}}{2}$	$\frac{1}{2}$	0	$-\frac{1}{2}$	$-\frac{\sqrt{3}}{2}$	-1	0	1
$\tan\alpha$	$\frac{\sqrt{3}}{3}$	1	$\sqrt{3}$	不存在	$-\sqrt{3}$	$-\frac{\sqrt{3}}{3}$	0	不存在	0
$\cot\alpha$	$\sqrt{3}$	1	$\frac{\sqrt{3}}{3}$	0	$-\frac{\sqrt{3}}{3}$	$-\sqrt{3}$	不存在	0	不存在
$\sec\alpha$	$\frac{2\sqrt{3}}{3}$	$\sqrt{2}$	2	不存在	-2	$-\frac{2\sqrt{3}}{3}$	-1	不存在	1
$\csc\alpha$	2	$\sqrt{2}$	$\frac{2\sqrt{3}}{3}$	1	$\frac{2\sqrt{3}}{3}$	2	不存在	-1	不存在

【例 1】 已知角 α 的终边通过点 $P(-3,4)$，则 $\sin\alpha+\cos\alpha+\cot\alpha=$（　　）.

A. $-\frac{11}{20}$　　B. $\frac{13}{20}$　　C. $-\frac{19}{20}$　　D. $\frac{19}{20}$

【答案】 A

【解析】 已知点 $P(-3,4)$ 的横坐标 $x=3$，纵坐标 $y=4$，

所以 $r=\sqrt{x^2+y^2}=\sqrt{9+16}=\sqrt{25}=5.$

由三角函数的定义知

$$\sin\alpha=\frac{y}{r}=\frac{4}{5},\cos\alpha=\frac{x}{r}=-\frac{3}{5},\cot\alpha=\frac{x}{y}=-\frac{3}{4},$$

因此

$$\sin\alpha+\cos\alpha+\cot\alpha=\frac{4}{5}-\frac{3}{5}-\frac{3}{4}=-\frac{11}{20}.$$

【例2】给出下列三角函数值的符号：

(1) $\sin 405°$；

(2) $\cos(-900°16')$；

(3) $\cot\left(\frac{22\pi}{3}\right)$；

(4) $\tan\left(-\frac{9\pi}{4}\right)$.

【解析】$405°=360°+45°$；

$-900°16'=-3\times360°+179°44'$；

$\frac{22\pi}{3}=7\pi+\frac{\pi}{3}$；

$-\frac{9\pi}{4}=-2\pi-\frac{\pi}{4}$.

所以 $405°$，$-900°16'$，$\frac{22\pi}{3}$，$-\frac{9\pi}{4}$ 分别是第一、第二、第三、第四象限的角，结合图7-5可知：

(1) $\sin 405°>0$；

(2) $\cos(-900°16')<0$；

(3) $\cot\left(\frac{22\pi}{3}\right)>0$；

(4) $\tan\left(-\frac{9\pi}{4}\right)<0$.

跟踪训练

一、选择题

1. 与 1 775°的终边相同的绝对值最小的角是(　　).

A. 335°　　B. $-25°$　　C. 25°　　D. 155°

2. $-\frac{31}{5}\pi$ 属于(　　).

A. 第一象限角　　B. 第二象限角

C. 第三象限角　　D. 第四象限角

3. 已知圆的半径为 R，弧长为 $\frac{5}{6}R$ 的弧所对的圆心角等于(　　).

A. $\frac{5\pi}{6}$　　B. $\left(\frac{150}{\pi}\right)°$　　C. 120°　　D. $\left(\frac{120}{\pi}\right)°$

4. 若角 α 终边上有一点 $P(3a,-4a)$，$a<0$，则 $\sin\alpha\cdot\tan\alpha=$(　　).

A. $\frac{16}{15}$　　B. $\frac{15}{16}$　　C. $-\frac{16}{15}$　　D. $-\frac{15}{16}$

5. $\cos\frac{\pi}{2}+\cos(-\pi)+\cot\frac{\pi}{2}+\sin\frac{3\pi}{2}+\tan\frac{\pi}{4}=$（　　）.

A. 2　　B. 1　　C. -2　　D. -1

6. 若角 α 为第一象限角，则下面各角中属于第四象限角的是（　　）.

A. $90°-\alpha$　　B. $90°+\alpha$　　C. $360°-\alpha$　　D. $180°+\alpha$

二、填空题

1. 已知角 α 终边过点 $P(-8m,-6\cos 60°)$，且 $\cos\alpha=-\frac{4}{5}$，则 $m=$________.

2. 设 α 为第三象限角，且 $\left|\sin\frac{\alpha}{2}\right|=-\sin\frac{\alpha}{2}$，则$\frac{\alpha}{2}$是第________象限角.

3. 与 $-15°$角终边相同的角的集合为________.

4. (1) $\frac{8}{3}\pi=$________度；

(2) $46°=$________π；

(3) $-6\approx$________度；

(4) $-80°42'=$________π.

三、解答题

1. 设角 α 是第一象限角，问$\frac{\alpha}{2}$，2α 是第几象限角.

2. 已知点 P 在角 α 的终边上并且位于第三象限，又已知点 P 的横坐标为 -2，到原点的距离为$\sqrt{7}$，求角 α 的正弦、余弦及正切的值.

3. 已知$\frac{\cot\alpha}{\sin\alpha}<0$，试确定 α 是第几象限角.

参考答案及解析

一、选择题

1. B 【解析】$1\,775°=5\times360°+(-25°)$，故所求角为 $-25°$.

2. D 【解析】$-\frac{31\pi}{5}=-6\pi-\frac{\pi}{5}$，所以 $-\frac{31\pi}{5}$与 $-\frac{\pi}{5}$的终边相同，$-\frac{\pi}{5}$是第四象限角，所以 $-\frac{31\pi}{5}$是第四象限角.

3. B 【解析】弧长为$\frac{5}{6}R$ 的弧所对的圆心角为 $\alpha=\frac{\frac{5}{6}R}{R}=\frac{5}{6}$弧度 $=\left(\frac{180}{\pi}\right)°\cdot\left(\frac{5}{6}\right)=\left(\frac{150}{\pi}\right)°$.

4. C 【解析】$\because |OP|=\sqrt{(3a)^2+(-4a)^2}=|5a|(a<0)=-5a$，

$\therefore \sin\alpha=\frac{-4a}{-5a}=\frac{4}{5}$；$\tan\alpha=\frac{-4a}{3a}=-\frac{4}{3}$.

$\therefore \sin\alpha \cdot \tan\alpha = \frac{4}{5} \times \left(-\frac{4}{3}\right) = -\frac{16}{15}$.

5. D 【解析】$\cos\frac{\pi}{2} + \cos(-\pi) + \cot\frac{\pi}{2} + \sin\frac{3\pi}{2} + \tan\frac{\pi}{4} = 0 - 1 + 0 - 1 + 1 = -1$.

6. C 【解析】$90° - \alpha$ 仍为第一象限角，在第一象限；$90° + \alpha$ 在第二象限；$360° - \alpha$ 与角 $-\alpha$ 的终边相同，在第四象限；$180° + \alpha$ 在第三象限.

二、填空题

1. $\frac{1}{2}$ 【解析】$\because P$ 点的坐标为 $(-8m, -3)$ 且 $\cos\alpha = -\frac{4}{5}$，

$\therefore P$ 点在第三象限. $\therefore m > 0$.

$\because y = -3, r = 5, \therefore x = -8m = -4. \therefore m = \frac{1}{2}$.

2. 四 【解析】$\because \alpha$ 为第三象限角，

$\therefore 2k\pi + \pi < \alpha < 2k\pi + \frac{3\pi}{2} \Rightarrow k\pi + \frac{\pi}{2} < \frac{\alpha}{2} < k\pi + \frac{3}{4}\pi (k \in \mathbf{Z})$.

$\therefore \frac{\alpha}{2}$ 为第二、四象限角.

$\because \left|\sin\frac{\alpha}{2}\right| = -\sin\frac{\alpha}{2}, \therefore \sin\frac{\alpha}{2} < 0. \therefore \frac{\alpha}{2}$ 为第四象限角.

3. $\{\alpha | \alpha = -15° + k \cdot 360°, k \in \mathbf{Z}\}$ 【解析】当 $k \in \mathbf{Z}$，所有 $(-15° + k \cdot 360°)$ 的角都与 $-15°$ 角的终边相同.

4. (1)480；(2)$\frac{23}{90}$；(3) -343.8；(4) $-\frac{269}{600}$

【解析】(1) 因为 $\pi = 180°$，所以 $\frac{8}{3}\pi = \frac{8}{3} \times 180° = 480°$.

(2) 因为 $1° = \frac{\pi}{180}$，所以 $46° = 46 \times \frac{\pi}{180} = \frac{23}{90}\pi$.

(3) 因为 $-6 \approx -6 \times 57.30° = -343.8°$.

(4) $-80°42' = -\left(80\frac{42}{60}\right)° = -\left(80\frac{7}{10}\right)° = -\left(\frac{807}{10} \times \frac{\pi}{180}\right) = -\frac{269}{600}\pi$.

三、解答题

1. 解：设 α 是第一象限的角，则 $\alpha = 2k\pi + \alpha_1$，其中 $0 < \alpha_1 < \frac{\pi}{2}, k \in \mathbf{Z}$.

$\frac{\alpha}{2} = \frac{2k\pi + \alpha_1}{2} = k\pi + \frac{\alpha_1}{2}$，其中 $0 < \frac{\alpha_1}{2} < \frac{\pi}{4}, k \in \mathbf{Z}$.

由此可知 $\frac{\alpha}{2}$ 是第一或第三象限的角；

$2\alpha = 2(2k\pi + \alpha_1) = 2 \cdot 2k\pi + 2\alpha_1$，其中 $0 < 2\alpha_1 < \pi, k \in \mathbf{Z}$.

由此可知 2α 是第一或第二象限的角，或 2α 的终边在 y 轴的正半轴上.

说明：在后一个问题中，按象限角的定义，还需注意 2α 的终边与坐标轴重合的情况.

2. 解：因为点 P 的纵坐标 $y=-\sqrt{(\sqrt{7})^2-(-2)^2}=-\sqrt{3}$，则

$$\sin\alpha=\frac{y}{r}=\frac{-\sqrt{3}}{\sqrt{7}}=-\frac{\sqrt{21}}{7},$$

$$\cos\alpha=\frac{x}{r}=\frac{-2}{\sqrt{7}}=-\frac{2\sqrt{7}}{7},$$

$$\tan\alpha=\frac{y}{x}=\frac{-\sqrt{3}}{-2}=\frac{\sqrt{3}}{2}.$$

3. 解：由已知条件可分为两种情况讨论：

(1) $\cot\alpha>0, \sin\alpha<0$.

由 $\cot\alpha>0$ 可知，α 是第一象限或第三象限的角.

由 $\sin\alpha<0$ 可知，α 是第三象限或第四象限的角，或 α 的终边在 y 轴的负半轴上.

要使上面两个不等式同时成立，则 α 必须是第三象限的角.

(2) $\cot\alpha<0, \sin\alpha>0$.

由 $\cot\alpha<0$ 可知，α 是第二象限或第四象限的角.

由 $\sin\alpha>0$ 可知，α 是第一象限或第二象限的角，或 α 的终边在 y 轴的正半轴上.

要使(2)中的两个不等式同时成立，则 α 必须是第二象限的角.

综合(1)(2)可知，所求角 α 是第二象限或第三象限的角.

第八章　三角函数式的变换

考纲导读

1. 掌握同角三角函数间的基本关系式、诱导公式,会运用它们进行计算、化简和证明.

2. 掌握两角和、两角差、二倍角的正弦、余弦、正切的公式,会用它们进行计算、化简和证明.

考点精讲

一、同角三角函数的基本关系式

1. 倒数关系

$\sin\alpha\csc\alpha=1$;

$\cos\alpha\sec\alpha=1$;

$\tan\alpha\cot\alpha=1$.

2. 商数关系

$\tan\alpha=\dfrac{\sin\alpha}{\cos\alpha}$;

$\cot\alpha=\dfrac{\cos\alpha}{\sin\alpha}$.

3. 平方关系

$\sin^2\alpha+\cos^2\alpha=1$;

$1+\tan^2\alpha=\sec^2\alpha$;

$1+\cot^2\alpha=\csc^2\alpha$.

说明:以上公式中所取的 α 的值能使等式两边都有意义时,其关系式都为恒等式.

在同角三角函数的基本关系式的应用中,要注意“同角”二字.

【例】已知 $\tan\alpha=\dfrac{3}{4}$ 且角 α 是第三象限角,求 $\sin\alpha$ 的值.

【解析】解法一:(正切→余切→余割→正弦)(由已知项向所求变化)

因为 $\tan\alpha=\dfrac{3}{4}$,所以 $\cot\alpha=\dfrac{4}{3}$,所以 $\csc^2\alpha=1+\cot^2\alpha=\dfrac{25}{9}$.

所以 $\sin^2\alpha=\dfrac{1}{\csc^2\alpha}=\dfrac{9}{25}$.

又因为角 α 是第三象限角,

所以 $\sin\alpha=-\dfrac{3}{5}$.

解法二：（化已知的"切"为所求的"弦"再求解）

因为 $\tan\alpha=\frac{3}{4}$，所以 $\frac{\sin\alpha}{\cos\alpha}=\frac{3}{4}$，即 $4\sin\alpha=3\cos\alpha$.　①

又因为 $\sin^2\alpha+\cos^2\alpha=1$，　②

由①②得 $\sin^2\alpha=\frac{9}{25}$.

又因为角 α 是第三象限角，

所以 $\sin\alpha=-\frac{3}{5}$.

二、三角函数的诱导公式

公式一

$\sin(\alpha+k\cdot 2\pi)=\sin\alpha(k\in\mathbf{Z})$;

$\cos(\alpha+k\cdot 2\pi)=\cos\alpha(k\in\mathbf{Z})$;

$\tan(\alpha+k\cdot 2\pi)=\tan\alpha(k\in\mathbf{Z})$;

$\cot(\alpha+k\cdot 2\pi)=\cot\alpha(k\in\mathbf{Z})$.

公式二

$\sin(\alpha+\pi)=-\sin\alpha$;

$\cos(\alpha+\pi)=-\cos\alpha$;

$\tan(\alpha+\pi)=\tan\alpha$;

$\cot(\alpha+\pi)=\cot\alpha$.

公式三

$\sin(2\pi-\alpha)=-\sin\alpha$;

$\cos(2\pi-\alpha)=\cos\alpha$;

$\tan(2\pi-\alpha)=-\tan\alpha$;

$\cot(2\pi-\alpha)=-\cot\alpha$.

公式四

$\sin(\pi-\alpha)=\sin\alpha$;

$\cos(\pi-\alpha)=-\cos\alpha$;

$\tan(\pi-\alpha)=-\tan\alpha$;

$\cot(\pi-\alpha)=-\cot\alpha$.

公式五

$\sin(-\alpha)=-\sin\alpha$;

$\cos(-\alpha)=\cos\alpha$;

$\tan(-\alpha)=-\tan\alpha$;

$\cot(-\alpha)=-\cot\alpha$.

以上五组公式中，α 为定义域内的任意角. 这些公式的特点是 $\alpha+2k\pi(k\in\mathbf{Z})$，$\alpha+\pi$，$2\pi-\alpha$，$\pi-\alpha$，$-\alpha$ 的三角函数值等于 α 这个同名函数值，前面再加上一个把 α 看成锐角时原来的

函数值的符号，其规律可概述为"函数名不变，符号看象限".

此外，常用的诱导公式还有：

公式六

$\sin\left(\frac{\pi}{2}-\alpha\right)=\cos\alpha$；$\cos\left(\frac{\pi}{2}-\alpha\right)=\sin\alpha$；

$\tan\left(\frac{\pi}{2}-\alpha\right)=\cot\alpha$；$\cot\left(\frac{\pi}{2}-\alpha\right)=\tan\alpha$.

公式七

$\sin\left(\frac{\pi}{2}+\alpha\right)=\cos\alpha$；$\cos\left(\frac{\pi}{2}+\alpha\right)=-\sin\alpha$；

$\tan\left(\frac{\pi}{2}+\alpha\right)=-\cot\alpha$；$\cot\left(\frac{\pi}{2}+\alpha\right)=-\tan\alpha$.

公式八

$\sin\left(\frac{3\pi}{2}-\alpha\right)=-\cos\alpha$；$\cos\left(\frac{3\pi}{2}-\alpha\right)=-\sin\alpha$；

$\tan\left(\frac{3\pi}{2}-\alpha\right)=\cot\alpha$；$\cot\left(\frac{3\pi}{2}-\alpha\right)=\tan\alpha$.

公式九

$\sin\left(\frac{3\pi}{2}+\alpha\right)=-\cos\alpha$；$\cos\left(\frac{3\pi}{2}+\alpha\right)=\sin\alpha$；

$\tan\left(\frac{3\pi}{2}+\alpha\right)=-\cot\alpha$；$\cot\left(\frac{3\pi}{2}+\alpha\right)=-\tan\alpha$.

以上四组公式的特点是$\frac{\pi}{2}\pm\alpha$，$\frac{3\pi}{2}\pm\alpha$的三角函数值等于α的相应余函数的值，前面再加上一个把α看成锐角时原来的函数值的符号，其规律可概述为"函数名改变（变为相应的余函数），符号看象限".

说明：在记忆诱导公式时，把角α看作锐角，然后是"奇变偶不变，符号看象限". 奇偶指的是$90°$的奇数倍或偶数倍，变或不变指互余或同名；符号看象限指的是把角α看作锐角时，其原角原函数的符号.

在应用诱导公式求任意角的三角函数时，其步骤为：把负角化为正角；把大于$360°$的角化为$0°\sim360°$之间的角；把$0°\sim360°$之间的角化为$0°\sim90°$之间的角.

三、两角和、两角差、二倍角的正弦、余弦、正切的公式

1. 两角和、两角差的正弦、余弦、正切的公式

$\sin(\alpha\pm\beta)=\sin\alpha\cos\beta\pm\sin\beta\cos\alpha$；

$\cos(\alpha\pm\beta)=\cos\alpha\cos\beta\mp\sin\alpha\sin\beta$；

$\tan(\alpha\pm\beta)=\frac{\tan\alpha\pm\tan\beta}{1\mp\tan\alpha\tan\beta}$；

$\tan\alpha\pm\tan\beta=\tan(\alpha\pm\beta)(1\mp\tan\alpha\cdot\tan\beta)$.

2. 二倍角的正弦、余弦、正切的公式

$\sin 2\alpha = 2\sin\alpha\cos\alpha = \dfrac{2\tan\alpha}{1+\tan^2\alpha}\left(2\sin\alpha\cos\alpha = \dfrac{2\sin\alpha\cos\alpha}{\cos^2\alpha+\sin^2\alpha}\right.$,分子分母同除以 $\left.\cos^2\alpha\right)$;

$\cos 2\alpha = \cos(\alpha+\alpha) = \cos^2\alpha - \sin^2\alpha = 2\cos^2\alpha - 1 = 2\cos^2\alpha + 2\sin^2\alpha - 2\sin^2\alpha - 1$

$= 1 - 2\sin^2\alpha = \dfrac{1-\tan^2\alpha}{1+\tan^2\alpha}\left(\cos 2\alpha = \cos^2\alpha - \sin^2\alpha = \dfrac{\cos^2\alpha - \sin^2\alpha}{\cos^2\alpha+\sin^2\alpha} = \dfrac{1-\tan^2\alpha}{1+\tan^2\alpha}\right)$;

$\tan 2\alpha = \dfrac{2\tan\alpha}{1-\tan^2\alpha}$;

$\sin^2\alpha = \dfrac{\sin^2\alpha}{\sin^2\alpha+\cos^2\alpha} = \dfrac{\tan^2\alpha}{1+\tan^2\alpha} = \dfrac{1-\cos 2\alpha}{2}$(由 $\cos 2\alpha = 1-2\sin^2\alpha$ 可得);

$\cos^2\alpha = \dfrac{1+\cos 2\alpha}{2}$(由 $\cos 2\alpha = 2\cos^2\alpha - 1$ 可得).

【例 1】$\cos 22°\cos 38° - \sin 22°\cos 52° =$ (　　).

A. $\dfrac{1}{2}$　　B. $\cos(-16°)$

C. $-\sin 16°$　　D. $\dfrac{\sqrt{3}}{2}$

【答案】A

【解析】原式 $= \cos 22°\cos 38° - \sin 22°\sin 38°$

$= \cos(22° + 38°)$

$= \cos 60° = \dfrac{1}{2}$.

故选 A.

【例 2】已知 $\sin\alpha = \dfrac{3}{5}$,且 $\alpha \in \left(\dfrac{\pi}{2}, \pi\right)$,则 $\sin\left(\alpha + \dfrac{\pi}{3}\right)$ 的值为(　　).

A. $\dfrac{3\sqrt{3}-4}{10}$　　B. $\dfrac{4+3\sqrt{3}}{10}$

C. $\dfrac{3-4\sqrt{3}}{10}$　　D. $\dfrac{3+4\sqrt{3}}{10}$

【答案】C

【解析】$\because \alpha \in \left(\dfrac{\pi}{2}, \pi\right)$, $\sin\alpha = \dfrac{3}{5}$,

$\therefore \cos\alpha = -\sqrt{1-\left(\dfrac{3}{5}\right)^2} = -\dfrac{4}{5}$,

$\therefore \sin\left(\alpha + \dfrac{\pi}{3}\right) = \sin\alpha\cos\dfrac{\pi}{3} + \cos\alpha\sin\dfrac{\pi}{3}$

$= \dfrac{3}{5} \times \dfrac{1}{2} + \left(-\dfrac{4}{5}\right) \times \dfrac{\sqrt{3}}{2} = \dfrac{3-4\sqrt{3}}{10}$.

故选 C.

【例 3】已知 $\alpha\in(0,90°)$,$\beta\in(90°,180°)$,$\tan\alpha=\frac{1}{3}$,$\cot\beta=-\frac{1}{2}$,则 $\cot(\alpha-\beta)=$________,

$\alpha+\beta=$________.

【答案】$\frac{1}{7}$;135°

【解析】$\because \tan\beta=\frac{1}{\cot\beta}=-2$,

$$\therefore \cot(\alpha-\beta)=\frac{1}{\tan(\alpha-\beta)}=\frac{1+\tan\alpha\cdot\tan\beta}{\tan\alpha-\tan\beta}=\frac{1+\frac{1}{3}\times(-2)}{\frac{1}{3}-(-2)}=\frac{1}{7}.$$

$$\because \tan(\alpha+\beta)=\frac{\tan\alpha+\tan\beta}{1-\tan\alpha\tan\beta}=\frac{\frac{1}{3}-2}{1-\frac{1}{3}\times(-2)}=-1<0,$$

$\because 0°<\alpha<90°,90°<\beta<180°$,

$\therefore 90°<\alpha+\beta<270°,\alpha+\beta=135°$.

【例 4】已知 $\alpha+\beta=\frac{\pi}{4}$,则$(1+\tan\alpha)(1+\tan\beta)=$________.

【答案】2

【解析】$\because \alpha+\beta=\frac{\pi}{4}$,

$\therefore \tan(\alpha+\beta)=1$,即$\frac{\tan\alpha+\tan\beta}{1-\tan\alpha\cdot\tan\beta}=1$.

即 $\tan\alpha+\tan\beta=1-\tan\alpha\cdot\tan\beta$.

$\therefore$ 原式 $=1+\tan\alpha+\tan\beta+\tan\alpha\cdot\tan\beta$

$=(\tan\alpha+\tan\beta)+(1+\tan\alpha\cdot\tan\beta)$

$=1-\tan\alpha\cdot\tan\beta+1+\tan\alpha\cdot\tan\beta=2$.

【例 5】已知$\frac{\pi}{4}<\beta<\alpha<\frac{\pi}{2}$,$\cos(\alpha-\beta)=\frac{12}{13}$,$\sin(\alpha+\beta)=\frac{3}{5}$,则 $\sin 2\alpha=$________.

【答案】$\frac{16}{65}$

【解析】$\because \frac{\pi}{4}<\beta<\alpha<\frac{\pi}{2}$,

$\therefore \frac{\pi}{2}<\alpha+\beta<\pi$.

$\because \sin(\alpha+\beta)=\frac{3}{5}$,

$\therefore \cos(\alpha+\beta)=-\frac{4}{5}$.

由已知得，$0<\alpha-\beta<\frac{\pi}{4}$，又$\because \cos(\alpha-\beta)=\frac{12}{13}$，

$\therefore \sin(\alpha-\beta)=\frac{5}{13}$.

$$\begin{aligned}\therefore \sin 2\alpha &= \sin[(\alpha+\beta)+(\alpha-\beta)]\\ &= \sin(\alpha+\beta)\cos(\alpha-\beta)+\cos(\alpha+\beta)\sin(\alpha-\beta)\\ &= \frac{3}{5}\times\frac{12}{13}-\frac{4}{5}\times\frac{5}{13}=\frac{16}{65}.\end{aligned}$$

【例6】在$\triangle ABC$中，已知$\cos A=-\frac{1}{2}$，$\cos B=\frac{\sqrt{3}}{2}$，那么$\cos C=$________.

【答案】$\frac{\sqrt{3}}{2}$

【解析】$\because C=180°-(A+B)$，$\cos A=-\frac{1}{2}$，

$\therefore \sin A=\frac{\sqrt{3}}{2}$.

$\because \cos B=\frac{\sqrt{3}}{2}$，

$\therefore \sin B=\frac{1}{2}$.

$$\begin{aligned}\therefore \cos C &= \cos[180°-(A+B)]\\ &= -\cos(A+B)\\ &= -(\cos A\cos B-\sin A\sin B)\\ &= -\left(-\frac{1}{2}\times\frac{\sqrt{3}}{2}-\frac{\sqrt{3}}{2}\times\frac{1}{2}\right)=\frac{\sqrt{3}}{2}.\end{aligned}$$

【例7】已知$\frac{\pi}{2}<\alpha<\pi$，$\sin(2\pi-\alpha)=-\frac{4}{5}$，求$\tan(\pi-\alpha)$.

【解析】$\sin(2\pi-\alpha)=-\sin\alpha=-\frac{4}{5}$，$\sin\alpha=\frac{4}{5}$，

$$\tan(\pi-\alpha)=-\tan\alpha=-\frac{\sin\alpha}{\cos\alpha}=\frac{-\frac{4}{5}}{-\sqrt{1-\left(\frac{4}{5}\right)^2}}=\frac{4}{3}.$$

【例8】求$y=5\sin x+10\cos x$的最大值.

【解析】$y=5\sin x+10\cos x=5\sqrt{5}\left(\frac{1}{\sqrt{5}}\sin x+\frac{2}{\sqrt{5}}\cos x\right)$，设$\cos\alpha=\frac{1}{\sqrt{5}}\left(\sin\alpha=\frac{2}{\sqrt{5}}\right)$得

$y=5\sqrt{5}(\sin x\cos\alpha+\cos x\sin\alpha)=5\sqrt{5}\sin(x+\alpha)$，

当$\sin(x+\alpha)=1$时，y取得最大值，即$y_{\max}=5\sqrt{5}\times 1=5\sqrt{5}$.

跟踪训练

一、选择题

1. $\cos\left(-\frac{\pi}{4}\right)\tan\left(-\frac{5\pi}{6}\right)$的值为(　　).

A. $\frac{\sqrt{2}}{6}$　　B. $-\frac{\sqrt{6}}{6}$　　C. $\frac{\sqrt{6}}{6}$　　D. $-\frac{\sqrt{2}}{6}$

2. 已知 $\sin\left(\frac{\pi}{2}-\alpha\right)=\frac{3}{5}$,则 $\cos(\pi-2\alpha)=$(　　).

A. $\frac{24}{25}$　　B. $-\frac{7}{25}$　　C. $\frac{7}{25}$　　D. $-\frac{24}{25}$

3. $\cos^2 75°+\cos^2 15°+\cos 75°\cos 15°$的值等于(　　).

A. $\frac{\sqrt{6}}{2}$　　B. $\frac{3}{2}$　　C. $\frac{5}{4}$　　D. $1+\frac{\sqrt{3}}{4}$

4. 若$\left(\frac{2}{3}\right)^{\sin\alpha}>1, 0\leqslant\alpha\leqslant 2\pi$,则(　　).

A. $0<\alpha<\pi$　　B. $\frac{\pi}{2}<\alpha<\frac{3\pi}{2}$

C. $\pi<\alpha<2\pi$　　D. $0\leqslant\alpha<\frac{\pi}{2}$或$\frac{3\pi}{2}<\alpha<2\pi$

5. 已知 $\tan\alpha=m(m\neq 0)$,则 $\sin\alpha$ 的值是(　　).

A. $\frac{m}{\sqrt{m^2-1}}$　　B. $\pm\frac{m}{\sqrt{m^2-1}}$　　C. $\pm\frac{m}{\sqrt{m^2+1}}$　　D. $\frac{m}{\sqrt{m^2+1}}$

6. 已知$\frac{\pi}{2}<\theta<\pi$,则$\sqrt{\sin^2\theta-\sin^4\theta}=$(　　).

A. $\sin\theta\cos\theta$　　B. $-\sin\theta\cos\theta$　　C. $\sin 2\theta$　　D. $-\sin 2\theta$

二、填空题

1. $\frac{1+\tan 15°}{1-\tan 15°}=$________.

2. 已知 $\sin\alpha+\cos\alpha=\frac{3}{5}$,则 $\sin 2\alpha=$________.

3. 已知 $\cos 2\alpha=\frac{4}{5}$,则$\sin^4\alpha+\cos^4\alpha=$________.

4. 如果 $0<\theta<\frac{\pi}{2}$,且满足方程 $2\cos^2\theta-\sin\theta=1$,则 $\theta=$________.

5. 已知$\frac{1+\cos\theta}{\cos\frac{\theta}{2}}=\frac{6}{5}$,则 $\sin\theta=$________.

6. 设 $\alpha\in(0,90°)$, $\beta\in(90°,180°)$, $\tan\alpha=\frac{1}{3}$, $\cot\beta=-\frac{1}{2}$,则 $\cot(\alpha-\beta)=$________, $\alpha+\beta=$________.

三、解答题

1. 已知 $\tan\alpha$ 与 $\tan\beta$ 是方程 $x^2-3x-3=0$ 的两个根，求下式的值：

$$\sin^2(\alpha+\beta)-3\sin(\alpha+\beta)\cos(\alpha+\beta)-3\cos^2(\alpha+\beta).$$

2. 证明下列等式：

(1) $\sin^2\alpha\tan^2\alpha=\tan^2\alpha-\sin^2\alpha.$

(2) $\dfrac{\sin 2\alpha+\sin\alpha}{1+\cos\alpha+\cos 2\alpha}=\tan\alpha.$

3. 化简下列各式：

(1) $\sin 80°-\sqrt{3}\cos 80°-2\sin 20°.$

(2) $\dfrac{1+\sin 2\theta-\cos 2\theta}{1+\sin 2\theta+\cos 2\theta}.$

4. 设 a 为实数，且 $\tan\alpha$ 和 $\tan\beta$ 是方程 $ax^2+(2a-3)x+(a-2)=0$ 的两个根，求 $\tan(\alpha+\beta)$ 的最小值.

参考答案及解析

一、选择题

1. C

2. C 【解析】$\sin\left(\dfrac{\pi}{2}-\alpha\right)=\dfrac{3}{5}\Rightarrow\cos\alpha=\dfrac{3}{5}.$

所以 $\cos(\pi-2\alpha)=-\cos 2\alpha=-(2\cos^2\alpha-1)=-\left(2\times\dfrac{9}{25}-1\right)=\dfrac{7}{25}.$

3. C

4. C 【解析】因为底数满足 $0<\dfrac{2}{3}<1$，由指数函数的性质可知 $\sin\alpha<0.$

在 $0\leqslant\alpha<2\pi$ 中，满足上式的 α 的值为 $\pi<\alpha<2\pi.$

5. C 【解析】判断符号，$\because$ α 没有给出范围，$\therefore$ $\sin\alpha$ 的值可正、可负，故 A，D 排除；由三角函数的平方关系得 $\cos\alpha=\dfrac{1}{\sec\alpha}=\pm\dfrac{1}{\sqrt{1+\tan^2\alpha}}=\pm\dfrac{1}{\sqrt{1+m^2}}$，由商的关系得 $\sin\alpha=\tan\alpha\cdot\cos\alpha=\pm\dfrac{m}{\sqrt{1+m^2}}$，故应选 C.

6. B 【解析】因为 $\sqrt{\sin^2\theta-\sin^4\theta}=\sqrt{\sin^2\theta(1-\sin^2\theta)}=\sqrt{\sin^2\theta\cos^2\theta}$

$$=\sqrt{(\sin\theta\cos\theta)^2}=|\sin\theta\cos\theta|.$$

因为 $\dfrac{\pi}{2}<\theta<\pi$，所以 $\sin\theta>0,\cos\theta<0$，因此 $\sin\theta\cos\theta<0$，故 $\sqrt{\sin^2\theta-\sin^4\theta}=-\sin\theta\cos\theta.$

二、填空题

1. $\sqrt{3}$ 【解析】$\dfrac{1+\tan 15°}{1-\tan 15°}=\dfrac{\tan 45°+\tan 15°}{1-\tan 45°\tan 15°}=\tan(45°+15°)=\tan 60°=\sqrt{3}.$

2. $-\dfrac{16}{25}$ 【解析】利用完全平方公式，得

$(\sin\alpha+\cos\alpha)^2=\cos^2\alpha+\sin^2\alpha+2\sin\alpha\cos\alpha=1+\sin 2\alpha.$

将已知条件代入上式，可得 $\sin 2\alpha=(\sin\alpha+\cos\alpha)^2-1$

$$=\left(\frac{3}{5}\right)^2-1$$

$$=-\frac{16}{25}.$$

3. $\frac{41}{50}$ 【解析】$\sin^2 2\alpha=1-\cos^2 2\alpha=1-\frac{16}{25}=\frac{9}{25}.$

由 $(\sin^2\alpha+\cos^2\alpha)^2=1^2$ 得 $\sin^4\alpha+2\sin^2\alpha\cos^2\alpha+\cos^4\alpha=1$，

因此 $\sin^4\alpha+\cos^4\alpha=1-\frac{1}{2}\sin^2 2\alpha=1-\frac{1}{2}\times\frac{9}{25}=\frac{41}{50}.$

4. $\frac{\pi}{6}$ 【解析】原方程化为 $(2\sin\theta-1)(\sin\theta+1)=0$，注意 $0<\theta<\frac{\pi}{2}.$

5. $\pm\frac{24}{25}$ 【解析】$\frac{1+\cos\theta}{\cos\frac{\theta}{2}}=\frac{6}{5}\Rightarrow\frac{2\cos^2\frac{\theta}{2}}{\cos\frac{\theta}{2}}=\frac{6}{5}\Rightarrow\cos\frac{\theta}{2}=\frac{3}{5}\Rightarrow\sin\frac{\theta}{2}=\pm\frac{4}{5}$，

$\sin\theta=2\sin\frac{\theta}{2}\cos\frac{\theta}{2}=\pm\frac{24}{25}.$

6. $\frac{1}{7}$；$135°$ 【解析】$\because \tan\beta=\frac{1}{\cot\beta}=-2$，

$$\therefore \cot(\alpha-\beta)=\frac{1}{\tan(\alpha-\beta)}$$

$$=\frac{1+\tan\alpha\cdot\tan\beta}{\tan\alpha-\tan\beta}$$

$$=\frac{1+\frac{1}{3}\times(-2)}{\frac{1}{3}-(-2)}=\frac{1}{7}.$$

$$\because \tan(\alpha+\beta)=\frac{\tan\alpha+\tan\beta}{1-\tan\alpha\cdot\tan\beta}$$

$$=\frac{\frac{1}{3}-2}{1-\frac{1}{3}\times(-2)}=-1<0,$$

$\because 0°<\alpha<90°, 90°<\beta<180°$，

$\therefore 90°<\alpha+\beta<270°.$

$\therefore \alpha+\beta=135°.$

三、解答题

1. 解：由韦达定理可知，$\tan\alpha+\tan\beta=3$，$\tan\alpha\tan\beta=-3$，

所以 $\tan(\alpha+\beta)=\frac{\tan\alpha+\tan\beta}{1-\tan\alpha\tan\beta}=\frac{3}{1-(-3)}=\frac{3}{4}.$

由此得$\frac{\sin(\alpha+\beta)}{\cos(\alpha+\beta)}=\frac{3}{4}$，$4\sin(\alpha+\beta)=3\cos(\alpha+\beta)$，

因此 $\sin^2(\alpha+\beta)-3\sin(\alpha+\beta)\cos(\alpha+\beta)-3\cos^2(\alpha+\beta)$

$=\sin^2(\alpha+\beta)-4\sin^2(\alpha+\beta)-3[1-\sin^2(\alpha+\beta)]=-3.$

2. 证明：(1) 左 $=\sin^2\alpha\cdot\frac{\sin^2\alpha}{\cos^2\alpha}=\sin^2\alpha\cdot\frac{1-\cos^2\alpha}{\cos^2\alpha}=\sin^2\alpha\left(\frac{1}{\cos^2\alpha}-1\right)$

$=\frac{\sin^2\alpha}{\cos^2\alpha}-\sin^2\alpha=\tan^2\alpha-\sin^2\alpha=$ 右.

所以原式成立.

(2) 左 $=\frac{\sin\alpha+2\sin\alpha\cos\alpha}{1+\cos\alpha+2\cos^2\alpha-1}$

$=\frac{\sin\alpha(1+2\cos\alpha)}{\cos\alpha(1+2\cos\alpha)}$

$=\frac{\sin\alpha}{\cos\alpha}=\tan\alpha=$ 右.

所以原式成立.

3. 解：(1) 解法一：因为 $\sin 80°-\sqrt{3}\cos 80°=2\left(\frac{1}{2}\sin 80°-\frac{\sqrt{3}}{2}\cos 80°\right)$

$=2(\sin 30°\sin 80°-\cos 30°\cos 80°)$

$=-2\cos(30°+80°)=-2\cos 110°=2\sin 20°$，

所以原式 $=0$.

解法二：因为 $\sin 80°-\sqrt{3}\cos 80°=2(\sin 80°\cos 60°-\sin 60°\cos 80°)$

$=2\sin(80°-60°)=2\sin 20°$，

所以原式 $=0$.

(2) 原式 $=\frac{2\sin^2\theta+2\sin\theta\cos\theta}{2\cos^2\theta+2\sin\theta\cos\theta}$

$=\frac{2\sin\theta(\sin\theta+\cos\theta)}{2\cos\theta(\sin\theta+\cos\theta)}=\tan\theta.$

4. 解：由已知得 $\tan\alpha+\tan\beta=\frac{3-2a}{a}$，$\tan\alpha\cdot\tan\beta=\frac{a-2}{a}$.

$\therefore \tan(\alpha+\beta)=\frac{\tan\alpha+\tan\beta}{1-\tan\alpha\cdot\tan\beta}=\frac{\frac{3-2a}{a}}{1-\frac{a-2}{a}}=\frac{3}{2}-a.$

$\because$ 方程有两个实根，

$\therefore \begin{cases}a\neq 0\\ \Delta=(2a-3)^2-4a(a-2)\geqslant 0\end{cases}\Rightarrow a\leqslant\frac{9}{4}$ 且 $a\neq 0$，

即 a 的最大值为$\frac{9}{4}$，故 $\tan(\alpha+\beta)$ 的最小值是$\frac{3}{2}-\frac{9}{4}=-\frac{3}{4}$.

第九章 三角函数的图象和性质

考纲导读

1. 掌握正弦函数、余弦函数的图象和性质,会用这两个函数的性质(定义域、值域、周期性、奇偶性和单调性)解决有关问题.

2. 了解正切函数的图象和性质.

3. 了解函数 $y=A\sin(\omega x+\varphi)$ 与 $y=\sin x$ 的图象之间的关系,会用"五点法"画出它们的简图,会求函数 $y=A\sin(\omega x+\varphi)$ 的周期、最大值和最小值.

考点精讲

一、三角函数(正弦、余弦、正切)的图象

正弦函数的图象、余弦函数的图象、正切函数的图象、余切函数的图象分别如图 9-1(a),9-1(b),9-1(c),9-1(d).

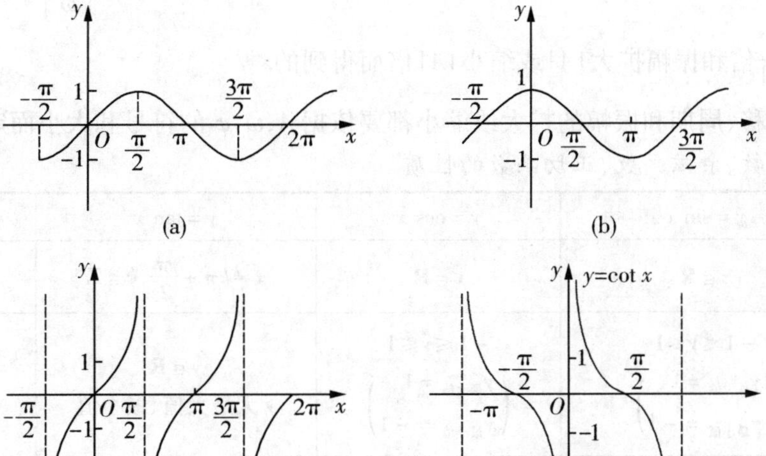

图 9-1

二、三角函数的性质

1. 正弦、余弦函数的作图、周期及最值

以正弦函数 $y=\sin x,x\in[0,2\pi]$ 为例,其函数图象有五个特殊点 $(0,0)$,$\left(\frac{\pi}{2},1\right)$,

$(\pi,0)$，$\left(\frac{3\pi}{2},-1\right)$，$(2\pi,0)$，这五个点是一个周期内能使 y 取得零值、最大值、最小值的点，以光滑的曲线连接这几个点就能够描绘出正弦函数的基本形状，这种方法称为“五点法”.

$y=A\sin(\omega x+\varphi)$ 与 $y=A\cos(\omega x+\varphi)$（其中 A,ω,φ 为常数，且 $A\neq0,\omega\neq0,x\in\mathbf{R}$）这两个函数图象均可以用五点法描出，它们的周期 $T=\frac{2\pi}{\omega}$，T 只与 ω 有关，与 A,φ 无关；它们的最大值均为 A，最小值均为 $-A$；我们将 A 称为振幅，ω 称为角频率，φ 称为初相角.

说明：本书所讲的三角函数的周期通常指最小正周期.

2. 函数 $y=A\sin x$，$y=\sin(x+\varphi)$，$y=\sin\omega x$，$y=A\sin(\omega x+\varphi)$ 的图象与 $y=\sin x$ 的图象之间的关系

(1) $y=\sin(x+\varphi)$ 的图象是由 $y=\sin x$ 的图象向左（$\varphi>0$）或向右（$\varphi<0$）平移 $|\varphi|$ 个单位而得到的.

(2) $y=A\sin x$ 的图象是由 $y=\sin x$ 的图象的振幅扩大 $|A|$（$|A|>1$）或振幅缩小 $|A|$（$|A|<1$）倍而得到的.

(3) $y=\sin\omega x$ 的图象是由 $y=\sin x$ 的图象的周期扩大（$|\omega|<1,\omega\neq0$）$\frac{1}{|\omega|}$ 或缩小（$|\omega|>1$）$\frac{1}{|\omega|}$ 倍而得到的.

(4) $y=A\sin(\omega x+\varphi)$ 的图象是由 $y=\sin x$ 的图象向左或向右平移 $\left|\frac{\varphi}{\omega}\right|$ 个单位，周期扩大 $\frac{1}{|\omega|}$ 或缩小 $\frac{1}{|\omega|}$ 倍和振幅扩大 $|A|$ 或缩小 $|A|$ 倍而得到的.

图象的平移、周期和振幅的扩大或缩小都要依据 A,ω,φ 的符号和大小而定.

3. 正弦函数、余弦函数、正切函数的性质

函数	$y=\sin x$	$y=\cos x$	$y=\tan x$	$y=\cot x$
定义域	$x\in\mathbf{R}$	$x\in\mathbf{R}$	$x\neq k\pi+\frac{\pi}{2},k\in\mathbf{Z}$	$x\neq k\pi,k\in\mathbf{Z}$
值域	$-1\leqslant y\leqslant1$ $\left(\begin{matrix}y_{最大值}=1\\y_{最小值}=-1\end{matrix}\right)$	$-1\leqslant y\leqslant1$ $\left(\begin{matrix}y_{最大值}=1\\y_{最小值}=-1\end{matrix}\right)$	$y\in\mathbf{R}$ y 无最大值、最小值	$y\in\mathbf{R}$ y 无最大值、最小值
周期	最小正周期为 2π	最小正周期为 2π	最小正周期为 π	最小正周期为 π
单调性	$x\in\left[-\frac{\pi}{2}+2k\pi,\frac{\pi}{2}+2k\pi\right]$，$y$ 是增函数；$x\in\left[\frac{\pi}{2}+2k\pi,\frac{3\pi}{2}+2k\pi\right]$，$y$ 是减函数，$k\in\mathbf{Z}$	$x\in[(2k-1)\pi,2k\pi]$，y 是增函数；$x\in[2k\pi,(2k+1)\pi]$，y 是减函数，$k\in\mathbf{Z}$	$x\in\left(-\frac{\pi}{2}+k\pi,\frac{\pi}{2}+k\pi\right)$，$y$ 是增函数，$k\in\mathbf{Z}$	$x\in(k\pi,(k+1)\pi)$，y 是减函数，$k\in\mathbf{Z}$
奇偶性	奇函数	偶函数	奇函数	奇函数

4. 已知三角函数值求角

对于函数 $y=\sin x, x\in\left[-\frac{\pi}{2},\frac{\pi}{2}\right]$,若已知其函数值 y,则角 $x=\arcsin y, y\in[-1,1]$.

对于函数 $y=\cos x, x\in[0,\pi]$,若已知其函数值 y,则角 $x=\arccos y, y\in[-1,1]$.

对于函数 $y=\tan x, x\in\left(-\frac{\pi}{2},\frac{\pi}{2}\right)$,若已知其函数值 y,则角 $x=\arctan y, y\in(-\infty,+\infty)$.

已知 $y=\cot x, x\in(0,\pi)$ 中,若已知函数值 y,则角 $x=\text{arccot}\ y, y\in(-\infty,+\infty)$.

例如,已知 $x\in\left[-\frac{\pi}{2},\frac{\pi}{2}\right]$, $\sin x=\frac{\sqrt{3}}{2}$,则 $x=\arcsin\frac{\sqrt{3}}{2}=\frac{\pi}{3}$.

已知 $x\in[0,\pi]$, $\cos x=\frac{1}{3}$,则 $x=\arccos\frac{1}{3}$.

已知 $x\in\left(-\frac{\pi}{2},\frac{\pi}{2}\right)$, $\tan x=0.7$,则 $x=\arctan 0.7$.

【例 1】函数 $y=2\cos x-\cos 2x$ 的最大值是________.

【答案】$\frac{3}{2}$

【解析】由配方法得

$$y=2\cos x-2\cos^2 x+1=-2\left(\cos^2-\cos x-\frac{1}{2}\right)=-2\left(\cos^2 x-\cos x+\frac{1}{4}-\frac{1}{4}-\frac{1}{2}\right)$$

$$=-2\left[\left(\cos x-\frac{1}{2}\right)^2-\frac{3}{4}\right]=-2\left(\cos x-\frac{1}{2}\right)^2+\frac{3}{2}\leqslant\frac{3}{2},$$

因此,所求最大值为$\frac{3}{2}$.

【例 2】函数 $y=\cos^2 x-3\cos x+2$ 的最小值是(　　).

A. 2　　B. 0　　C. $-\frac{1}{4}$　　D. 6

【答案】B

【解析】设 $\cos x=t$,于是由配方法可将所给函数写成

$$y=t^2-3t+2=t^2-3t+\left(\frac{3}{2}\right)^2-\left(\frac{3}{2}\right)^2+2=\left(t-\frac{3}{2}\right)^2-\frac{1}{4},$$

因此 $y=\cos^2 x-3\cos x+2=\left(\cos x-\frac{3}{2}\right)^2-\frac{1}{4}$.

因为 $-1\leqslant\cos x\leqslant 1$,所以当 $\cos x=1$ 时,

$$y_{最小值}=\left(1-\frac{3}{2}\right)^2-\frac{1}{4}=0.$$

【例 3】函数 $y=\sin\left(-\frac{2}{3}x+\frac{\pi}{6}\right)$的最小正周期是(　　).

A. $\frac{\pi}{6}$　　B. $-\frac{\pi}{6}$　　C. $\frac{3\pi}{2}$　　D. 3π

【答案】D

【解析】$T=\frac{2\pi}{\left|-\frac{2}{3}\right|}=3\pi$.

【例4】判断函数$f(x)=\log_2\frac{1+\sin x}{\cos x}$的奇偶性.

【解析】$f(-x)=\log_2\frac{1+\sin(-x)}{\cos(-x)}$

$=\log_2\frac{1-\sin x}{\cos x}$

$=\log_2\frac{(1-\sin x)(1+\sin x)}{\cos x(1+\sin x)}$

$=\log_2\frac{\cos x}{1+\sin x}$

$=-\log_2\frac{1+\sin x}{\cos x}$

$=-f(x)$.

所以函数$f(x)$为奇函数.

【例5】比较下列各数的大小:

(1) $\cos\frac{\pi}{5}$与$\sin\frac{\pi}{5}$;

(2) $\sin 57°$与$\sin 122°$;

(3) $\left(\frac{1}{2}\right)^{\tan 47°}$与$\left(\frac{1}{2}\right)^{\sin 47°}$;

(4) $\log_{\sin\alpha}\cos 1$和$\log_{\sin\alpha}\sin 1$(α为锐角).

【解析】(1)因为$\cos\frac{\pi}{5}=\sin\left(\frac{\pi}{2}-\frac{\pi}{5}\right)=\sin\frac{3\pi}{10}$,且$0<\frac{\pi}{5}<\frac{3\pi}{10}<\frac{\pi}{2}$,所以$\sin\frac{3\pi}{10}>\sin\frac{\pi}{5}$,即$\cos\frac{\pi}{5}>\sin\frac{\pi}{5}$.

(2)因为$\sin 122°=\sin(180°-58°)=\sin 58°$,而$\sin 58°>\sin 57°$,所以$\sin 122°>\sin 57°$.

(3)因为$\tan 47°>\tan 45°=1$,所以$\tan 47°>\sin 47°$.

又因为$0<\frac{1}{2}<1$,所以$\left(\frac{1}{2}\right)^{\tan 47°}<\left(\frac{1}{2}\right)^{\sin 47°}$.

(4)因为$\cos 1=\sin\left(\frac{\pi}{2}-1\right)$,且$0<\frac{\pi}{2}-1<1<\frac{\pi}{2}$,所以$\sin 1>\sin\left(\frac{\pi}{2}-1\right)=\cos 1$.

又因为α是锐角,所以$0<\sin\alpha<1$,因此$\log_{\sin\alpha}\cos 1>\log_{\sin\alpha}\sin 1$.

【例6】根据三角函数的图象,写出使下列不等式成立的x的集合:

(1) $\sin x\geqslant\frac{\sqrt{3}}{2}$;　　　　(2) $\sin x<-\frac{1}{2}$.

【解析】(1)结合图9-2以及$\sin\frac{\pi}{3}=\sin\frac{2}{3}\pi=\frac{\sqrt{3}}{2}$知,所求集合为

$$\left\{x \middle| 2k\pi+\frac{\pi}{3}\leqslant x\leqslant 2k\pi+\frac{2\pi}{3},k\in\mathbf{Z}\right\}.$$

(2)结合图9－2以及 $\sin\frac{7}{6}\pi=\sin\frac{11}{6}\pi=-\frac{1}{2}$ 知，所求集合为

$$\left\{x \middle| 2k\pi+\frac{7\pi}{6}<x<2k\pi+\frac{11\pi}{6},k\in\mathbf{Z}\right\}.$$

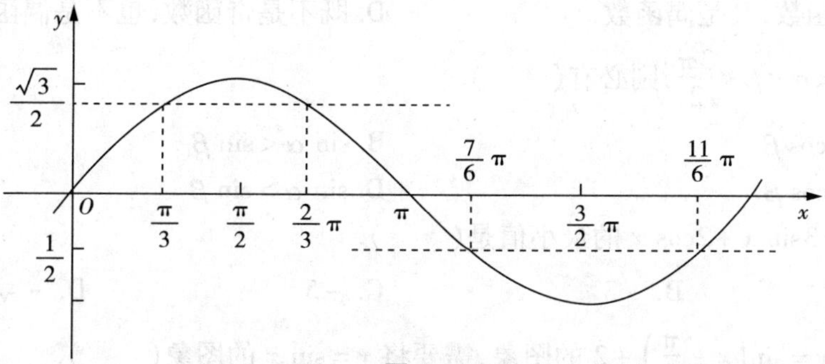

图9－2

【例7】已知函数 $y=A\sin(\omega x+\varphi)$，$x\in\mathbf{R}$(其中 $A>0,\omega>0$)的图象在 y 轴右侧的第一个最高点为 $M(2,2\sqrt{2})$，与 x 轴在原点右侧第一个交点为 $N(6,0)$，求此函数的解析式.

【解析】由已知，点 M 的纵坐标为函数 y 的最大值，而 $\sin(\omega x+\varphi)$ 的最大值为1，故 $A=2\sqrt{2}$.

又依题意中点 M，N 在已知函数图象中的位置及它们的横坐标知，周期 $T=4(6-2)=16$，于是 $\frac{2\pi}{\omega}=16$，$\omega=\frac{\pi}{8}$，

从而 $y=2\sqrt{2}\sin\left(\frac{\pi}{8}x+\varphi\right)$. ①

将点 M 的坐标代入①式，得

$2\sqrt{2}=2\sqrt{2}\sin\left(\frac{\pi}{8}\times 2+\varphi\right)$,

$\sin\left(\frac{\pi}{4}+\varphi\right)=1$,

故满足 $\frac{\pi}{4}+\varphi=2k\pi+\frac{\pi}{2}(k\in\mathbf{Z})$ 的 φ 的最小正数解为 $\frac{\pi}{4}$.

因此，所求函数的解析式为 $y=2\sqrt{2}\left(\frac{\pi}{8}x+\frac{\pi}{4}\right)$.

跟踪训练

一、选择题

1. 若函数 $y=\sin\omega x\cdot\cos\omega x$ 的最小正周期为 4π，则正数 ω 等于(　　).

A. $\frac{1}{4}$　　B. $\frac{1}{2}$　　C. 2　　D. 4

2. 已知 $\tan\alpha=\frac{\sqrt{3}}{3}(0<\alpha<2\pi)$，则 α 的所有可能取值是（　　）.

A. $\frac{\pi}{6}$　　B. $\frac{\pi}{6}$ 或 $\frac{7\pi}{6}$　　C. $\frac{\pi}{3}$ 或 $\frac{4\pi}{3}$　　D. $\frac{\pi}{3}$

3. 函数 $y=1-2\sin^2x$（　　）.

A. 是奇函数　　B. 是偶函数

C. 既是奇函数，又是偶函数　　D. 既不是奇函数，也不是偶函数

4. 如果 $\frac{\pi}{2}<\alpha<\beta<\frac{3\pi}{2}$，则必有（　　）.

A. $\cos\alpha>\cos\beta$　　B. $\sin\alpha<\sin\beta$

C. $\cos\alpha<\cos\beta$　　D. $\sin\alpha>\sin\beta$

5. 函数 $y=3\sin x+2\cos x$ 的最小值是（　　）.

A. 0　　B. -3　　C. -5　　D. $-\sqrt{13}$

6. 要得到 $y=\sin\left(x+\frac{\pi}{3}\right)+2$ 的图象，需要将 $y=\sin x$ 的图象（　　）.

A. 向左平移 $\frac{\pi}{3}$ 个单位，再向上平移 2 个单位

B. 向左平移 $\frac{\pi}{3}$ 个单位，再向下平移 2 个单位

C. 向右平移 $\frac{\pi}{3}$ 个单位，再向上平移 2 个单位

D. 向右平移 $\frac{\pi}{3}$ 个单位，再向下平移 2 个单位

7. 函数 $y=2-\frac{4}{3}\sin x-\cos 2x$ 的最小值是（　　）.

A. $\frac{13}{3}$　　B. $\frac{5}{9}$　　C. $\frac{7}{9}$　　D. $-\frac{5}{9}$

8. 已知 $\sin\alpha+\cos\alpha=\frac{1}{5}$，$\sin\alpha-\cos\alpha=\frac{7}{5}$，则 $\tan\alpha=$（　　）.

A. $-\frac{4}{3}$　　B. $-\frac{3}{4}$　　C. 1　　D. -1

二、填空题

1. $y=-\frac{1}{2}\cos x+m$ 的最大值是 $\frac{3}{4}$，则 $m=$________.

2. 函数 $y=\frac{3}{2}+2\cos x-\cos 2x$ 的值域为________.

3. 根据 $y=\sin x$ 的图象，写出满足 $\sin x>\frac{1}{2}$ 的 x 的集合为________.

4. 比较大小：

(1) $\cos\left(-\frac{\pi}{5}\right)$________ $\sin\frac{\pi}{5}$.

(2) $\sin 1$ ________ $\cos 1$.

(3) $(\sin 43°)^{\cos(-20°)}$ ________ $(\sin 43°)^{\cos 200°}$.

(4) $\dfrac{\sin 96°}{1+\cos 96°}$ ________ $\cos^2 3° - \sin^2 3°$.

5. $y=\dfrac{\cos x}{\cos x+2}$的最大值为________,最小值为________.

三、解答题

1. 已知$f(x)=\sqrt{1-x}$,当$\alpha\in\left(\dfrac{5\pi}{4},\dfrac{3\pi}{2}\right)$时,化简式子$f(\sin 2\alpha)-f(-\sin 2\alpha)$.

2. 求函数$f(x)=2\sin\left(x+\dfrac{\pi}{4}\right)\sin\left(x-\dfrac{\pi}{4}\right)+\sin 2x$的最大值.

3. 已知函数$f(x)=\dfrac{6\cos^4 x-5\cos^2 x+1}{\cos 2x}$,求$f(x)$的定义域,判断它的奇偶性,并求其值域.

参考答案及解析

一、选择题

1. A 【解析】$y=\sin\omega x\cdot\cos\omega x\Rightarrow y=\dfrac{1}{2}\cdot 2\sin\omega x\cdot\cos\omega x\Rightarrow\dfrac{1}{2}\sin 2\omega x$.

$\because T=4\pi$, $\therefore\dfrac{2\pi}{2\omega}=4\pi$. $\therefore\omega=\dfrac{1}{4}$.

2. B 【解析】因为$\tan\dfrac{\pi}{6}=\tan\dfrac{7\pi}{6}=\dfrac{\sqrt{3}}{3}$,所以在$0<\alpha<2\pi$内,使$\tan\alpha=\dfrac{\sqrt{3}}{3}$成立的$\alpha$的所有可能取值是$\dfrac{\pi}{6}$或$\dfrac{7\pi}{6}$.

3. B 【解析】解法一:设$f(x)=1-2\sin^2 x$.

由$f(-x)=1-2\sin^2(-x)=1-2\sin^2 x=f(x)$可知所给函数是偶函数.

解法二:$y=1-2\sin^2 x$的奇偶性由$\sin^2 x$确定.

因为$\sin x$是奇函数,奇函数的乘积$\sin x\cdot\sin x=\sin^2 x$是偶函数,所以所给函数是偶函数.

4. D 【解析】在区间$\left(\dfrac{\pi}{2},\dfrac{3\pi}{2}\right)$内,正弦函数$y=\sin x$是单调递减函数,故当$\alpha<\beta$时,$\sin\alpha>\sin\beta$.

5. D 【解析】将所给函数化为$y=A\sin(\alpha\pm x)$或$y=A\cos(\alpha\pm x)$的形式,由此可确定函数y的最大值为$|A|$,最小值为$-|A|$. 如图 9－3,作以$AC=3$,$CB=2$为直角边的直角三角形ABC,可知$AB=\sqrt{2^2+3^2}=\sqrt{13}$.

设$\angle B=\alpha$,则$\sin\alpha=\dfrac{3}{\sqrt{13}}$,$\cos\alpha=\dfrac{2}{\sqrt{13}}$,

于是$y=3\sin x+2\cos x=\sqrt{13}\left(\dfrac{3}{\sqrt{13}}\sin x+\dfrac{2}{\sqrt{13}}\cos x\right)$

$= \sqrt{13}(\sin \alpha \sin x + \cos \alpha \cos x) = \sqrt{13}\cos(\alpha - x)$,

由此知所求函数的最小值是 $-\sqrt{13}$.

说明：一般来说，$y = a \sin x + b \cos x = \sqrt{a^2+b^2}\left(\frac{a}{\sqrt{a^2+b^2}}\sin x + \frac{b}{\sqrt{a^2+b^2}}\cos x\right)$

$= \sqrt{a^2+b^2}(\cos \alpha \sin x + \sin \alpha \cos x)$

$= \sqrt{a^2+b^2}\sin(\alpha + x)$,

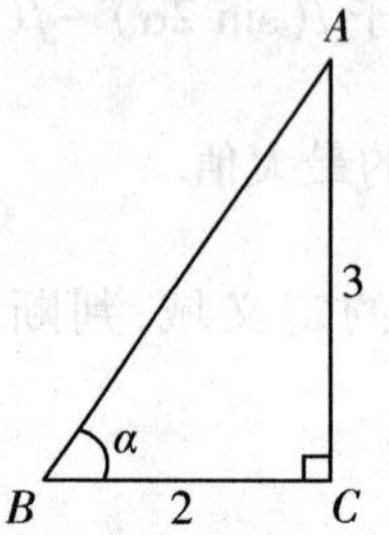

图 9－3

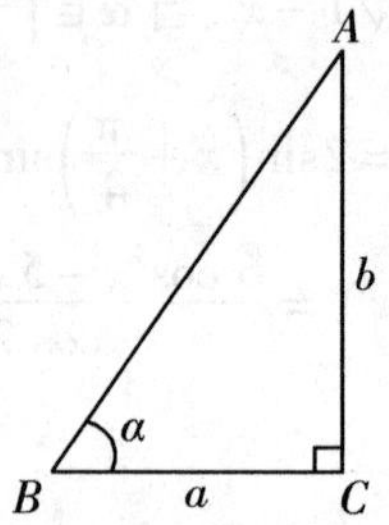

图 9－4

其中 $\tan \alpha = \frac{b}{a}$，如图 9－4.

6. A 【解析】$\because \varphi = \frac{\pi}{3} > 0$，$\therefore y = \sin\left(x + \frac{\pi}{3}\right) + 2$ 的图象是由 $y = \sin x$ 的图象向左平移 $\frac{\pi}{3}$ 个单位，再向上平移 2 个单位得到的.

7. C 【解析】以单倍角为基准，化二倍角三角函数为单倍角三角函数.

$y = 2 - \frac{4}{3}\sin x - 1 + 2\sin^2 x = 1 + 2\sin^2 x - \frac{4}{3}\sin x$

$= 1 + 2\left[\sin^2 x - \frac{2}{3}\sin x + \left(\frac{1}{3}\right)^2 - \frac{1}{9}\right]$

$= 1 + 2\left(\sin x - \frac{1}{3}\right)^2 - \frac{2}{9}$

$= \frac{7}{9} + 2\left(\sin x - \frac{1}{3}\right)^2$.

$\because -1 \leqslant \sin x \leqslant 1$，$\therefore$ 当 $\sin x = \frac{1}{3}$ 时，y 取最小值，

$y_{最小值} = \frac{7}{9} + 2 \times \left(\frac{1}{3} - \frac{1}{3}\right)^2 = \frac{7}{9}$，故应选 C.

8. A 【解析】由 $\sin \alpha + \cos \alpha = \frac{1}{5}$，$\sin \alpha - \cos \alpha = \frac{7}{5}$，可解得 $\sin \alpha = \frac{4}{5}$，$\cos \alpha = -\frac{3}{5}$.

$\tan \alpha = \frac{\sin \alpha}{\cos \alpha} = -\frac{4}{3}$.

二、填空题

1. $\frac{1}{4}$ 【解析】由题意知，当 $\cos x = -1$ 时，$\frac{1}{2} + m = \frac{3}{4}$，$\therefore m = \frac{1}{4}$.

2. $\left[-\frac{3}{2},3\right]$ 【解析】$y=\frac{3}{2}+2\cos x-(2\cos^2x-1)$

$$=\frac{3}{2}+2\cos x-2\cos^2x+1$$

$$=3-2\left(\cos^2x-\cos x+\frac{1}{4}\right)$$

$$=3-2\left(\cos x-\frac{1}{2}\right)^2.$$

当 $\cos x=\frac{1}{2}$ 时，$2\left(\cos x-\frac{1}{2}\right)^2$ 最小，∴ y 的最大值是3.

当 $\cos x=-1$ 时，$2\left(\cos x-\frac{1}{2}\right)^2$ 最大，∴ y 的最小值是 $-\frac{3}{2}$.

∴ 函数 $y=\frac{3}{2}+2\cos x-\cos 2x$ 的值域为 $\left[-\frac{3}{2},3\right]$.

3. $x\in\left[2k\pi+\frac{\pi}{6},2k\pi+\frac{5\pi}{6}\right](k\in\mathbf{Z})$ 【解析】画出 $y=\sin x$ 的简图(如图9-5)：

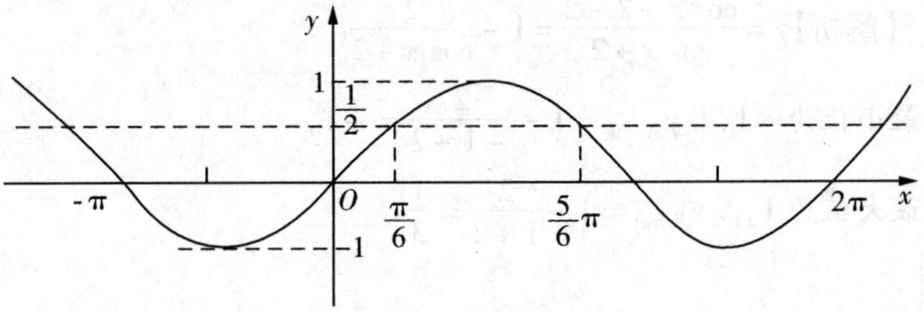

图9-5

观察其函数图象即得 $x\in\left[2k\pi+\frac{\pi}{6},2k\pi+\frac{5\pi}{6}\right](k\in\mathbf{Z})$.

4. (1) >；(2) >；(3) <；(4) > 【解析】(1)解法一：因为 $\cos\left(-\frac{\pi}{5}\right)=\cos\frac{\pi}{5}$，$\sin\frac{\pi}{5}=\cos\left(\frac{\pi}{2}-\frac{\pi}{5}\right)=\cos\left(\frac{3\pi}{10}\right)$.

由于 $\frac{\pi}{5}$ 与 $\frac{3\pi}{10}$ 都在余弦函数同一单调递减的区间 $[0,\pi]$ 上，且 $\frac{\pi}{5}<\frac{3\pi}{10}$，所以 $\cos\frac{\pi}{5}>\cos\frac{3\pi}{10}$，即 $\cos\left(-\frac{\pi}{5}\right)>\sin\frac{\pi}{5}$.

解法二：因为 $\sin\frac{\pi}{5}>0$，$\cos\left(-\frac{\pi}{5}\right)=\cos\frac{\pi}{5}>0$，

所以 $0<\dfrac{\sin\frac{\pi}{5}}{\cos\left(-\frac{\pi}{5}\right)}=\tan\frac{\pi}{5}<\tan\frac{\pi}{4}=1$，

因此 $\cos\left(-\frac{\pi}{5}\right)>\sin\frac{\pi}{5}$.

(2)因为 $\sin 1=\cos\left(\frac{\pi}{2}-1\right)$，且$\frac{\pi}{2}-1$，1 都在余弦函数的同一单调递减区间$[0,\pi]$上，又因为$\frac{\pi}{2}-1<1$，所以根据余弦函数的单调性及$\frac{\pi}{2}-1<1$可知

$$\cos\left(\frac{\pi}{2}-1\right)>\cos 1\text{，即}\cos 1<\sin 1.$$

(3)$\cos(-20°)=\cos 20°$.

$\cos 200°=\cos(180°+20°)=-\cos 20°$.

$\therefore \cos(-20°)>\cos 200°$.

$\because 0<\sin 43°<1$,

$\therefore$ 由指数函数的性质可得$(\sin 43°)^{\cos(-20°)}<(\sin 43°)^{\cos 200°}$.

(4)$\frac{\sin 96°}{1+\cos 96°}=\frac{2\sin 48°\cos 48°}{2\cos^2 48°}=\tan 48°>1$.

$\cos^2 3°-\sin^2 3°=\cos 6°<1$.

故$\frac{\sin 96°}{1+\cos 96°}>\cos^2 3°-\sin^2 3°$.

5. $\frac{1}{3}$；-1 【解析】$y=\frac{\cos x+2-2}{\cos x+2}=1-\frac{2}{\cos x+2}$.

$\because \cos x$ 的最小值为 -1，$\therefore y_{最小值}=1-\frac{2}{-1+2}=-1$，

$\because \cos x$ 的最大值为 1，$\therefore y_{最大值}=1-\frac{2}{1+2}=\frac{1}{3}$.

三、解答题

1. 解：由已知得$f(\sin 2\alpha)-f(-\sin 2\alpha)=\sqrt{1-\sin 2\alpha}-\sqrt{1+\sin 2\alpha}$

$$=\sqrt{(\sin\alpha-\cos\alpha)^2}-\sqrt{(\sin\alpha+\cos\alpha)^2}$$
$$=|\sin\alpha-\cos\alpha|-|\sin\alpha+\cos\alpha|.$$

$\because \alpha\in\left(\frac{5\pi}{4},\frac{3}{2}\pi\right)$,

$\therefore \sin\alpha<\cos\alpha<0$，$\cos\alpha+\sin\alpha<0$.

$\therefore f(\sin 2\alpha)-f(-\sin 2\alpha)=\cos\alpha-\sin\alpha+\sin\alpha+\cos\alpha=2\cos\alpha$.

2. 解：$f(x)=2\sin\left(x+\frac{\pi}{4}\right)\sin\left(x-\frac{\pi}{4}\right)+\sin 2x=2\cos\left[\frac{\pi}{2}-\left(x+\frac{\pi}{4}\right)\right]\sin\left(x-\frac{\pi}{4}\right)+\sin 2x$

$$=2\cos\left(\frac{\pi}{4}-x\right)\sin\left(x-\frac{\pi}{4}\right)+\sin 2x=2\cos\left(x-\frac{\pi}{4}\right)\sin\left(x-\frac{\pi}{4}\right)+\sin 2x$$

$$=\sin 2\left(x-\frac{\pi}{4}\right)+\sin 2x=\sin\left(2x-\frac{\pi}{2}\right)+\sin 2x$$

$$=-\sin\left(\frac{\pi}{2}-2x\right)+\sin 2x=-\cos 2x+\sin 2x$$

$$=\sqrt{2}\sin\left(2x-\frac{\pi}{4}\right).$$

因此，所求函数的最大值为$\sqrt{2}$.

3. 解：由 $\cos 2x \neq 0$ 得 $2x \neq k\pi + \frac{\pi}{2}$，解得 $x \neq \frac{k\pi}{2} + \frac{\pi}{4}, k \in \mathbf{Z}$，所以 $f(x)$ 的定义域为

$$\left\{x \mid x \in \mathbf{R} \text{ 且 } x \neq \frac{k}{2}\pi + \frac{\pi}{4}, k \in \mathbf{Z}\right\}.$$

因为 $f(x)$ 的定义域关于 y 轴对称，

且 $f(-x) = \frac{6\cos^4(-x) - 5\cos^2(-x) + 1}{\cos(-2x)} = \frac{6\cos^4 x - 5\cos^2 x + 1}{\cos 2x} = f(x)$.

所以 $f(x)$ 是偶函数.

又当 $x \neq \frac{k\pi}{2} + \frac{\pi}{4}(k \in \mathbf{Z})$ 时，

$$f(x) = \frac{6\cos^4 x - 5\cos^2 x + 1}{\cos 2x} = \frac{(2\cos^2 x - 1)(3\cos^2 x - 1)}{\cos 2x} = 3\cos^2 x - 1.$$

所以 $f(x)$ 的值域为 $\left\{y \,\middle|\, -1 \leqslant y < \frac{1}{2} \text{或} \frac{1}{2} < y \leqslant 2\right\}$.

第十章　解三角形

考纲导读

1. 掌握直角三角形的边角关系,会用它们解直角三角形及应用题.

2. 掌握正弦定理和余弦定理,会用它们解斜三角形及简单应用题.

考点精讲

一、解三角形

三角形的三条边与三个角叫作三角形的元素. 由三角形的已知元素求未知元素的过程叫作解三角形.

二、解直角三角形

1. 直角三角形各元素之间的关系

在 Rt$\triangle ABC$ 中,设角 C 为直角,角 A,B,C 所对的边分别为 a,b,c(如图 10 - 1),则三角形各元素间有如下关系:

(1)三角之间的关系

$$A+B=C.$$

(2)三边之间的关系(勾股定理)

$$a^2+b^2=c^2.$$

(3)边角之间的关系

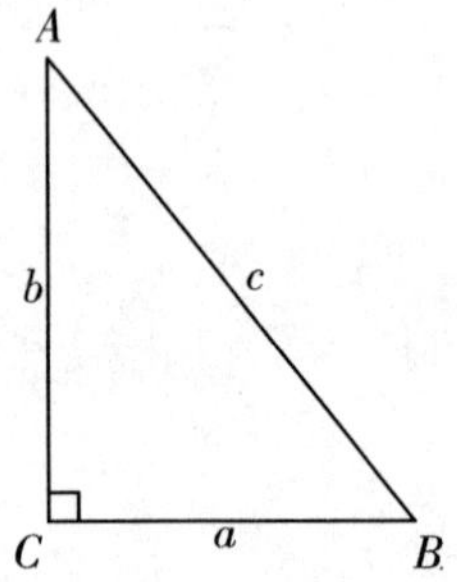

图 10 - 1

$\sin A=\cos B=\dfrac{a}{c}$;

$\sin B=\cos A=\dfrac{b}{c}$;

$\tan A=\cot B=\dfrac{a}{b}$;

$\cot A=\tan B=\dfrac{b}{a}$.

(4)三角形面积公式

$$S=\frac{1}{2}ab.$$

2. 解直角三角形常见问题及解法

(1)已知两直角边(如 a,b)

$c=\sqrt{a^2+b^2}$;

$\tan A=\dfrac{a}{b}$，$A=\arctan A$；

$\tan B=\dfrac{b}{a}$，$B=\arctan B$；

$S_{\triangle ABC}=\dfrac{1}{2}ab$.

(2)已知一直角边与一斜边(如 a,c)

$b=\sqrt{c^2-a^2}$；

$\sin A=\cos B=\dfrac{a}{c}$，$A=\arcsin A$，$B=\arccos B$；

$S_{\triangle ABC}=\dfrac{1}{2}ab=\dfrac{1}{2}a\sqrt{c^2-a^2}$.

(3)已知一直角边与一锐角(如 a,A 或 a,B)

$A=90°-B$ 或 $B=90°-A$；

$c=\dfrac{a}{\sin A}=\dfrac{a}{\cos B}$；

$b=a\cot A=a\tan B$；

$S_{\triangle ABC}=\dfrac{1}{2}ab=\dfrac{1}{2}a^2\cot A=\dfrac{1}{2}a^2\tan B$.

(4)已知一斜边与一锐角(如 c,A)

$B=90°-A$；

$a=c\sin A$；

$b=c\cos A$；

$S_{\triangle ABC}=\dfrac{1}{2}ab=\dfrac{1}{2}c^2\sin A\cos A$.

【例】如图 10－2，菱形 $ABCD$ 的对角线 $AC=6$，$BD=8$，$\angle ABD=\alpha$，则下列结论正确的是(　　).

A. $\sin\alpha=\dfrac{4}{5}$　　B. $\cos\alpha=\dfrac{3}{5}$

C. $\tan\alpha=\dfrac{4}{3}$　　D. $\cot\alpha=\dfrac{4}{3}$

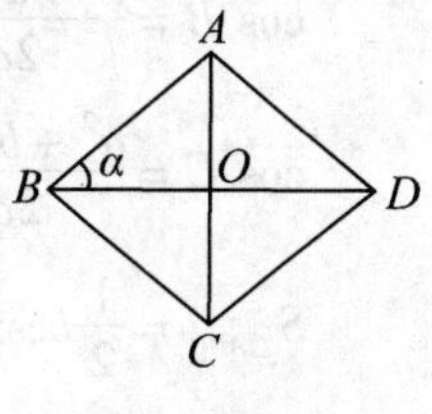

图 10－2

【答案】D

【解析】设 AC 与 BD 相交于 O，则 $\triangle ABO$ 是直角三角形，$AO=3$，$BO=4$，利用三角函数的定义可知 $\cot\alpha=\dfrac{4}{3}$.

三、解斜三角形

1. 斜三角形各元素之间的关系

设$\triangle ABC$ 是任意三角形，角 A,B,C 所对的边分别为 a,b,c(如图 10－3)．$\triangle ABC$ 的各元素的关系如下：

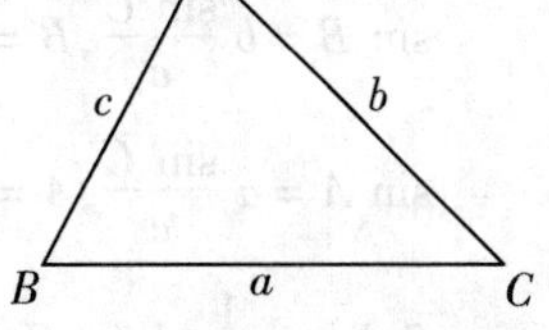

图 10－3

(1)三个角之间的关系

$$A+B+C=180°.$$

(2)余弦定理

三角形任一边的平方等于其余两边平方和减去这两边与它们的夹角的余弦乘积的两倍：

$$a^2=b^2+c^2-2bc\cos A,b^2=c^2+a^2-2ca\cos B,c^2=a^2+b^2-2ab\cos C,$$

由此有

$$\cos A=\frac{b^2+c^2-a^2}{2bc},\cos B=\frac{c^2+a^2-b^2}{2ca},\cos C=\frac{a^2+b^2-c^2}{2ab}.$$

(3)正弦定理

三角形中，各边与它的对角的正弦比相等，都等于此三角形的外接圆的半径 R 的两倍：

$$\frac{a}{\sin A}=\frac{b}{\sin B}=\frac{c}{\sin C}=2R,$$

由此知

$$a=2R\sin A,b=2R\sin B,c=2R\sin C;$$

$$\sin A=\frac{a}{2R},\sin B=\frac{b}{2R},\sin C=\frac{c}{2R}.$$

(4)三角形的面积公式

$$S_{\triangle ABC}=\frac{1}{2}ah_a=\frac{1}{2}bh_b=\frac{1}{2}ch_c(h_a,h_b,h_c\text{ 分别为边 }a,b,c\text{ 上的高});$$

$$S_{\triangle ABC}=\frac{1}{2}ab\sin C=\frac{1}{2}bc\sin A=\frac{1}{2}ac\sin B;$$

$$S_{\triangle ABC}=\sqrt{P(P-a)(P-b)(P-c)},\text{其中 }P=\frac{a+b+c}{2}.$$

2.解斜三角形常见问题及解法

(1)已知三边(a,b,c)

$\cos A=\frac{b^2+c^2-a^2}{2bc},A=\arccos A;$

$\cos B=\frac{c^2+a^2-b^2}{2ca},B=\arccos B;$

$\cos C=\frac{a^2+b^2-c^2}{2ab},C=\arccos C$(或 $C=180°-A-B$)；

$S_{\triangle ABC}=\frac{1}{2}bc\sin A.$

(2)已知两边及其夹角(a,b,C)

$c=\sqrt{a^2+b^2-2ab\cos C};$

$\sin B=b\frac{\sin C}{c},B=\arcsin B;$

$\sin A=a\frac{\sin C}{c},A=\arcsin A$(或 $A=180°-C-B$)；

$S_{\triangle ABC}=\frac{1}{2}ab\sin C.$

(3)已知两边及其中一边的对角(a,b,A)

$\sin B=b\dfrac{\sin A}{a}$,$B=\arcsin B$;

$C=180^\circ-A-B$;

$c=a\dfrac{\sin C}{\sin A}$;

$S_{\triangle ABC}=\dfrac{1}{2}ab\sin C$.

(4)已知两角与一边(A,B,c)

$C=180^\circ-A-B$;

$a=c\dfrac{\sin A}{\sin C}$;

$b=c\dfrac{\sin B}{\sin C}$;

$S_{\triangle ABC}=\dfrac{1}{2}ab\sin C$.

说明:(1)由正弦定理可得:$a:b:c=\sin A:\sin B:\sin C$.

(2)在$\triangle ABC$中,两边之和大于第三边,两边之差小于第三边,大边对大角.

(3)三角形面积公式还有:

$S=\dfrac{1}{2}ah_a=\dfrac{1}{2}bh_b=\dfrac{1}{2}ch_c$($h_a,h_b,h_c$分别是三角形边$a,b,c$上的高);

$S=\sqrt{P(P-a)(P-b)(P-c)}$(其中$P=\dfrac{a+b+c}{2}$).

(4)在已知两边及其中一边的对角用正弦定理求解时,可能会出现两解、一解或无解的情形.情况如下表:

<table>
<tr><th></th><th>$\angle A>90^\circ$</th><th>$\angle A=90^\circ$</th><th colspan="2">$\angle A<90^\circ$</th></tr>
<tr><td>$c<a$</td><td>一解</td><td>一解</td><td colspan="2">一解</td></tr>
<tr><td>$c=a$</td><td>无解</td><td>无解</td><td colspan="2">一解</td></tr>
<tr><td rowspan="3">$c>a$</td><td rowspan="3">无解</td><td rowspan="3">无解</td><td>$a>c\sin A$</td><td>两解</td></tr>
<tr><td>$a=c\sin A$</td><td>一解</td></tr>
<tr><td>$a<c\sin A$</td><td>无解</td></tr>
</table>

【例1】在$\triangle ABC$中,已知角$B=30^\circ$,角$C=135^\circ$,$AB=5$,则$AC=$________.

【答案】$\dfrac{5}{2}\sqrt{2}$

【解析】已知三角形的两角及其中一角的对边,求另一个角的对边,用正弦定理求解.

由$\dfrac{AC}{\sin 30^\circ}=\dfrac{AB}{\sin 135^\circ}$可得,$AC=\sin 30^\circ\times\dfrac{AB}{\sin 135^\circ}=\dfrac{1}{2}\cdot\dfrac{5}{\frac{1}{\sqrt{2}}}=\dfrac{5}{2}\sqrt{2}$.

【例 2】在$\triangle ABC$中，已知角A为钝角，$\sin A=\dfrac{4}{5}$，$AB=5$，则$AC=3$，则$BC=$________.

【答案】$2\sqrt{13}$

【解析】已知三角形的两边及其夹角，求这个角所对的边，可用余弦定理求解，需求出$\cos A$. 由角A为钝角，得到

$$\cos A=-\sqrt{1-\sin^2 A}=-\sqrt{1-\left(\frac{4}{5}\right)^2}=-\frac{3}{5},$$

因此 $BC=\sqrt{AB^2+AC^2-2AB\cdot AC\cdot\cos A}=\sqrt{5^2+3^2-2\times5\times3\times\left(-\dfrac{3}{5}\right)}=2\sqrt{13}.$

【例 3】在$\triangle ABC$中，已知角$A=60°$且$\dfrac{AB}{AC}=\dfrac{4}{3}$，求角$C$（用反三角函数符号表示）.

【解析】令$AC=3x$，则$AB=4x$.

已知$A=60°$，由余弦定理可得

$$BC=\sqrt{AB^2+AC^2-2AB\cdot AC\cdot\cos A}=\sqrt{16x^2+9x^2-12x^2}=\sqrt{13}x,$$

则有 $$\cos C=\frac{AC^2+BC^2-AB^2}{2\cdot AC\cdot BC}=\frac{9x^2+13x^2-16x^2}{2\cdot 3x\cdot\sqrt{13}x}=\frac{\sqrt{13}}{13},$$

所以 $$C=\arccos\frac{\sqrt{13}}{13}.$$

【例 4】在$\triangle ABC$中，若角$A=45°$，$a=3$，$c=4$，则此三角形的解的情况为（　）.

A. 一解　　B. 两解　　C. 无解　　D. 无穷多解

【答案】B

【解析】已知两边和其中一边的对角，利用正弦定理得

$$\frac{4}{\sin C}=\frac{3}{\sin 45°}\Rightarrow\sin C=\frac{4\times\sin 45°}{3}\Rightarrow\sin C=\frac{2\sqrt{2}}{3}<1\Rightarrow C=\arcsin\frac{2\sqrt{2}}{3}\text{或}C=\pi-\arcsin\frac{2\sqrt{2}}{3}.$$

∴有两解. 故选 B.

【例 5】在$\triangle ABC$中，已知$A=105°$，$C=30°$，$a=1$，则$c=$________.

【答案】$\dfrac{\sqrt{6}-\sqrt{2}}{2}$

【解析】由正弦定理得$\dfrac{c}{\sin 30°}=\dfrac{1}{\sin 105°}$.

又 $\sin 105°=\sin(60°+45°)=\sin 60°\cos 45°+\cos 60°\sin 45°=\dfrac{\sqrt{6}+\sqrt{2}}{4}$,

所以 $c=\dfrac{1}{2}\cdot\dfrac{4}{\sqrt{6}+\sqrt{2}}=\dfrac{\sqrt{6}-\sqrt{2}}{2}$.

【例 6】已知锐角$\triangle ABC$的面积是 8，$c=4$，$b=5$，则$a=$________.

【答案】$\sqrt{17}$

【解析】由已知，$\dfrac{1}{2}\times5\times4\sin A=8$，$\sin A=\dfrac{4}{5}$.

又知A为锐角，则 $\cos A=\sqrt{1-\left(\dfrac{4}{5}\right)^2}=\dfrac{3}{5}$.

由余弦定理知，$a^2=5^2+4^2-2\times5\times4\times\frac{3}{5}$，$a=\sqrt{17}$.

【例7】在$\triangle ABC$中，$\angle C=2\angle B$，a,b分别为$\angle A,\angle B$所对的边，则$\frac{\sin 3B}{\sin B}=$______.

【答案】$\frac{a}{b}$

【解析】$\because \angle A+\angle B+\angle C=180^\circ$，$\angle C=2\angle B$，

$\therefore 3\angle B=180^\circ-\angle A$，$\sin 3B=\sin(180^\circ-\angle A)=\sin A$.

由正弦定理得

$\frac{a}{\sin A}=\frac{b}{\sin B}\Rightarrow\frac{a}{b}=\frac{\sin A}{\sin B}\Rightarrow\frac{a}{b}=\frac{\sin 3B}{\sin B}$.

【例8】在$\triangle ABC$中，$\angle A=60^\circ$，$c=2$，$\triangle ABC$的面积$S=\frac{\sqrt{3}}{2}$，则$a=$______.

【答案】$\sqrt{3}$

【解析】$\because S=\frac{1}{2}bc\sin A=\frac{1}{2}b\times2\sin 60^\circ=\frac{\sqrt{3}}{2}b$，又$\because S=\frac{\sqrt{3}}{2}$，

$\therefore b=1$.

由余弦定理得，$a^2=4+1-2\times2\times1\times\cos 60^\circ=3$，

$\therefore a=\sqrt{3}$.

【例9】已知$\triangle ABC$中，$\sin A=\sin B\cos C$.

(1)求角B；

(2)若$AB=8$，$BC=4$，M为AB的中点，求$\cos\angle ACM$.

【解析】(1)由已知，得$\frac{\sin A}{\sin B}=\cos C$，

再由正弦定理、余弦定理，得

$\frac{a}{b}=\frac{a^2+b^2-c^2}{2ab}$，

整理得$a^2+c^2=b^2$.

依勾股定理的逆定理，得角$B=90^\circ$.

(2)如图10－4，由(1)及已知，在$Rt\triangle BCM$中，由于$BM=BC$，则$BC=MC\cdot\sin 45^\circ$，即$4=MC\cdot\frac{\sqrt{2}}{2}$，

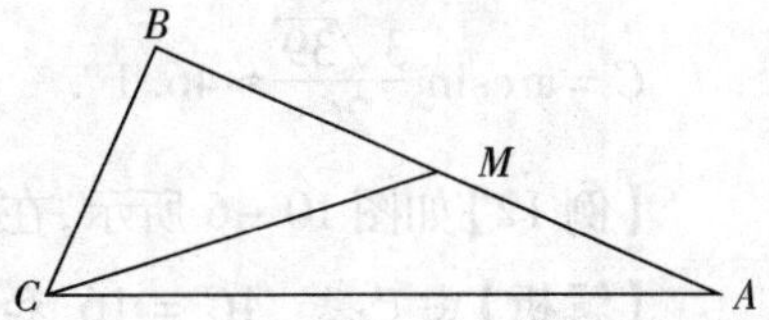

图10－4

$MC=4\sqrt{2}$.

在$Rt\triangle ABC$中，

$AC=\sqrt{AB^2+BC^2}=\sqrt{8^2+4^2}=4\sqrt{5}$.

又知$AM=4$，则在$\triangle AMC$中，

$\cos\angle ACM=\frac{(4\sqrt{2})^2+(4\sqrt{5})^2-4^2}{2\times4\sqrt{2}\times4\sqrt{5}}=\frac{3}{10}\sqrt{10}$.

【例10】在$\triangle ABC$中，已知$AB=2$，$BC=1$，$CA=\sqrt{3}$，分别在边AB,BC,CA上取点D,E,F，

使得$\triangle DEF$为正三角形，如图 10－5 所示. 记$\angle FEC$为α，问$\sin\alpha$取何值时，$\triangle DEF$边长最短，并求此最短边长.

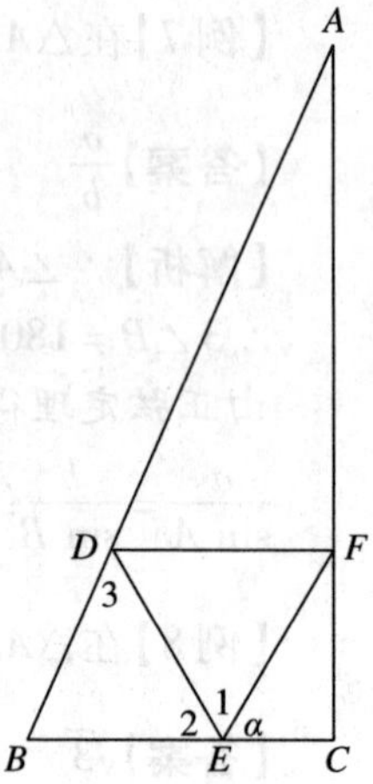

图 10－5

【解析】由已知，$BC^2+CA^2=AB^2$，则$\triangle ABC$为 Rt△，且$C=90°$.

又$\sin A=\frac{1}{2}$，A为锐角，则$A=30°$，$B=60°$.

又知$\angle 1=60°$，则$\alpha+\angle 2=120°$.

在$\triangle BDE$中，$\angle 3+\angle 2=120°$，所以$\angle 3=\alpha$.

设正三角形DEF的边长为x.

在$\triangle BDE$中，$\frac{x}{\sin 60°}=\frac{BE}{\sin\alpha}$.

而$BE=BC-EC=1-x\cos\alpha$，

从而 $\frac{x}{\sin 60°}=\frac{1-x\cos\alpha}{\sin\alpha}$.

由此得$x=\frac{\sqrt{3}}{2\sin\alpha+\sqrt{3}\cos\alpha}$.

由于$2\sin\alpha+\sqrt{3}\cos\alpha$的最大值为$\sqrt{2^2+(\sqrt{3})^2}=\sqrt{7}$，

故当$2\sin\alpha+\sqrt{3}\cos\alpha=\sqrt{7}$，即$2\sin\alpha+\sqrt{3}\cdot\sqrt{1-\sin^2\alpha}=\sqrt{7}$，$(\sqrt{7}\sin\alpha-2)^2=0$，$\sin\alpha=\frac{2\sqrt{7}}{7}$时，$x$取最小值$\frac{\sqrt{21}}{7}$.

【例 11】在$\triangle ABC$中，已知$\angle A=60°$，$\frac{c}{b}=\frac{3}{4}$，求角C.

【解析】$a=\sqrt{c^2+b^2-2bc\cos A}=\sqrt{c^2+\left(\frac{4c}{3}\right)^2-2\times\frac{4}{3}c^2\cos 60°}=\frac{\sqrt{13}}{3}c$，

$\sin C=\frac{c\sin A}{a}=\frac{\sqrt{3}c}{2}\times\frac{3}{\sqrt{13}c}=\frac{3\sqrt{3}}{2\sqrt{13}}=\frac{3\sqrt{39}}{26}$，

$C=\arcsin\frac{3\sqrt{39}}{26}\approx 46.1°$.

【例 12】如图 10－6 所示，在$\triangle ABC$中，$AC=16$，面积$S=220\sqrt{3}$，求BC的长a的最小值.

【解析】由已知$AC=16$和$S_{\triangle ABC}=220\sqrt{3}$，作$AC$边上的高$BD=h$，求出$h$，再来解 Rt$\triangle BDC$，得$a$的等式，再求$a$的最小值.

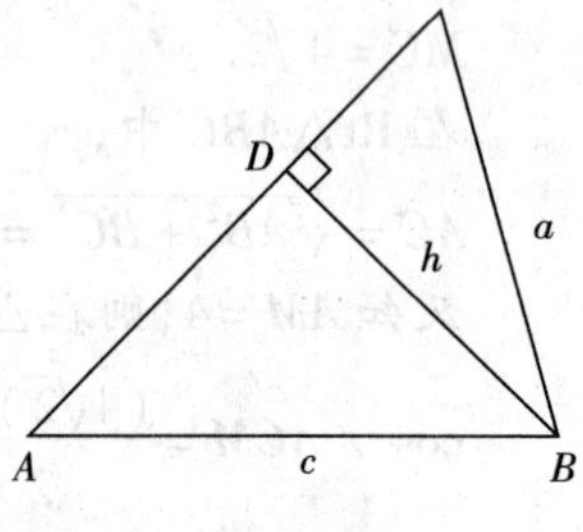

图 10－6

设AC边上高$BD=h$，则由

$S_{\triangle ABC}=220\sqrt{3}$，$AC=16$，得$\frac{1}{2}AC\cdot h=220\sqrt{3}$，

$h=\frac{2\times 220\sqrt{3}}{16}=\frac{55\sqrt{3}}{2}$.

在 Rt$\triangle BDC$中，$a=\frac{h}{\sin C}=\frac{55\sqrt{3}}{2\sin C}\geqslant\frac{55\sqrt{3}}{2}$，

$\therefore a_{最小值}=\frac{55\sqrt{3}}{2}$.

跟踪训练

一、选择题

1. 在 Rt$\triangle ABC$ 中，$C=90°$，$b=8$，$A=15°$，则 $a=$（　　）.

A. $16-8\sqrt{3}$　　B. $16+8\sqrt{3}$　　C. $2-\sqrt{3}$　　D. $8\sqrt{6}-8\sqrt{2}$

2. 在$\triangle ABC$中，已知 $AC=\sqrt{3}$，$AB=5$，$\angle BAC=30°$，则$\triangle ABC$是（　　）.

A. 直角三角形　　B. 锐角三角形

C. 钝角三角形　　D. 等腰三角形

3. 如图 10－7，在 Rt$\triangle ABC$ 中，$\angle C=90°$，$BC=4$，$AC=3$，$CD\perp AB$ 于 D，设$\angle ACD=\alpha$，则 $\cos\alpha$ 的值为（　　）.

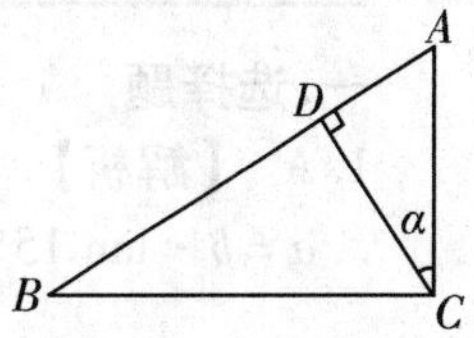

图 10－7

A. $\dfrac{4}{5}$　　B. $\dfrac{3}{4}$

C. $\dfrac{4}{3}$　　D. $\dfrac{3}{5}$

4. 在$\triangle ABC$中，$AB=\sqrt{3}$，$AC=2$，$BC=1$，则 $\sin A$ 等于（　　）.

A. 0　　B. 1　　C. $\dfrac{\sqrt{3}}{2}$　　D. $\dfrac{1}{2}$

5. 在$\triangle ABC$中，$A=45°$，$a=3$，$c=4$，则此三角形解的情况为（　　）.

A. 一解　　B. 两解　　C. 无解　　D. 无穷多解

6. 在$\triangle ABC$中，$c-a\cos B=$（　　）.

A. $b\cos A$　　B. $a\cos C$　　C. $b\cos B$　　D. $c\cos A$

二、填空题

1. 在$\triangle ABC$中，$A=45°$，$B=60°$，$a=2\sqrt{3}$，则 $b=$________.

2. 若等腰直角三角形的一边长为 2，则它的面积为________.

3. 在 Rt$\triangle ABC$ 中，$C=90°$，$a=20$，$c=20\sqrt{2}$，则 $B=$________.

4. 已知$(a+b+c)(b+c-a)=3bc$，则 $A=$________.

5. 在$\triangle ABC$中，已知 $a=\sqrt{2}+\sqrt{3}$，则 $b\cos C+c\cos B=$________.

6. 在$\triangle ABC$中，$\angle A:\angle B:\angle C=1:2:3$，则 $a:b:c=$________.

三、解答题

1. 在$\triangle ABC$中，若 $4\sin^2\dfrac{B+C}{2}-\cos 2A=\dfrac{7}{2}$.

（1）求 A；

（2）若 $a=\sqrt{3}$，$b+c=3$，求 b，c 的值.

2. 已知三角形的三边边长组成公差为 1 的等差数列，且最大角是最小角的二倍，求三边之长.

3. 已知锐角$\triangle ABC$中，$\sin(A+B)=\dfrac{3}{5}$，$\sin(A-B)=\dfrac{1}{5}$.

（1）求证：$\tan A=2\tan B$；

(2)设 $AB=3$,求 AB 边上的高.

4. 已知$\triangle ABC$中,$2\sqrt{2}(\sin^2A-\sin^2C)=(a-b)\sin B$,外接圆半径为$\sqrt{2}$.

(1)求$\angle C$;

(2)求$\triangle ABC$面积的最大值.

5. 在锐角$\triangle ABC$中,求证:$\tan A\tan B\tan C>1$.

6. 设$\triangle ABC$的三边长为a,b,c,$2\sin^2A=3(\sin^2B+\sin^2C)$且$\cos 2A+3\cos A+3\cos(B-C)=1$,求证:$a:b:c=\sqrt{3}:1:1$.

参考答案及解析

一、选择题

1. A 【解析】$\because C=90°,b=8,A=15°$,

$$\therefore a=b\cdot\tan 15°=8\cdot\tan(45°-30°)$$
$$=8\times\frac{\tan 45°-\tan 30°}{1+\tan 45°\cdot\tan 30°}$$
$$=8\times\frac{1-\frac{1}{\sqrt{3}}}{1+\frac{1}{\sqrt{3}}}=16-8\sqrt{3}$$,故选 A.

2. C 【解析】由已知,用余弦定理可得

$a^2=3+25-2\times5\times\sqrt{3}\cos 30°=13$.

$\therefore a=\sqrt{13}$.

$$\because \cos C=\frac{a^2+b^2-c^2}{2ab}=\frac{13+3-25}{2\sqrt{3}\times\sqrt{13}}=-\frac{9}{2\sqrt{39}}<0,$$

$\therefore C$为钝角. 故选 C.

3. A 【解析】由直角三角形的性质可知$\angle B=\angle\alpha$,由勾股定理知$AB=5$,从而$\cos\alpha=\frac{4}{5}$.

4. D 【解析】$\cos A=\frac{(\sqrt{3})^2+2^2-1^2}{2\cdot2\cdot\sqrt{3}}=\frac{\sqrt{3}}{2}$,

由此可得$A=\frac{\pi}{6}$,则$\sin A=\sin\frac{\pi}{6}=\frac{1}{2}$.

5. B 【解析】已知两边和其中一边的对角,利用正弦定理

$$\frac{4}{\sin C}=\frac{3}{\sin 45°}\Rightarrow\sin C=\frac{4\sin 45°}{3}\Rightarrow\sin C=\frac{2\sqrt{2}}{3}<1\Rightarrow\angle C=\arcsin\frac{2\sqrt{2}}{3}\text{或}\angle C=\pi-\arcsin\frac{2\sqrt{2}}{3}.$$

$\therefore$ 有两解,故应选 B.

6. A 【解析】由余弦定理得$\cos B=\frac{a^2+c^2-b^2}{2ac}\Rightarrow a\cos B=\frac{a^2+c^2-b^2}{2c}$.

$$\therefore c-a\cos B=c-\frac{a^2+c^2-b^2}{2c}$$

$=\dfrac{2c^2-a^2-c^2+b^2}{2c}$

$=\dfrac{c^2+b^2-a^2}{2c}$.

$\because \cos A=\dfrac{c^2+b^2-a^2}{2bc}\Rightarrow b\cos A=\dfrac{c^2+b^2-a^2}{2c}$,

$\therefore c-a\cos B=\dfrac{c^2+b^2-a^2}{2c}=b\cos A$.

二、填空题

1. $3\sqrt{2}$ 【解析】已知两角和一边,用正弦定理$\dfrac{a}{\sin A}=\dfrac{b}{\sin B}\Rightarrow b=a\dfrac{\sin B}{\sin A}\Rightarrow b=\dfrac{\frac{\sqrt{3}}{2}}{\frac{\sqrt{2}}{2}}\times 2\sqrt{3}=3\sqrt{2}$.

2. 2 或 1 【解析】由勾股定理可知两直角边分别为 2,2 或$\sqrt{2}$,$\sqrt{2}$.

3. 45° 【解析】由勾股定理求出 b,再由正弦定理求出 $\sin B$,即可知 B. 此外,可以通过等腰直角三角形的特点求出 B.

4. 60° 【解析】因为$(a+b+c)(b+c-a)=3bc$,

所以$(b+c)^2-a^2=3bc$.

所以 $b^2+c^2-a^2=bc$.

所以 $\cos A=\dfrac{b^2+c^2-a^2}{2bc}=\dfrac{1}{2}$.

所以 $A=60°$.

5. $\sqrt{2}+\sqrt{3}$ 【解析】由余弦定理得 $b\cos C=\dfrac{a^2+b^2-c^2}{2a}$.

$c\cos B=\dfrac{a^2+c^2-b^2}{2a}$.

$\therefore b\cos C+c\cos B=\dfrac{a^2+b^2-c^2+a^2+c^2-b^2}{2a}=a=\sqrt{2}+\sqrt{3}$.

6. $1:\sqrt{3}:2$ 【解析】$\begin{cases}\angle A:\angle B:\angle C=1:2:3\\ \angle A+\angle B+\angle C=180°\end{cases}\Rightarrow \angle A=30°,\angle B=60°,\angle C=90°$.

由正弦定理知 $a:b:c=\sin A:\sin B:\sin C=1:\sqrt{3}:2$.

三、解答题

1. 解:(1)由题设得$2[1-\cos(B+C)]-2\cos^2A+1=\dfrac{7}{2}$,

即$2(1+\cos A)-2\cos^2A+1=\dfrac{7}{2}$.

解得 $\cos A=\dfrac{1}{2}$,故 $A=60°$.

(2)$\cos A=\dfrac{1}{2}$,所以 $\cos A=\dfrac{b^2+c^2-a^2}{2bc}=\dfrac{1}{2}$,

即$(b+c)^2-a^2=3bc$,

将 $a=\sqrt{3}$,$b+c=3$ 代入可得 $bc=2$,

解得 $b=2,c=1$ 或 $b=1,c=2$.

2. 解：设三角形为$\triangle ABC$，角 A 的对边边长为 a. 依题意，$\triangle ABC$ 其他两边可设为 $a-1$，$a+1$. 设边 $a-1$ 所对的角为 B，边 $a+1$ 所对的角为 C. 据三角形大边对大角可知 C 是最大角，B 是最小角.

由题设可知：

$$C=2B.$$

由正弦定理可得

$$\frac{a-1}{\sin B}=\frac{a+1}{\sin C}=\frac{a+1}{\sin 2B}=\frac{a+1}{2\sin B\cos B},$$

由此得

$$\cos B=\frac{a+1}{2(a-1)}. \quad ①$$

另一方面，由余弦定理可得

$$\cos B=\frac{a^2+(a+1)^2-(a-1)^2}{2a(a+1)}=\frac{a+4}{2(a+1)}. \quad ②$$

由①②得

$$\frac{a+1}{2(a-1)}=\frac{a+4}{2(a+1)},$$

解得 $a=5$.

所以$\triangle ABC$ 其他两边的长为 $a-1=5-1=4,a+1=5+1=6$.

因此所求三边之长为4,5,6.

3. (1)证明：因为 $\sin(A+B)=\frac{3}{5},\sin(A-B)=\frac{1}{5}$，

所以$\begin{cases}\sin A\cos B+\cos A\sin B=\frac{3}{5},\\ \sin A\cos B-\cos A\sin B=\frac{1}{5},\end{cases}$

$\Rightarrow\begin{cases}\sin A\cos B=\frac{2}{5},\\ \cos A\sin B=\frac{1}{5},\end{cases}\Rightarrow\frac{\tan A}{\tan B}=2.$

所以 $\tan A=2\tan B$.

(2)解：$\frac{\pi}{2}<A+B<\pi$，已知 $\sin(A+B)=\frac{3}{5}$.

所以 $\tan(A+B)=-\frac{3}{4}$，即$\frac{\tan A+\tan B}{1-\tan A\tan B}=-\frac{3}{4}$.

将 $\tan A=2\tan B$ 代入上式整理得

$2\tan^2B-4\tan B-1=0$，

解得 $\tan B=\frac{2\pm\sqrt{6}}{2}$(负值舍去).

得 $\tan B=\frac{2+\sqrt{6}}{2}$，

所以 $\tan A=2\tan B=2+\sqrt{6}$.

设 AB 边上的高为 CD.

则 $AB=AD+DB=\frac{CD}{\tan A}+\frac{CD}{\tan B}=\frac{3CD}{2+\sqrt{6}}$.

由 $AB=3$,得 $CD=2+\sqrt{6}$,

所以 AB 边上的高为 $2+\sqrt{6}$.

4. 解:(1)由 $2\sqrt{2}(\sin^2 A-\sin^2 C)=(a-b)\sin B$,

得 $2\sqrt{2}\left(\frac{a^2}{4R^2}-\frac{c^2}{4R^2}\right)=(a-b)\frac{b}{2R}$.

又因为 $R=\sqrt{2}$,

所以 $a^2-c^2=ab-b^2$.

所以 $a^2+b^2-c^2=ab$.

所以 $\cos C=\frac{a^2+b^2-c^2}{2ab}=\frac{1}{2}$.

又因为 $0°<C<180°$,

所以 $\angle C=60°$.

(2) $S=\frac{1}{2}ab\sin C=\frac{1}{2}\times\frac{\sqrt{3}}{2}ab$

$=2\sqrt{3}\sin A\sin B=2\sqrt{3}\sin A\sin(120°-A)$

$=2\sqrt{3}\sin A(\sin 120°\cos A-\cos 120°\sin A)$

$=3\sin A\cos A+\sqrt{3}\sin^2 A$

$=\frac{3}{2}\sin 2A-\frac{\sqrt{3}}{2}\cos 2A+\frac{\sqrt{3}}{2}$

$=\sqrt{3}\sin(2A-30°)+\frac{\sqrt{3}}{2}$.

所以当 $2A=120°$,即 $A=60°$时,$S_{\max}=\frac{3\sqrt{3}}{2}$.

5. 证明:因为 $\triangle ABC$ 是锐角三角形,所以 $A+B>\frac{\pi}{2}$,即$\frac{\pi}{2}>A>\frac{\pi}{2}-B>0$,

所以 $\sin A>\sin\left(\frac{\pi}{2}-B\right)$,即 $\sin A>\cos B$;同理,$\sin B>\cos C$,$\sin C>\cos A$.

因此 $\sin A\sin B\sin C>\cos A\cos B\cos C$,$\frac{\sin A\sin B\sin C}{\cos A\cos B\cos C}>1$,

所以 $\tan A\tan B\tan C>1$.

6. 解:因为所证的是 $\triangle ABC$ 三边的比,所以可将题中角的关系式转化为边的关系式,需用正弦定理. 关于题中的余弦关系式可通过恒等变形化为正弦函数的关系式.

$\because 2\sin^2 A=3(\sin^2 B+\sin^2 C)$,①

由正弦定理得,$2a^2=3(b^2+c^2)$,②

$\because \cos 2A+3\cos A+3\cos(B-C)=1$,

$\therefore 3[\cos A+\cos(B-C)]=1-\cos 2A$.

$\because A=180^\circ-(B+C)$,

$\therefore 3[-\cos(B+C)+\cos(B-C)]=2\sin^2 A$.

由两角和与差的余弦公式得

$6\sin B\sin C=2\sin^2 A$，③

由①③得，$2\sin B\sin C=\sin^2 B+\sin^2 C$,

$\sin^2 B-2\sin B\sin C+\sin^2 C=0$,

$(\sin B-\sin C)^2=0$,

$\sin B=\sin C$.

由正弦定理得 $\frac{b}{\sin B}=\frac{c}{\sin C}=2R\Rightarrow\frac{b}{2R}=\frac{c}{2R}\Rightarrow b=c$,

将 $b=c$ 代入②得，$2a^2=3(b^2+b^2)\Rightarrow a^2=3b^2\Rightarrow\frac{a^2}{b^2}=3\Rightarrow\frac{a}{b}=\sqrt{3}$.

$\therefore a:b=\sqrt{3}:1$,

于是 $a:b:c=\sqrt{3}:1:1$.

第三部分　平面解析几何

平面解析几何，又称解析几何、坐标几何或卡氏几何，早先被叫作笛卡儿几何，是一种借助于解析式进行图形研究的几何学分支.

第十一章　平面向量

考纲导读

1. 理解向量的概念,掌握向量的几何表示,了解共线向量的概念.

2. 掌握向量的加、减运算. 掌握数乘向量的运算. 了解两个向量共线的条件.

3. 了解平面向量的分解定理. 掌握直线的向量参数方程.

4. 掌握向量的数量积运算,了解其几何意义和在处理长度、角度及垂直问题等方面的应用. 了解向量垂直的条件.

5. 掌握向量的直角坐标的概念,掌握向量的坐标运算.

6. 掌握平面内两点间的距离公式、线段的中点公式和平移公式.

考点精讲

一、向量的有关概念

1. 有向线段

规定了起点和终点的线段叫作有向线段. 如图 11－1,以 A 为起点,B 为终点的有向线段,记作 $\overrightarrow{AB}$. 有向线段包含三个元素:起点、方向和长度,其中方向是从起点到终点,长度是线段 AB 的长度,记作 $|\overrightarrow{AB}|$.

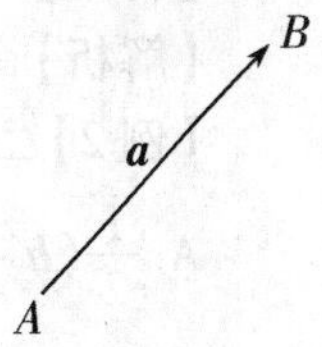

图 11－1

2. 向量

(1)概念:既有大小,又有方向的量叫作向量.

(2)表示方法:通常用有向线段来表示向量. 有向线段的长度表示向量的大小,有向线段的方向(用箭头表示所指的方向)表示向量的方向. 向量常用有向线段 $\overrightarrow{AB}$ 表示,称为向量 $\overrightarrow{AB}$. 另外还常用小写黑体字母,如 $\boldsymbol{a},\boldsymbol{b},\boldsymbol{c},\cdots$ 来表示向量. 如图 11－1,向量 $\overrightarrow{AB}$ 也可以表示为 $\boldsymbol{a}$.

(3)向量的模:向量 $\overrightarrow{AB}$ 或 $\boldsymbol{a}$ 的大小叫作向量的模(或长度),记作 $|\overrightarrow{AB}|$ 或 $|\boldsymbol{a}|$.

(4)零向量:模为 0 的向量叫作零向量,记作 $\mathbf{0}$. 规定零向量的方向是任意的.

(5)单位向量:模为 1 的向量叫作单位向量.

(6)相等向量:模相等、方向相同的向量叫作相等向量. 例如,如果向量 $\boldsymbol{a}$ 与 $\boldsymbol{b}$ 的模相等,即 $|\boldsymbol{a}|=|\boldsymbol{b}|$,且 $\boldsymbol{a}$ 与 $\boldsymbol{b}$ 的方向相同,则向量 $\boldsymbol{a}$ 等于 $\boldsymbol{b}$,记为 $\boldsymbol{a}=\boldsymbol{b}$.

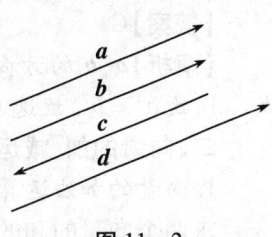

图 11－2

说明:长度相等、方向相同的有向线段,无论起点是否相同,都看成是同一向量. 如图 11－2,向量 $\boldsymbol{a},\boldsymbol{b},\boldsymbol{d}$ 方向相同,$\boldsymbol{c}$ 与它们的方向相反,且 $|\boldsymbol{a}|=|\boldsymbol{b}|=|\boldsymbol{c}|\neq|\boldsymbol{d}|$,只有 $\boldsymbol{a}$ 与 $\boldsymbol{b}$ 是同一向量.

(7)相反向量(反向量)：与 $\boldsymbol{a}$ 大小相等、方向相反的向量，称为 $\boldsymbol{a}$ 的相反向量，记作 $-\boldsymbol{a}$. $\mathbf{0}$ 的反向量规定为 $\mathbf{0}$.

(8)向量的夹角：向量 $\boldsymbol{a}$ 与向量 $\boldsymbol{b}$ 的夹角定义为，将向量 $\boldsymbol{a}$ 或向量 $\boldsymbol{b}$ 平移，使它们的起点重合，它们所在的射线之间的夹角 $\theta(0\leqslant\theta\leqslant\pi)$ 叫作 $\boldsymbol{a}$ 与 $\boldsymbol{b}$ 的夹角，记为 $\langle\boldsymbol{a},\boldsymbol{b}\rangle$.

(9)共线向量：如果向量 $\boldsymbol{a}$ 与向量 $\boldsymbol{b}$ 的夹角等于 0 或 π，则称向量 $\boldsymbol{a}$ 与向量 $\boldsymbol{b}$ 共线，记作 $\boldsymbol{a}/\!/\boldsymbol{b}$. 零向量与任何向量 $\boldsymbol{a}$ 共线，即 $\mathbf{0}/\!/\boldsymbol{a}$.

说明：如图 11－3，$\boldsymbol{b}$ 与 $\boldsymbol{c}$，$\boldsymbol{b}$ 与 $\boldsymbol{d}$ 都是共线向量，$\boldsymbol{a}$ 与 $\boldsymbol{b}$ 或 $\boldsymbol{d}$ 也是共线向量，即共线向量的有向线段所在的直线可以重合，也可以平行.

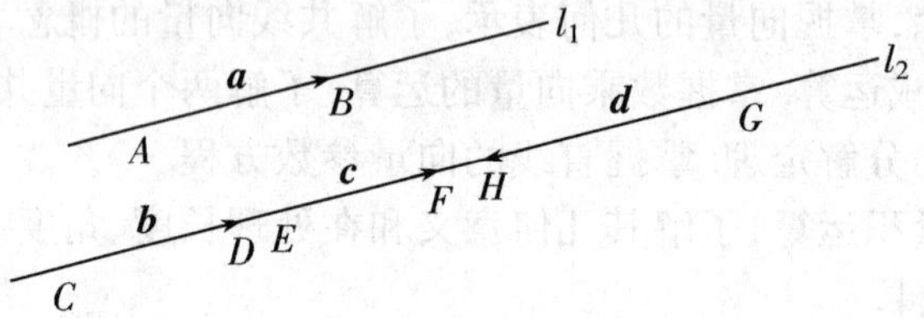

图 11－3

【例 1】下列说法正确的是(　　).

A. 向量的大小与方向无关

B. 向量的模可以比较大小

C. 数量可以比较大小，向量也可以比较大小

D. 方向不同的向量不能比较大小，但同向的向量可以比较大小

【答案】B

【解析】向量是既有大小，又有方向的量. 向量不能比较大小，向量的模可以比较大小.

【例 2】▱$ABCD$ 的对角线 AC，BD 相交于点 M，且 $\overrightarrow{AB}=\boldsymbol{a}$，$\overrightarrow{AD}=\boldsymbol{b}$，则 $\overrightarrow{MB}=$(　　).

A. $\frac{1}{2}(\boldsymbol{b}-\boldsymbol{a})$　　B. $-\frac{1}{2}(\boldsymbol{a}+\boldsymbol{b})$

C. $\frac{1}{2}(\boldsymbol{a}-\boldsymbol{b})$　　D. $\frac{1}{2}(\boldsymbol{a}+\boldsymbol{b})$

【答案】C

【解析】$\overrightarrow{MB}=\frac{1}{2}\overrightarrow{DB}=\frac{1}{2}(\boldsymbol{a}-\boldsymbol{b})$. 故选 C.

【例 3】设 $\boldsymbol{a}$，$\boldsymbol{b}$ 都是单位向量，下列命题中正确的是(　　).

A. $\boldsymbol{a}=\boldsymbol{b}$　　B. 若 $\boldsymbol{a}/\!/\boldsymbol{b}$，则 $\boldsymbol{a}=\boldsymbol{b}$

C. $\boldsymbol{a}^2=\boldsymbol{b}^2$　　D. $\boldsymbol{a}\cdot\boldsymbol{b}=1$

【答案】C

【解析】$\boldsymbol{a}$，$\boldsymbol{b}$ 的方向不一定相同，排除 A；$\boldsymbol{a}$，$\boldsymbol{b}$ 的方向可能相反，排除 B；由已知，$\boldsymbol{a}^2=1$，$\boldsymbol{b}^2=1$，故 $\boldsymbol{a}^2=\boldsymbol{b}^2$. 故选 C.

二、向量的加、减运算

1. 向量的加法运算

求两个向量的和的运算叫作向量的加法运算.

已知向量 $\boldsymbol{a}$ 与 $\boldsymbol{b}$[如图 11－4(a)]，使向量 $\boldsymbol{b}$ 的起点与向量 $\boldsymbol{a}$ 的终点重合，得到以 $\boldsymbol{a}$ 的起点

为起点,$\boldsymbol{b}$ 的终点为终点的向量 $\boldsymbol{c}$,则 $\boldsymbol{c}$ 叫作向量 $\boldsymbol{a}$ 与 $\boldsymbol{b}$ 的和,如图 11－4(b),记作$\boldsymbol{c}=\boldsymbol{a}+\boldsymbol{b}$.

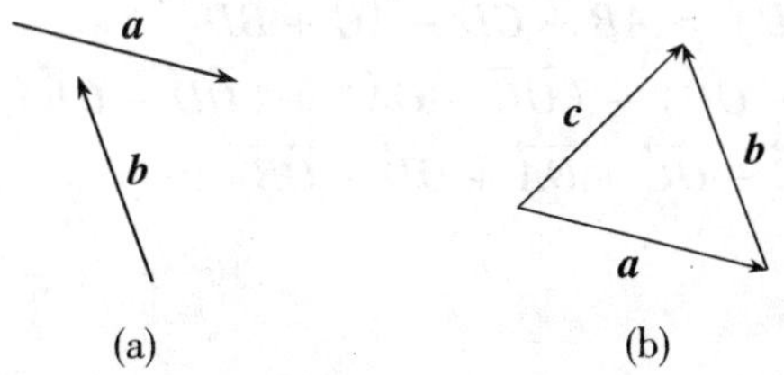

图 11－4

(1)三角形法则

已知向量 $\boldsymbol{a}$ 与 $\boldsymbol{b}$,在平面上取一点 A,作 $\overrightarrow{AB}=\boldsymbol{a}$, $\overrightarrow{BC}=\boldsymbol{b}$,则向量 $\overrightarrow{AC}$ 叫作向量 $\boldsymbol{a}$ 与 $\boldsymbol{b}$ 的和,记作 $\boldsymbol{a}+\boldsymbol{b}$,即 $\overrightarrow{AC}=\overrightarrow{AB}+\overrightarrow{BC}=\boldsymbol{a}+\boldsymbol{b}$(如图 11－5).

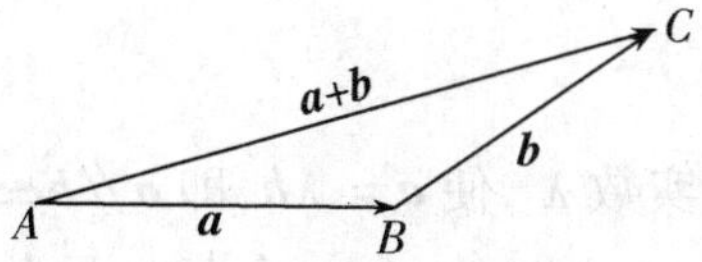

图 11－5

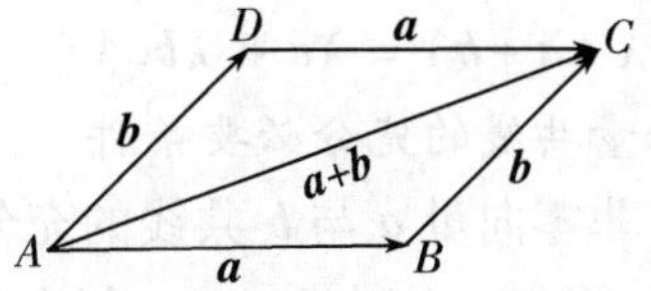

图 11－6

(2)平行四边形法则

已知向量 $\boldsymbol{a}$ 与 $\boldsymbol{b}$,在平面上取一点 A,作 $\overrightarrow{AB}=\boldsymbol{a}$, $\overrightarrow{AD}=\boldsymbol{b}$,以 $\overrightarrow{AB}$, $\overrightarrow{AD}$ 为邻边作 ▱$ABCD$,则其对角线 $\overrightarrow{AC}=\boldsymbol{a}+\boldsymbol{b}$,即 $\overrightarrow{AC}=\overrightarrow{AB}+\overrightarrow{AD}=\boldsymbol{a}+\boldsymbol{b}$(如图 11－6).

说明:当两个向量首尾相连时,用三角形法则,其两向量的和是由一个向量的起点指向另一个向量的终点. 当两个向量的起点相同时,用平行四边形法则.

2. 向量的减法运算

求两个向量的差的运算叫作向量的减法运算.

已知向量 $\boldsymbol{a}$ 与 $\boldsymbol{b}$,向量 $\boldsymbol{a}$ 加上 $\boldsymbol{b}$ 的反向量 $-\boldsymbol{b}$ 叫作向量 $\boldsymbol{a}$ 与 $\boldsymbol{b}$ 的差,记作 $\boldsymbol{a}-\boldsymbol{b}$. 即 $\boldsymbol{a}-\boldsymbol{b}=\boldsymbol{a}+(-\boldsymbol{b})$.

说明:将两个向量的起点放在一起,则两个向量的差是以减向量的终点为起点,以被减向量的终点为终点的向量. 简记为“共起点,连终点,方向指向被减点”.

3. 运算法则

(1)$\boldsymbol{a}+\boldsymbol{b}=\boldsymbol{b}+\boldsymbol{a}$(交换律).

(2)$(\boldsymbol{a}+\boldsymbol{b})+\boldsymbol{c}=\boldsymbol{a}+(\boldsymbol{b}+\boldsymbol{c})$(结合律).

(3)$\boldsymbol{a}+\boldsymbol{0}=\boldsymbol{0}+\boldsymbol{a}=\boldsymbol{a}$.

(4)$\boldsymbol{a}+(-\boldsymbol{a})=(-\boldsymbol{a})+\boldsymbol{a}=\boldsymbol{0}$.

【例】化简:$(\overrightarrow{AB}-\overrightarrow{CD})-(\overrightarrow{AC}-\overrightarrow{BD})$.

【解析】解法一:
$$\begin{aligned}(\overrightarrow{AB}-\overrightarrow{CD})-(\overrightarrow{AC}-\overrightarrow{BD})&=\overrightarrow{AB}-\overrightarrow{CD}-\overrightarrow{AC}+\overrightarrow{BD}\\&=\overrightarrow{AB}+\overrightarrow{DC}+\overrightarrow{CA}+\overrightarrow{BD}\\&=(\overrightarrow{AB}+\overrightarrow{BD})+(\overrightarrow{DC}+\overrightarrow{CA})\\&=\overrightarrow{AD}+\overrightarrow{DA}\\&=\boldsymbol{0}.\end{aligned}$$

解法二：设 O 为平面内一点，则有

$(\overrightarrow{AB}-\overrightarrow{CD})-(\overrightarrow{AC}-\overrightarrow{BD})=\overrightarrow{AB}-\overrightarrow{CD}-\overrightarrow{AC}+\overrightarrow{BD}$

$=(\overrightarrow{OB}-\overrightarrow{OA})-(\overrightarrow{OD}-\overrightarrow{OC})-(\overrightarrow{OC}-\overrightarrow{OA})+(\overrightarrow{OD}-\overrightarrow{OB})$

$=\overrightarrow{OB}-\overrightarrow{OA}-\overrightarrow{OD}+\overrightarrow{OC}-\overrightarrow{OC}+\overrightarrow{OA}+\overrightarrow{OD}-\overrightarrow{OB}$

$=\mathbf{0}$.

三、数乘向量的运算

实数 λ 与非零向量 $\boldsymbol{a}$ 的乘积是一个向量，记作 $\lambda\boldsymbol{a}$，其模为 $|\lambda\boldsymbol{a}|=|\lambda||\boldsymbol{a}|$. 当 $\lambda>0$ 时，$\lambda\boldsymbol{a}$ 与 $\boldsymbol{a}$ 方向相同；当 $\lambda<0$ 时，$\lambda\boldsymbol{a}$ 与 $\boldsymbol{a}$ 方向相反.

1. 数乘向量的运算法则（$\boldsymbol{a},\boldsymbol{b}$ 为任意向量，λ,μ 为任意实数）

(1) $\lambda(\mu\boldsymbol{a})=(\lambda\mu)\boldsymbol{a}$.

(2) $(\lambda+\mu)\boldsymbol{a}=\lambda\boldsymbol{a}+\mu\boldsymbol{a}$.

(3) $\lambda(\boldsymbol{a}+\boldsymbol{b})=\lambda\boldsymbol{a}+\lambda\boldsymbol{b}$.

2. 向量共线的充分必要条件

两个非零向量 $\boldsymbol{a}$ 与 $\boldsymbol{b}$ 共线的充分必要条件是存在实数 λ，使 $\boldsymbol{a}=\lambda\boldsymbol{b}$，即 $\boldsymbol{a}/\!/\boldsymbol{b}\Leftrightarrow\boldsymbol{a}=\lambda\boldsymbol{b}$.

说明：当 $\lambda=1$ 时，$\boldsymbol{b}=\boldsymbol{a}$，$\boldsymbol{a}$ 与 $\boldsymbol{b}$ 是相等向量；当 $\lambda=-1$ 时，$\boldsymbol{b}=-\boldsymbol{a}$，$\boldsymbol{b}$ 与 $\boldsymbol{a}$ 互为反向量.

【例】已知向量 $\boldsymbol{a}=\boldsymbol{e}_1-\boldsymbol{e}_2$，$\boldsymbol{b}=-2\boldsymbol{e}_1+2\boldsymbol{e}_2$，试判定 $\boldsymbol{a}$ 与 $\boldsymbol{b}$ 是否共线.

【解析】因为 $\boldsymbol{b}=-2(\boldsymbol{e}_1-\boldsymbol{e}_2)$，$\boldsymbol{b}=-2\boldsymbol{a}$，所以 $\boldsymbol{a}$ 与 $\boldsymbol{b}$ 共线.

四、平面向量分解定理

如果 $\boldsymbol{e}_1,\boldsymbol{e}_2$ 是同一平面内的两个不共线向量，那么在这一平面内的任一向量 $\boldsymbol{a}$，有且只有一对实数 λ_1,λ_2 使 $\boldsymbol{a}=\lambda_1\boldsymbol{e}_1+\lambda_2\boldsymbol{e}_2$.

上述 $\boldsymbol{e}_1,\boldsymbol{e}_2$ 叫作表示这一平面内所有向量的基底.

【例】若 $\overrightarrow{AB}=2\boldsymbol{e}_1+\boldsymbol{e}_2$，$\overrightarrow{AC}=\boldsymbol{e}_1-3\boldsymbol{e}_2$，$\overrightarrow{AD}=5\boldsymbol{e}_1+\lambda\boldsymbol{e}_2$，且 B,C,D 三点共线，则实数 $\lambda=$______.

【答案】13

【解析】由已知可得 $\overrightarrow{BC}=\overrightarrow{AC}-\overrightarrow{AB}=(\boldsymbol{e}_1-3\boldsymbol{e}_2)-(2\boldsymbol{e}_1+\boldsymbol{e}_2)=-\boldsymbol{e}_1-4\boldsymbol{e}_2$，$\overrightarrow{CD}=\overrightarrow{AD}-\overrightarrow{AC}=(5\boldsymbol{e}_1+\lambda\boldsymbol{e}_2)-(\boldsymbol{e}_1-3\boldsymbol{e}_2)=4\boldsymbol{e}_1+(\lambda+3)\boldsymbol{e}_2$.

由于 B,C,D 三点共线，所以存在实数 m 使得 $\overrightarrow{BC}=m\overrightarrow{CD}$，

即 $-\boldsymbol{e}_1-4\boldsymbol{e}_2=m[4\boldsymbol{e}_1+(\lambda+3)\boldsymbol{e}_2]$.

所以 $-1=4m$ 且 $-4=(\lambda+3)m$，消去 m 得 $\lambda=13$.

五、向量的数量积

1. 向量的夹角

设向量 $\boldsymbol{a}$ 与向量 $\boldsymbol{b}$ 是两个非零向量，它们的夹角为 $\langle\boldsymbol{a},\boldsymbol{b}\rangle$，且规定 $0\leqslant\langle\boldsymbol{a},\boldsymbol{b}\rangle\leqslant\pi$，则当 $\langle\boldsymbol{a},\boldsymbol{b}\rangle=90^\circ$ 时，称向量 $\boldsymbol{a}$ 与向量 $\boldsymbol{b}$ 垂直；当 $\langle\boldsymbol{a},\boldsymbol{b}\rangle=0^\circ$ 时，称向量 $\boldsymbol{a}$ 与向量 $\boldsymbol{b}$ 同向；当 $\langle\boldsymbol{a},\boldsymbol{b}\rangle=180^\circ$ 时，称向量 $\boldsymbol{a}$ 与向量 $\boldsymbol{b}$ 反向.

2. 向量的数量积

(1)定义：设向量 $\boldsymbol{a}$ 与向量 $\boldsymbol{b}$ 是两个非零向量，它们的夹角为 $\langle\boldsymbol{a},\boldsymbol{b}\rangle$，称数量 $|\boldsymbol{a}|\cdot|\boldsymbol{b}|\cos\langle\boldsymbol{a},\boldsymbol{b}\rangle$ 为向量 $\boldsymbol{a}$ 与向量 $\boldsymbol{b}$ 的数量积（或内积），记作 $\boldsymbol{a}\cdot\boldsymbol{b}=|\boldsymbol{a}|\cdot|\boldsymbol{b}|\cos\langle\boldsymbol{a},\boldsymbol{b}\rangle$.

注意：$\boldsymbol{a}\cdot\boldsymbol{b}$ 是个数量.

对两个非零向量 $\boldsymbol{a},\boldsymbol{b}$，若 $\boldsymbol{a}\perp\boldsymbol{b}$，则 $\boldsymbol{a}\cdot\boldsymbol{b}=0$；反之，若 $\boldsymbol{a}\cdot\boldsymbol{b}=0$，则 $\boldsymbol{a}\perp\boldsymbol{b}$.

$\boldsymbol{a}\cdot\boldsymbol{a}=|\boldsymbol{a}|\cdot|\boldsymbol{a}|\cos 0=\boldsymbol{a}^2$，即 $|\boldsymbol{a}|=\sqrt{\boldsymbol{a}\cdot\boldsymbol{a}}=\sqrt{\boldsymbol{a}^2}$.

设 $\overrightarrow{OA}=\boldsymbol{a}$，$\overrightarrow{OB}=\boldsymbol{b}$，如图 11－7，则 $OB_1=|\boldsymbol{b}|\cos\theta$.

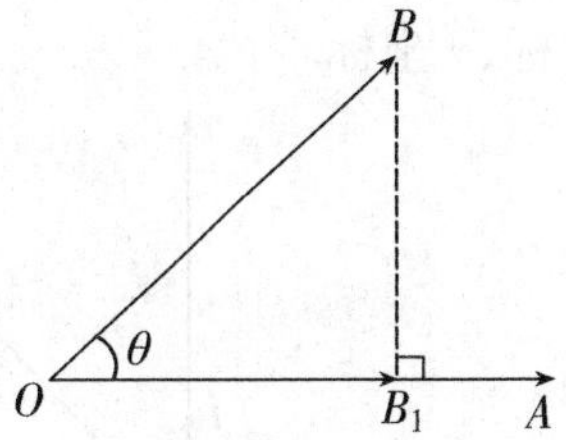

图 11－7

(2)数量积 $\boldsymbol{a}\cdot\boldsymbol{b}$ 的几何意义：$\boldsymbol{a}\cdot\boldsymbol{b}$ 等于 $\boldsymbol{a}$ 的长度 $|\boldsymbol{a}|$ 与 $\boldsymbol{b}$ 在 $\boldsymbol{a}$ 方向上的投影 $|\boldsymbol{b}|\cos\theta$ 的乘积.

(3)运算法则

设 $\boldsymbol{a},\boldsymbol{b},\boldsymbol{c}$ 为任意向量，λ 是实数.

①$\boldsymbol{a}\cdot\boldsymbol{b}=\boldsymbol{b}\cdot\boldsymbol{a}$(交换律).

②$(\lambda\boldsymbol{a})\cdot\boldsymbol{b}=\lambda(\boldsymbol{a}\cdot\boldsymbol{b})=\boldsymbol{a}\cdot(\lambda\boldsymbol{b})$(结合律).

③$(\boldsymbol{a}+\boldsymbol{b})\cdot\boldsymbol{c}=\boldsymbol{a}\cdot\boldsymbol{c}+\boldsymbol{b}\cdot\boldsymbol{c}$(分配律).

(4)向量数量积的性质

①两个向量的数量积是实数，可以是正数、负数或零.

②$\boldsymbol{e}$ 为单位向量，则 $\boldsymbol{a}\cdot\boldsymbol{e}=\boldsymbol{e}\cdot\boldsymbol{a}=|\boldsymbol{a}|\cos\langle\boldsymbol{a},\boldsymbol{e}\rangle$.

③$\boldsymbol{a}\perp\boldsymbol{b}\Leftrightarrow\boldsymbol{a}\cdot\boldsymbol{b}=0$.

④$\boldsymbol{a}\cdot\boldsymbol{a}=|\boldsymbol{a}|^2$ 或 $|\boldsymbol{a}|=\sqrt{\boldsymbol{a}\cdot\boldsymbol{a}}$.

⑤由 $\boldsymbol{a}\cdot\boldsymbol{b}=|\boldsymbol{a}|\cdot|\boldsymbol{b}|\cos\langle\boldsymbol{a},\boldsymbol{b}\rangle$ 可得 $\cos\langle\boldsymbol{a},\boldsymbol{b}\rangle=\dfrac{\boldsymbol{a}\cdot\boldsymbol{b}}{|\boldsymbol{a}|\cdot|\boldsymbol{b}|}$.

⑥$|\boldsymbol{a}\cdot\boldsymbol{b}|\leqslant|\boldsymbol{a}|\cdot|\boldsymbol{b}|$.

【例 1】已知向量 $\boldsymbol{a}=(3,4)$，$\boldsymbol{b}=(0,-2)$，则 $\cos\langle\boldsymbol{a},\boldsymbol{b}\rangle$ 的值为(　　).

A. $\dfrac{4}{5}$　　B. $-\dfrac{4}{5}$　　C. $\dfrac{2}{25}$　　D. $-\dfrac{2}{25}$

【答案】B

【解析】$\cos\langle\boldsymbol{a},\boldsymbol{b}\rangle=\dfrac{\boldsymbol{a}\cdot\boldsymbol{b}}{|\boldsymbol{a}|\cdot|\boldsymbol{b}|}=\dfrac{3\times0+4\times(-2)}{\sqrt{3^2+4^2}\times\sqrt{0^2+(-2)^2}}=\dfrac{-8}{5\times2}=-\dfrac{4}{5}$.

【例 2】非零向量 $\overrightarrow{OA}=\boldsymbol{a}$，$\overrightarrow{OB}=\boldsymbol{b}$，若点 B 关于 $\overrightarrow{OA}$ 所在直线的对称点为 B_1，则向量 $\overrightarrow{OB_1}$ 为________.

【答案】$\dfrac{2(\boldsymbol{a}\cdot\boldsymbol{b})\cdot\boldsymbol{a}}{|\boldsymbol{a}|^2}-\boldsymbol{b}$

【解析】如图 11－8 所示，设 $\overrightarrow{OB_1}=\boldsymbol{c}$，

则由对称性可得 $\boldsymbol{b}+\boldsymbol{c}=\lambda\boldsymbol{a}$，两边同时点乘 $\boldsymbol{a}$，则 $(\boldsymbol{b}+\boldsymbol{c})\boldsymbol{a}=\lambda\boldsymbol{a}^2$，

又 $\boldsymbol{a}\cdot\boldsymbol{b}=\boldsymbol{a}\cdot\boldsymbol{c}$，所以 $\lambda=\dfrac{2\boldsymbol{a}\cdot\boldsymbol{b}}{\boldsymbol{a}^2}$，所以 $\boldsymbol{c}=\dfrac{2\boldsymbol{a}\cdot\boldsymbol{b}}{\boldsymbol{a}^2}\cdot\boldsymbol{a}-\boldsymbol{b}$.

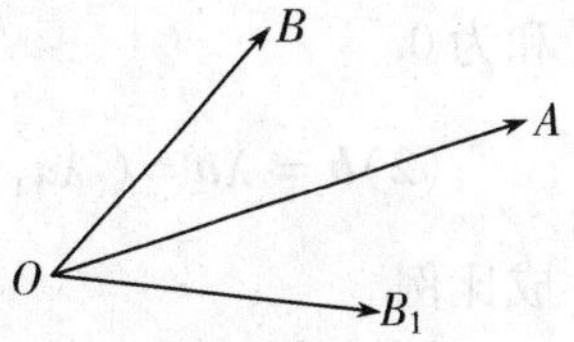

图 11－8

六、向量的坐标运算

1. 向量的坐标

如图 11－9 所示，在坐标平面 xOy 内，设向量 $\overrightarrow{OA}$ 的起点 O 在坐标原点，终点 A 的坐标为 $A(x,y)$，其与 x,y 轴正方向相同的单位向量分别为 $\boldsymbol{i},\boldsymbol{j}$，则由平面向量的分解定理可知，向量

可表示为 $\overrightarrow{OA}=x\boldsymbol{i}+y\boldsymbol{j}$.

有序实数对(x,y)为向量 $\overrightarrow{OA}$ 的坐标，记作 $\overrightarrow{OA}=(x,y)$. 其中 x,y 分别为向量 $\overrightarrow{OA}$ 的 x 坐标，y 坐标.

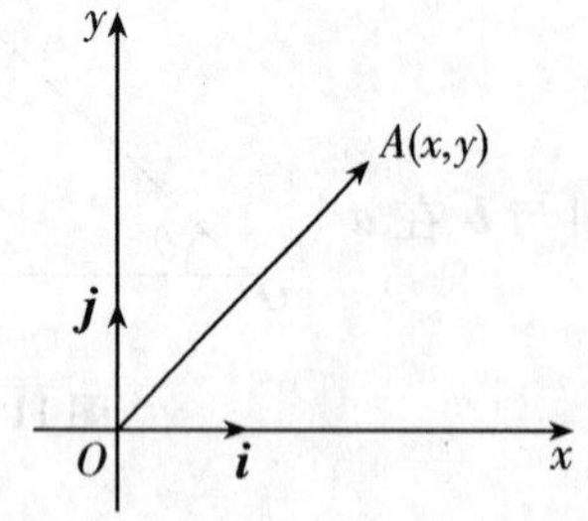

图 11－9

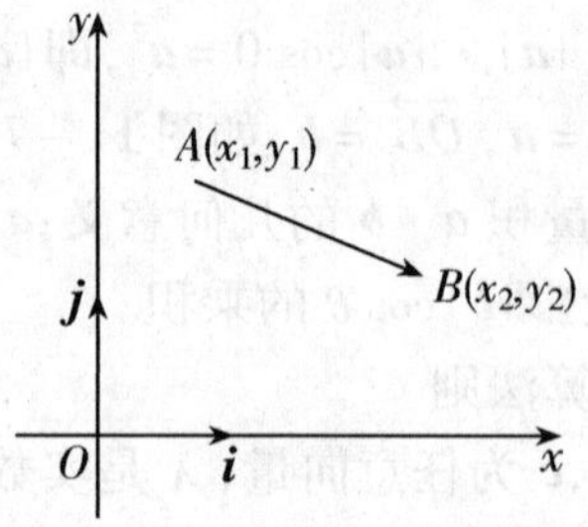

图 11－10

如图 11－10 所示，在平面直角坐标系 xOy 中，A 的坐标为(x_1,y_1)，B 的坐标为(x_2,y_2)，则以 A 为起点，B 为终点的向量 $\overrightarrow{AB}$ 可以表示为

$$\overrightarrow{AB}=(x_2-x_1)\boldsymbol{i}+(y_2-y_1)\boldsymbol{j} \text{ 或 } \overrightarrow{AB}=(x_2-x_1,y_2-y_1),$$

即向量 $\overrightarrow{AB}$ 的 x 坐标为(x_2-x_1)，y 坐标为(y_2-y_1).

2. 向量的坐标运算

设向量 $\boldsymbol{a}=(x_1,y_1)$，$\boldsymbol{b}=(x_2,y_2)$，$\lambda\in\mathbf{R}$.

(1) $\boldsymbol{a}+\boldsymbol{b}=(x_1,y_1)+(x_2,y_2)=(x_1+x_2,y_1+y_2)$.

(2) $\boldsymbol{a}-\boldsymbol{b}=(x_1,y_1)-(x_2,y_2)=(x_1-x_2,y_1-y_2)$.

(3) $\lambda\boldsymbol{a}=\lambda(x_1,y_1)=(\lambda x_1,\lambda y_1)$.

(4) $\boldsymbol{a}\cdot\boldsymbol{b}=x_1x_2+y_1y_2$.

★(5) $|\boldsymbol{a}|=\sqrt{x_1^2+y_1^2}$.

★(6)设两点 $A(x_1,y_1)$，$B(x_2,y_2)$，则

$$\overrightarrow{AB}=(x_2-x_1,y_2-y_1).$$

★(7)设 θ 为 $\boldsymbol{a},\boldsymbol{b}$ 的夹角，则

$$\cos\theta=\frac{x_1x_2+y_1y_2}{\sqrt{x_1^2+y_1^2}\cdot\sqrt{x_2^2+y_2^2}}.$$

说明：(1) $\boldsymbol{a}\perp\boldsymbol{b}\Leftrightarrow x_1x_2+y_1y_2=0$，即两向量垂直的充要条件为两向量对应坐标乘积之和为 0.

(2) $\boldsymbol{b}=\lambda\boldsymbol{a}=(\lambda x_1,\lambda y_1)\Leftrightarrow\frac{x_1}{x_2}=\frac{y_1}{y_2}$，即说明两向量共线的充要条件为两向量对应坐标成比例.

【例 1】已知 $\boldsymbol{a}=(3,-2)$，$\boldsymbol{b}=(-5,4)$，则 $\boldsymbol{a}\cdot\boldsymbol{b}=($　　$)$.

A. －23　　B. 23　　C. 22　　D. －22

【答案】A

【解析】$\boldsymbol{a}\cdot\boldsymbol{b}=3\cdot(-5)+(-2)\cdot 4=-23$.

【例 2】已知向量 $\boldsymbol{a}=(3,-2)$，$\boldsymbol{b}=(-1,2)$，则$(2\boldsymbol{a}+\boldsymbol{b})\cdot(\boldsymbol{a}-\boldsymbol{b})=($　　$)$.

A. 28　　B. 20　　C. 24　　D. 10

【答案】A

【解析】利用向量的坐标运算.

因为 $2\boldsymbol{a}=2(3,-2)=(6,-4)$,

$2\boldsymbol{a}+\boldsymbol{b}=(6,-4)+(-1,2)=(5,-2)$,

$\boldsymbol{a}-\boldsymbol{b}=(3,-2)-(-1,2)=(4,-4)$,

所以 $(2\boldsymbol{a}+\boldsymbol{b})\cdot(\boldsymbol{a}-\boldsymbol{b})=(5,-2)\cdot(4,-4)$
$=5\times4+(-2)\times(-4)$
$=28.$

【例3】已知向量 $\boldsymbol{a}=(x,2)$,向量 $\boldsymbol{b}=(-2,4)$,且 $\boldsymbol{a},\boldsymbol{b}$ 共线,则 $x=$(　　).

A. -4　　B. -1　　C. 1　　D. 4

【答案】B

【解析】由两向量共线可知 $\frac{x}{-2}=\frac{2}{4}$,解得 $x=-1$.

【例4】向量 $\boldsymbol{a},\boldsymbol{b}$ 互相垂直,且 $|\boldsymbol{a}|=1$,则 $\boldsymbol{a}(\boldsymbol{a}+\boldsymbol{b})=$ ________.

【答案】1

【解析】由向量 $\boldsymbol{a},\boldsymbol{b}$ 互相垂直可知 $\boldsymbol{a}\cdot\boldsymbol{b}=0$.

因此 $\boldsymbol{a}(\boldsymbol{a}+\boldsymbol{b})=\boldsymbol{a}\cdot\boldsymbol{a}+\boldsymbol{a}\cdot\boldsymbol{b}=|\boldsymbol{a}|^2+0=1$.

【例5】已知向量 $\boldsymbol{a}=(3,4)$,向量 $\boldsymbol{b}$ 与 $\boldsymbol{a}$ 方向相反,并且 $|\boldsymbol{b}|=10$,则 $\boldsymbol{b}$ 等于________.

【答案】$(-6,-8)$

【解析】设 $\boldsymbol{b}=(x,y)$,因向量 $\boldsymbol{b}$ 与 $\boldsymbol{a}$ 方向相反(平行),故 $\frac{3}{x}=\frac{4}{y}$,即 $4x=3y$,

$\boldsymbol{a}\cdot\boldsymbol{b}=3x+4y=|\boldsymbol{a}|\cdot|\boldsymbol{b}|\cos180°=-\sqrt{3^2+4^2}\times10=-50$,

得方程组 $\begin{cases}4x=3y,\\3x+4y=-50,\end{cases}$ 解得 $\begin{cases}x=-6,\\y=-8,\end{cases}$

故 $\boldsymbol{b}=(-6,-8)$.

七、基本公式

1. 向量的长度公式

设 $\boldsymbol{a}=(x,y)$,则 $|\boldsymbol{a}|=\sqrt{x^2+y^2}$.

2. 两点间的距离公式

设点 A 的坐标为 (x_1,y_1),点 B 的坐标 (x_2,y_2),则向量 $\overrightarrow{AB}$ 的坐标为 (x_2-x_1,y_2-y_1). 设 A,B 两点间的距离为 d,即 d 为向量 $\overrightarrow{AB}$ 的模,则

$$d=|\overrightarrow{AB}|=\sqrt{(x_2-x_1)^2+(y_2-y_1)^2}.$$

3. 线段的中点公式

设点 A 的坐标为 (x_1,y_1),点 B 的坐标 (x_2,y_2),线段的中点 M 的坐标为 (x,y),则线段中点 M 的坐标为

$$\left(\frac{x_1+x_2}{2},\frac{y_1+y_2}{2}\right).$$

4. 非零向量夹角公式

设 $\boldsymbol{a}=(x_1,y_1)$,$\boldsymbol{b}=(x_2,y_2)$,则

$$\cos\theta=\cos\langle \boldsymbol{a},\boldsymbol{b}\rangle=\frac{x_1x_2+y_1y_2}{\sqrt{x_1^2+x_2^2}\cdot\sqrt{y_1^2+y_2^2}}.$$

5. 平移公式

平移：把平面内图形 G 上每一点按照同一方向移动相同的长度（即按向量 $\boldsymbol{a}$ 平移），得到图形 G'，这一过程叫作图形 G 的平移.

设 $P(x,y)$ 是图形 G 上任意一点，与它对应的向量 $\overrightarrow{OP}=(x,y)$，它按向量 $\boldsymbol{a}=(h,k)$ 平移后，在图形 G' 上的对应点为 $P'(x',y')$. 这时 $\overrightarrow{PP'}=\boldsymbol{a}=(h,k)$，$\overrightarrow{OP'}=(x',y')$. 由图 11－11 可知

$$\overrightarrow{OP'}=\overrightarrow{OP}+\overrightarrow{PP'}=\overrightarrow{OP}+\boldsymbol{a}.$$

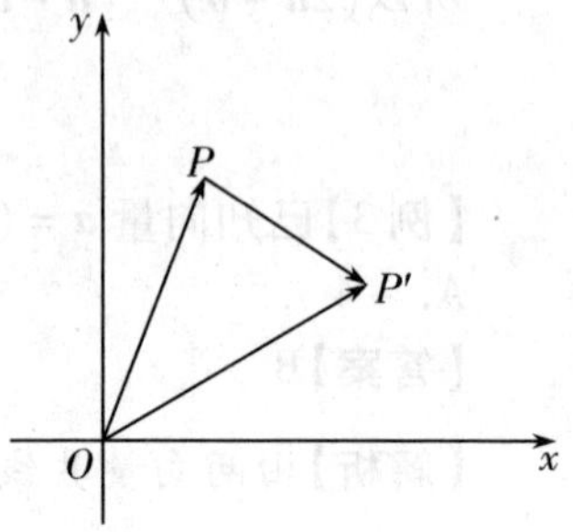

图 11－11

用坐标表示可得

$$(x',y')=(x,y)+(h,k)=(x+h,y+k),$$

由此可得 $\begin{cases}x'=x+h,\\ y'=y+k.\end{cases}$

该公式为平移公式，表示平移前后两点间的坐标关系.

【例 1】如果 $A(3,a)$，$B(-4,3)$ 两点间的距离为 $7\sqrt{2}$，那么 $a=$________.

【答案】-4 或 10

【解析】已知 $|\overrightarrow{AB}|=7\sqrt{2}$，依题意可得

$$7\sqrt{2}=\sqrt{(-4-3)^2+(3-a)^2}.$$

等式两边平方，整理可得 $(3-a)^2=7^2$. 由此可得 $3-a=\pm7$. 解得 $a=-4$ 或 10.

【例 2】点 $B(4,-5)$ 按向量 $\boldsymbol{a}$ 平移后的对应点 $A'(-4,7)$，则向量 $\boldsymbol{a}$ 的坐标为________.

【答案】$(-8,12)$

【解析】设 $\boldsymbol{a}=(x,y)$，由平移公式得

$$-4=4+x,7=-5+y,$$

解得 $x=-8$，$y=12$.

所以向量 $\boldsymbol{a}$ 的坐标为 $(-8,12)$.

【例 3】若点 $P(3,2)$ 是连接 $P_1(2,y)$ 和 $P_2(x,6)$ 线段的中点，则 $x=$________，$y=$________.

【答案】4；-2

【解析】由中点公式可得 $3=\frac{x+2}{2}$；$2=\frac{y+6}{2}\Rightarrow x=4$；$y=-2$.

【例 4】(1) 求点 $A(-1,5)$ 按 $\boldsymbol{a}=(2,3)$ 平移的对应点 A' 的坐标.

(2) 点 $B(4,-5)$ 按 $\boldsymbol{a}$ 平移后的对应点 B' 的坐标为 $(-4,7)$，求 $\boldsymbol{a}$.

【解析】(1) 由平移公式得

$$\begin{cases}x'=-1+2=1,\\ y'=5+3=8,\end{cases}$$

所以 A' 的坐标为 $(1,8)$.

(2) 已知 $x=4$，$y=-5$，$x'=-4$，$y'=7$.

由平移公式可得

$$\begin{cases}h=x'-x=-4-4=-8,\\k=y'-y=7-(-5)=12,\end{cases}$$

所以 $\boldsymbol{a}=(-8,12)$.

★八、直线的向量参数方程

设在平面上有向量 $\boldsymbol{a}$ 及平行于向量 $\boldsymbol{a}$ 的直线 l,又设 O 是原点,P_0 是 l 上的定点,P 是 l 上任意一点,记 $\overrightarrow{OP_0}=\boldsymbol{r}_0$,$\overrightarrow{OP}=\boldsymbol{r}$. 方程

$$\boldsymbol{r}=\boldsymbol{r}_0+t\boldsymbol{a}$$

叫作直线 l 的向量参数方程. 其中,t 为参数.

【例 1】在三角形 ABC 中,已知 D 是 AB 边上的一点,若 $\overrightarrow{AD}=2\overrightarrow{DB}$,$\overrightarrow{CD}=\frac{1}{3}\overrightarrow{CA}+\lambda\overrightarrow{CB}$,则 $\lambda=$(　　).

A. $\frac{2}{3}$　　B. $\frac{1}{3}$　　C. $-\frac{1}{3}$　　D. $\frac{2}{3}$

【答案】A

【解析】$\frac{1}{3}+\lambda=1$,$\lambda=\frac{2}{3}$. 故选 A.

【例 2】对于平行四边形 $ABCD$,点 M 是 AB 的中点,点 N 在 BD 上,且 $BN=\frac{1}{3}BD$.

求证:M,N,C 三点共线.

【解析】证明:在△CBD 中,∵ $\overrightarrow{BN}=\frac{1}{3}\overrightarrow{BD}$,∴ $\overrightarrow{CN}=\frac{2}{3}\overrightarrow{CB}+\frac{1}{3}\overrightarrow{CD}=\frac{2}{3}\left(\overrightarrow{CB}+\frac{1}{2}\overrightarrow{CD}\right)$.

又在△CMB 中,$\overrightarrow{CM}=\overrightarrow{CB}+\overrightarrow{BM}=\overrightarrow{CB}+\frac{1}{2}\overrightarrow{CD}$,则 $\overrightarrow{CN}=\frac{2}{3}\overrightarrow{CM}$.

∴ $\overrightarrow{CN}$ 与 $\overrightarrow{CM}$ 共线并有公共点 C,

∴ M,N,C 三点共线.

跟踪训练

一、选择题

1. 已知向量 $\overrightarrow{AB}=(2,-4)$,$\overrightarrow{AC}=(-1,2)$,则 $\overrightarrow{BC}=$(　　).

A. $(3,-6)$　　B. $(1,-2)$

C. $(-3,6)$　　D. $(-2,-8)$

2. 已知 $\boldsymbol{a}=(\sqrt{3},1)$,$\boldsymbol{b}=(\sqrt{3},0)$,则向量 $\boldsymbol{a}$ 与 $\boldsymbol{b}$ 的夹角 $\langle\boldsymbol{a},\boldsymbol{b}\rangle$ 等于(　　).

A. $\frac{\pi}{3}$　　B. $\frac{\pi}{6}$　　C. $\frac{\pi}{2}$　　D. $\frac{\pi}{4}$

3. 已知向量 $\boldsymbol{a}=(3,x)$,$\boldsymbol{b}=(4,-3)$,且 $\boldsymbol{a}\perp\boldsymbol{b}$,则 x 的值为(　　).

A. 1　　B. 2　　C. 3　　D. 4

4. 已知向量 $\boldsymbol{a}=(x,5)$,$\boldsymbol{b}=(-2,4)$,且 $\boldsymbol{a},\boldsymbol{b}$ 共线,则 x 的值为(　　).

A. 10　　B. -10　　C. $\frac{5}{2}$　　D. $-\frac{5}{2}$

5. 已知 x 轴上一点 B 与点 $A(5,12)$ 的距离等于 13，则点 B 的坐标为(　　).

A. $(10,0)$　　B. $(0,0)$

C. $(10,0)$ 或 $(0,0)$　　D. $(-10,0)$

6. 在 $\triangle ABC$ 中，已知 $\angle BAC = 30°$，边长 $AB=4$，$AC=3$，则 $\overrightarrow{AB}\cdot\overrightarrow{AC}$ 等于(　　).

A. $\sqrt{3}$　　B. $6\sqrt{3}$　　C. 6　　D. 12

7. 已知 ▱$ABCD$ 的三个顶点 $A(-3,0)$，$B(2,-2)$，$C(5,2)$，则 D 点的坐标为(　　).

A. $(0,4)$　　B. $(1,1)$

C. $(4,0)$　　D. $(-1,-1)$

8. 已知 $|\boldsymbol{a}|=6$，$|\boldsymbol{b}|=4$，$\boldsymbol{a}$ 与 $\boldsymbol{b}$ 的夹角为 60°，则 $(\boldsymbol{a}+2\boldsymbol{b})(\boldsymbol{a}-3\boldsymbol{b})=$(　　).

A. -70　　B. -68

C. -72　　D. -66

二、填空题

1. 已知 $\boldsymbol{a}=(2,-3)$，$\boldsymbol{b}=(-4,0)$，$\boldsymbol{c}=(-5,6)$，则 $-2\boldsymbol{a}+3\boldsymbol{b}-5\boldsymbol{c}=$________.

2. 已知 $A(0,0)$，$B(2,1)$，$C(1,3)$，则 BC 的中点到点 A 的距离为________.

3. 已知 $\boldsymbol{a}=(3,3)$，通过点 $(1,2)$ 且与 $\boldsymbol{a}$ 平行的直线方程为________.

4. 把函数 $y=2x^2-4x+5$ 的图象按向量 $\boldsymbol{a}$ 平移后，得到 $y=2x^2$ 的图象，且 $\boldsymbol{a}\perp\boldsymbol{b}$，$\boldsymbol{c}=(1,-1)$，$\boldsymbol{b}\cdot\boldsymbol{c}=4$，则 $\boldsymbol{b}=$________.

5. 已知 $|\boldsymbol{a}|=4$，$|\boldsymbol{b}|=2$，向量 $\boldsymbol{a}+m\boldsymbol{b}$ 与 $\boldsymbol{a}-m\boldsymbol{b}$ 互相垂直，则 $m=$________.

6. 已知 $A(0,1)$，$B(1,2)$，存在一点 P 使得 $\overrightarrow{AP}=\frac{2}{3}\overrightarrow{AB}$，则点 P 的坐标为________.

三、解答题

1. 已知向量 $\boldsymbol{a}=(3,4)$，$\boldsymbol{b}=(8,6)$，$\boldsymbol{c}=(2,k)$，其中 k 为常数，如果 $\boldsymbol{a}$，$\boldsymbol{b}$ 分别与 $\boldsymbol{c}$ 所成的角相等，求 k 的值.

2. 将函数 $y=2x$ 的图象 F 按向量 $\boldsymbol{a}=(0,3)$ 平移到 F'，求 F' 的函数解析式.

3. 已知 AM 是 $\triangle ABC$ 中 BC 边上的中线(如图 11－12)，用向量证明：

$$AM^2=\frac{1}{2}(AB^2+AC^2)-BM^2.$$

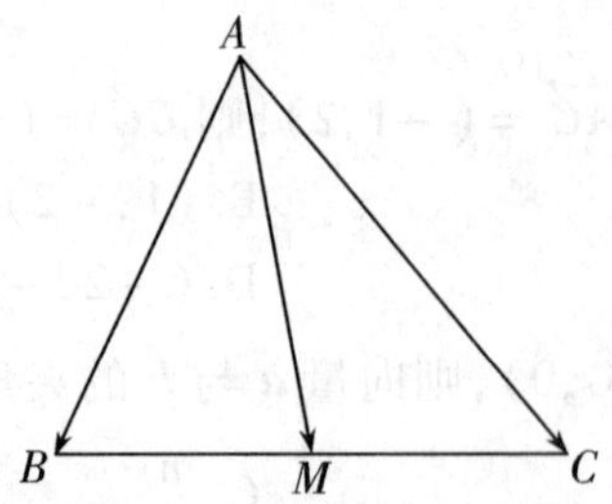

图 11－12

4. 已知 $\boldsymbol{a}=(1,2)$，$\boldsymbol{b}=(-3,2)$，当 k 为何值时，$k\boldsymbol{a}+\boldsymbol{b}$ 与 $\boldsymbol{a}-3\boldsymbol{b}$ 垂直?

5. 已知向量 $\boldsymbol{a}$，$\boldsymbol{b}$ 是两个非零向量，当 $\boldsymbol{a}+t\boldsymbol{b}(t\in\mathbf{R})$ 的模取最小值时：

(1)求 t 的值；

(2)求证：$\boldsymbol{b}\perp(\boldsymbol{a}+t\boldsymbol{b})$.

6. 已知 O 为坐标原点，且 $\overrightarrow{OA}=(1,7)$，$\overrightarrow{OB}=(5,1)$，$\overrightarrow{OP}=(2,1)$. 设点 M 为直线 OP 上的一点.

(1) 求使 $\overrightarrow{MA}\cdot\overrightarrow{MB}$ 取得最小值时的 $\overrightarrow{OM}$；

(2) 根据(1)中的点 M，求 $\angle AMB$ 的余弦值.

7. 已知平面向量 $\boldsymbol{a}=(\sqrt{3},-1)$，$\boldsymbol{b}=\left(\frac{1}{2},\frac{\sqrt{3}}{2}\right)$，若存在不同时为零的实数 k 和 t，使 $\boldsymbol{x}=\boldsymbol{a}+(t^2-3)\boldsymbol{b}$，$\boldsymbol{y}=-k\boldsymbol{a}+t\boldsymbol{b}$，且 $\boldsymbol{x}\perp\boldsymbol{y}$.

(1) 试求函数关系式 $k=f(t)$；

(2) 求使 $f(t)>0$ 的 t 的取值范围.

8. 已知 $A(1,4)$，$B(3,8)$，$C(4,10)$，求证：A,B,C 三点共线.

参考答案及解析

一、选择题

1. C 【解析】$\overrightarrow{BC}=\overrightarrow{BA}+\overrightarrow{AC}=-\overrightarrow{AB}+\overrightarrow{AC}$

$=-(2,-4)+(-1,2)=(-2,4)+(-1,2)$

$=[-2+(-1),4+2]=(-3,6)$.

2. B 【解析】$\cos\langle\boldsymbol{a},\boldsymbol{b}\rangle=\frac{\boldsymbol{a}\cdot\boldsymbol{b}}{|\boldsymbol{a}|\cdot|\boldsymbol{b}|}=\frac{\sqrt{3}\times\sqrt{3}+1\times 0}{\sqrt{(\sqrt{3})^2+1^2}\times\sqrt{(\sqrt{3})^2+0^2}}=\frac{3}{2\sqrt{3}}=\frac{\sqrt{3}}{2}$.

因为 $0\leqslant\langle\boldsymbol{a},\boldsymbol{b}\rangle\leqslant\pi$，所以 $\langle\boldsymbol{a},\boldsymbol{b}\rangle=\frac{\pi}{6}$.

3. D 【解析】$3\times4+x\times(-3)=0$，即 $3x=12$，解得 $x=4$.

4. D 【解析】由两向量共线可知 $\frac{x}{-2}=\frac{5}{4}$，解得 $x=-\frac{5}{2}$.

5. C 【解析】设 $B=(x,0)$，由两点间的距离公式可得

$|\overrightarrow{AB}|=13\Rightarrow\sqrt{(x-5)^2+(0-12)^2}=13$.

$\Rightarrow(x-5)^2+144=169\Rightarrow x-5=\pm5$.

$\Rightarrow x=10$ 或 $x=0\Rightarrow B$ 点坐标为 $(10,0)$ 或 $(0,0)$，故应选 C.

6. B 【解析】$\overrightarrow{AB}\cdot\overrightarrow{AC}=|\overrightarrow{AB}|\cdot|\overrightarrow{AC}|\cos\angle BAC=AB\times AC\times\cos30^\circ=4\times3\times\cos30^\circ=12\times\frac{\sqrt{3}}{2}=6\sqrt{3}$.

7. A 【解析】因为平行四边形的两条对角线的中点相同，所以其坐标也相同.

设点 D 的坐标为 (x,y).

由中点公式可得 $\begin{cases}\frac{x+2}{2}=\frac{-3+5}{2}=1,\\ \frac{y-2}{2}=\frac{0+2}{2}=1.\end{cases}$

解得 $\begin{cases}x=0,\\ y=4,\end{cases}$ 即 D 点坐标为 $(0,4)$.

8. C 【解析】$(\boldsymbol{a}+2\boldsymbol{b})(\boldsymbol{a}-3\boldsymbol{b})=|\boldsymbol{a}|^2-\boldsymbol{a}\cdot\boldsymbol{b}-6|\boldsymbol{b}|^2$

$$=6^2-4^2\times 6-|\boldsymbol{a}|\cdot|\boldsymbol{b}|\cos 60^\circ$$
$$=36-96-12$$
$$=-72.$$

二、填空题

1. $(9,-24)$ 【解析】$-2\boldsymbol{a}+3\boldsymbol{b}-5\boldsymbol{c}=-2(2,-3)+3(-4,0)-5(-5,6)$

$$=(-4,6)+(-12,0)-(-25,30)$$
$$=(-16,6)-(-25,30)$$
$$=(9,-24).$$

2. $\frac{5}{2}$ 【解析】设 BC 的中点为 $D(x,y)$.

由中点公式得$\begin{cases}x=\frac{2+1}{2}=\frac{3}{2},\\ y=\frac{1+3}{2}=2.\end{cases}$

$\therefore D\left(\frac{3}{2},2\right)$，$A(0,0)$，由两点间的距离公式得

$$|AD|=\sqrt{\left(\frac{3}{2}-0\right)^2+(2-0)^2}=\sqrt{\frac{9}{4}+4}=\frac{5}{2}.$$

3. $x-y+1=0$ 【解析】设点 $P(x,y)$ 为直线上任意一点，则向量 $(x-1,y-2)$ 与向量 $\boldsymbol{a}=(3,3)$ 共线，所以 $\frac{x-1}{3}=\frac{y-2}{3}$.

化简得 $x-y+1=0$.

所以所求直线方程为 $x-y+1=0$.

4. $(3,-1)$ 【解析】$y=2x^2-4x+5\Rightarrow y-3=2(x-1)^2$.

所以 $\boldsymbol{a}=(-1,-3)$.

设 $\boldsymbol{b}=(x_0,y_0)$，则

$$\begin{cases}-x_0-3y_0=0\\ x_0-y_0=4\end{cases}\Rightarrow\begin{cases}x_0=3,\\ y_0=-1.\end{cases}$$

5. ± 2 【解析】由两向量垂直可得 $(\boldsymbol{a}+m\boldsymbol{b})\cdot(\boldsymbol{a}-m\boldsymbol{b})=0$.

$\Rightarrow \boldsymbol{a}\cdot\boldsymbol{a}-\boldsymbol{a}\cdot m\boldsymbol{b}+m\boldsymbol{b}\cdot\boldsymbol{a}-m^2\boldsymbol{b}\cdot\boldsymbol{b}=0$.

$\Rightarrow \boldsymbol{a}^2-m^2\boldsymbol{b}^2=0$.

$\Rightarrow |\boldsymbol{a}|^2-m^2|\boldsymbol{b}|^2=0$.

$\Rightarrow 16-4m^2=0$.

$\Rightarrow m=\pm 2$.

6. $\left(\frac{2}{3},\frac{5}{3}\right)$ 【解析】$\overrightarrow{OP}=\overrightarrow{OA}+\overrightarrow{AP}$

$$=\overrightarrow{OA}+\frac{2}{3}\overrightarrow{AB}$$
$$=\overrightarrow{OA}+\frac{2}{3}(\overrightarrow{OB}-\overrightarrow{OA})$$

$$=(0,1)+\frac{2}{3}[(1,2)-(0,1)]$$
$$=(0,1)+\left(\frac{2}{3},\frac{2}{3}\right)$$
$$=\left(\frac{2}{3},\frac{5}{3}\right).$$

即点 P 坐标为 $\left(\frac{2}{3},\frac{5}{3}\right)$.

三、解答题

1. 解：∵ 向量 $\boldsymbol{a}=(3,4)$，$\boldsymbol{b}=(8,6)$，$\boldsymbol{c}=(2,k)$，

∴ $|\boldsymbol{a}|=5$，$|\boldsymbol{b}|=10$，$|\boldsymbol{c}|=\sqrt{4+k^2}$.

∵ $\boldsymbol{a}\cdot\boldsymbol{c}=6+4k=2(3+2k)$，$\boldsymbol{b}\cdot\boldsymbol{c}=16+6k=2(8+3k)$，

∵ $\cos\langle\boldsymbol{a},\boldsymbol{c}\rangle=\cos\langle\boldsymbol{b},\boldsymbol{c}\rangle$，

∴ $\frac{\boldsymbol{a}\cdot\boldsymbol{c}}{|\boldsymbol{a}|\cdot|\boldsymbol{c}|}=\frac{\boldsymbol{b}\cdot\boldsymbol{c}}{|\boldsymbol{b}|\cdot|\boldsymbol{c}|}\Rightarrow\frac{2(3+2k)}{5}=\frac{2(8+3k)}{10}$.

$\Rightarrow 2(3+2k)=8+3k\Rightarrow k=2$.

2. 解：在曲线 F 上任取一点 $P(x,y)$，设其在 F' 上的对应点为 $P'(x',y')$.

由平移公式可得 $\begin{cases}x'=x+0\\y'=y+3\end{cases}\Rightarrow\begin{cases}x=x',\\y=y'-3.\end{cases}$ ①

把①式代入 $y=2x$，

解得 $y'-3=2x'$，即 $y'=2x'+3$.

3. 解：∵ $\overrightarrow{AM}$ 为 $\triangle ABC$ 中 BC 边上的中线，

∴ $\overrightarrow{AM}=\frac{1}{2}(\overrightarrow{AB}+\overrightarrow{AC})$.

$\Rightarrow 2\overrightarrow{AM}=(\overrightarrow{AB}+\overrightarrow{AC})$.

$$\Rightarrow 4|\overrightarrow{AM}|^2=|\overrightarrow{AB}|^2+|\overrightarrow{AC}|^2+2\overrightarrow{AB}\cdot\overrightarrow{AC}$$
$$=|\overrightarrow{AB}|^2+|\overrightarrow{AC}|^2-2\times\frac{1}{2}(|\overrightarrow{BC}|^2-|\overrightarrow{BA}|^2-|\overrightarrow{AC}|^2)$$
$$=|\overrightarrow{AB}|^2+|\overrightarrow{AC}|^2-(4|\overrightarrow{BM}|^2-|\overrightarrow{AB}|^2-|\overrightarrow{AC}|^2).$$

$\Rightarrow|\overrightarrow{AM}|^2=\frac{1}{2}(|\overrightarrow{AB}|^2+|\overrightarrow{AC}|^2)-|\overrightarrow{BM}|^2$.

即 $AM^2=\frac{1}{2}(AB^2+AC^2)-BM^2$.

4. 解：$k\boldsymbol{a}+\boldsymbol{b}=k(1,2)+(-3,2)=(k-3,2k+2)$，

$\boldsymbol{a}-3\boldsymbol{b}=(1,2)-3(-3,2)=(10,-4)$.

由 $(k\boldsymbol{a}+\boldsymbol{b})\perp(\boldsymbol{a}-3\boldsymbol{b})$ 可得

$$(k\boldsymbol{a}+\boldsymbol{b})\cdot(\boldsymbol{a}-3\boldsymbol{b})=0,$$

即 $10(k-3)-4(2k+2)=2k-38=0$.

解得 $k=19$.

5. 解：设 $\boldsymbol{a},\boldsymbol{b}$ 的夹角为 θ.

则有 $|\boldsymbol{a}+t\boldsymbol{b}|^2=(\boldsymbol{a}+t\boldsymbol{b})^2=|\boldsymbol{a}|^2+t^2|\boldsymbol{b}|^2+2t\cdot\boldsymbol{a}\cdot\boldsymbol{b}$

$$=\boldsymbol{a}^2+t^2\boldsymbol{b}^2+2t|\boldsymbol{a}|\cdot|\boldsymbol{b}|\cos\theta$$
$$=|\boldsymbol{b}|^2\left(t+\frac{|\boldsymbol{a}|}{|\boldsymbol{b}|}\cos\theta\right)^2+|\boldsymbol{a}|^2\sin^2\theta,$$

所以当 $t=-\frac{|\boldsymbol{a}|}{|\boldsymbol{b}|}\cos\theta=-\frac{|\boldsymbol{a}|\cdot|\boldsymbol{b}|\cos\theta}{|\boldsymbol{b}|^2}=-\frac{\boldsymbol{a}\cdot\boldsymbol{b}}{|\boldsymbol{b}|^2}$时，$|\boldsymbol{a}+t\boldsymbol{b}|$有最小值.

(2)因为 $\boldsymbol{b}\cdot(\boldsymbol{a}+t\boldsymbol{b})=\boldsymbol{b}\cdot\left(\boldsymbol{a}-\frac{\boldsymbol{a}\cdot\boldsymbol{b}}{|\boldsymbol{b}|^2}\cdot\boldsymbol{b}\right)=\boldsymbol{a}\cdot\boldsymbol{b}-\boldsymbol{a}\cdot\boldsymbol{b}=0$,

所以 $\boldsymbol{b}\perp(\boldsymbol{a}+t\boldsymbol{b})$.

6. 解：(1)设 $M(x,y)$，则 $\overrightarrow{OM}=(x,y)$.

由题意可知 $\overrightarrow{OM}\,/\!/\,\overrightarrow{OP}$.

因为 $\overrightarrow{OP}=(2,1)$,

所以 $x-2y=0$，即 $x=2y$，所以 $M(2y,y)$.

则$\overrightarrow{MA}\cdot\overrightarrow{MB}=(1-2y,7-y)\cdot(5-2y,1-y)=5y^2-20y+12=5(y-2)^2-8$.

当 $y=2$ 时，$\overrightarrow{MA}\cdot\overrightarrow{MB}$取得最小值，此时 $M(4,2)$，即$\overrightarrow{OM}=(4,2)$.

(2)$\cos\angle AMB=\frac{\overrightarrow{MA}\cdot\overrightarrow{MB}}{|\overrightarrow{MA}|\cdot|\overrightarrow{MB}|}=\frac{(-3,5)\cdot(1,-1)}{\sqrt{34}\times\sqrt{2}}=-\frac{4\sqrt{17}}{17}$.

7. 解：(1)$\because \boldsymbol{x}\perp\boldsymbol{y}$，$\therefore \boldsymbol{x}\cdot\boldsymbol{y}=0$，即$[\boldsymbol{a}+(t^2-3)\boldsymbol{b}]\cdot(-k\boldsymbol{a}+t\boldsymbol{b})=0$.

又$\because \boldsymbol{a}\cdot\boldsymbol{b}=0$，$\boldsymbol{a}^2=4$，$\boldsymbol{b}^2=1$，$\therefore -4k+t(t^2-3)=0$，即 $k=\frac{1}{4}t(t^2-3)$.

(2)由 $f(t)>0$，得$\frac{1}{4}t(t^2-3)>0$，即 $t(t+\sqrt{3})(t-\sqrt{3})>0$，则 $-\sqrt{3}<t<0$ 或 $t>\sqrt{3}$.

8. 解：$\because A(1,4)$，$B(3,8)$，$C(4,10)$,

$\therefore \overrightarrow{AB}=(3-1,8-4)=(2,4)$,

$\overrightarrow{BC}=(4-3,10-8)=(1,2)$,

$\therefore \frac{2}{4}=\frac{1}{2}$,

$\therefore \overrightarrow{AB}/\!/\overrightarrow{BC}$.

$\because$ 直线 AB，BC 有一公共点 B,

$\therefore A,B,C$ 三点共线.

第十二章　直线

考纲导读

1. 理解直线的倾斜角和斜率的概念，会求直线的斜率.

2. 会求直线方程，会用直线方程解决有关问题.

3. 了解两条直线平行与垂直的条件以及点到直线的距离公式，会用它们解决简单的问题.

★4. 掌握两条直线平行与垂直的条件以及点到直线的距离公式，会用它们解决有关问题. 了解两条直线所成角的公式.

考点精讲

一、直线的倾斜角与斜率

1. 倾斜角

一条直线 l 向上的方向与 x 轴正方向所成的最小正角 α 叫作这条直线的倾斜角. 如图 12－1中的 α 为直线 l 的倾斜角. $\alpha'=2\pi+\alpha$ 虽然是 l 与 x 轴正向所成的正角，但不是最小正角，所以不是直线 l 的倾斜角.

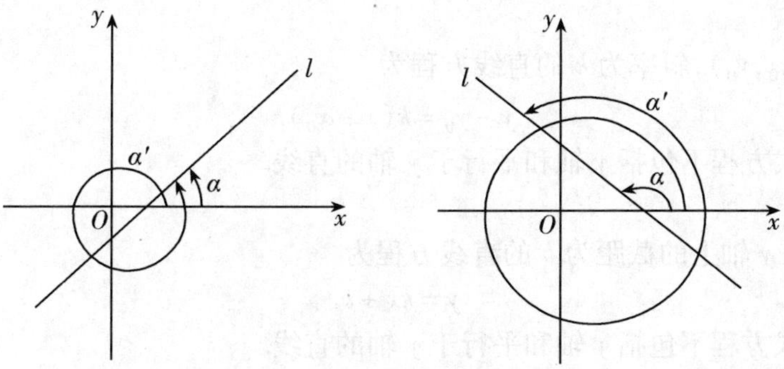

图 12－1

当直线 l 平行于 x 轴时，规定其倾斜角为 0°. 因此，倾斜角 α 的取值范围是 $0\leqslant\alpha<\pi$.

2. 斜率

一条直线 l 的倾斜角 $\alpha(\alpha\neq 90°)$ 的正切值，叫作直线 l 的斜率. 通常用 k 表示，即 $k=\tan\alpha$.

说明：当 $\alpha=0°$ 时，直线平行于 x 轴，斜率 $k=0$.

当 $0°<\alpha<90°$ 时，直线呈上升趋势，斜率 $k>0$.

当 $\alpha=90°$ 时，直线平行于 y 轴，斜率 k 不存在.

当 $90°<\alpha<180°$ 时，直线呈下降趋势，斜率 $k<0$.

3. 斜率公式

若点 $P_1(x_1,y_1)$，$P_2(x_2,y_2)$ 为直线 l 上的任意两点，那么直线 l 的斜率

$$k=\tan\alpha=\frac{y_2-y_1}{x_2-x_1}=\frac{y_1-y_2}{x_1-x_2}\quad(x_1\neq x_2).$$

说明：当 $y_1=y_2$ 时，倾斜角 $\alpha=0°$，直线平行于 x 轴或与 x 轴重合，斜率 $k=0$.

当 $x_1=x_2$ 时，倾斜角 $\alpha=90°$，直线平行于 y 轴或与 y 轴重合，斜率 k 不存在.

4. 直线的截距

在平面直角坐标系中，直线与 y 轴交点的纵坐标叫作直线在 y 轴上的截距（或称纵截距）；直线与 x 轴交点的横坐标叫作直线在 x 轴上的截距（或称横截距）. 直线的横截距与纵截距统称为直线的截距.

说明：直线的截距分别代表直线的横纵坐标，所以截距可为正数、负数或零.

【例】已知 $A(-\sqrt{2},-\sqrt{3})$，$B(-\sqrt{3},-\sqrt{2})$，则经过 A，B 两点的直线斜率为________，倾斜角为________.

【答案】-1；$\frac{3\pi}{4}$

【解析】由过两点的直线斜率公式可得

$$\tan\alpha=k_{AB}=\frac{y_B-y_A}{x_B-x_A}=\frac{-\sqrt{2}-(-\sqrt{3})}{-\sqrt{3}-(-\sqrt{2})}=-1.$$

由于 $0\leqslant\alpha<\pi$ 且 $\tan\alpha=-1<0$，所以倾斜角 α 为 $\frac{3}{4}\pi$.

二、直线方程的形式

1. 点斜式

经过点 $P_0(x_0,y_0)$，斜率为 k 的直线方程为

$$y-y_0=k(x-x_0).$$

说明：点斜式方程不包括 y 轴和平行于 y 轴的直线.

2. 斜截式

斜率为 k，在 y 轴上的截距为 b 的直线方程为

$$y=kx+b.$$

说明：斜截式方程不包括 y 轴和平行于 y 轴的直线.

3. 两点式

由直线方程的点斜式和斜截式可得过 $P_1(x_1,y_1)$，$P_2(x_2,y_2)$ 两点的直线方程

$$\frac{y-y_1}{y_2-y_1}=\frac{x-x_1}{x_2-x_1}\quad(y_2\neq y_1,x_2\neq x_1).$$

说明：两点式方程不包括坐标轴和平行于坐标轴的直线.

4. 截距式

在 x 轴上的截距为 a，在 y 轴上的截距为 b 的直线方程为

$$\frac{x}{a}+\frac{y}{b}=1\quad(a\neq 0,b\neq 0).$$

说明：截距式方程不包括经过坐标原点的直线，也不包括平行于坐标轴的直线.

5. 一般式

直线方程的一般形式为

$$Ax+By+C=0 \quad (A,B\text{ 不同时为 }0).$$

一般式直线方程表示的直线的斜率 $k=-\frac{A}{B}(B\neq0)$，在 x 轴上的截距为 $-\frac{C}{A}(A\neq0)$，在 y 轴上的截距为 $-\frac{C}{B}(B\neq0)$.

6. 特殊直线的方程

x 轴：$y=0$.

y 轴：$x=0$.

平行于 x 轴的直线方程：$y=b(b\neq0)$.

平行于 y 轴的直线方程：$x=a(a\neq0)$.

过原点的直线方程（不包括坐标轴）：$y=kx$.

平分第一、三象限的直线方程：$y=x$.

平分第二、四象限的直线方程：$y=-x$.

【例 1】斜率为$\frac{\sqrt{3}}{2}$，过点 $P(4,-3)$ 的直线方程是________.

【答案】$y+3=\frac{\sqrt{3}}{2}(x-4)$

【解析】由直线的点斜式可知

$$y-(-3)=\frac{\sqrt{3}}{2}(x-4)\text{，即 }y+3=\frac{\sqrt{3}}{2}(x-4).$$

【例 2】直线 $2x+3y+1=0$ 的斜率是________.

【答案】$-\frac{2}{3}$

【解析】将所给的一般式直线方程写成斜截式 $y=-\frac{2}{3}x-\frac{1}{3}$.

由斜截式方程可知所求直线的斜率为 $-\frac{2}{3}$.

【例 3】在 x 轴、y 轴上的截距分别是 -5，2 的直线方程是________.

【答案】$2x-5y+10=0$

【解析】由直线的斜截式方程可知

$$\frac{x}{-5}+\frac{y}{2}=1\text{，即 }2x-5y+10=0.$$

【例 4】直线 $y=-x\tan\frac{\pi}{5}$的倾斜角为(　　).

A. $\frac{\pi}{5}$　　B. $-\frac{\pi}{5}$　　C. $\frac{4\pi}{5}$　　D. $\frac{6\pi}{5}$

【答案】C

【解析】由已知，$y=x\tan\left(\pi-\frac{\pi}{5}\right)$，即 $y=x\tan\frac{4\pi}{5}$，

所以 $k=\tan\frac{4\pi}{5}$，又倾斜角 $\alpha\in[0,\pi)$，则 $\alpha=\frac{4\pi}{5}$. 故选 C.

【例 5】求过点 $M(2,-4)$，且在两坐标轴上的截距之和为 5 的直线方程.

【解析】设所求直线方程为 $\frac{x}{a}+\frac{y}{b}=1$，则

$$\begin{cases}a+b=5,\\ \frac{2}{a}+\frac{-4}{b}=1.\end{cases}$$

解之，得 $a=1,b=4$ 或 $a=10,b=-5$.

故 $x+\frac{y}{4}=1$ 或 $\frac{x}{10}-\frac{y}{5}=1$ 为所求直线方程.

【例 6】已知直线的斜率为 $\frac{1}{6}$，且和坐标轴围成面积为 3 的三角形，求此直线方程.

【解析】由已知，可设直线方程为 $y=\frac{x}{6}+b$.

当 $x=0$ 时，$y=b$；当 $y=0$ 时，$x=-6b$. 因此

$$\frac{1}{2}|b|\cdot|-6b|=3,6b^2=6,b=\pm1.$$

故所求直线为 $y=\frac{x}{6}\pm1$.

三、两直线的位置关系

设两条直线 l_1,l_2 的方程为

$$l_1:y=k_1x+b_1 \text{ 或 } A_1x+B_1y+C_1=0,$$
$$l_2:y=k_2x+b_2 \text{ 或 } A_2x+B_2y+C_2=0.$$

1. 直线 l_1 与 l_2 平行的充要条件为倾斜角相同或斜率相同，表示为

$$l_1/\!/l_2\Leftrightarrow k_1=k_2 \text{ 且 } b_1\neq b_2\text{，或}\frac{A_1}{A_2}=\frac{B_1}{B_2}\neq\frac{C_1}{C_2}.$$

2. 直线 l_1 与 l_2 垂直的充要条件为斜率互为负倒数，表示为

$$l_1\perp l_2\Leftrightarrow k_1\cdot k_2=-1\text{，或 } A_1\cdot A_2+B_1\cdot B_2=0.$$

3. 直线 l_1 与 l_2 重合的充要条件为斜率与纵截距都相等，表示为

$$l_1 \text{ 与 } l_2 \text{ 重合}\Leftrightarrow k_1=k_2 \text{ 且 } b_1=b_2\text{，或}\frac{A_1}{A_2}=\frac{B_1}{B_2}=\frac{C_1}{C_2}.$$

4. 直线 l_1 与 l_2 相交的充要条件为斜率不相等，表示为

$$l_1 \text{ 与 } l_2 \text{ 相交}\Leftrightarrow k_1\neq k_2\text{，或}\frac{A_1}{A_2}\neq\frac{B_1}{B_2}\quad\text{（垂直是相交的特殊情况）}.$$

【例 1】如果直线 $3x+y=1$ 与直线 $2mx+4y=-3$ 互相垂直，则 m 的值为（　　）.

A. 1　　B. $\frac{2}{3}$　　C. $-\frac{2}{3}$　　D. -2

【答案】C

【解析】由两直线互相垂直的系数间的公式可得 $3\times 2m+1\times 4=0$，解得 $m=-\frac{2}{3}$.

【例 2】已知 $M(3,-1)$，$N(-3,5)$，则线段 MN 的垂直平分线方程为(　　).

A. $x-y-2=0$　　　　B. $x+y-2=0$

C. $3x-2y+3=0$　　　　D. $x-y+2=0$

【答案】D

【解析】MN 所在直线的斜率为

$$\frac{5-(-1)}{-3-3}=\frac{6}{-6}=-1.$$

又因为两直线垂直的充要条件为斜率互为负倒数，因此 MN 的垂直平分线的斜率为 1.

MN 的中点坐标为 $\left[\frac{3+(-3)}{2},\frac{-1+5}{2}\right]=(0,2)$.

将 MN 的中点坐标代入方程可知，该点在直线 $x-y+2=0$ 上. 故选 D.

【例 3】过点 $(0,1)$ 与直线 $y=2x+3$ 平行的直线方程是(　　).

A. $x+2y-2=0$　　　　B. $x-2y+2=0$

C. $2x-y+1=0$　　　　D. $2x-y-1=0$

【答案】C

【解析】设与直线 $y=2x+3$ 平行的直线方程为

$$y=2x+b.\quad ①$$

由直线①过点 $(0,1)$，可得

$2\times 0+b=1$，解得 $b=1$.

将 $b=1$ 代入①可得所求直线方程为

$$y=2x+1，即\ 2x-y+1=0.$$

四、点到直线的距离

点到直线的垂线段的长度叫作点到直线的距离.

点 $P_0(x_0,y_0)$ 到直线 $Ax+By+c=0$ 的距离 d 为

$$d=\frac{|Ax_0+By_0+C|}{\sqrt{A^2+B^2}}.$$

距离公式中的分母是已知直线方程中的系数平方和的平方根，分子是将 x_0，y_0 分别代替直线方程的变量 x，y 后取绝对值.

五、两平行线间的距离

设两平行线 $l_1:Ax+By+C_1=0$，$l_2:Ax+By+C_2=0$.

则两平行线间的距离 $d=\frac{|C_2-C_1|}{\sqrt{A^2+B^2}}$.

说明：两平行线间的距离也可用点到直线的距离公式求解.

【例 1】点 $(-3,1)$ 到直线 $x-2y=5$ 的距离是________.

【答案】$2\sqrt{5}$

【解析】将直线 $x-2y=5$ 写成一般式直线方程为 $x-2y-5=0$，因此所求距离

$$d=\frac{|-3-2\times 1-5|}{\sqrt{1^2+(-2)^2}}=\frac{10}{\sqrt{5}}=\frac{10\sqrt{5}}{5}=2\sqrt{5}.$$

【例 2】与已知直线 $7x+24y-5=0$ 平行，且距离等于 3 的直线方程是______.

【答案】$7x+24y-80=0$ 或 $7x+24y+70=0$

【解析】设已知直线 l_1: $7x+24y-5=0$，所求直线为 l_2.

因为 $l_1 // l_2$，所以 l_2: $7x+24y+c=0$.

因为 l_1 与 l_2 间的距离等于 3，在 l_1 上取一点 $(\frac{5}{7},0)$，由点到直线的距离公式可得

$$\frac{\left|7\times\frac{5}{7}+24\times0+c\right|}{\sqrt{7^2+24^2}}=3.$$

整理上式可得 $|5+c|=75$，

解得 $c=70$ 或 -80.

故所求直线的方程为 $7x+24y-80=0$ 或 $7x+24y+70=0$.

★六、两条直线的夹角

两条直线的夹角：两条直线所夹的不大于直角的非负角叫作两条直线的夹角.

两条直线夹角计算公式：如果两条直线的斜率分别为 k_1，k_2，夹角为 θ，那么

$$\tan\theta=\left|\frac{k_1-k_2}{1+k_1k_2}\right| \quad (k_1\neq-\frac{1}{k_2}).$$

当 $k_1=-\frac{1}{k_2}$ 时，$\theta=\frac{\pi}{2}$.

跟踪训练

一、选择题

1. 一条直线和 x 轴相交于点 $P(2,0)$，它的倾斜角的余弦是 $\frac{3}{5}$，则这条直线的方程是(   ).

A. $3y-4x-6=0$　　B. $4x-3y-8=0$

C. $3y-4x-8=0$　　D. $4x+3y+8=0$

2. 直线 l 的倾斜角是 $\frac{3}{4}\pi$，且与点 $(2,-1)$ 的距离等于 $\frac{\sqrt{2}}{2}$，则此直线的方程是(   ).

A. $y=-x$　　B. $y=-x+2$

C. $y=-x$ 或 $y=-x+1$　　D. $y=-x$ 或 $y=-x+2$

3. 已知直线 l 的倾斜角为 α，若 $\cos\alpha=-\frac{4}{5}$，则直线 l 的斜率为(   ).

A. $\frac{3}{4}$　　B. $\frac{4}{3}$　　C. $-\frac{3}{4}$　　D. $-\frac{4}{3}$

4. 设 a,b,c 分别是 $\triangle ABC$ 中 $\angle A$，$\angle B$，$\angle C$ 所对应的边长，则直线 $(\sin A)\cdot x+ay+c=0$ 与直线 $bx-(\sin B)\cdot y+\sin C=0$ 的位置关系是(   ).

A. 平行　　B. 重合　　C. 垂直　　D. 相交但不垂直

5. 两平行线 l_1: $3x+4y-5=0$，l_2: $6x+8y+5=0$ 之间的距离是(   ).

A. 2　　B. $\frac{3}{2}$　　C. 3　　D. $\frac{1}{2}$

6. 直线 l_1 与直线 $l_2:3x+2y-12=0$ 的交点在 y 轴上，且 $l_1\perp l_2$，则 l_1 在 x 轴上的截距为（　　）.

A. 9　　B. 6　　C. -9　　D. -6

7. 原点关于直线 $8x+6y=25$ 的对称点坐标为（　　）.

A. $\left(2,\dfrac{3}{2}\right)$　　B. $\left(\dfrac{25}{8},\dfrac{25}{6}\right)$　　C. $(3,4)$　　D. $(4,3)$

8. 若直线 l 经过原点和点 $(-3,-3)$，则直线的 l 的倾斜角为（　　）.

A. $\dfrac{\pi}{4}$　　B. $\dfrac{5\pi}{4}$

C. $\dfrac{\pi}{4}$ 或 $\dfrac{5\pi}{4}$　　D. $-\dfrac{\pi}{4}$

9. 在 y 轴上的截距为 2 且垂直于直线 $x+3y=0$ 的直线方程为（　　）.

A. $y-3x+2=0$　　B. $y-3x-2=0$

C. $3y+x+6=0$　　D. $3y+x-6=0$

10. 到点 $A(-1,1)$ 与点 $B(3,5)$ 距离相等的直线方程是（　　）.

A. $x+y-4=0$　　B. $x+y-5=0$

C. $x+y+5=0$　　D. $x-y+2=0$

二、填空题

1. 经过 $A(a,b)$，$B(3a,3b)$ $(a\neq 0)$ 两点的直线的斜率 $k=$________，倾斜角 $\alpha=$________.

2. 两平行线 $3x-2y+1=0$ 和 $3x-2y-2=0$ 的距离是________.

3. 要使点 $A(2,\cos^2\theta)$，$B\left(\sin^2\theta,-\dfrac{2}{3}\right)$，$C(-4,-4)$ 共线，则 θ 的值为________.

4. 若直线 l 的倾斜角是连接 $P(3,-5)$，$Q(0,-9)$ 两点的直线的倾斜角的 2 倍，则直线 l 的斜率为________.

5. 已知直线 $ax+by+2=0$ 与直线 $2x-y+1=0$ 重合，则 $a=$________，$b=$________.

6. 直线 $l_1:x\cos\theta+y\sin\theta+a=0$ 和直线 $l_2:x\sin\theta-y\cos\theta+b=0$ 的位置关系是________.

7. 已知直线 l 过点 $(5,-1)$，且它的斜率等于过点 $(0,3)$ 和 $(2,0)$ 的直线的斜率，则直线 l 的方程为________.

8. 从原点向直线 l 作垂线，垂足为 $(1,-3)$，则直线 l 的方程为________.

9. 已知点 $A(-2,1)$，$B(2,5)$，则线段 AB 的垂直平分线的方程是________.

10. 设直线 $l:Ax+By+6=0$ 过点 $M(1,3)$ 且与 x 轴平行，则 $A=$________，$B=$________.

三、解答题

1. 若直线 l 经过直线 $l_1:3x-2y+4=0$ 和 $l_2:2x+y-16=0$ 的交点，且与点 $A(1,2)$ 的距离为 3，求直线 l 的方程.

2. 已知经过点 $A(-2,0)$，$B(1,3a)$ 的直线 l_1 与经过点 $P(0,-1)$，$Q(a,-2a)$ 的直线 l_2 互相垂直，求实数 a 的值.

3. 已知点 $M(2,2)$ 和点 $N(5,-2)$，点 P 在 x 轴上，且 $\angle MPN$ 为直角，求点 P 的坐标.

4. 在直线 $3x-5y+8=0$ 上求一点，使它与点 $A(2,1)$ 和点 $B(1,2)$ 的距离相等.

5. 已知 $A(1,-1)$，$B(2,2)$，$C(3,0)$ 三点，求点 D，使直线 $CD\perp AB$，且 $CB/\!/AD$.

6. 求点 $P(2,4)$ 关于直线 $l:4x-y+2=0$ 的对称点坐标.

参考答案及解析

一、选择题

1. B 【解析】设直线与 x 轴所成的倾斜角为 α.

由题意可知 $\cos\alpha=\frac{3}{5}$.

所以 $\sin\alpha=\sqrt{1-\cos^2\alpha}=\sqrt{1-\left(\frac{3}{5}\right)^2}=\frac{4}{5}$.

所以 $k=\tan\alpha=\frac{\sin\alpha}{\cos\alpha}=\frac{4}{3}$，所求直线的方程为 $y-0=\frac{4}{3}(x-2)$，即 $4x-3y-8=0$.

2. D 【解析】因为 $k=\tan\frac{3}{4}\pi=-1$，所以可设直线 l 的方程为 $y=-x+b$，即 $x+y-b=0$.

$$\frac{\sqrt{2}}{2}=\left|\frac{1\times2+1\times(-1)-b}{\sqrt{1^2+1^2}}\right|，即|1-b|=1，$$

由此可得 $1-b=\pm1$，即 $b=0$ 或 2.

所以直线 l 的方程为 $y=-x$ 或 $y=-x+2$.

3. C 【解析】由 $\cos\alpha=-\frac{4}{5}$ 可知 $\sin\alpha=\sqrt{1-\cos^2\alpha}=\frac{3}{5}$，所以 $k=\tan\alpha=\frac{\sin\alpha}{\cos\alpha}=-\frac{3}{4}$.

4. C 【解析】由两条直线方程可知它们的斜率分别为 $k_1=-\frac{\sin A}{a}$，$k_2=\frac{b}{\sin B}$.

由正弦定理 $\frac{a}{\sin A}=\frac{b}{\sin B}=\frac{c}{\sin C}=k$，得到 $k_1=-\frac{1}{k}$，$k_2=k$.

所以 $k_1\cdot k_2=-\frac{1}{k}\cdot k=-1$，故两直线垂直.

5. B 【解析】$l_1:3x+4y-5=0$，$l_2:3x+4y+\frac{5}{2}=0$.

由两平行线间的距离公式可得 $d=\frac{|C_2-C_1|}{\sqrt{A^2+B^2}}=\frac{\left|\frac{5}{2}+5\right|}{\sqrt{3^2+4^2}}=\frac{3}{2}$.

6. C 【解析】由直线 l_2 的方程 $3x+2y-12=0$ 可知直线 l_1 与直线 l_2 交于 y 轴上的一点为 $(0,6)$.

因为 $l_1\perp l_2$，所以 $k_{l_1}=\frac{2}{3}$. 所以直线 $l_1:y=\frac{2}{3}x+6$.

令直线 l_1 的方程 $y=\frac{2}{3}x+6$ 中的 $y=0$，可得其在 x 轴上的截距为 -9.

7. D 【解析】过原点 $O(0,0)$ 且垂直于已知直线

$$8x+6y=25 \quad ①$$

的直线为

$$y=\frac{3}{4}x. \quad ②$$

直线①与直线②的交点为 $\left(2,\frac{3}{2}\right)$.

设 $O(0,0)$ 的对称点 $O'(x,y)$，则 $\left(2,\frac{3}{2}\right)$ 为线段 OO' 的中点，因此

$$2=\frac{x+0}{2},\frac{3}{2}=\frac{y+0}{2},$$

由此解得 $x=4,y=3$，即 $(4,3)$ 为所求对称点.

8. A 【解析】因为直线 l 过原点及点 $(-3,-3)$，所以由斜率公式可知斜率 $k=\frac{y_2-y_1}{x_2-x_1}=\frac{-3-0}{-3-0}=1$，利用斜率为 $\tan\alpha$，可求出倾斜角 α 为 $\frac{\pi}{4}$.

9. B 【解析】由题意可知，所求直线在 y 轴上的截距为 2，故排除 A，C.
已知直线 $x+3y=0$ 与所求直线垂直，所以两直线斜率的乘积为 -1. 故选 B.

10. A 【解析】设所求直线上任意一点为 (x,y).
根据题意，利用距离公式可得

$$\sqrt{(x+1)^2+(y-1)^2}=\sqrt{(x-3)^2+(y-5)^2}.$$

等式两边各平方并展开可得

$$x^2+2x+1+y^2-2y+1=x^2-6x+9+y^2-10y+25,$$
$$8x+8y-32=0,$$
$$x+y-4=0.$$

二、填空题

1. $\frac{b}{a}$；$\arctan\frac{b}{a}(ab\geqslant0)$ 或 $\pi+\arctan\frac{b}{a}(ab<0)$ 【解析】由 $k=\frac{y_2-y_1}{x_2-x_1}=\frac{3b-b}{3a-a}=\frac{b}{a}$，又因为倾斜角与 ab 正负有关，可得 α 为 $\arctan\frac{b}{a}(ab\geqslant0)$ 或 $\pi+\arctan\frac{b}{a}(ab<0)$.

2. $\frac{3\sqrt{13}}{13}$ 【解析】两条平行直线间的距离就是其中一条直线上任意一点到另外一条直线的距离.

在直线 $3x-2y+1=0$ 上，令 $x=0$ 解得 $y=\frac{1}{2}$，则点 $\left(0,\frac{1}{2}\right)$ 在直线 $3x-2y+1=0$ 上.

由点到直线的距离公式可得 $d=\frac{\left|3\times0-2\times\frac{1}{2}-2\right|}{\sqrt{3^2+(-2)^2}}=\frac{3\sqrt{13}}{13}$.

此外，还可直接根据两平行线间的距离公式求解.

3. $\frac{k\pi}{2}(k\in\mathbf{Z})$ 【解析】A,B,C 三点共线，则 $k_{AB}=k_{BC}$，从而得到 $\frac{-\frac{2}{3}-\cos^2\theta}{\sin^2\theta-2}=\frac{-4-\left(-\frac{2}{3}\right)}{-4-\sin^2\theta}$，可得到 $\sin2\theta=0$，所以 $\theta=\frac{k\pi}{2}(k\in\mathbf{Z})$.

4. $-\frac{24}{7}$ 【解析】设直线 l 的倾斜角为 2α，则直线 PQ 的倾斜角为 α，从而由 $\tan2\alpha=$

$\dfrac{2\tan\alpha}{1-\tan^2\alpha}$，代入 $\tan\alpha=\dfrac{-9-(-5)}{0-3}=\dfrac{4}{3}$，得出 $\tan 2\alpha=-\dfrac{24}{7}$.

5. 4；-2 【解析】因为两直线重合，所以 $\dfrac{a}{2}=\dfrac{b}{-1}=\dfrac{2}{1}\Rightarrow a=4$；$b=-2$.

6. 垂直 【解析】l_1：$x\cos\theta+y\sin\theta+a=0$ 的斜率 $k_1=-\dfrac{\cos\theta}{\sin\theta}$，$l_2$：$x\sin\theta-y\cos\theta+b=0$ 的斜率 $k_2=\dfrac{\sin\theta}{\cos\theta}$.

$\because k_1\cdot k_2=-\dfrac{\cos\theta}{\sin\theta}\cdot\dfrac{\sin\theta}{\cos\theta}=-1$，

故两直线垂直.

7. $3x+2y-13=0$ 【解析】设 $A(0,3)$，$B(2,0)$.

所以 $k_{AB}=\dfrac{0-3}{2-0}=-\dfrac{3}{2}$.

因为 $k_l=k_{AB}=-\dfrac{3}{2}$，

所以过点 $(5,-1)$ 的直线 l 的方程为 $y+1=-\dfrac{3}{2}(x-5)$，

即得 $3x+2y-13=0$.

8. $x-3y-10=0$ 【解析】直线 l 的垂线的斜率为 -3，所以所求直线 l 的斜率是 $\dfrac{1}{3}$. 根据点斜式方程可得直线方程为

$$y+3=\frac{1}{3}(x-1)\text{，即 } x-3y-10=0.$$

9. $x+y-3=0$ 【解析】由 $A(-2,1)$，$B(2,5)$ 两点可知其所在直线的斜率

$$k=\frac{5-1}{2-(-2)}=1.$$

因此与线段 AB 垂直的直线的斜率为 -1.

线段 AB 中点的横坐标与纵坐标分别为

$$\begin{cases}x=\dfrac{2+(-2)}{2}=0,\\ y=\dfrac{5+1}{2}=3.\end{cases}$$

由点斜式方程可知 AB 的垂直平分线方程是

$$y-3=-x\text{，即 } x+y-3=0.$$

10. 0；-2 【解析】因为直线 $l/\!/x$ 轴，所以 $A=0$ 且 $B\neq0$.

将直线 l：$Ax+By+6=0$ 整理成点斜式 $y=-\dfrac{A}{B}x-\dfrac{6}{B}$.

又因为直线 l 过点 $M(1,3)$，

所以 $-\dfrac{6}{B}=3$，即 $B=-2$.

三、解答题

1. 解:解方程组$\begin{cases}3x-2y+4=0,\\2x+y-16=0,\end{cases}$得 l_1 与 l_2 的交点 $P(4,8)$.

当直线 l 的斜率 k 存在时,它的方程的点斜式为

$y-8=k(x-4)$,即 $kx-y+8-4k=0$.

$\because$ 点 $A(1,2)$ 到直线 l 的距离等于 3,

$\therefore \dfrac{|k-2+8-4k|}{\sqrt{k^2+1}}=3$,解得 $k=\dfrac{3}{4}$.

即 l 的方程为 $y-8=\dfrac{3}{4}(x-4)$,即 $3x-4y+20=0$.

l 的斜率 k 不存在且过点 $P(4,8)$ 的方程为 $x=4$,它与 A 点的距离也为 3.

综上所述,直线 l 的方程为 $3x-4y+20=0$ 或 $x=4$.

2. 解:l_1 的斜率 $k_1=\dfrac{3a-0}{1-(-2)}=a$,

当 $a\neq0$ 时,l_2 的斜率 $k_2=\dfrac{-2a-(-1)}{a-0}=\dfrac{1-2a}{a}$.

因为 $l_1\perp l_2$ 所以 $k_1\cdot k_2=-1$,即 $a\times\dfrac{1-2a}{a}=-1$,得 $a=1$.

当 $a=0$ 时,$P(0,-1)$,$Q(0,0)$,这时直线 l_2 为 y 轴,$A(-2,0)$,$B(1,0)$,这时直线 l_1 为 x 轴,显然 $l_1\perp l_2$.

综上所述,实数 a 的值为 1 和 0.

3. 解:设点 P 的坐标为$(x,0)$,

$k_{PM}=\dfrac{-2}{x-2}$,$k_{PN}=\dfrac{2}{x-5}$.

因为$\angle MPN$ 为直角,所以 $PM\perp PN$,即 $k_{PM}\cdot k_{PN}=-1$.

所以$\dfrac{-2}{x-2}\times\dfrac{2}{x-5}=-1$,解得 $x=1$ 或 $x=6$.

所以点 P 的坐标为$(1,0)$或$(6,0)$.

4. 解:线段 AB 的中点坐标

$$x=\frac{2+1}{2}=\frac{3}{2},y=\frac{1+2}{2}=\frac{3}{2}.$$

$\because k_{AB}=\dfrac{1-2}{2-1}=-1$,

$\therefore$ 线段 AB 的垂直平分线的斜率 $k=1$,

方程为 $y-\dfrac{3}{2}=x-\dfrac{3}{2}$,即 $y=x$.

解方程组$\begin{cases}3x-5y+8=0,\\y=x,\end{cases}\Rightarrow\begin{cases}x=4,\\y=4,\end{cases}$得两直线的交点为$(4,4)$,即所求点为$(4,4)$.

5. 解:设 D 点坐标为(x,y).

则 $k_{CD}=\dfrac{y}{x-3}$,$k_{AB}=3$,$k_{CB}=-2$,$k_{AD}=\dfrac{y+1}{x-1}$.

因为 $k_{CD} \cdot k_{AB} = -1, k_{CB} = k_{AD}$,

所以$\begin{cases} \dfrac{y}{x-3} \times 3 = -1, \\ -2 = \dfrac{y+1}{x-1}, \end{cases}$ 即$\begin{cases} x=0, \\ y=1, \end{cases}$

所以点 D 的坐标为 $(0,1)$.

6. 分析：如图 12－2 所示，点 P 关于直线 l 的对称点 P' 必在过 P 点且垂直于直线 l 的直线 l_1 上，并且 PP' 被直线 l 平分.

解：设直线 l 与直线 l_1 的斜率分别为 k_l 与 k_{l_1}.

因为 $k_l = 4$，且 $l_1 \perp l$，

所以 $k_{l_1} = -\dfrac{1}{4}$.

又因为 l_1 过点 $(2,4)$，

所以 $l_1: y-4 = -\dfrac{1}{4}(x-2)$，即 $l_1: x+4y-18=0$.

解方程组$\begin{cases} x+4y-18=0, \\ 4x-y+2=0, \end{cases}$

得交点 D 的坐标为 $x' = \dfrac{10}{17}, y' = \dfrac{74}{17}$.

设 P' 的坐标为 (x,y). 由中点公式可得

$$\frac{10}{17} = \frac{1}{2}(x+2), \frac{74}{17} = \frac{1}{2}(y+4),$$

解得　$x = -\dfrac{14}{17}, y = \dfrac{80}{17}$，即对称点为 $P'\left(-\dfrac{14}{17}, \dfrac{80}{17}\right)$.

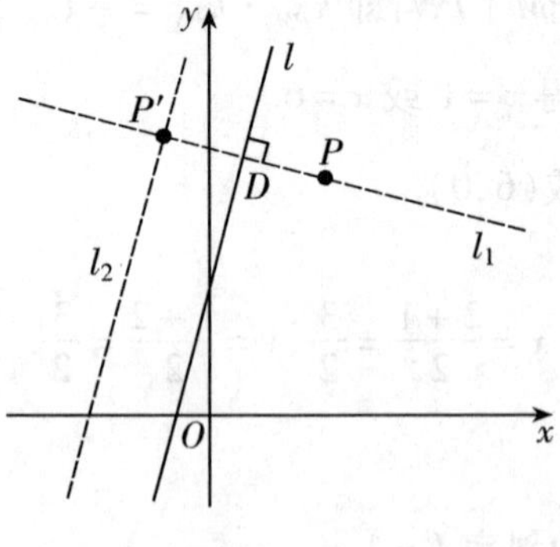

图 12－2

第十三章 圆锥曲线

考纲导读

1. 了解曲线和方程的关系,会求两条曲线的交点.

2. 掌握圆的标准方程和一般方程以及直线与圆的位置关系,能灵活运用它们解决有关问题.

3. 理解椭圆、双曲线、抛物线的概念,掌握它们的标准方程和性质,能灵活运用它们解决有关问题.

★4. 了解参数方程的概念,了解圆与椭圆的参数方程.

考点精讲

第一节 曲线和方程

一、曲线和方程的关系

1. 定义

如果一条曲线 C 上的点与一个二元方程 $f(x,y)=0$ 的实数解建立了如下关系:

(1)曲线上的点的坐标 (x,y) 都是方程 $f(x,y)=0$ 的解;

(2)以方程 $f(x,y)=0$ 的解 x,y 为坐标的点都在曲线上.

那么,就称这个方程 $f(x,y)=0$ 为曲线 C 的方程,曲线 C 为方程 $f(x,y)=0$ 的曲线.

2. 求曲线方程的一般步骤

(1)建系:建立适当的平面直角坐标系;

(2)设点:用 (x,y) 表示曲线上任意点的坐标;

(3)列式:把动点轨迹符合的几何条件代数化,列成关于 x,y 的等式;

(4)化简:经过各种变换化简所得的等式.

3. 由方程画出曲线

由已知方程画出它的曲线,一般用描点法.

为了能够正确而迅速地画出方程的曲线,列表前可对方程 $f(x,y)=0$ 进行讨论,以便减少列表描点的盲目性. 主要讨论如下几项:

(1)曲线在两坐标轴上的截距

在方程 $f(x,y)=0$ 中,令 $y=0$,求得实数 x 的解,这个解就是曲线在 x 轴上的截距.

在方程 $f(x,y)=0$ 中,令 $x=0$,求得实数 y 的解,这个解就是曲线在 y 轴上的截距.

(2)曲线的范围

把方程$f(x,y)=0$变形成$y=\varphi(x)$和$x=\psi(y)$的形式，找出x,y的取值范围.

二、曲线的交点

1. 曲线与坐标轴的交点

在方程$f(x,y)=0$中，令$x=0$，可求出该方程的曲线C与y轴的交点；令$y=0$，可求出该方程的曲线C与x轴的交点.

2. 两曲线的交点

设两条曲线C_1,C_2的方程分别为$f_1(x,y)=0,f_2(x,y)=0$.

如果两条曲线C_1,C_2有交点(x,y)，那么交点的坐标x,y即为方程组$\begin{cases}f_1(x,y)=0\\f_2(x,y)=0\end{cases}$的实数解. 方程组有几组实数解，则两条曲线$C_1,C_2$就有几个交点. 若方程组没有实数解，则两条曲线$C_1,C_2$没有交点，即两条曲线$C_1,C_2$不相交.

三、曲线的对称性

若$f(x,-y)=f(x,y)$，那么方程$f(x,y)$的曲线关于x轴对称.

若$f(-x,y)=f(x,y)$，那么方程$f(x,y)$的曲线关于y轴对称.

若$f(-x,-y)=f(x,y)$，那么方程$f(x,y)$的曲线关于原点对称.

第二节　圆

一、定义

平面内与定点距离等于定长的点的轨迹是圆. 定点是圆心，定长是半径.

二、标准方程

设圆心为$C(a,b)$，半径为r，则圆的标准方程为

$$(x-a)^2+(y-b)^2=r^2.$$

当圆的圆心在坐标原点$(0,0)$时，圆的半径为r，则圆的方程为

$$x^2+y^2=r^2.$$

【例1】过点$A(1,-1)$，$B(-1,1)$且圆心在直线$x+y-2=0$上的圆的方程是(　　).

A. $(x-3)^2+(y+1)^2=4$

B. $(x+3)^2+(y-1)^2=4$

C. $(x-1)^2+(y-1)^2=4$

D. $(x+1)^2+(y+1)^2=4$

【答案】C

【解析】设所求圆的方程为$(x-a)^2+(y-b)^2=r^2$.

由题意得方程组$\begin{cases}(1-a)^2+(-1-b)^2=r^2,\\(-1-a)^2+(1-b)^2=r^2,\\a+b-2=0.\end{cases}$解得$\begin{cases}a=1,\\b=1,\\r^2=4.\end{cases}$

$\therefore$ 圆的方程为$(x-1)^2+(y-1)^2=4$. 故选C.

【例2】以点(4,0)为圆心,以5为半径的圆与x轴的交点坐标为________,与y轴的交点坐标为________.

【答案】(-1,0),(9,0);(0,-3),(0,3)

【解析】由已知条件可得圆的方程为

$$(x-4)^2+y^2=25.$$

令$y=0$,得$(x-4)^2=25$,$x-4=\pm5$,$x=-1$或9,所以圆与x轴的交点坐标为(-1,0),(9,0).

令$x=0$,得$y^2=25-16=9$,所以$y=\pm3$,则圆与y轴的交点坐标为(0,-3),(0,3).

三、圆的一般方程

圆的一般方程是一个二元二次方程,即

$$x^2+y^2+Dx+Ey+F=0.$$

用配方法可把圆的一般方程化为标准方程

$$\left(x+\frac{D}{2}\right)^2+\left(y+\frac{E}{2}\right)^2=\frac{1}{4}(D^2+E^2-4F).$$

当$D^2+E^2-4F>0$时,方程表示圆,此时圆心为$\left(-\frac{D}{2},-\frac{E}{2}\right)$,半径为$r=\frac{1}{2}\sqrt{D^2+E^2-4F}$.

当$D^2+E^2-4F=0$时,方程表示一个点.

当$D^2+E^2-4F<0$时,方程不表示任何图形.

【例1】方程$x^2+y^2-2x+y+k=0$是圆的方程,则实数k的取值范围是(   ).

A. $k<5$　　B. $k<\frac{3}{2}$　　C. $k>\frac{3}{2}$　　D. $k<\frac{5}{4}$

【答案】D

【解析】由圆的方程配方可得$(x-1)^2+\left(y+\frac{1}{2}\right)^2=\frac{5}{4}-k$.

当$\frac{5}{4}-k>0$时,方程$x^2+y^2-2x+y+k=0$表示的是圆心为$\left(1,-\frac{1}{2}\right)$,半径$r=\sqrt{\frac{5}{4}-k}$的圆.

所以$k<\frac{5}{4}$.

【例2】圆$x^2+y^2-4x=1$的圆心坐标及半径分别是(   ).

A. (2,0),5　　B. (2,0),$\sqrt{5}$

C. (0,2),5　　D. (2,2),$\sqrt{5}$

【答案】B

【解析】用配方法将圆的方程化为标准方程:

$$x^2-4x+4+y^2=1+4,\text{即}(x-2)^2+y^2=5,$$

由此可知圆心坐标为(2,0),半径为$\sqrt{5}$.

【例3】求经过点$A(4,2)$,$B(-1,3)$两点,且在两坐标轴上的四个截距之和为2的圆的方程.

【解析】设所求圆的方程为$x^2+y^2+Dx+Ey+F=0$.

因为 A,B 两点在圆上，代入方程可得

$$D-3E-F=10, \quad ①$$
$$4D+2E+F=-20. \quad ②$$

设纵截距为 b_1,b_2，横截距为 a_1,a_2，在圆的方程中，

令 $x=0$ 得 $y^2+Ey+F=0$，所以 $b_1+b_2=-E$；

令 $y=0$ 得 $x^2+Dx+F=0$，所以 $a_1+a_2=-D$.

由已知有 $$-D-E=2. \quad ③$$

①②③联立方程组解得 $D=-2,E=0,F=-12$.

所以圆的方程为 $x^2+y^2-2x-12=0$.

四、圆的切线方程

(1)已知圆的方程：$x^2+y^2=r^2$.

如图 13－1，设 $P(x_0,y_0)$ 是圆 $x^2+y^2=r^2$ 上任意一点，过 P 点的切线垂直于 OP，由 OP 的斜率为 $\frac{y_0}{x_0}$ 可知切线的斜率为 $-\frac{x_0}{y_0}$，由直线的点斜式方程可得过 P 点的切线方程为

$$y-y_0=-\frac{x_0}{y_0}(x-x_0),$$

因为点 $P(x_0,y_0)$ 是圆上的点，所以 $x_0^2+y_0^2=r^2$，可得过圆上一点 $P(x_0,y_0)$ 的切线方程为 $x_0x+y_0y=r^2$.

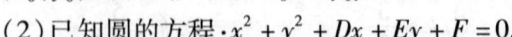

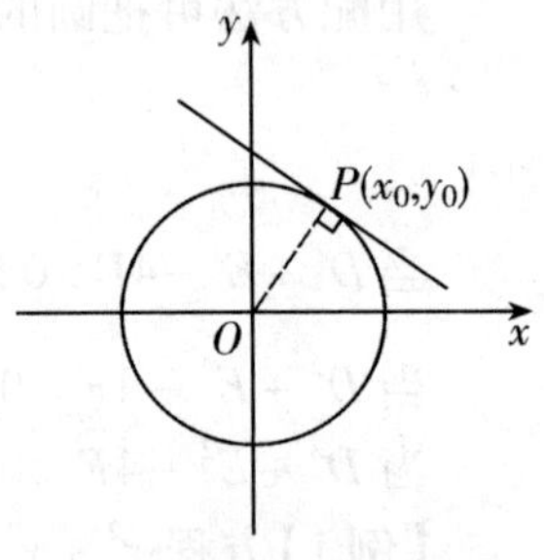

图 13－1

(2)已知圆的方程：$x^2+y^2+Dx+Ey+F=0$.

若已知切点 $P(x_0,y_0)$ 为圆上任意一点，其方程是

$$x_0x+y_0y+\frac{D(x_0+x)}{2}+\frac{E(y_0+y)}{2}+F=0.$$

【例】已知圆的方程为 $x^2+y^2-6x-4y+12=0$，求圆过点 $P(2,0)$ 的切线方程.

【解析】将圆的方程标准化：$(x-3)^2+(y-2)^2=1$.

由此可知此，圆的圆心坐标为 $A(3,2)$，其半径为 1.

设过点 $P(2,0)$ 的切线方程为

$$y=k(x-2)，即 kx-y-2k=0, \quad ①$$

其中 k 为切线的斜率，$k=\tan\alpha,\alpha\neq\frac{\pi}{2}$.

由直线与圆相切可知，圆心 $A(3,2)$ 到直线的距离为半径 $r=1$.

于是由点 A 到直线的距离得

$$\frac{|3k-2-2k|}{\sqrt{1+k^2}}=1,$$

由此得 $$|k-2|=\sqrt{1+k^2},$$

等式两边平方可得 $(k-2)^2=1+k^2$，

解得 $k=\frac{3}{4}$.

因此，切线方程为 $3x-4y-6=0$.

由平面几何可知，从圆外一点可以向圆引出两条切线，另一条切线方程为过点 $P(2,0)$ 且平行与 y 轴的直线 $x=2$，它与圆心 A 的距离也等于圆的半径 $r=1$，如图 13－2 所示.

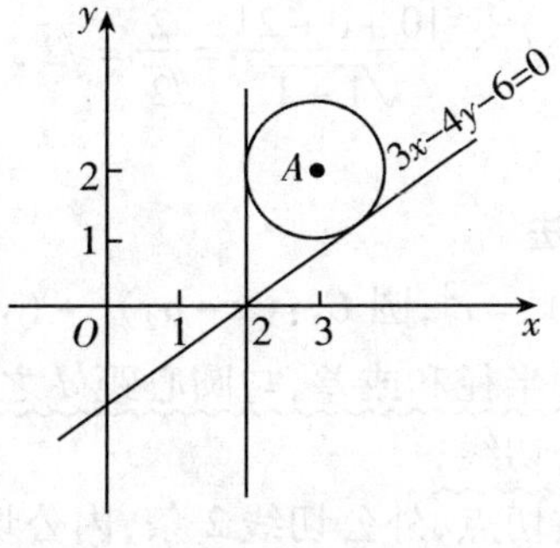

图 13－2

说明：切线方程 $x=2$ 是切线方程 $kx-y-2k=0$ 中斜率不存在的情形.

五、点与圆的位置关系

$P(x_0,y_0)$ 与圆 $(x-a)^2+(y-b)^2=r^2$ 的位置关系有三种：

设点 P 与圆的距离为 d，则 $d=\sqrt{(a-x_0)^2+(b-y_0)^2}$，则

$d>r \Leftrightarrow$ 点 P 在圆外.

$d=r \Leftrightarrow$ 点 P 在圆上.

$d<r \Leftrightarrow$ 点 P 在圆内.

六、直线与圆的位置关系

设直线 $l:Ax+By+C=0$，圆 $C:(x-a)^2+(y-b)^2=r^2$.

圆心 (a,b) 到直线 l 的距离为 $d=\dfrac{|Aa+Bb+C|}{\sqrt{A^2+B^2}}$，则有：

l 与圆 O 相交 $\Leftrightarrow d<r$.

l 与圆 O 相切 $\Leftrightarrow d=r$.

l 与圆 O 相离 $\Leftrightarrow d>r$.

【例 1】直线 $2x-y+7=0$ 与圆 $(x-1)^2+(y+1)^2=20$（　　）.

A. 相离　　B. 相切

C. 相交但直线不过圆心　　D. 相交且直线过圆心

【答案】B

【解析】由圆 $(x-1)^2+(y+1)^2=20$ 可知，圆心坐标为 $(1,-1)$，半径为 $\sqrt{20}=2\sqrt{5}$.

点 $(1,-1)$ 到直线 $2x-y+7=0$ 的距离为

$$d=\frac{|2\times 1-(-1)+7|}{\sqrt{2^2+(-1)^2}}=\frac{10}{\sqrt{5}}=2\sqrt{5},$$

因此所给直线与圆相切.

【例 2】圆 $x^2+y^2=a$ 与直线 $x+y-2=0$ 相切，则 $a=$（　　）.

A. 4　　B. 2　　C. $\sqrt{2}$　　D. 1

【答案】B

【解析】$x^2+y^2=a=(\sqrt{a})^2$ 为圆心在原点$(0,0)$，半径为$\sqrt{a}$的圆.

依题意可知半径$\sqrt{a}$为点$(0,0)$到直线 $x+y-2=0$ 的距离：

$$\sqrt{a}=\frac{|0+0-2|}{\sqrt{1+1}}=\frac{2}{\sqrt{2}}=\sqrt{2},$$

因此 $a=2$.

七、两圆位置关系的判定方法

设圆 $C_1:(x-a_1)^2+(y-b_1)^2=r_1^2$，圆 $C_2:(x-a_2)^2+(y-b_2)^2=r_2^2$.

两圆的位置关系通过两圆的半径和或差，与圆心距 d 之间的大小关系比较来确定.

$d>r_1+r_2\Leftrightarrow$外离$\Leftrightarrow$有 4 条公切线；

$d=r_1+r_2\Leftrightarrow$外切$\Leftrightarrow$连心线过切点，外公切线 2 条，内公切线 1 条，共有 3 条公切线；

$|r_1-r_2|<d<r_1+r_2\Leftrightarrow$相交$\Leftrightarrow$连心线垂直平分公共弦，有 2 条公切线；

$d=|r_1-r_2|\Leftrightarrow$内切$\Leftrightarrow$连心线经过切点，只有 1 条公切线；

$0<d<|r_1-r_2|\Leftrightarrow$内含$\Leftrightarrow$无公切线；

当 $d=0$ 时，两圆为同心圆.

说明：求圆的方程时，一般采用待定系数法，先设后求. 每一个方程都有三个独立参数$(a,b,r$ 或 $D,E,F)$，求圆的方程就要确定这三个参数.

圆的几何性质：弦的中垂线必经过圆心.

【例 1】圆 $C_1:x^2+y^2=1$ 与圆 $C_2:x^2+y^2-4x=0$ 的位置关系是(　　).

A. 外切　　　　B. 内切

C. 相交　　　　D. 相离

【答案】C

【解析】由圆 $C_1:x^2+y^2=1$ 可得圆心 $O_1(0,0)$，半径 $r_1=1$.

由圆 $C_2:x^2+y^2-4x=0\Rightarrow(x-2)^2+y^2=2^2$，

可得其圆心 $O_2(2,0)$，半径 $r_2=2$.

$\because |O_1O_2|=2, r_1+r_2=3, \therefore r_1+r_2>|O_1O_2|>r_2-r_1$.

$\therefore$ 两圆相交，故应选 C.

【例 2】求过原点，且与直线 $x=1$ 及圆$(x-1)^2+(y-2)^2=1$ 相切的圆的方程.

【解析】设所求圆的方程为$(x-a)^2+(y-b)^2=r^2$.

$\because$ 圆过原点且与直线 $x=1$ 相切，

$\therefore a^2+b^2=r^2$，且$(a-1)^2=r^2$.

又由已知可得原点$(0,0)$在圆$(x-1)^2+(y-2)^2=1$ 的外部，

所以，所求圆与已知圆只可能是外切关系，则两圆的圆心距等于两圆的半径之和，

即$(a-1)^2+(b-2)^2=(r+1)^2$.

解方程组$\begin{cases}a^2+b^2=r^2,\\(a-1)^2=r^2,\\(a-1)^2+(b-2)^2=(r+1)^2,\end{cases}$ 得$\begin{cases}a=\dfrac{3}{8},\\b=\dfrac{1}{2},\\r^2=\dfrac{25}{64}.\end{cases}$

$\therefore$ 所求圆的方程是$\left(x-\frac{3}{8}\right)^2+\left(y-\frac{1}{2}\right)^2=\frac{25}{64}$.

【例3】两圆 $C_1:x^2+y^2=1$ 与 $C_2:x^2+y^2-4x=0$ 的位置关系是(　　).

A. 外切　　B. 内切　　C. 相交　　D. 相离

【答案】C

【解析】由圆 $C_1:x^2+y^2=1$,得圆心 $O_1(0,0)$,半径 $r_1=1$,由圆 $C_2:x^2+y^2-4x=0\Rightarrow(x-2)^2+y^2=2^2$,得圆心 $O_2(2,0)$,半径 $r_2=2$.

$\therefore$ 两圆相交. 故选 C.

【例4】已知方程 $x^2+y^2-2x+6y+k=0$ 是圆的方程,则 k 的取值范围是(　　).

A. $k\geqslant10$　　B. $k\leqslant10$　　C. $k<10$　　D. $k>10$

【答案】C

【解析】圆的方程可化为 $(x-1)^2+(y+3)^2=-k+10$,则 $-k+10>0$,$k<10$. 故选 C.

【例5】圆 $x^2+y^2+Dx+Ey+F=0$ 与 y 轴相交,且两个交点在原点的两侧,则(　　).

A. $E>0$　　B. $F>0$　　C. $E<0$　　D. $F<0$

【答案】D

【解析】y 轴所在直线的方程为 $x=0$,那么方程组

$$\begin{cases}x=0,\\x^2+y^2+Dx+Ey+F=0,\end{cases}$$

应有两组解. 于是由此方程组所得一元二次方程 $y^2+Ey+F=0$ 应有两个不等的实根,则 $\Delta>0$,即

$$E^2-4F>0.①$$

而上述一元二次方程的两个根 y_1,y_2 就是圆与 y 轴的两个交点的纵坐标,要使这两个交点在原点的两侧,应使 y_1,y_2 异号,即 $y_1\cdot y_2<0$. 又因 $y_1\cdot y_2=F$,则

$$F<0.②$$

要使①,②两个不等式同时成立,只需 $F<0$ 即可. 故选 D.

【例6】以点$(2,-1)$为圆心且与直线 $x+y=6$ 相切的圆的方程是________.

【答案】$(x-2)^2+(y+1)^2=\frac{25}{2}$

【解析】点$(2,-1)$到直线 $x+y=6$ 的距离即为圆的半径 $r=\frac{|2-1-6|}{\sqrt{1+1}}=\frac{5}{\sqrt{2}}$,所以圆的方程为 $(x-2)^2+(y+1)^2=\frac{25}{2}$.

【例7】已知 AC,BD 为圆 $O:x^2+y^2=4$ 的两条相互垂直的弦,垂足为 $M(1,\sqrt{2})$,则四边形 $ABCD$ 的面积的最大值为________.

【答案】5

【解析】设圆心 O 到 AC,BD 的距离分别为 d_1,d_2,则 $d_1^2+d_2^2=OM^2=3$,

四边形 $ABCD$ 的面积 $S=\frac{1}{2}|AC|\cdot|BD|=2\sqrt{(4-d_1^2)(4-d_2^2)}\leqslant8-(d_1^2+d_2^2)=5$.

【例8】已知圆 $O:x^2+y^2=5$ 和点 $A(1,2)$,则过 A 且与圆 O 相切的直线与两坐标轴围成

的三角形的面积等于________.

【答案】$\frac{25}{4}$

【解析】由题意可直接求出切线方程为 $y-2=-\frac{1}{2}(x-1)$，即 $x+2y-5=0$，从而直线在两坐标轴上的截距分别是5和$\frac{5}{2}$，所以所求面积为$\frac{1}{2}\times\frac{5}{2}\times5=\frac{25}{4}$.

【例9】设直线 l_1 的方程为 $x+2y-2=0$，将直线 l_1 绕原点按逆时针方向旋转90°得到直线 l_2，则 l_2 的方程是________.

【答案】$2x-y+2=0$

【解析】由题意知，l_1 与 l_2 垂直，则 l_2 的斜率 $k_2=2$，设 l_2 的方程为 $y=2x+b$，且原点到两直线的距离相等，则 $b_1=2, b_2=-2$（舍去），则 l_2 的方程为 $2x-y+2=0$.

【例10】求斜率为3且与圆 $x^2+y^2=4$ 相切的直线方程.

【解析】解法一：依题意可设所求的直线方程为 $y=3x+b$.

因为直线与圆相切，所以方程组

$$\begin{cases}y=3x+b, & ①\\ x^2+y^2=4, & ②\end{cases}$$

仅有一组解.

将①代入②得

$$10x^2+6bx+b^2-4=0.$$

由已知，判别式 $\Delta=(6b)^2-4\times10\times(b^2-4)=0$，从而 $b=\pm2\sqrt{10}$，所以 $y=3x+2\sqrt{10}$ 或 $y=3x-2\sqrt{10}$ 为所求直线方程.

解法二：依题意可设所求直线方程为 $y=3x+b$，即 $3x-y+b=0$.

因为直线与圆相切，所以圆心到直线的距离等于圆的半径.

于是有

$$\frac{|3\times0-0+b|}{\sqrt{3^2+(-1)^2}}=2,$$

解得 $b=\pm2\sqrt{10}$，所以 $y=3x+2\sqrt{10}$ 或 $y=3x-2\sqrt{10}$ 为所求直线方程.

【例11】若实数 x,y 满足条件：$x^2+y^2-2x+4y=0$. 求 $x-2y$ 的最大值.

【解析】由 $x^2+y^2-2x+4y=0$ 可得圆的标准方程

$$(x-1)^2+(y+2)^2=5. ①$$

又原方程可写成 $$2(x-2y)=x^2+y^2. ②$$

满足方程①的实数 x,y 组成的点的坐标 (x,y) 表示圆上任意一点.

由②知，求 $2(x-2y)$ 的最大值，也就是在此圆上找一个点 (x,y) 使其与原点的距离 $\sqrt{x^2+y^2}$ 最大，则 x^2+y^2 亦最大.

又原点的坐标(0,0)是方程①的解，所以此圆过原点，故 $\sqrt{x^2+y^2}$ 的最大值为圆的直径，即 $2\sqrt{5}$.

于是 $x-2y$ 的最大值为$\frac{1}{2}(x^2+y^2)=10$.

【例 12】已知点 A,B 的坐标分别是 $(0,-1),(0,1)$，直线 AM,BM 相交于点 M，且它们的斜率之积为 $-\frac{1}{2}$.

(1)求点 M 的轨迹 C 的方程；

(2)若过点 $D(2,0)$ 的直线 l 与(1)中的轨迹 C 交于不同的两点 E,F(E 在 D,F 之间)，试求 $\triangle ODE$ 与 $\triangle ODF$ 面积之比的取值范围(O 为坐标原点).

【解析】(1)设点 M 的坐标为 (x,y).

因为 $k_{AM}\cdot k_{BM}=-\frac{1}{2}$，所以 $\frac{y+1}{x}\cdot\frac{y-1}{x}=-\frac{1}{2}$，

整理得 $\frac{x^2}{2}+y^2=1(x\neq 0)$，这就是动点 M 的轨迹方程.

(2)由题意知直线 l 的斜率存在，

设 l 的方程为 $y=k(x-2)\left(k\neq\pm\frac{1}{2}\right)$，①

将①代入 $\frac{x^2}{2}+y^2=1$，得 $(2k^2+1)x^2-8k^2\cdot x+(8k^2-2)=0$，

由 $\Delta>0$，解得 $0<k^2<\frac{1}{2}$.

设 $E(x_1,y_1),F(x_2,y_2)$，则 $\begin{cases}x_1+x_2=\dfrac{8k^2}{2k^2+1},\\ x_1x_2=\dfrac{8k^2-2}{2k^2+1}.\end{cases}$ ②

令 $\lambda=\frac{S_{\triangle ODE}}{S_{\triangle ODF}}$，则 $\lambda=\frac{|DE|}{|DF|}$，即 $\overrightarrow{DE}=\lambda\cdot\overrightarrow{DF}$，即 $x_1-2=\lambda(x_2-2)$，且 $0<\lambda<1$，

由②得 $\begin{cases}(x_1-2)+(x_2-2)=\dfrac{-4}{2k^2+1},\\ (x_1-2)\cdot(x_2-2)=x_1x_2-2(x_1+x_2)+4=\dfrac{2}{2k^2+1},\end{cases}$

即 $\begin{cases}(1+\lambda)(x_2-2)=\dfrac{-4}{2k^2+1},\\ \lambda(x_2-2)^2=\dfrac{2}{2k^2+1},\end{cases}$

所以 $\frac{\lambda}{(1+\lambda)^2}=\frac{2k^2+1}{8}$，即 $k^2=\frac{4\lambda}{(1+\lambda)^2}-\frac{1}{2}$，

因为 $0<k^2<\frac{1}{2}$ 且 $k^2\neq\frac{1}{4}$，所以 $0<\frac{4\lambda}{(1+\lambda)^2}-\frac{1}{2}<\frac{1}{2}$ 且 $\frac{4\lambda}{(1+\lambda)^2}-\frac{1}{2}\neq\frac{1}{4}$，

解得 $3-2\sqrt{2}<\lambda<3+2\sqrt{2}$ 且 $\lambda\neq\frac{1}{3}$.

因为 $0<\lambda<1$，所以 $3-2\sqrt{2}<\lambda<1$ 且 $\lambda\neq\frac{1}{3}$.

所以 $\triangle ODE$ 与 $\triangle ODF$ 面积之比的取值范围是 $\left(3-2\sqrt{2},\frac{1}{3}\right)\cup\left(\frac{1}{3},1\right)$.

第三节　椭圆

一、定义

第一定义：平面内与两个定点 F_1，F_2 的距离之和等于常数（大于 $|F_1F_2|$）的点的轨迹叫作椭圆. 这两个定点 F_1，F_2 叫作椭圆的焦点，两个焦点的距离 $|F_1F_2|$ 叫作焦距.

第二定义：平面内与一个定点 F 的距离和到一条定直线的距离的比是常数 $e(0<e<1)$ 的点的轨迹叫作椭圆. 这个常数 e 叫作椭圆的离心率，定点 F 叫作椭圆的焦点，定直线叫作椭圆的准线.

二、标准方程

如图 13－3，取过焦点 F_1，F_2 的直线为 x 轴，线段 F_1F_2 的垂直平分线为 y 轴，建立直角坐标系.

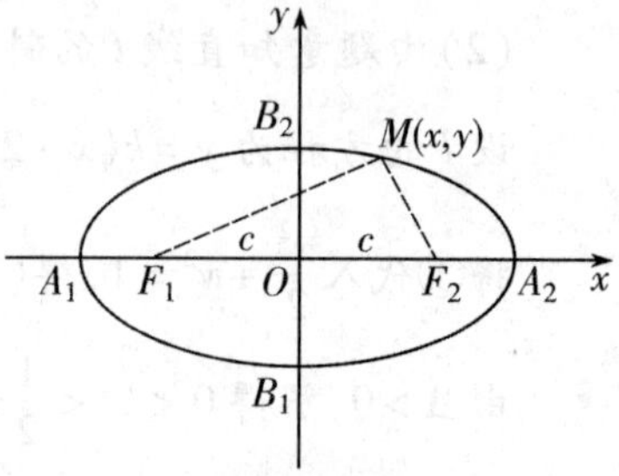

图 13－3

设椭圆上任一点为 $M(x,y)$，焦距为 $2c(c>0)$，故椭圆两焦点的坐标分别为 $F_1(-c,0)$，$F_2(c,0)$. 由定义可知，$|MF_1|$ 与 $|MF_2|$ 的和为常数，设为 $2a(a>c)$，即 $|MF_1|+|MF_2|=2a$.

据此，由两点间的距离公式可得动点 $M(x,y)$ 的坐标满足方程

$$\sqrt{(x+c)^2+y^2}+\sqrt{(x-c)^2+y^2}=2a,$$

化简，并设 $a^2-c^2=b^2(b>0)$，可得椭圆的标准方程

$$\frac{x^2}{a^2}+\frac{y^2}{b^2}=1\quad(a>b>0,\text{焦点在 } x \text{ 轴上}).$$

由 $a^2-c^2=b^2$ 可得相应与焦点在 x 轴上的椭圆方程的右边焦点 $F_2(c,0)$ 的横坐标 $c=\sqrt{a^2-b^2}$.

从上面的推证可知，上述标准方程所表示椭圆的焦点 F_1，F_2 在 x 轴上，其坐标分别为 $(-c,0)$ 与 $(c,0)$. 若取过焦点的直线为 y 轴（如图 13－4），即焦点在 y 轴上时，此时椭圆的方程为

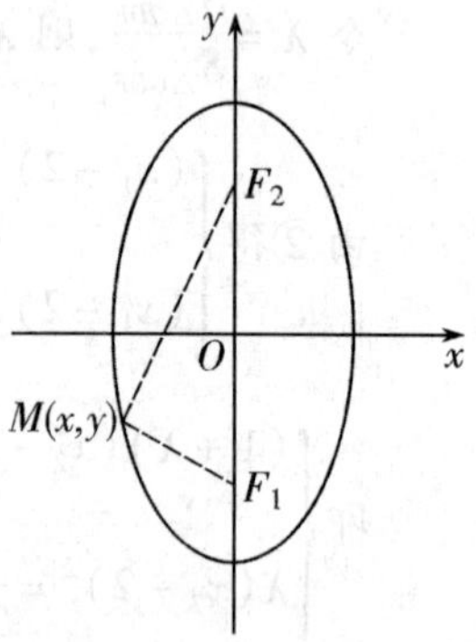

图 13－4

$$\frac{y^2}{a^2}+\frac{x^2}{b^2}=1\quad(a>b>0,\text{焦点在 } y \text{ 轴上}).$$

此时椭圆两焦点的坐标分别为 $F_1(0,-c)$，$F_2(0,c)$. $c=\sqrt{a^2-b^2}$ 表示的是椭圆上焦点 F_2 的纵坐标.

三、椭圆的性质

1. 对称性

由椭圆的标准方程可知，椭圆关于 x 轴、y 轴和坐标原点都是对称的. 坐标轴是对称轴；原点是对称中心，称为椭圆的中心.

2. 顶点

在椭圆的标准方程（以焦点在 x 轴为例）中，分别令 $y=0$ 与 $x=0$，可求得椭圆与 x 轴的

交点 $A_1(-a,0)$，$A_2(a,0)$，与 y 轴的交点 $B_1(0,-b)$，$B_2(0,b)$（如图 13－5）. 这四个交点称为椭圆的顶点，它们位于椭圆的对称轴上. 线段 A_1A_2 叫作椭圆的长轴，B_1B_2 叫作椭圆的短轴. 长轴的长为 $2a$，短轴的长为 $2b$. a 和 b 分别叫作椭圆的长半轴长和短半轴长.

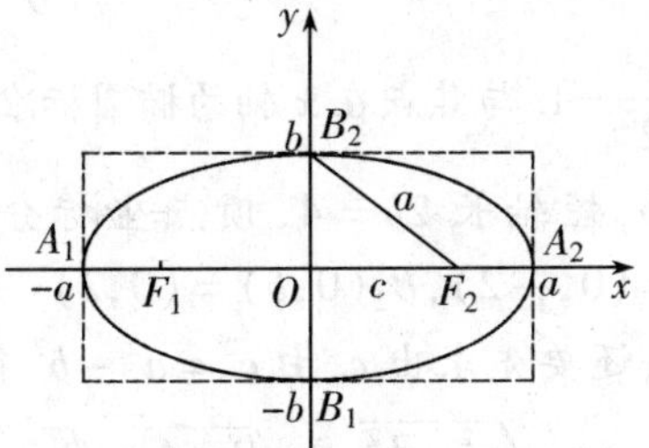

图 13－5

3. 离心率

椭圆焦距与长轴长之比 $e=\frac{c}{a}$ 叫作椭圆的离心率. 因为 $0<c<a$，所以 $0<e<1$.

e 还可用短半轴长、长半轴长之比 $\frac{b}{a}$ 表示：$e=\frac{c}{a}=\frac{\sqrt{a^2-b^2}}{a}=\sqrt{1-\left(\frac{b}{a}\right)^2}$.

说明：离心率越大，椭圆越扁.

4. 准线

根据椭圆的第二定义可知平面内一动点到一个定点的距离和到一条定直线的距离之比 e 叫作椭圆的离心率. 定点 F 叫作椭圆的焦点，定直线叫作椭圆的准线.

对于焦点 $F_1(-c,0)$，$F_2(c,0)$ 在 x 轴上的椭圆方程的准线分别为 $x=-\frac{a^2}{c}$，$x=\frac{a^2}{c}$.

对于焦点 $F_1(0,-c)$，$F_2(0,c)$ 在 y 轴上的椭圆方程的准线分别为 $y=-\frac{a^2}{c}$，$y=\frac{a^2}{c}$.

5. 焦半径

椭圆 $\frac{x^2}{a^2}+\frac{y^2}{b^2}=1(a>b>0)$ 的焦半径公式为：

$$|MF_1|=e\left(x+\frac{a^2}{c}\right),|MF_2|=e\left(\frac{a^2}{c}-x\right).$$

说明：设 M 是椭圆上任意一点，点 M 到 F_1 对应准线的距离为 d_1，点 M 到 F_2 对应准线的距离为 d_2，则 $\frac{|MF_1|}{d_1}=\frac{|MF_2|}{d_2}=e$.

【例 1】椭圆 $4x^2+9y^2=36$ 的长轴长为______，短轴长为______，离心率为______，焦点坐标为______，顶点坐标为______，准线方程为______.

【答案】6；4；$\frac{\sqrt{5}}{3}$；$F_1(-\sqrt{5},0)$，$F_2(\sqrt{5},0)$；$A_1(-3,0)$，$A_2(3,0)$，$B_1(0,-2)$，$B_2(0,2)$；$x=-\frac{9}{5}\sqrt{5}$，$x=\frac{9}{5}\sqrt{5}$

【解析】说明：一般来说，只要求出给定椭圆的四个参数 a,b,c,e，即可求出题目中每个答案. 在已知椭圆方程的情况下，求椭圆四个参数的方法通常是将椭圆方程化成标准方程的形式，即可求出 a,b，然后再由 $c=\sqrt{a^2-b^2}$ 与 $e=\dfrac{c}{a}$ 求出 c,e.

先把已知椭圆方程 $4x^2+9y^2=36$ 的两端同时除以 36，得 $\dfrac{x^2}{9}+\dfrac{y^2}{4}=1$. 再将方程左端分母写成平方形式，即得标准方程为 $\dfrac{x^2}{3^2}+\dfrac{y^2}{2^2}=1$. 与焦点在 x 轴的椭圆标准方程式比较可知 $a=3,b=2$.

所以椭圆的长轴长 $2a=6$，短轴长 $2b=4$，顶点坐标分别为 $A_1(-a,0)=(-3,0)$，$A_2(a,0)=(3,0)$，$B_1(0,-b)=(0,-2)$，$B_2(0,b)=(0,2)$.

为求离心率 e 和焦点坐标，还要先求出 c. 由 $c^2=a^2-b^2$ 得

$$c=\sqrt{a^2-b^2}=\sqrt{9-4}=\sqrt{5},$$

所以焦点坐标为 $F_1(-\sqrt{5},0)$，$F_2(\sqrt{5},0)$，离心率为 $e=\dfrac{c}{a}=\dfrac{\sqrt{5}}{3}$.

相应于焦点 F_1 的准线方程为 $x=-\dfrac{a^2}{c}=-\dfrac{9}{\sqrt{5}}=-\dfrac{9}{5}\sqrt{5}$.

相应于焦点 F_2 的准线方程为 $x=\dfrac{a^2}{c}=\dfrac{9}{5}\sqrt{5}$.

【例 2】长半轴长 $a=2$，离心率 $e=\dfrac{1}{2}$，焦点在 x 轴上的椭圆方程为______.

【答案】$\dfrac{x^2}{4}+\dfrac{y^2}{3}=1$

【解析】由 $e=\dfrac{c}{a}$ 可得 $c=ae=2\times\dfrac{1}{2}=1$，从而

$$b=\sqrt{a^2-c^2}=\sqrt{4-1}=\sqrt{3}.$$

因为焦点在 x 轴上，所以椭圆的标准方程为

$$\frac{x^2}{2^2}+\frac{y^2}{(\sqrt{3})^2}=1，即\frac{x^2}{4}+\frac{y^2}{3}=1.$$

四、椭圆的切线方程

设 $P(x_0,y_0)$ 是椭圆 $\dfrac{x^2}{a^2}+\dfrac{y^2}{b^2}=1(a>b>0)$ 上的任意一点，则过点 P 的切线方程为

$$\frac{x_0x}{a^2}+\frac{y_0y}{b^2}=1.$$

说明：椭圆与直线 $Ax+By+C=0$ 相切的条件是 $A^2a^2+B^2b^2=c^2$（以焦点在 x 轴上的椭圆为例）.

【例 1】已知椭圆的中心在原点，焦点在 x 轴上，直线 $y=x+1$ 与椭圆交于 P,Q 两点，且 $OP\perp OQ$，$|PQ|=\dfrac{\sqrt{10}}{2}$，求椭圆方程.

【解析】设所求椭圆方程为 $\dfrac{x^2}{a^2}+\dfrac{y^2}{b^2}=1$，点 $P(x_1,y_1)$，$Q(x_2,y_2)$.

$\because OP\perp OQ$，

$\therefore x_1x_2+y_1y_2=0$.

$\because |PQ| = \frac{\sqrt{10}}{2}$,

$\therefore \sqrt{(x_2 - x_1)^2 + (y_2 - y_1)^2} = \frac{\sqrt{10}}{2} \Rightarrow \sqrt{2(x_2 - x_1)^2} = \frac{\sqrt{10}}{2}$.

解直线与椭圆联立的方程组得 $x_1 + x_2 = -\frac{2a^2}{a^2 + b^2}, x_1 \cdot x_2 = \frac{a^2 - a^2b^2}{a^2 + b^2}$.

代入上述两式可得 $a^2 = 2, b^2 = \frac{2}{3}$,故所求椭圆方程为 $\frac{x^2}{2} + \frac{y^2}{\frac{2}{3}} = 1$.

【例 2】已知椭圆方程 $\frac{x^2}{2} + y^2 = 1$,过点 $P(1,0)$ 作直线 l,使得 l 与该椭圆交于 A,B 两点,l 与 y 轴交于点 Q. P,Q 在线段 AB 上,且 $|AQ| = |BP|$,求直线 l 的方程.

【解析】由已知得直线 l 过点 $P(1,0)$,由点斜式设直线 l 的方程为

$$y = k(x - 1). \quad ①$$

将①代入椭圆方程 $\frac{x^2}{2} + y^2 = 1$ 中,消去 y 整理得关于 x 的一元二次方程

$$(1 + 2k^2)x^2 - 4k^2x + 2(k^2 - 1) = 0. \quad ②$$

设 $A(x_1, y_1), B(x_2, y_2)$. 因 A,B 是 l 与椭圆的交点,故其坐标满足方程②. 由韦达定理知

$$x_1 + x_2 = \frac{4k^2}{1 + 2k^2}. \quad ③$$

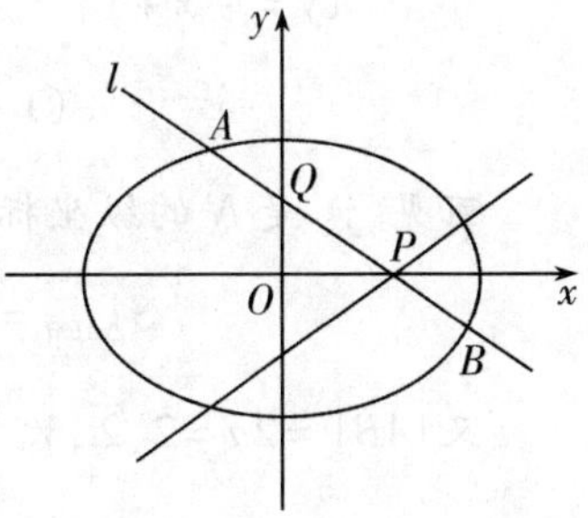

图 13－6

因为 P,Q 在线段 AB 上,且 $|AQ| = |BP|$,所以 AB 的中点即为 PQ 的中点,如图 13－6.

于是由③可得 AB 中点的横坐标为

$$x = \frac{x_1 + x_2}{2} = \frac{2k^2}{1 + 2k^2}. \quad ④$$

由 $P(1,0)$ 及 $Q(0, -k)$ 得 PQ 中点的横坐标

$$\bar{x} = \frac{1 + 0}{2} = \frac{1}{2}.$$

因此 $x = \bar{x} = \frac{1}{2}$,代入④得

$$\frac{2k^2}{1 + 2k^2} = \frac{1}{2}, \text{即 } k^2 = \frac{1}{2},$$

解得 $k = \pm\frac{\sqrt{2}}{2}$. 代入①可得直线 l 的方程为

$$y = \frac{\sqrt{2}}{2}x - \frac{\sqrt{2}}{2} \text{ 或 } y = -\frac{\sqrt{2}}{2}x + \frac{\sqrt{2}}{2}.$$

说明:在解决直线与圆锥曲线相交的问题中,要求掌握:

(1)联立直线方程与圆锥曲线方程,消去其中一个变量,化为关于另一个变量的一元二次方程.

(2)利用韦达定理把这个一元二次方程的两根之和与两交点的中点横坐标(或纵坐标)联系起来.

【例3】设椭圆$\frac{x^2}{2}+y^2=1$在y轴正半轴上的顶点为M,右焦点为F,延长线段MF与椭圆交于N.

(1)求直线MF的方程;

(2)若该椭圆长轴的两个端点为A,B,求四边形$AMBN$的面积.

【解析】(1)由已知,椭圆的长半轴$a=\sqrt{2}$,短半轴$b=1$,则椭圆的半焦距$c=\sqrt{(\sqrt{2})^2-1^2}=1$,即$|OF|=1$.

又知$|OM|=1$,则$\angle MFO=45°$,直线MN的倾斜角为$135°$,其斜率$k_{MN}=\tan 135°=-1$.

而点M的坐标为$(0,1)$,即直线MN在y轴上的截距为1,故所求直线方程为$y=-x+1$.

(2)由$\begin{cases}\frac{x^2}{2}+y^2=1,\\ y=-x+1,\end{cases}$得

$$(1-y)^2+2y^2-2=0,解得 y_1=1,y_2=-\frac{1}{3}.$$

可见,y_2是N的纵坐标,而$|y_2|$是$\triangle ABN$一边AB上的高,故

$$S_{\triangle ABM}=\frac{1}{2}\cdot|AB|\cdot|OM|,S_{\triangle ABN}=\frac{1}{2}\cdot|AB|\cdot|y_2|.$$

又$|AB|=2a=2\sqrt{2}$,故所求为

$$S_{\triangle ABM}+S_{\triangle ABN}=\frac{1}{2}\times 2\sqrt{2}\left(1+\frac{1}{3}\right)=\frac{4\sqrt{2}}{3}.$$

【例4】已知直线$2x-y-1=0$与椭圆$2x^2+y^2=2$相交于A,B两点.求:

(1)线段AB的中点坐标;

(2)线段AB的长.

【解析】设$A(x_1,y_1)$,$B(x_2,y_2)$,线段AB的中点为$C(x_0,y_0)$.

(1)由$\begin{cases}2x-y-1=0,\\ 2x^2+y^2=2,\end{cases}$得$2x^2+(2x-1)^2=2$,即

$$6x^2-4x-1=0.$$

所以$x_1+x_2=-\frac{-4}{6}=\frac{2}{3}$,$\frac{x_1+x_2}{2}=\frac{1}{3}$,即$x_0=\frac{1}{3}$.

由于点$C\left(\frac{1}{3},y_0\right)$在直线$2x-y-1=0$上,于是$2\times\frac{1}{3}-y_0-1=0$,$y_0=-\frac{1}{3}$,所以$C$的坐标为$\left(\frac{1}{3},-\frac{1}{3}\right)$.

(2)由(1),知$x_1+x_2=\frac{2}{3}$,$x_1x_2=-\frac{1}{6}$.则

$$(x_1-x_2)^2=(x_1+x_2)^2-4x_1x_2=\frac{4}{9}-4\times\left(-\frac{1}{6}\right)=\frac{10}{9}.$$

又A,B两点在直线$y=2x-1$上,则$y_1=2x_1-1$且$y_2=2x_2-1$,从而

$$y_1-y_2=2(x_1-x_2),(y_1-y_2)^2=4(x_1-x_2)^2,$$

故 $|AB|=\sqrt{(x_1-x_2)^2+(y_1-y_2)^2}=\sqrt{5(x_1-x_2)^2}=\sqrt{5}\times\sqrt{\frac{10}{9}}=\frac{5\sqrt{2}}{3}$,即线段 AB 的长为 $\frac{5\sqrt{2}}{3}$.

第四节 双曲线

一、定义

第一定义:平面内与两个定点 F_1,F_2 的距离的差的绝对值等于常数(小于 $|F_1F_2|$)的点的轨迹叫作双曲线.这两个定点叫作双曲线的焦点,两焦点间的距离 $|F_1F_2|$ 叫作焦距.

第二定义:平面内与一个定点 F 的距离和到一条定直线的距离的比是常数 $e(e>1)$ 的点的轨迹叫作双曲线.这个常数 e 叫作双曲线的离心率,定点 F 叫作双曲线的焦点,定直线叫作双曲线的准线.

二、标准方程

如图 13-7,取过焦点 F_1,F_2 的直线为 x 轴,线段 F_1F_2 的垂直平分线为 y 轴,建立直角坐标系.设双曲线上任一点为 $M(x,y)$,焦距为 $2c(c>0)$.由定义可知,$|MF_1|$ 与 $|MF_2|$ 的差的绝对值为常数,设为 $2a(0<a<c)$,即 $|MF_1|-|MF_2|=2a$.

据此,由两点间的距离公式可得动点 $M(x,y)$ 的坐标满足方程

$$\sqrt{(x+c)^2+y^2}-\sqrt{(x-c)^2+y^2}=\pm2a,$$

化简,并设 $c^2-a^2=b^2(b>0)$,可得双曲线的标准方程为

$$\frac{x^2}{a^2}-\frac{y^2}{b^2}=1.$$

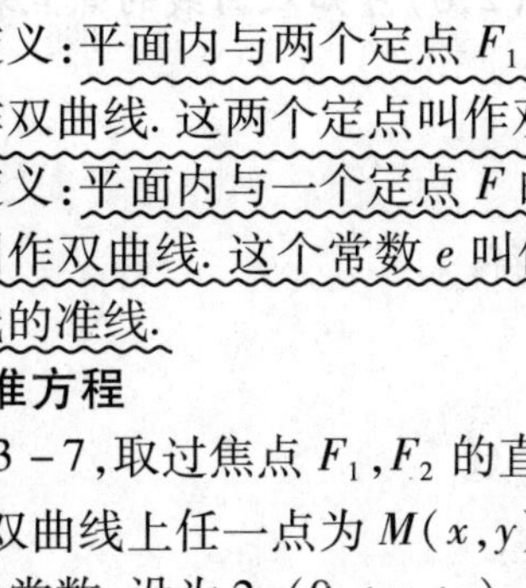

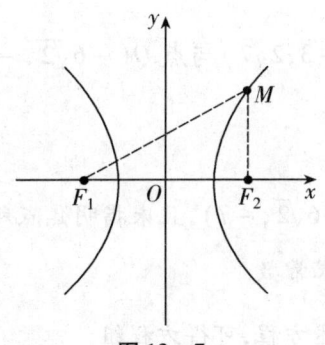

图 13-7

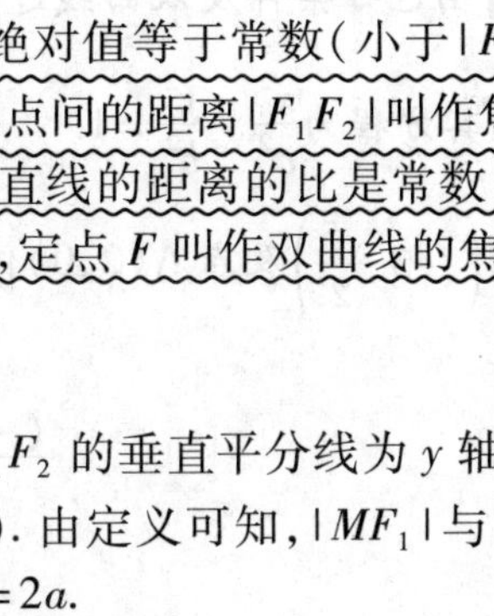

图 13-8

由 $c^2-a^2=b^2$ 可得,相应于焦点在 x 轴上的双曲线方程的右焦点 $F_2(c,0)$ 的横坐标 $c=\sqrt{a^2+b^2}$.

从上述推证可知,此方程表示的双曲线的焦点在 x 轴上,其焦点坐标为 $F_1(-c,0)$,$F_2(c,0)$.

如图 13-8,取过焦点 F_1,F_2 的直线为 y 轴,线段 F_1F_2 的垂直平分线为 x 轴,同理可知,双曲线的标准方程为

$$\frac{y^2}{a^2}-\frac{x^2}{b^2}=1.$$

此时,双曲线的焦点坐标为 $F_1(0,-c)$,F_2,$(0,c)$.相对应与焦点在 y 轴上的双曲线方

程的 $c=\sqrt{a^2+b^2}$ 为上焦点 F_2 的纵坐标.

【例 1】已知中点在原点,对称轴为坐标轴的双曲线过点 $M\left(-3,\dfrac{\sqrt{5}}{2}\right)$ 和 $N(2,0)$,则此双曲线方程为________.

【答案】$\dfrac{x^2}{4}-y^2=1$

【解析】由已知条件及双曲线过点 $M\left(-3,\dfrac{\sqrt{5}}{2}\right)$ 和 $N(2,0)$ 可知双曲线的焦点在 x 轴上,故可设其方程为 $\dfrac{x^2}{a^2}-\dfrac{y^2}{b^2}=1$.

将点 $M\left(-3,\dfrac{\sqrt{5}}{2}\right)$ 及点 $N(2,0)$ 依次代入上述方程,得

$$\frac{(-3)^2}{a^2}-\frac{\left(\frac{\sqrt{5}}{2}\right)^2}{b^2}=1,\quad ①$$

$$\frac{2^2}{a^2}-\frac{0^2}{b^2}=1.\quad ②$$

由②得 $a^2=4$,将其代入①得

$$\frac{9}{4}-\frac{\frac{5}{4}}{b^2}=1,\text{解得 } b^2=1,$$

因此,所求双曲线方程为 $\dfrac{x^2}{4}-y^2=1$.

【例 2】中心在原点,对称轴为坐标轴,经过点 $P(-3,2\sqrt{7})$ 与点 $Q(-6\sqrt{2},-7)$ 的双曲线方程为________.

【答案】$\dfrac{y^2}{25}-\dfrac{x^2}{75}=1$

【解析】已知双曲线经过点 $P(-3,2\sqrt{7})$ 与点 $Q(-6\sqrt{2},-7)$,且未指明焦点所在的坐标轴,可设所求双曲线方程为 $\dfrac{x^2}{m}+\dfrac{y^2}{n}=1$,其中 m,n 为待求常数.

将 $P(-3,2\sqrt{7})$,$Q(-6\sqrt{2},-7)$ 两点坐标代入上述方程,可得方程组

$$\begin{cases}\dfrac{9}{m}+\dfrac{28}{n}=1,\\ \dfrac{72}{m}+\dfrac{49}{n}=1,\end{cases}$$

解得 $m=-75$,$n=25$.

因此,所求双曲线方程为 $\dfrac{y^2}{25}-\dfrac{x^2}{75}=1$.

三、双曲线的性质

1. 对称性

由双曲线的标准方程可知,双曲线关于每个坐标轴和坐标原点都是对称的. 坐标轴是双

曲线的对称轴；原点是对称中心，叫作双曲线的中心.

2. 顶点

在双曲线的标准方程（以焦点在 x 轴为例）中，令 $y=0$，可求得双曲线与 x 轴的两个交点 $A_1(-a,0)$，$A_2(a,0)$，如图 13－9 所示，两交点为双曲线的顶点. 在 y 轴上取两点 $B_1(0,-b)$，$B_2(0,b)$，并把线段 A_1A_2 叫作双曲线的实轴，长为 $2a$；B_1B_2 叫作虚轴，长为 $2b$. a,b 分别称为双曲线的实半轴长与虚半轴长.

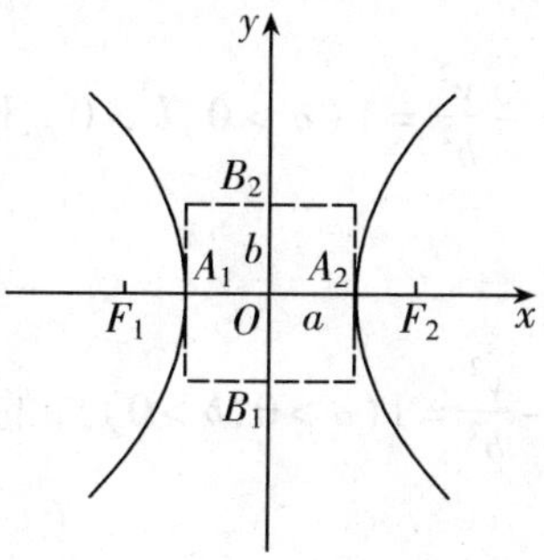

图 13－9

3. 离心率

双曲线的焦距与实轴长之比 $e=\dfrac{c}{a}$ 叫作双曲线的离心率. 根据定义可知 $c>a$，所以 $e>1$.

4. 准线

根据双曲线的第二定义可知，双曲线是平面上一个动点到一个定点的距离与它到一条定直线的距离之比为常数 e（双曲线的离心率）的点的轨迹，其定直线叫作双曲线的准线.

相对于焦点 $F_1(-c,0)$，F_2，$(c,0)$ 在 x 轴上的双曲线的准线方程分别是 $x=-\dfrac{a^2}{c}$ 与 $x=\dfrac{a^2}{c}$.

相对于焦点 $F_1(0,-c)$，F_2，$(0,c)$ 在 y 轴上的双曲线的准线方程分别是 $y=-\dfrac{a^2}{c}$ 与 $y=\dfrac{a^2}{c}$.

5. 渐近线

如图 13－10，焦点在 x 轴上的双曲线的两条渐近线：$y=\dfrac{b}{a}x$ 与 $y=-\dfrac{b}{a}x$.

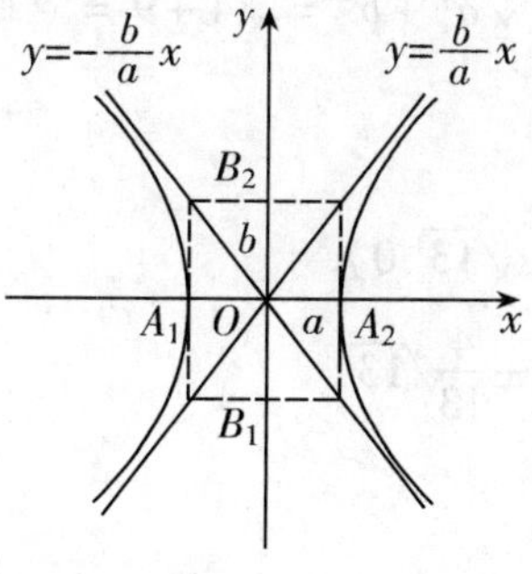

图 13－10

其渐近线方程可以看成方程 $\frac{x^2}{a^2}-\frac{y^2}{b^2}=\left(\frac{x}{a}-\frac{y}{b}\right)\left(\frac{x}{a}+\frac{y}{b}\right)=0$.

相对应地，焦点在 y 轴上的双曲线的渐近线方程为：$y=\frac{a}{b}x$ 与 $y=-\frac{a}{b}x$.

其渐近线方程可以看成方程 $\frac{x^2}{b^2}-\frac{y^2}{a^2}=\left(\frac{x}{a}-\frac{y}{a}\right)\left(\frac{x}{b}-\frac{y}{a}\right)=0$.

6. 双曲线的切线方程

(1)点 $P(x_0,y_0)$ 为双曲线 $\frac{x^2}{a^2}-\frac{y^2}{b^2}=1(a>0,b>0)$ 上的一点，则过点 P 的切线方程是 $\frac{x_0x}{a^2}-\frac{y_0y}{b^2}=1$.

(2)点 $P(x_0,y_0)$ 为双曲线 $\frac{x^2}{a^2}-\frac{y^2}{b^2}=1(a>0,b>0)$ 外的一点，则点 P 所引出的两条切线的切点弦方程为 $\frac{x_0x}{a^2}-\frac{y_0y}{b^2}=1$.

说明：双曲线 $\frac{x^2}{a^2}-\frac{y^2}{b^2}=1(a>0,b>0)$ 与直线 $Ax+By+C=0$ 相切的条件是 $A^2a^2-B^2b^2=c^2$.

7. 焦半径

双曲线 $\frac{x^2}{a^2}-\frac{y^2}{b^2}=1(a>0,b>0)$ 的焦半径公式为 $|PF_1|=\left|e\left(x+\frac{a^2}{c}\right)\right|$，$|PF_2|=\left|e\left(\frac{a^2}{c}-x\right)\right|$.

【例 1】双曲线 $9x^2-4y^2=36$ 的实半轴长为________，虚半轴长为________，焦点坐标为________，离心率为________，准线方程为________，渐近线方程为________.

【答案】2；3；$F_1(-\sqrt{13},0)$，$F_2(\sqrt{13},0)$；$\frac{\sqrt{13}}{2}$；$x=-\frac{4}{13}\sqrt{13}$，$x=\frac{4}{13}\sqrt{13}$；$y=-\frac{3}{2}x$，$y=\frac{3}{2}x$

【解析】在双曲线方程 $9x^2-4y^2=36$ 的两端同除以 36，得其标准方程 $\frac{x^2}{2^2}-\frac{y^2}{3^2}=1$.

由此可知，双曲线的实半轴长 $a=2$，虚半轴长 $b=3$，则

$$c=\sqrt{a^2+b^2}=\sqrt{4+9}=\sqrt{13}.$$

离心率 $e=\frac{c}{a}=\frac{\sqrt{13}}{2}$.

焦点坐标 $F_1(-\sqrt{13},0)$，$F_2(\sqrt{13},0)$.

准线方程 $x=\pm\frac{a^2}{c}=\pm\frac{4}{\sqrt{13}}=\pm\frac{4}{13}\sqrt{13}$.

渐近线方程 $y=\pm\frac{b}{a}x=\pm\frac{3}{2}x$.

【例 2】双曲线的渐近线方程是 $y=\pm\frac{1}{2}x$，焦点在坐标轴上，焦距为 10，则此双曲线的方

程为________.

【答案】$\frac{x^2}{20}-\frac{y^2}{5}=1$ 或 $\frac{y^2}{5}-\frac{x^2}{20}=1$

【解析】当焦点在 x 轴上时，设双曲线方程为 $\frac{x^2}{a^2}-\frac{y^2}{b^2}=1$.

$\because$ 渐进线方程为 $y=\pm\frac{1}{2}x$,

$\therefore \frac{b}{a}=\frac{1}{2}$，即 $a=2b$.

$\because 2c=10, \therefore c=5$.

$\because a^2+b^2=c^2, \therefore b^2+4b^2=25$.

$\therefore b^2=5, a^2=20$.

故双曲线方程为 $\frac{x^2}{20}-\frac{y^2}{5}=1$.

当焦点在 y 轴上时，设双曲线方程为 $\frac{y^2}{a'^2}-\frac{x^2}{b'^2}=1$.

$\because$ 渐近线为 $y=\pm\frac{1}{2}x$,

$\therefore \frac{a'}{b'}=\frac{1}{2}$，即 $b'=2a'$.

$\because a'^2+b'^2=c^2, \therefore a'^2+4a'^2=25$.

$\therefore a'^2=5, b'^2=20$，故双曲线方程为 $\frac{y^2}{5}-\frac{x^2}{20}=1$.

所以满足条件的方程为 $\frac{x^2}{20}-\frac{y^2}{5}=1$ 或 $\frac{y^2}{5}-\frac{x^2}{20}=1$.

四、等轴双曲线

实轴长和虚轴长相等的双曲线叫作等轴双曲线.

当 $a=b$ 时，焦点在两轴上的双曲线方程分别为 $x^2-y^2=a^2$ 与 $y^2-x^2=a^2$，它们都称为等轴双曲线. 这时，它们的渐近线方程为 $y=\pm x$，焦点中的坐标 $c=\sqrt{2}a$. 其渐近线相互垂直，并且平分双曲线实轴与虚轴所成的角.

等轴双曲线的离心率为 $\sqrt{2}$.

五、点与双曲线的关系

点 $P(x_0,y_0)$ 在双曲线 $\frac{x^2}{a^2}-\frac{y^2}{b^2}=1(a>0,b>0)$ 的内部 $\Leftrightarrow \frac{x_0^2}{a^2}-\frac{y_0^2}{b^2}>1$.

点 $P(x_0,y_0)$ 在双曲线 $\frac{x^2}{a^2}-\frac{y^2}{b^2}=1(a>0,b>0)$ 的外部 $\Leftrightarrow \frac{x_0^2}{a^2}-\frac{y_0^2}{b^2}<1$.

点 $P(x_0,y_0)$ 在双曲线 $\frac{x^2}{a^2}-\frac{y^2}{b^2}=1(a>0,b>0)$ 上 $\Leftrightarrow \frac{x_0^2}{a^2}-\frac{y_0^2}{b^2}=1$.

第五节　抛物线

一、定义

平面内与一个定点 F 和一条定直线 l 的距离相等的点的轨迹叫作抛物线. 定点 F 叫作抛物线的焦点，定直线 l 叫作抛物线的准线.

二、标准方程

如图 13－11，取过焦点 F 且垂直于准线 l 的直线为 x 轴，x 轴与直线 l 相交于点 K. 以线段 KF 的垂直平分线为 y 轴，建立坐标系.

设 $|KF|=p(p>0)$，于是焦点 F 的坐标为 $\left(\frac{p}{2},0\right)$，准线 l 的方程为 $x=-\frac{p}{2}$.

由抛物线的定义和两点间的距离公式及点到直线的距离公式，可得抛物线上任一点 $M(x,y)$ 的坐标满足方程

$$\sqrt{\left(x-\frac{p}{2}\right)^2+y^2}=\left|x+\frac{p}{2}\right|,$$

化简可得抛物线的标准方程

$$y^2=2px(p>0).$$

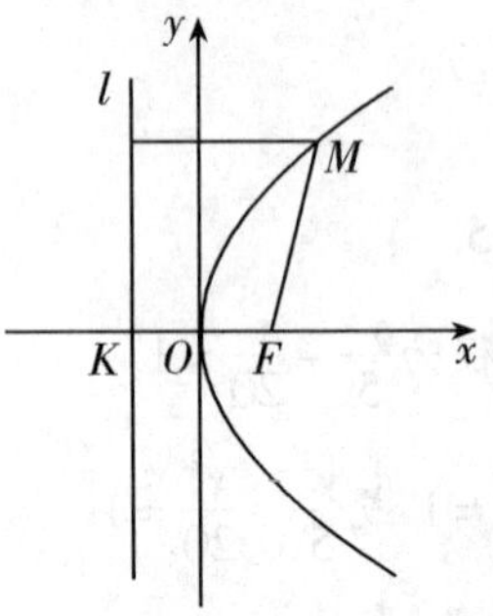

图 13－11

说明：上述方程所表示的是焦点在 x 的正半轴的抛物线，而当抛物线在坐标轴上的位置不同时，其方程也不同，如下表所示.

标准方程	$y^2=2px(p>0)$	$y^2=-2px(p>0)$	$x^2=2py(p>0)$	$x^2=-2py(p>0)$
图形	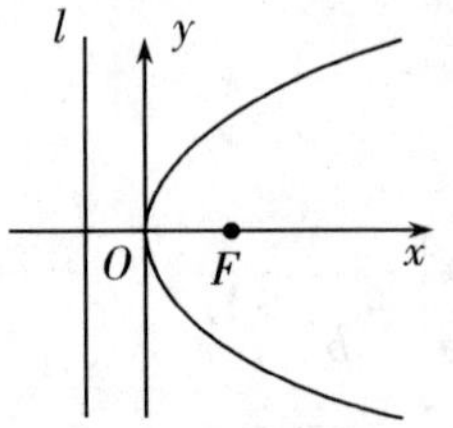	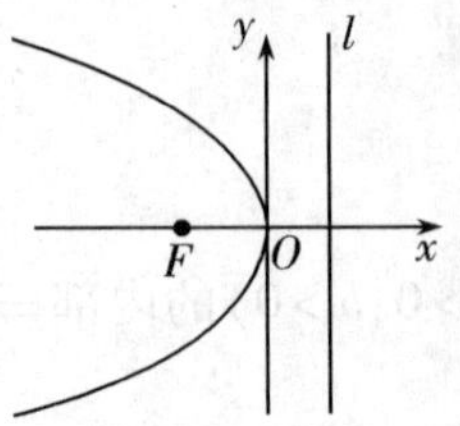	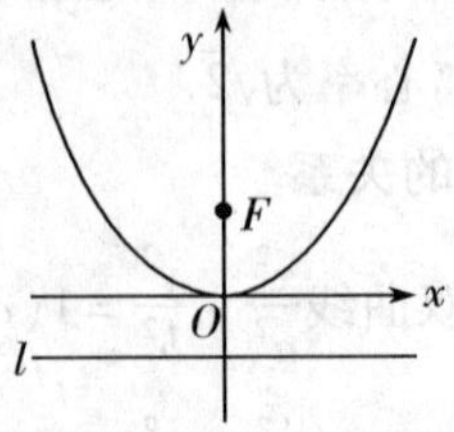	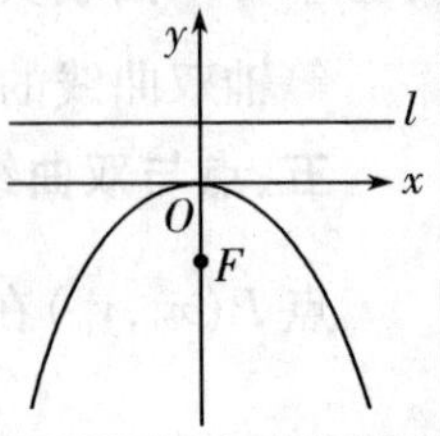
焦点	$F\left(\frac{p}{2},0\right)$	$F\left(-\frac{p}{2},0\right)$	$F\left(0,\frac{p}{2}\right)$	$F\left(0,-\frac{p}{2}\right)$
准线	$x=-\frac{p}{2}$	$x=\frac{p}{2}$	$y=-\frac{p}{2}$	$y=\frac{p}{2}$

【例1】顶点在原点，关于 x 轴对称，顶点与焦点的距离等于3的抛物线方程是(　　).

A. $y^2=\pm 12x$　　　　B. $y^2=12x$

C. $y^2=6x$　　　　D. $y^2=\pm 6x$

【答案】A

【解析】由题意可知抛物线关于 x 轴对称，故可设抛物线的方程为 $y^2=\pm 2px$.

又因为抛物线顶点与焦点的距离等于3，且顶点在原点，所以 $\frac{p}{2}=3$，即 $p=6$.

因此，所求抛物线的方程为 $y^2=\pm 12x$.

【例2】求以原点为顶点，坐标轴为对称轴，并且经过点 $P(-2,-4)$ 的抛物线方程.

【解析】分析：因为题设只告知抛物线经过第三象限内的一个点 $P(-2,-4)$，没有具体指明抛物线的对称轴是 x 轴或 y 轴，所以应考虑抛物线的开口向左或向下两种情况. 因此，本题有两解.

(1)如果抛物线开口向左，则可设其标准方程是 $y^2=-2px$.

由题意可知，抛物线经过点 $P(-2,-4)$，

所以 $16=-2p(-2)$.

解得 $p=4$，即 $\frac{p}{2}=2$.

故抛物线方程是 $y^2=-8x$(如图13-12中的Ⅰ).

(2)如果抛物线开口向下，则可设其标准方程是 $x^2=-2py$.

由题意可知，抛物线经过点 $P(-2,-4)$，

所以 $4=-2p(-4)$.

解得 $p=\frac{1}{2}$，即 $\frac{p}{2}=\frac{1}{4}$.

抛物线方程是 $x^2=-y$(如图13-12中的Ⅱ).

综上所述，符合要求的抛物线方程为 $y^2=-8x$ 或 $x^2=-y$.

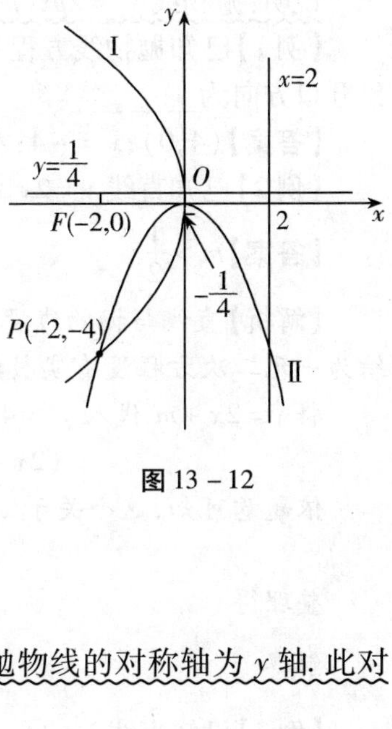

图13-12

三、抛物线的性质

1. 对称性

焦点在 x 轴上的抛物线的对称轴为 x 轴，焦点在 y 轴上的抛物线的对称轴为 y 轴. 此对称轴称为抛物线的轴.

2. 顶点

抛物线与轴的交点称为抛物线的顶点. 在抛物线方程 $y^2=2px(p>0)$ 中，令 $y=0$，得 $x=0$，即抛物线与 x 轴相交于点(0,0). 所以抛物线的顶点是坐标原点.

3. 离心率

抛物线上的点 M 与焦点和准线的距离的比叫作抛物线的离心率. 由抛物线定义知，离心率 $e=1$.

4. 焦半径

若点 $P(x_0,y_0)$ 在抛物线 $y^2=2px(p>0)$ 上，焦点为 F，则 $|PF|=x_0+\frac{p}{2}$；

若点 $P(x_0,y_0)$ 在抛物线 $y^2=-2px(p>0)$ 上，焦点为 F，则 $|PF|=-x_0+\frac{p}{2}$；

若点 $P(x_0,y_0)$ 在抛物线 $x^2=2py(p>0)$ 上，焦点为 F，则 $|PF|=y_0+\frac{p}{2}$；

若点 $P(x_0,y_0)$ 在抛物线 $x^2=-2py(p>0)$ 上，焦点为 F，则 $|PF|=-y_0+\frac{p}{2}$.

5. 焦点弦

过焦点的弦即为焦点弦.

设 AB 为过抛物线 $y^2=2px(p>0)$ 焦点的弦，且点 $A(x_1,y_1)$，$B(x_2,y_2)$，则弦长

$$|AB|=x_1+\frac{p}{2}+x_2+\frac{p}{2}=x_1+x_2+p.$$

6. 切线方程

(1)点 $P(x_0,y_0)$ 为抛物线 $y^2=2px$ 上的一点，则过点 P 的切线方程是 $y_0y=p(x+x_0)$.

(2)点 $P(x_0,y_0)$ 为过抛物线 $y^2=2px$ 外的一点，则过点 P 所引出的两条切线的切点弦方程是 $y_0y=p(x+x_0)$.

说明：抛物线 $y^2=2px(p>0)$ 与直线 $Ax+By+C=0$ 相切的条件是 $pB^2=2AC$.

【例 1】已知抛物线方程 $y^2=16x$，则它的焦点坐标为________，准线方程为________，图象开口方向为________.

【答案】$(4,0)$；$x=-4$；右

【例 2】已知直线 $y=2x+m$ 与抛物线 $y^2=4x$ 没有公共点，则 m 的取值范围是________.

【答案】$m>\frac{1}{2}$

【解析】直线与抛物线没有公共点，相当于直线与抛物线组成的方程组无解，即可将其归结为一元二次方程没有实数解的问题.

将 $y=2x+m$ 代入 $y^2=4x$ 中，得

$$(2x+m)^2=4x，即\ 4x^2+4(m-1)x+m^2=0.$$

依题意可知，这个关于 x 的一元二次方程没有实数解，则其判别式

$$\Delta=[4(m-1)]^2-4\times4\times m^2<0,$$

整理得

$$-2m+1<0,$$

解得

$$m>\frac{1}{2}.$$

【例 3】已知直线 $y=k(x+2)(k>0)$ 与抛物线 $C:y^2=8x$ 相交于 A,B 两点，F 为抛物线 C 的焦点. 若 $|FA|=2|FB|$，则 $k=($ $)$.

A. $\frac{1}{3}$　　B. $\frac{\sqrt{2}}{3}$　　C. $\frac{2}{3}$　　D. $\frac{2\sqrt{2}}{3}$

【答案】D

【解析】设抛物线为 $C:y^2=8x$ 的准线为 $l:x=-2$，直线 $y=k(x+2)(k>0)$ 恒过定点 $P(-2,0)$.

如图 13－13，过点 A,B 分别作 $AM\perp l$ 于 M，$BN\perp l$ 于 N.

由于 $|FA|=2|FB|$，则 $|AM|=2|BN|$，即点 B 为 AP 的中点.

连接 OB，则 $|OB|=\frac{1}{2}|AF|$.

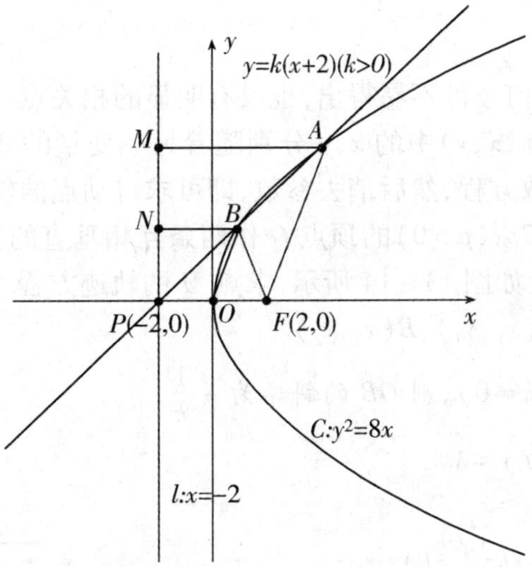

图 13－13

所以$|OB|=|BF|$，点 B 的横坐标为 1.

所以点 B 的坐标为$(1,2\sqrt{2})$.

所以$k=\frac{2\sqrt{2}-0}{1-(-2)}=\frac{2\sqrt{2}}{3}$.

四、圆锥曲线的统一定义

若平面内一动点到一个定点和一条定直线的距离之比等于一个常数$e(e>0)$，则动点的轨迹为圆锥曲线. 其中定点叫作焦点，定直线为准线，e 为离心率.

当$0<e<1$时，动点轨迹为椭圆；

当$e=1$时，动点轨迹为抛物线；

当$e>1$时，动点的轨迹为双曲线.

五、轨迹方程的求法

1. 直接法

如果动点满足几何条件本身的一些几何量的等量关系，或这些几何条件简单明了易于表达，那么只需将这些已知条件列成包含 x,y 的等式即可得到曲线的轨迹方程.

2. 定义法

如果动点的轨迹符合某一基本轨迹的定义，那么根据定义直接求出动点的轨迹方程.

3. 几何法

若所求轨迹满足几何性质，可以用几何法列出几何式，再将已知量代入式子求解.

4. 代入法

在一些问题中，其动点满足的条件不便用等式列出，但动点随着另一相关点而运动，而相关点所满足的条件是可分析的，那么就可用动点坐标表示相关点坐标，根据相关点所满足的方程求解动点的轨迹方程.

当动点 M 随着已知方程的曲线上的另一动点 $N(x_0,y_0)$ 运动时，找出点 M 与点 N 之间的坐标关系式，用(x,y)来表示(x_0,y_0)，再将 x_0,y_0 代入已知的曲线方程中，即可求出动点 M

的轨迹方程.

5. 参数法

当有关动点满足的几何条件不易得出，也没有明显的相关点，但是能够分析出动点受另一个变量制约，即动点坐标(x,y)中的x,y分别随着另一变量的变化而变化，称这个变量为参数. 建立动点轨迹的参数方程，然后消去参数，即可求得动点的轨迹方程.

【例 1】过抛物线$y^2=2px(p>0)$的顶点O作两条互相垂直的弦OA,OB，再以OA,OB为邻边作平行四边形$AOBM$，如图 13－14 所示，求点M的轨迹方程.

【解析】设$M(x,y),A(x_1,y_1),B(x_2,y_2)$.

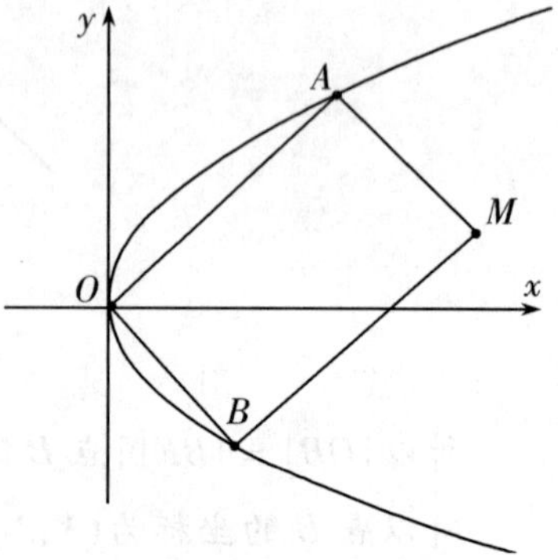

图 13－14

OA的斜率为k(显然$k\neq0$)，则OB的斜率为$-\dfrac{1}{k}$.

OA所在直线的方程为$y=kx$.

代入$y^2=2px$，

得$x_1=\dfrac{2p}{k^2},y_1=\dfrac{2p}{k}$，即$A\left(\dfrac{2p}{k^2},\dfrac{2p}{k}\right)$.

OB所在直线方程为$y=-\dfrac{1}{k}x$.

代入$y^2=2px$，得$x_2=2pk^2,y_2=-2pk$，

即$B(2pk^2,-2pk)$.

所以$\overrightarrow{OB}=(2pk^2,-2pk),\overrightarrow{OA}=\left(\dfrac{2p}{k^2},\dfrac{2p}{k}\right)$，

$\overrightarrow{OM}=\overrightarrow{OA}+\overrightarrow{OB}=\left(\dfrac{2p}{k^2}+2pk^2,\dfrac{2p}{k}-2pk\right)$.

所以有$x=2p\left(\dfrac{1}{k}-k\right)^2+4p,y=2p\left(\dfrac{1}{k}-k\right)$，

消去$\left(\dfrac{1}{k}-k\right)$得$y^2=2p(x-4p)(p>0)$.

说明：在使用参数法求解时，要选择合理的参数，要注意参数的取值范围.

【例 2】方程$x^2-4x+3=0$的两根可分别作为(　　).

A. 一抛物线和一椭圆的离心率　　B. 两抛物线的离心率

C. 一抛物线和一双曲线的离心率　　D. 两椭圆的离心率

【答案】C

【解析】抛物线、椭圆、双曲线的离心率分别为$e=1,e<1,e>1$. $\because x^2-4x+3=0$的两根为 1 和 3. 故选 C.

【例 3】若抛物线的顶点是双曲线$\dfrac{x^2}{9}-\dfrac{y^2}{16}=1$的中心，而焦点是双曲线的左焦点，则抛物线的方程是(　　).

A. $y^2=16x$　　B. $y^2=-16x$　　C. $y^2=20x$　　D. $y^2=-20x$

【答案】D

【解析】$\dfrac{x^2}{9}-\dfrac{y^2}{16}=1\Rightarrow$双曲线的左焦点$F_1(-5,0)$，则设抛物线方程为$y^2=-2px,-\dfrac{p}{2}=-5$，

$p=10\Rightarrow y^2=-20x$. 故选 D.

【例 4】抛物线 $y=2x^2$ 的焦点坐标与准线方程分别为________.

【答案】$\left(0,\frac{1}{8}\right)$和 $y=-\frac{1}{8}$

【解析】原方程可化为 $x^2=\frac{1}{2}y$, 由此知 $p=\frac{1}{4}$. 于是焦点坐标为 $\left(0,\frac{1}{8}\right)$, 准线方程为 $y=-\frac{1}{8}$.

【例 5】顶点在原点、准线为 $x=4$ 的抛物线的标准方程为________.

【答案】$y^2=-16x$.

【解析】因为 $\frac{p}{2}=4$, 所以 $p=8$. 于是抛物线的标准方程为 $y^2=-16x$.

【例 6】直线 $y=x+m$ 交抛物线 $y^2=2x$ 于 A,B 两点, 若 AB 中点的横坐标是 2, 则 $m=$________.

【答案】-1

【解析】由

$$\begin{cases}y=x+m,\\ y^2=2x,\end{cases} 得\ x^2+2(m-1)x+m^2=0.$$

记 x_1,x_2 为此方程的两根, 则 $x_1+x_2=-2(m-1)$.

由题意知, x_1,x_2 分别为 A,B 两点的横坐标, 于是

$$-2(m-1)=4, m=-1.$$

【例 7】圆心在抛物线 $y^2=2x$ 上, 且与 x 轴及该抛物线的准线都相切的圆的方程为________.

【答案】$\left(x-\frac{1}{2}\right)^2+(y-1)^2=1$ 与 $\left(x-\frac{1}{2}\right)^2+(y+1)^2=1$

【解析】由已知, 圆心到准线与到 x 轴的距离相等. 由抛物线的定义知, 该圆与 x 轴相切的切点是抛物线 $y^2=2x$ 的焦点 $\left(\frac{1}{2},0\right)$.

可设圆心的坐标为 $\left(\frac{1}{2},y_0\right)$, 则 $y_0^2=2\cdot\frac{1}{2}=1$, $y_0=\pm1$. 由此可知两圆半径均为 1, 故 $\left(x-\frac{1}{2}\right)^2+(y-1)^2=1$ 与 $\left(x-\frac{1}{2}\right)^2+(y+1)^2=1$ 为所求圆的方程.

★第六节　参数方程

一、参数方程

在取定的坐标系中, 如果曲线上任意一点的坐标 x,y 都是某个变数 t 的函数

$$\begin{cases}x=f(t),\\ y=\varphi(t),\end{cases}$$

并且对于 t 的每一个允许值, 由方程组所确定的点 $M(x,y)$ 都在这条曲线上, 那么方程

组就叫作这条曲线的参数方程，联系 x,y 之间关系的变数 t 叫作参变数，简称参数.

相对于参数方程来说，前面学过的直接给出曲线上点的坐标关系的方程，叫作曲线的普通方程.

二、几种常见曲线的参数方程

1. 经过点 $P_0(x_0,y_0)$，倾斜角为 α 的直线的参数方程是

$$\begin{cases}x=x_0+t\cos\alpha,\\ y=y_0+t\sin\alpha,\end{cases}(t\text{ 是参数}).$$

注：$|t|$ 表示直线上动点 $P(x,y)$ 与点 $P_0(x_0,y_0)$ 之间的距离，如图 13－15 所示.

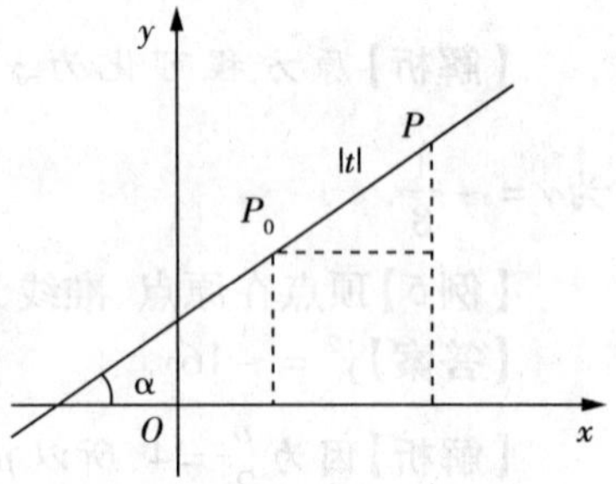

图 13－15

经过两点 $P_1(x_1,y_1)$，$P_2(x_2,y_2)$ 的直线的参数方程是

$$\begin{cases}x=x_1+(x_2-x_1)t,\\ y=y_1+(y_2-y_1)t,\end{cases}(t\text{ 是参数}).$$

2. 圆心在原点，半径为 r 的圆的参数方程是

$$\begin{cases}x=r\cos\varphi,\\ y=r\sin\varphi,\end{cases}(\varphi\text{ 是参数}).$$

圆心在 (a,b)，半径为 r 的圆（如图 13－16 所示）的参数方程是

$$\begin{cases}x=a+r\cos\varphi,\\ y=b+r\sin\varphi,\end{cases}(\varphi\text{ 是参数}).$$

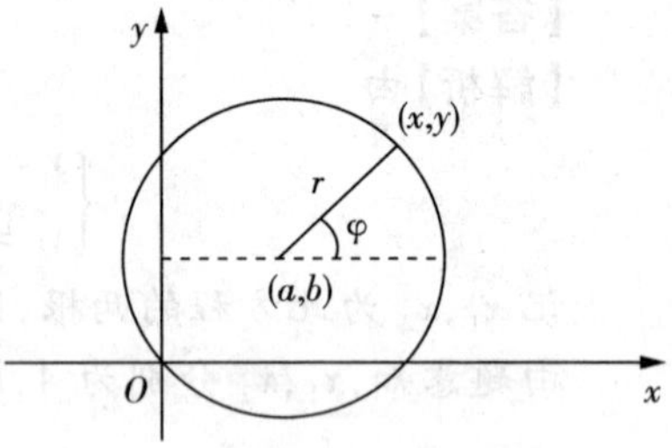

图 13－16

3. 中心在原点，坐标轴为对称轴的椭圆的参数方程有以下两种情形：

(1) 椭圆 $\frac{x^2}{a^2}+\frac{y^2}{b^2}=1(a>b>0)$ 的参数方程是

$$\begin{cases}x=a\cos\varphi,\\ y=b\sin\varphi,\end{cases}(\varphi\text{ 是参数}).$$

(2) 椭圆 $\frac{x^2}{b^2}+\frac{y^2}{a^2}=1(a>b>0)$ 的参数方程是

$$\begin{cases}x=b\cos\varphi,\\ y=a\sin\varphi,\end{cases}(\varphi\text{ 是参数}).$$

4. 中心在原点，坐标轴为对称轴的双曲线的参数方程有以下两种情形：

(1) 双曲线 $\frac{x^2}{a^2}-\frac{y^2}{b^2}=1(a>0,b>0)$ 的参数方程是

$$\begin{cases}x=a\sec\varphi,\\ y=b\tan\varphi,\end{cases}(\varphi\text{ 是参数}).$$

(2) 双曲线 $\frac{y^2}{a^2}-\frac{x^2}{b^2}=1(a>0,b>0)$ 的参数方程是

$$\begin{cases}x=b\cot\varphi,\\ y=a\csc\varphi,\end{cases}(\varphi\text{ 是参数}).$$

5. 抛物线 $y^2=2px(p>0)$ 的参数方程是

$$\begin{cases}x=2pt^2,\\ y=2pt,\end{cases}(t\text{ 是参数}).$$

三、普通方程与参数方程的互化

1. 化参数方程为普通方程即消去参数方程中的参数

常用消参方法有：

(1)代入消参法.

(2)加减消参法.

(3)乘除消参法.

(4)三角恒等式消参法.

2. 化普通方程为参数方程

适当选取参数 t，确定 $x=f(t)$，再代入普通方程，求得 $y=\varphi(t)$ 即可化成参数方程：

$$\begin{cases}x=f(t),\\ y=\varphi(t),\end{cases}(t\text{ 是参数}).$$

【例 1】设直线的参数方程为 $\begin{cases}x=3+2t,\\ y=4+t,\end{cases}$ (t 为参数)，则此直线在 y 轴上的截距是(　　).

A. 5　　B. -5　　C. $\dfrac{5}{2}$　　D. $-\dfrac{5}{2}$

【答案】C

【解析】由 $y=4+t$ 得 $t=y-4$，将它代入 $x=3+2t$ 中，整理得 $y=\dfrac{1}{2}x+\dfrac{5}{2}$.

即 $\dfrac{5}{2}$ 为所求截距，故选 C.

【例 2】设直线的参数方程为 $\begin{cases}x=\sqrt{2}-\sqrt{2}t,\\ y=-\sqrt{2}+\sqrt{2}t,\end{cases}$ (t 为参数)，则此直线的倾斜角为(　　).

A. $-\dfrac{\pi}{4}$　　B. $\dfrac{\pi}{4}$　　C. $\dfrac{3\pi}{4}$　　D. $\dfrac{5\pi}{4}$

【答案】C

【解析】由已知，得 $\begin{cases}x-\sqrt{2}=-\sqrt{2}t,①\\ y+\sqrt{2}=\sqrt{2}t.②\end{cases}$

②÷①，得 $\dfrac{y+\sqrt{2}}{x-\sqrt{2}}=-1$，即 $\tan\alpha=-1$，又知 $0\leqslant\alpha<\pi$，则 $\alpha=\dfrac{3}{4}\pi$. 故选 C.

【例 3】已知曲线的方程是 $\begin{cases}x=x_0+t\cos\alpha,\\ y=y_0+t\sin\alpha,\end{cases}$ $(x_0,y_0\in\mathbf{R})$.

由于选取的参数不同，所表示的曲线也不同.

①若 t 为参数，α 为常量，则方程表示的曲线是________.

②若 α 为参数，t 为常量，则方程表示的曲线是________.

【答案】直线；圆

【解析】此题是参数方程最易混淆的问题，两个量 t,α 分别为参数时表示的曲线分别为直线和圆.

【例 4】参数方程 $\begin{cases}x=3t-1,\\ y=1+2t\end{cases}$ 表示________曲线.

【答案】直线

【解析】用消参法，消去 t，得 $y=\dfrac{2}{3}x+\dfrac{5}{3}\Rightarrow 2x-3y+5=0$ 是一次方程. 故参数方程表示的是直线.

【例 5】把下列参数方程化为普通方程：

(1) $\begin{cases}x=\dfrac{x_1+\lambda x_2}{1+\lambda},\\ y=\dfrac{y_1+\lambda y_2}{1+\lambda},\end{cases}$ （λ 是参数）；　(2) $\begin{cases}x=\dfrac{a(1-t^2)}{1+t^2},\\ y=\dfrac{2bt}{1+t^2},\end{cases}$ （t 是参数）.

【解析】(1) 由 $x=\dfrac{x_1+\lambda x_2}{1+\lambda}$ 得

$$x(1+\lambda)=x_1+\lambda x_2, x+\lambda x=x_1+\lambda x_2, \lambda(x-x_2)=x_1-x, \lambda=\frac{x_1-x}{x-x_2}.$$

由 $y=\dfrac{y_1+\lambda y_2}{1+\lambda}$，同样可得 $\lambda=\dfrac{y_1-y}{y-y_2}$，

所以 $\dfrac{x_1-x}{x-x_2}=\dfrac{y_1-y}{y-y_2}$ $(x\neq x_2, y\neq y_2)$ 为所求方程.

(2) 解法一：由 $x=\dfrac{a(1-t^2)}{1+t^2}$ 得 $\dfrac{x}{a}=\dfrac{1-t^2}{1+t^2}$.

两边平方，

$$\frac{x^2}{a^2}=\frac{1-2t^2+t^4}{(1+t^2)^2}. ①$$

由 $y=\dfrac{2bt}{1+t^2}$ 得 $\dfrac{y}{b}=\dfrac{2t}{1+t^2}$.

两边平方，

$$\frac{y^2}{b^2}=\frac{4t^2}{(1+t^2)^2}. ②$$

①+②得 $\dfrac{x^2}{a^2}+\dfrac{y^2}{b^2}=\dfrac{1+2t^2+t^4}{(1+t^2)^2}$，即 $\dfrac{x^2}{a^2}+\dfrac{y^2}{b^2}=\dfrac{(1+t^2)^2}{(1+t^2)^2}$，

所以 $\dfrac{x^2}{a^2}+\dfrac{y^2}{b^2}=1$ 为所求方程.

解法二：原方程组可化为

$$\begin{cases}\dfrac{x}{a}=\dfrac{1-t^2}{1+t^2},\\ \dfrac{y}{b}=\dfrac{2t}{1+t^2}.\end{cases}$$

设 $t=\tan\frac{\theta}{2}$，由此得

$$\begin{cases}\frac{x}{a}=\frac{1-\tan^2\frac{\theta}{2}}{1+\tan^2\frac{\theta}{2}},\\ \frac{y}{b}=\frac{2\tan\frac{\theta}{2}}{1+\tan^2\frac{\theta}{2}},\end{cases}(\theta\text{为参数}).$$

从而
$$\frac{x}{a}=\cos\theta.$$
$$\frac{x^2}{a^2}=\cos^2\theta.\text{①}$$
$$\frac{y}{b}=\sin\theta,$$
$$\frac{y^2}{b^2}=\sin^2\theta.\text{②}$$

①+②得　$\frac{x^2}{a^2}+\frac{y^2}{b^2}=1$ 为所求方程.

【例 6】证明不论 m 取何值，圆 $x^2+y^2-2(m+5)x-2(m+5)^2y+(m+5)^2+(m+5)^4=9$ 的圆心都在一条抛物线上.

【解析】原方程可化为 $[x-(m+5)]^2+[y-(m+5)^2]^2=9$.

设圆心的坐标为 (X,Y)，则

$$\begin{cases}X=m+5,\text{①}\\ Y=(m+5)^2,\text{②}\end{cases}$$

其中 m 是参数.

由 $X=m+5$ 得　　$X^2=(m+5)^2$. ③

将③代入②得　　$Y=X^2$. ④

由此表明圆心坐标 (X,Y) 满足与 m 无关的抛物线方程④，即不论 m 取何值，圆心都在抛物线上.

【例 7】过点 $M(1,5)$，倾斜角是 $\frac{\pi}{3}$ 的直线与圆 $x^2+y^2=16$ 相交于 A,B 两点. (1)求 A,B 两点的距离；(2)求 A,B 两点到 M 的距离的和与积.

【解析】此题用普通方程求解较繁琐，用参数方程较简便.

过点 $M(1,5)$，倾斜角是 $\frac{\pi}{3}$ 的直线的参数方程是

$$\begin{cases}x=1+t\cos\frac{\pi}{3}\\ y=5+t\sin\frac{\pi}{3}\end{cases}\Rightarrow\begin{cases}x=1+\frac{1}{2}t\\ y=5+\frac{\sqrt{3}}{2}t\end{cases}(t\text{是参数}).$$

代入圆的方程，化简得 $t^2+(1+5\sqrt{3})t+10=0$，

$\Delta=(1+5\sqrt{3})^2-4\times10=36+10\sqrt{3}>0$，所以方程有两个实数根.

设 A,B 两点坐标分别为 $(x_1,y_1),(x_2,y_2)$，其中 $\begin{cases}x_1=1+\dfrac{1}{2}t_1,\\ y_1=5+\dfrac{\sqrt{3}}{2}t_1,\end{cases}$ $\begin{cases}x_2=1+\dfrac{1}{2}t_2,\\ y_2=5+\dfrac{\sqrt{3}}{2}t_2.\end{cases}$

则 $|AB|=|t_1-t_2|$.

$\because (t_1-t_2)^2=(t_1+t_2)^2-4t_1t_2$，

$\therefore |AB|^2=[-(1+5\sqrt{3})]^2-4\times10=36+10\sqrt{3}$.

[注：此时不必解出 t_1,t_2，(用韦达定理)可直接求出 $|AB|$]

$\therefore |AB|=\sqrt{36+10\sqrt{3}}$.

又 t_1,t_2 分别表示 $|MA|,|MB|$，

$\therefore t_1+t_2=-(1+5\sqrt{3})$，

$|t_1|\cdot|t_2|=10$.

跟踪训练

一、选择题

1. 设圆 $x^2+y^2+4x-8y+4=0$ 的圆心与坐标原点间的距离为 d，则(　　).

A. $4<d<5$　　B. $5<d<6$

C. $2<d<3$　　D. $3<d<4$

2. 过原点的直线与圆 $x^2+y^2+4x+3=0$ 相切，若切点在第三象限，则该直线的方程是(　　).

A. $y=\sqrt{3}x$　　B. $y=-\sqrt{3}x$

C. $y=\dfrac{\sqrt{3}}{3}x$　　D. $y=-\dfrac{\sqrt{3}}{3}x$

3. 点 P 为椭圆 $25x^2+9y^2=225$ 上一点，F_1,F_2 是该椭圆的焦点，则 $|PF_1|+|PF_2|$ 的值为(　　).

A. 6　　B. 5　　C. 10　　D. 3

4. 焦点为 $(-5,0),(5,0)$ 且过点 $(3,0)$ 的双曲线的标准方程为(　　).

A. $\dfrac{y^2}{16}-\dfrac{x^2}{9}=1$　　B. $\dfrac{x^2}{9}-\dfrac{y^2}{4}=1$

C. $\dfrac{x^2}{9}-\dfrac{y^2}{16}=1$　　D. $\dfrac{y^2}{9}-\dfrac{x^2}{4}=1$

5. 如果双曲线 $\dfrac{x^2}{64}-\dfrac{y^2}{36}=1$ 上的一点 P 到它的右焦点的距离为 18，则点 P 到它的左准线的距离是(　　).

A. 10　　B. $\dfrac{8}{5}$ 或 $\dfrac{136}{5}$　　C. $2\sqrt{7}$　　D. $\dfrac{32}{5}$ 或 $\dfrac{8}{5}$

6. 抛物线的顶点在原点，且以双曲线 $x^2-y^2=2$ 的顶点为焦点，则抛物线的方程为(　　).

A. $y^2=\pm 8x$　　B. $y^2=\pm 8x$ 或 $x^2=\pm 8y$

C. $y^2=\pm 4\sqrt{2}x$　　D. $y^2=\pm 4\sqrt{2}x$ 或 $x^2=\pm 4\sqrt{2}y$

7. 设双曲线$\frac{x^2}{a^2}-\frac{y^2}{b^2}=1(a>0,b>0)$的渐近线与抛物线 $y=x^2+1$ 相切，则该双曲线的离心率等于(　　).

A. $\sqrt{3}$　　B. 2

C. $\sqrt{5}$　　D. $\sqrt{6}$

8. 过抛物线 $y=ax^2(a>0)$的焦点 F 作一直线交抛物线于 P,Q 两点，若线段 PF 与 FQ 的长分别是 p,q，则$\frac{1}{p}+\frac{1}{q}$等于(　　).

A. $2a$　　B. $\frac{1}{2a}$　　C. $4a$　　D. $\frac{4}{a}$

9. 中心在原点，一个焦点为(0,4)且过点(3,0)的椭圆方程是(　　).

A. $\frac{x^2}{9}+\frac{y^2}{25}=1$　　B. $\frac{x^2}{9}+\frac{y^2}{16}=1$

C. $\frac{x^2}{25}+\frac{y^2}{41}=1$　　D. $\frac{x^2}{9}+\frac{y^2}{4}=1$

10. 双曲线$\frac{x^2}{6}-\frac{y^2}{3}=1$ 的渐近线与圆$(x-3)^2+y^2=r^2(r>0)$相切，则 $r=$(　　).

A. $\sqrt{3}$　　B. 2　　C. 3　　D. 6

二、填空题

1. 经过三点 $A(1,2),B(-1,0),C(0,-\sqrt{3})$的圆的方程为________.

2. 椭圆$\frac{x^2}{9}+\frac{y^2}{2}=1$ 的焦点为 F_1,F_2，点 P 在椭圆上，若 $|PF_1|=4$，$|PF_2|=$________，$\angle F_1PF_2=$________.

3. 给定双曲线 C:$16x^2-9y^2=144$，与 C 有相同渐近线且过点 $P(-3,2\sqrt{3})$的双曲线的方程为________.

4. 设斜率为 2 的直线在双曲线 $2x^2-3y^2=6$ 上截得弦长为 4，则此直线的方程为________.

5. 抛物线 $y=x^2$ 上的点到直线 $2x-y-4=0$ 的最短距离是________.

6. 已知点 P 为椭圆$\frac{x^2}{25}+\frac{y^2}{16}=1$ 上的一点，F_1,F_2 是椭圆的两个焦点，$\angle F_1PF_2=60°$，则 $\triangle F_1PF_2$ 的面积为________.

7. 若双曲线与椭圆 $x^2+4y^2=64$ 共焦点，它的一条渐近线方程是 $x+\sqrt{3}y=0$，则此双曲线的方程为________.

8. 设直线 $y=2x+m$ 与抛物线 $y^2=4x$ 没有公共点，则 m 的取值范围是________.

三、解答题

1. 求圆 $x^2+y^2-4x+6y-4=0$ 的垂直于直线 $4x+y=0$ 的切线的方程.

2. 求过点 $A(3,2)$，圆心在直线 $y=2x$ 上，且与直线 $y=2x+5$ 相切的圆的方程.

3. 设椭圆的对称轴为坐标轴，短轴的一个端点与两焦点组成一个正三角形，焦点到椭圆的最短距离为$\sqrt{3}$，求此椭圆方程.

4. 求焦点为$(-2,0)$，$(2,0)$，且经过点 $P\left(\frac{5}{2},-\frac{3}{2}\right)$的椭圆的方程.

5. 双曲线与椭圆$\frac{x^2}{144}+\frac{y^2}{169}=1$ 有公共焦点，点 $P(3,4)$ 是双曲线的渐近线与椭圆的一个交点，求双曲线的方程.

6. 设直线 $y=2x+b$ 与抛物线 $y^2=4x$ 交于 A,B 两点，已知$|AB|=3\sqrt{5}$，点 P 为抛物线上的一点，$\triangle PAB$ 的面积为 30，求点 P 的坐标.

7. 已知双曲线 $C:\frac{x^2}{a^2}-\frac{y^2}{b^2}=1(a>0,b>0)$的离心率为$\sqrt{3}$，右准线方程为 $x=\frac{\sqrt{3}}{3}$.

(1)求双曲线 C 的方程；

(2)已知直线 $x-y+m=0$ 与双曲线 C 交于不同的两点 A,B，且线段 AB 的中点在圆$x^2+y^2=5$ 上，求 m 的值.

8. 已知方程$2x^2+bx-3=0$ 的所有根都是方程 $x^2-2x+c=0$ 的根，抛物线 $y=2x^2+bx-3$ 的顶点为 M，抛物线 $y=x^2-2x+c$ 的顶点为 N，求$|MN|$.

参考答案及解析

一、选择题

1. A 【解析】将圆的方程 $x^2+y^2+4x-8y+4=0$ 化为标准形式，即$(x+2)^2+(y-4)^2=16$. 圆心坐标为$(-2,4)$，则

$d=\sqrt{(-2-0)^2+(4-0)^2}=\sqrt{20}=\sqrt{4\times5}=2\sqrt{5}$，

$4=2\times2<2\sqrt{5}<\sqrt{5}\times\sqrt{5}=5$，即 $4<d<5$.

2. C 【解析】将圆的方程 $x^2+y^2+4x+3=0$ 化为标准形式，即$(x+2)^2+y^2=1$. 由此可知，其圆心坐标为$(-2,0)$，半径为 1.

如图 13－17 所示，在直角三角形 OPO' 中，$\sin\alpha=\frac{|O'P|}{|OO'|}=\frac{1}{2}$，因此 $\alpha=30°$.

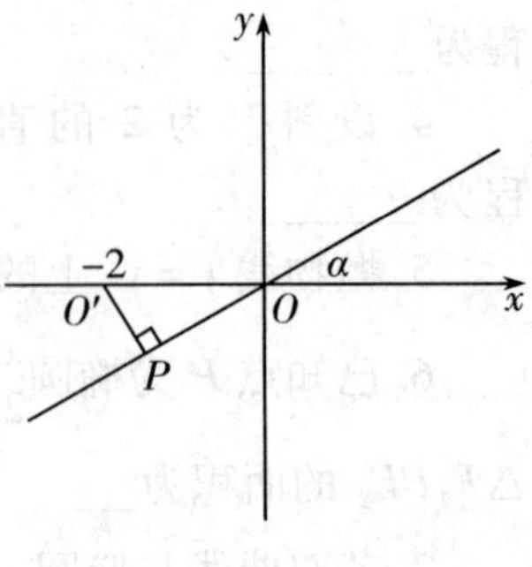

图 13－17

由此可得所求直线方程为 $y=x\tan 30°=\frac{\sqrt{3}}{3}x$.

说明：本题用到“切线的性质定理”，即圆的切线垂直于经过切点的半径.

3. C 【解析】$|PF_1|+|PF_2|$表示椭圆上一点 P 到两个焦点

F_1,F_2 的距离之和,按定义可知$|PF_1|+|PF_2|=2a$.

由所给椭圆方程标准化得

$$\frac{25}{225}x^2+\frac{9}{225}y^2=1,\text{即}\frac{x^2}{9}+\frac{y^2}{25}=1,$$

这表明椭圆焦点在 y 轴上,故 $a^2=25$,即 $a=5$.

因此,$|PF_1|+|PF_2|=2a=2\times5=10$.

4. C　【解析】由所给焦点为$(-5,0)$,$(5,0)$可知所求双曲线的标准方程为

$$\frac{x^2}{a^2}-\frac{y^2}{b^2}=1.\quad ①$$

已知 $c=5$,所以

$$a^2+b^2=c^2=25.\quad ②$$

将点$(3,0)$代入①式,得

$$\frac{3^2}{a^2}-\frac{0^2}{b^2}=1,\text{即 } a^2=9.\quad ③$$

将③代入②,得

$$b^2=25-9=16.\quad ④$$

将③④代入①,得$\frac{x^2}{9}-\frac{y^2}{16}=1$.

5. B　【解析】由双曲线方程$\frac{x^2}{64}-\frac{y^2}{36}=1$ 可得 $a=8,b=6,c=10$.

$\therefore$ 右焦点为 $F_2(10,0)$,左焦点为 $F_1(-10,0)$,左准线的方程为 $x=-\frac{32}{5}$.

若点 P 在双曲线的右支上:

由双曲线的第二定义可得$\frac{|PF_2|}{d}=e$,其中 d 为点 P 到右准线的距离.

$\because |PF_2|=18,e=\frac{5}{4}$,

$\therefore \frac{18}{d}=\frac{5}{4}$. $\therefore d=\frac{72}{5}$.

所以点 P 到左准线的距离为$\frac{72}{5}+\frac{64}{5}=\frac{136}{5}$.

若点 P 在双曲线的左支上:

由双曲线的第一定义可得$|PF_1|=2$.

则有$\frac{|PF_1|}{d'}=\frac{5}{4}$.

所以 $d'=\frac{8}{5}$.

故点 P 到左准线的距离为$\frac{8}{5}$.

6. C　【解析】由双曲线 $x^2-y^2=2$ 可得 $a=b=\sqrt{2}$.

所以顶点坐标$(\pm\sqrt{2},0)$.

设以双曲线的顶点为焦点的抛物线方程为 $y^2=\pm 2px$.

因为$\frac{p}{2}=\sqrt{2}$,所以 $p=2\sqrt{2}$.

所以抛物线的方程为 $y^2=4\sqrt{2}x$ 或 $y^2=-4\sqrt{2}x$.

7. C 【解析】设切点 $P(x_0,y_0)$.

则切线的斜率 $y'|_{x=x_0}=2x_0$.

由题意可知$\frac{y_0}{x_0}=2x_0$.

又因为 $y_0=x_0^2+1$,

解得 $x_0^2=1$.

所以$\frac{b}{a}=2$,$e=\sqrt{1+\left(\frac{b}{a}\right)^2}=\sqrt{5}$.

8. C 【解析】将抛物线方程写成标准形式,即

$$x^2=\frac{y}{a}=2\cdot\frac{1}{2a}y,\quad ①$$

由此可知,抛物线的开口向上,其焦点坐标为$\left(0,\frac{1}{4a}\right)$,如图 13－18 所示.

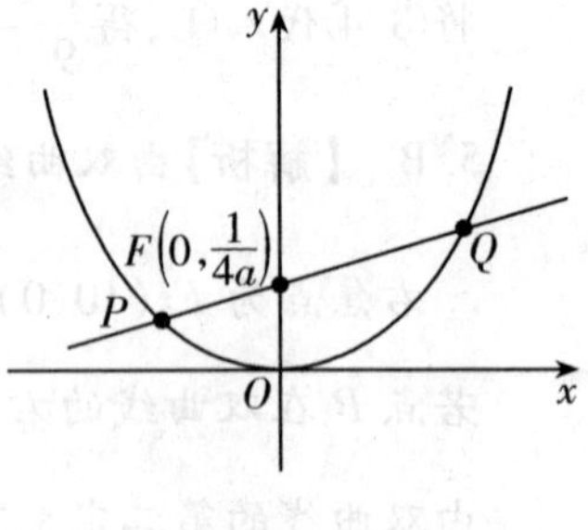

图 13－18

如果 PQ 平行于 x 轴,那么$|PF|=|FQ|$.

将 $y=\frac{1}{4a}$代入①式,得 $x^2=\frac{1}{4a^2}$.

因此$|x|=\frac{1}{2a}$,从而$|PF|=|FQ|=\frac{1}{2a}$,即 $p=q=\frac{1}{2a}$,

于是 $$\frac{1}{p}+\frac{1}{q}=2a+2a=4a.$$

9. A 【解析】由焦点为(0,4)可知,所求椭圆标准方程应为$\frac{y^2}{a^2}+\frac{x^2}{b^2}=1$($a>b>0$,即 y^2 的分母 a^2 大于 x^2 的分母 b^2)的形式. 因此排除 D.

由椭圆过点(3,0)可知该点不满足方程 C,所以排除 C.

由 $c=\sqrt{a^2-b^2}$($a>b>0$)可得 $c=\sqrt{25-9}=\sqrt{16}=4$ 可知选项 A 符合要求.

10. A 【解析】由圆心到渐近线的距离等于 r,可求得 $r=\sqrt{3}$.

二、填空题

1. $(x-1)^2+y^2=4$ 【解析】设圆心为 $P(a,b)$,则$|PA|=|PB|=|PC|$.

由此可得方程组

$$(a-1)^2+(b-2)^2=(a+1)^2+b^2=a^2+(b+\sqrt{3})^2.$$

解得 $a=1$,$b=0$,从而由半径 $r=|PA|$得 $r=\sqrt{(1-1)^2+(0-2)^2}=2$.

于是所求圆的方程为$(x-1)^2+y^2=4$.

2. 2;120° 【解析】如图 13－19 所示，因为 $a^2=9,b^2=2$，

所以 $c=\sqrt{a^2-b^2}=\sqrt{9-2}=\sqrt{7}$.

所以 $|F_1F_2|=2\sqrt{7}$.

又 $|PF_1|=4,|PF_1|+|PF_2|=2a=6$，

所以 $|PF_2|=2$.

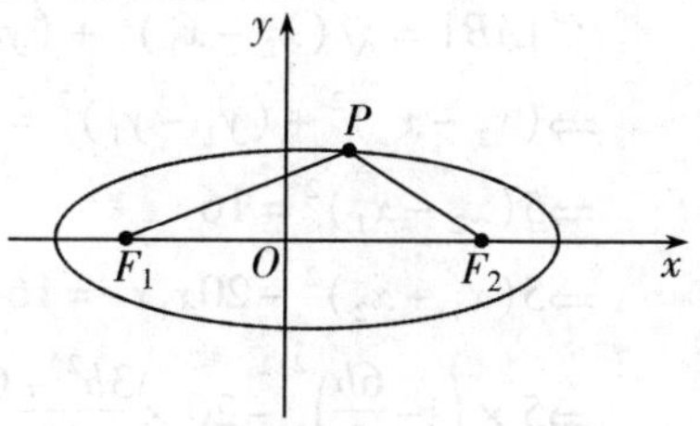

图 13－19

又由余弦定理，可得 $\cos\angle F_1PF_2=\frac{2^2+4^2-(2\sqrt{7})^2}{2\times2\times4}=-\frac{1}{2}$，所以 $\angle F_1PF_2=120°$.

3. $16x^2-9y^2=36$ 【解析】双曲线 C 的标准方程为

$$\frac{16}{144}x^2-\frac{9}{144}y^2=1，即\frac{x^2}{9}-\frac{y^2}{16}=1，$$

因此它的渐近线方程为 $y=\pm\sqrt{\frac{16}{9}}x=\pm\frac{4}{3}x$.

将点 $P(-3,2\sqrt{3})$ 的横坐标 $x=-3$ 代入 $y=-\frac{4}{3}x$ 中，得 $y=-\frac{4}{3}(-3)=4$.

因为 $2\sqrt{3}<4$，即当 $x=-3$ 时，所求双曲线（记为 C'）的纵坐标小于其渐近线的纵坐标.

依题意可知，双曲线 C' 的焦点在 x 轴上，可设为

$$\frac{x^2}{9m}-\frac{y^2}{16m}=1，\quad ①$$

其中 m 为待定参数.

将点 $P(-3,2\sqrt{3})$ 的坐标代入①式，得 $\frac{(-3)^2}{9m}-\frac{(2\sqrt{3})^2}{16m}=1$，解得 $m=\frac{1}{4}$，

将其代入①式，得所求双曲线方程为

$$\frac{x^2}{9\times\frac{1}{4}}-\frac{y^2}{16\times\frac{1}{4}}=1，即 16x^2-9y^2=36.$$

4. $y=2x+\frac{\sqrt{210}}{3}$ 或 $y=2x-\frac{\sqrt{210}}{3}$ 【解析】设直线方程

$$y=2x+b.\quad ①$$

把方程①代入到双曲线方程 $2x^2-3y^2=6$ 中，整理得 $10x^2+12bx+3b^2+6=0$.

设直线与双曲线交于 $A(x_1,y_1),B(x_2,y_2)$ 两点，且 $|AB|=4$.

$\therefore x_1+x_2=-\frac{6b}{5},x_1\cdot x_2=\frac{3b^2+6}{10}$，

$$\begin{aligned}(y_2-y_1)^2&=(2x_2+b-2x_1-b)^2\\&=[2(x_2-x_1)]^2\\&=4(x_2-x_1)^2,\end{aligned}$$

$(x_2-x_1)^2=(x_1+x_2)^2-4x_1x_2$.

$\therefore |AB|=\sqrt{(x_2-x_1)^2+(y_2-y_1)^2}=4$

$\Rightarrow (x_2-x_1)^2+(y_2-y_1)^2=16$

$\Rightarrow 5(x_2-x_1)^2=16$

$\Rightarrow 5(x_1+x_2)^2-20x_1x_2=16$

$\Rightarrow 5\times\left(-\dfrac{6b}{5}\right)^2-20\times\dfrac{3b^2+6}{10}=16$

$\Rightarrow b^2=\dfrac{70}{3}\Rightarrow b=\pm\dfrac{\sqrt{210}}{3}$.

$\therefore$ 所求直线的方程为 $y=2x+\dfrac{\sqrt{210}}{3}$ 或 $y=2x-\dfrac{\sqrt{210}}{3}$.

5. $\dfrac{3}{5}\sqrt{5}$ 【解析】设抛物线 $y=x^2$ 上的点为 $P(x,y)$（如图 13－20），则点 $P(x,y)$ 到直线 $2x-y-4=0$ 的距离为

$$d=\frac{|2x-y-4|}{\sqrt{2^2+(-1)^2}}=\frac{1}{\sqrt{5}}|2x-y-4|.\quad ①$$

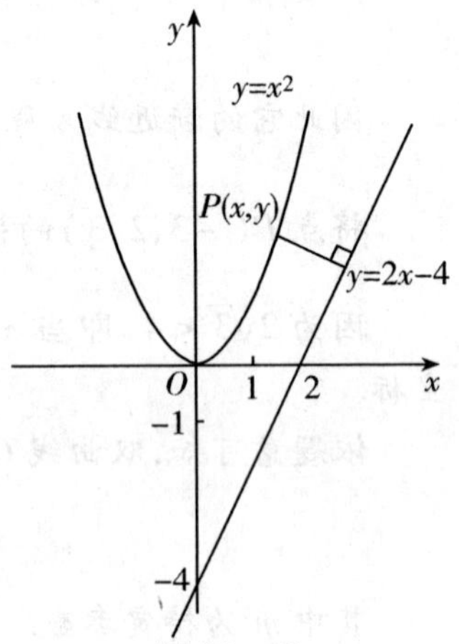

图 13－20

将 $y=x^2$ 代入①可得 $d=\dfrac{1}{\sqrt{5}}|2x-x^2-4|=\dfrac{(x-1)^2+3}{\sqrt{5}}$.

当且仅当 $(x-1)^2=0$，即 $x=1$ 时，点 P 到直线的距离最短为 $d=\dfrac{3}{\sqrt{5}}=\dfrac{3}{5}\sqrt{5}$.

6. $\dfrac{16\sqrt{3}}{3}$ 【解析】由椭圆方程可知 $a=5,b=4,c=3$.

由椭圆的定义可得

$$|PF_1|+|PF_2|=10.\quad ①$$

由余弦定理可得

$$|PF_1|^2+|PF_2|^2-2|PF_1|\cdot|PF_2|\cos 60^\circ=4c^2=36.\quad ②$$

由①^2－②得 $|PF_1|\cdot|PF_2|=\dfrac{64}{3}$.

$\therefore S_{\triangle F_1PF_2}=\dfrac{1}{2}|PF_1|\cdot|PF_2|\cdot\sin 60^\circ=\dfrac{1}{2}\cdot\dfrac{64}{3}\cdot\dfrac{\sqrt{3}}{2}=\dfrac{16\sqrt{3}}{3}$.

7. $\dfrac{x^2}{36}-\dfrac{y^2}{12}=1$ 【解析】由椭圆方程得 $\dfrac{x^2}{64}+\dfrac{y^2}{16}=1\Rightarrow a'=8,b'=4\Rightarrow c=4\sqrt{3}$.

$\therefore$ 焦点为 $F_1(-4\sqrt{3},0)$，$F_2(4\sqrt{3},0)$.

$\because$ 所求双曲线与椭圆共焦点，

$\therefore$ 双曲线的半焦距也为 $c=4\sqrt{3}$.

设所求双曲线为$\frac{x^2}{a^2}-\frac{y^2}{b^2}=1$.

$\because$ 渐近线 $y=-\frac{\sqrt{3}}{3}x$,$\therefore \frac{b}{a}=\frac{1}{\sqrt{3}}$,即 $a=\sqrt{3}b$.

由 $a^2+b^2=c^2$ 可得 $a^2=36,b^2=12$.

故所求双曲线方程为$\frac{x^2}{36}-\frac{y^2}{12}=1$.

8. $m>\frac{1}{2}$ 【解析】把 $y=2x+m$ 代入 $y^2=4x$ 中,得 $x^2+(m-1)x+\frac{m^2}{4}=0$.

$$\Delta=(m-1)^2-4\times\frac{m^2}{4}<0,$$

即 $-2m+1<0$,所以 $m>\frac{1}{2}$.

三、解答题

1. 解:将圆的方程配方得

$$\begin{aligned}x^2+y^2-4x+6y-4&=x^2-4x+4+y^2+6y+9-17\\&=(x-2)^2+(y+3)^2-17=0.\quad①\end{aligned}$$

由此可知圆心坐标为 $P(2,-3)$,如图 13-21. 由已知直线的斜率为 -4 可得所求切线的斜率为$\frac{1}{4}$,从而过点 P 且平行于已知直线的直线方程为

$y-(-3)=-4(x-2)$,即 $y=-4x+5$. ②

将②代入①中,得此直线与圆的交点(即切点)为 $M(3,-7)$或 $N(1,1)$.

因此所求切线的方程为

$$y+7=\frac{1}{4}(x-3)\text{或}y-1=\frac{1}{4}(x-1),$$

即 $x-4y-31=0$ 或 $x-4y+3=0$,

如图 13-21 所示.

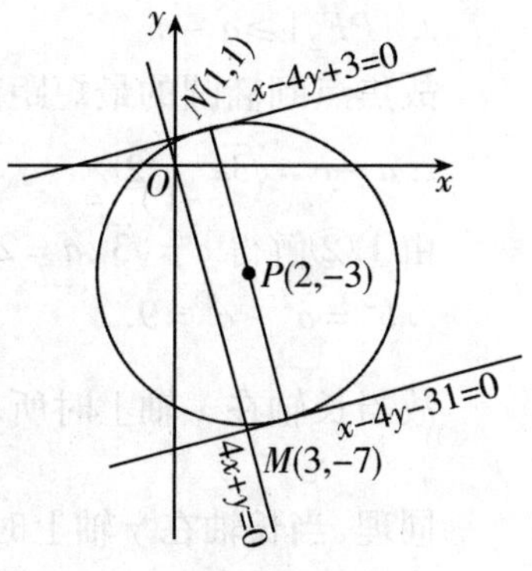

图 13-21

2. 解:设圆心为 $P(a,b)$.

依题意可得 a,b 满足方程组:

$$\begin{cases}b=2a, & ①\\ \sqrt{(a-3)^2+(b-2)^2}=\frac{|2a-b+5|}{\sqrt{2^2+(-1)^2}}. & ②\end{cases}$$

将 $b=2a$ 代入②式,两端平方化简得 $5a^2-14a+8=0$,

解得 $a_1=2,a_2=\frac{4}{5}$.

代入①式得 $b_1=4,b_2=\frac{8}{5}$.

于是，满足条件的圆心有两个：$P_1(2,4)$，$P_2\left(\frac{4}{5},\frac{8}{5}\right)$.

由②式知圆的半径

$$r=\frac{|2a-b+5|}{\sqrt{5}}=\frac{5}{\sqrt{5}}=\sqrt{5}.$$

于是，所求圆的方程为

$$(x-2)^2+(y-4)^2=5\text{ 或}\left(x-\frac{4}{5}\right)^2+\left(y-\frac{8}{5}\right)^2=5.$$

3. 解：如图 13－22 所示，当焦点在 x 轴上时，设椭圆方程为$\frac{x^2}{a^2}+\frac{y^2}{b^2}=1$.

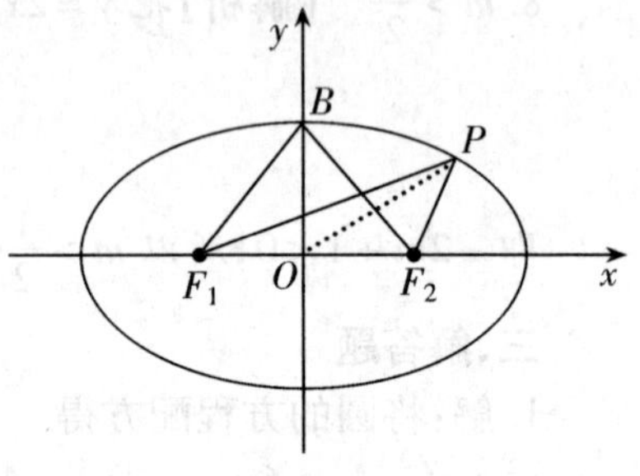

图 13－22

由题意知$\triangle BF_1F_2$ 为正三角形.

设焦点为 $F_1(-c,0)$，$F_2(c,0)$，易知$|BF_1|+|BF_2|=2a$，

$$|F_1F_2|=2c\Rightarrow a=2c.\quad ①$$

设 P 为椭圆上任一点，则 $|PF_1|+|PF_2|=2a=(a+c)+(a-c)$.

$\because |PF_1|\leqslant|F_1O|+|PO|\leqslant c+a$，

$\therefore |PF_2|\geqslant a-c$.

故焦点到椭圆的最短距离为 $a-c$.

$\therefore a-c=\sqrt{3}$.　②

由①②解得 $c=\sqrt{3}$，$a=2\sqrt{3}$.

$\therefore b^2=a^2-c^2=9$.

故当长轴在 x 轴上时所求方程为$\frac{x^2}{12}+\frac{y^2}{9}=1$.

同理，当长轴在 y 轴上时方程为$\frac{x^2}{9}+\frac{y^2}{12}=1$.

4. 解：根据题意可知椭圆焦点在 x 轴上，且 $c=2$，因此椭圆的标准方程可写成$\frac{x^2}{a^2}+\frac{y^2}{b^2}=1$.

由点 $P\left(\frac{5}{2},-\frac{3}{2}\right)$在椭圆上及 $b^2=a^2-c^2=a^2-4$ 得

$$\frac{\left(\frac{5}{2}\right)^2}{a^2}+\frac{\left(-\frac{3}{2}\right)^2}{a^2-4}=1,$$

整理得 $2a^4-25a^2+50=0$，即$(a^2-10)(2a^2-5)=0$，

解得 $a^2=10$ 或 $a^2=\frac{5}{2}$.

由 $b^2=a^2-4$ 得 $b^2=6$ 或 $b^2=-\frac{3}{2}$（不合要求，舍去），因此 $a^2=10$，$b^2=6$.

于是所求椭圆方程为$\frac{x^2}{10}+\frac{y^2}{6}=1$.

5. 解：∵ 椭圆方程为$\frac{x^2}{144}+\frac{y^2}{169}=1$，

∴ 椭圆的长半轴与短半轴分别为 $a=13, b=12$，因此 $c=5$.

∵ 所求双曲线与椭圆有公共的焦点，

∴ 设双曲线的方程为$\frac{y^2}{a_1^2}-\frac{x^2}{b_1^2}=1$.

∵ $c_1=5$，其渐近线方程为 $y=\pm\frac{a_1}{b_1}x$，

又∵ 点 $P(3,4)$ 在渐近线上

∴ $\frac{a_1}{b_1}\times 3=4$.

∴ $\frac{a_1}{b_1}=\frac{4}{3}$，即 $a_1=\frac{4}{3}b_1$.

∵ $c_1^2=a_1^2+b_1^2=\frac{16}{9}b_1^2+b_1^2=\frac{25}{9}b_1^2$，

∴ $\frac{25}{9}b_1^2=25$，解得 $b_1^2=9$，因此 $a_1^2=16$.

∴ 所求双曲线方程为$\frac{y^2}{16}-\frac{x^2}{9}=1$.

6. 解：根据题意可列方程组

$$\begin{cases} y=2x+b \\ y^2=4x \end{cases} \Rightarrow \begin{cases} y=2x+b, & ① \\ y=\pm 2\sqrt{x}, & ② \end{cases}$$

即可得一元二次方程 $4x^2+4(b-1)x+b^2=0$.

设 $A(x_1,y_1)$，$B(x_2,y_2)$，则 $x_1=\frac{1+\sqrt{1-2b}-b}{2}$，$x_2=\frac{1-\sqrt{1-2b}-b}{2}$.

将 x_1,x_2 代入①，得 $y_1=1+\sqrt{1-2b}$，$y_2=1-\sqrt{1-2b}$，

$$|AB|^2=\left(\frac{1+\sqrt{1-2b}-b}{2}-\frac{1-\sqrt{1-2b}-b}{2}\right)^2+[1+\sqrt{1-2b}-(1-\sqrt{1-2b})]^2=(3\sqrt{5})^2.$$

故有 $5(1-2b)=45 \Rightarrow b=-4 \Rightarrow y=2x-4 \Rightarrow 2x-y-4=0$.

设 P 点坐标为 (x,y)，过 P 点作 AB 的垂线交 AB 于 D 点，则

$$S_{\triangle PAB}=\frac{1}{2}|AB|\cdot|PD|=\frac{1}{2}\times 3\sqrt{5}\times\frac{|2x-y-4|}{\sqrt{2^2+(-1)^2}}=30,$$

$$\begin{cases} |2x-y-4|=20, \\ y^2=4x, \end{cases} \Rightarrow \begin{cases} x=9, \\ y=-6, \end{cases} 或 \begin{cases} x=16, \\ y=8. \end{cases}$$

∴ P 点坐标为 $(9,-6)$ 或 $(16,8)$.

7. 解：(1) 根据题意可得$\begin{cases} \frac{a^2}{c}=\frac{\sqrt{3}}{3}, \\ \frac{c}{a}=\sqrt{3}, \end{cases}$

解得 $a=1,c=\sqrt{3}$.

所以 $b^2=c^2-a^2=2$.

所以所求双曲线 C 的方程为 $x^2-\frac{y^2}{2}=1$.

(2)设 A,B 的坐标分别为$(x_1,y_1),(x_2,y_2)$,线段 AB 的中点为 $M(x_0,y_0)$.

由$\begin{cases}x^2-\frac{y^2}{2}=1,\\x-y+m=0,\end{cases}$ 得 $x^2-2mx-m^2-2=0$(判别式 $\Delta>0$),

所以 $x_0=\frac{x_1+x_2}{2}=m,y_0=x_0+m=2m$.

因为点 $M(x_0,y_0)$在圆 $x^2+y^2=5$ 上,

所以 $m^2+(2m)^2=5$,所以 $m=\pm1$.

8. 解:由 $2x^2+bx-3=0$ 的判别式 $\Delta=b^2-4\cdot2\cdot(-3)=b^2+24>0$ 可知,方程有两根 x_1,x_2.

依据韦达定理及已知条件可得

$$x_1+x_2=-\frac{b}{2}=2, \quad ①$$

$$x_1x_2=-\frac{3}{2}=c. \quad ②$$

由①可解得 $b=-4$,

由②可得 $c=-\frac{3}{2}$.

所以所给抛物线的方程分别是

$$y=2x^2-4x-3, \quad ③$$

$$y=x^2-2x-\frac{3}{2}. \quad ④$$

由③可知其顶点 M 的坐标为$(1,-5)$.

由④可知其顶点 N 的坐标为$\left(1,-\frac{5}{2}\right)$.

因此$|MN|=|-5|-\left|-\frac{5}{2}\right|=\frac{5}{2}$.

★第四部分　立体几何

立体几何是三维欧氏空间的几何的传统名称，有利于培养“转化”思想、空间想象力以及提高逻辑论证能力.

第十四章　直线和平面

考纲导读

1. 了解平面的基本性质.

2. 了解空间两条直线的位置关系以及两条异面直线所成角的概念.

3. 了解空间直线和平面的位置关系. 理解直线和平面垂直的概念,理解点到平面距离的概念. 理解直线与平面平行、垂直的判定定理和性质定理.

4. 了解点、斜线和斜线段在平面内射影的概念,了解直线和平面所成角的概念.

5. 了解空间两个平面的位置关系,以及二面角、二面角的平面角的概念.

考点精讲

一、平面

1. 平面的概念

平面是几何中最基本的概念之一. 在立体几何中,通常用平行四边形来表示平面,如图 14－1 所示.

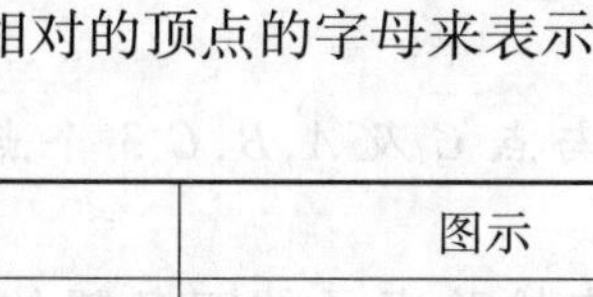

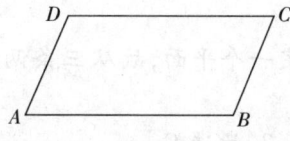

图 14－1

注意:几何中的平面是无限延伸的. 平面通常用一个希腊字母来表示,如平面 α,也可以用表示平面的平行四边形的两个相对的顶点的字母来表示,如平面 AC.

2. 平面的基本性质

公理和推论	内容	图示	作用
公理 1	如果一条直线上的两个点在一个平面内,则这条直线上的所有点都在这个平面内	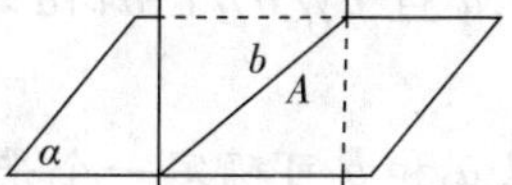	判断一个面是否为平面 判断直线是否在平面内
公理 2	如果不重合的两个平面有一个公共点,那么它们有且只有一条通过这个点的公共直线	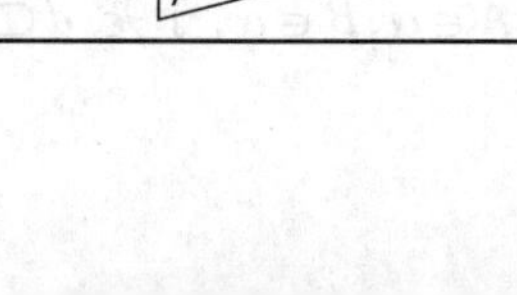	判断两个平面是否相交 确定两个平面的交线位置

续表

公理和推论	内容	图示	作用
公理 3	经过不在同一条直线上的三个点,有且只有一个平面	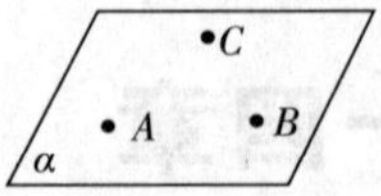	确定一个平面的基本条件
推论 1	经过一条直线和这条直线外的一点,有且只有一个平面	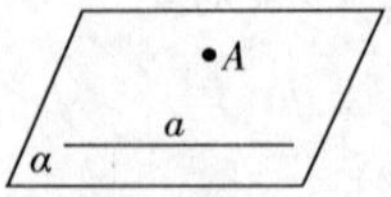	确定一个平面的条件
推论 2	经过两条相交直线,有且只有一个平面	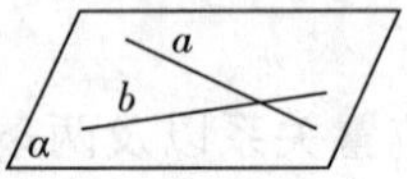	确定一个平面的条件
推论 3	经过两条平行直线,有且只有一个平面	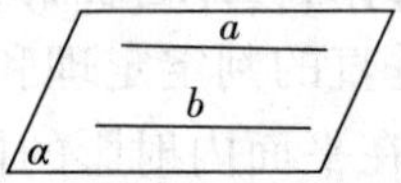	确定一个平面的条件

【例 1】不共面的 4 个点共可确定(　　).

A. 4 个平面　　B. 3 个平面　　C. 1 个平面　　D. 无数个平面

【答案】A

【解析】由已知,4 个点不在同一个平面上,从中任选 3 个点均可确定一个平面,故所求平面个数为 $C_4^3=C_4^1=4$. 故选 A.

【例 2】三条直线两两平行,但不共面,共可确定(　　).

A. 1 个平面　　B. 2 个平面　　C. 3 个平面　　D. 4 个平面

【答案】C

【解析】由于两条平行线可确定一个平面,故从三条两两平行的直线中任取两条即可确定一个平面.

从而所求平面个数为 $C_3^2=C_3^1=3$. 故选 C.

【例 3】一条直线 l 及直线 l 外且不在同一条直线上的 3 个点 A,B,C,最多可以确定________个平面.

【答案】4

【解析】l 与点 A、l 与点 B、l 与点 C 及 A,B,C 3 个点各确定一个平面,故最多确定 4 个平面.

【例 4】用两根拉紧的细线来检验桌子的四条腿的底端是否在同一平面上的方法是________.

【答案】将两根拉紧的细线分别固定在不相邻的桌子腿的底端. 若两根细线相交,则四条腿的底端在同一平面内;否则,它们不在同一平面内.

【例 5】已知直线 a,b,c,d 且 $a/\!/b/\!/c$, $a\cap d=A$, $b\cap d=B$, $c\cap d=C$.

求证:a,b,c,d 共面.

【解析】因为 $a/\!/b$,所以 a 和 b 可确定一个平面,设为 α,如图 14－2 所示.

因为 $A\in a,B\in b$,所以 $A\in\alpha,B\in\alpha$,于是 $d\subset\alpha$.

因为 $b /\!/ c$，所以 b 和 c 可确定一个平面，设为 β.

因为 $B \in b, C \in c$，所以 $B \in \beta, C \in \beta$，于是 $d \subset \beta$.

但是 α 与 β 都过 b 和 d，由推论 2，过 b 和 d 只能确定一个平面. 因此 α 与 β 重合.

故 a, b, c, d 在同一平面内.

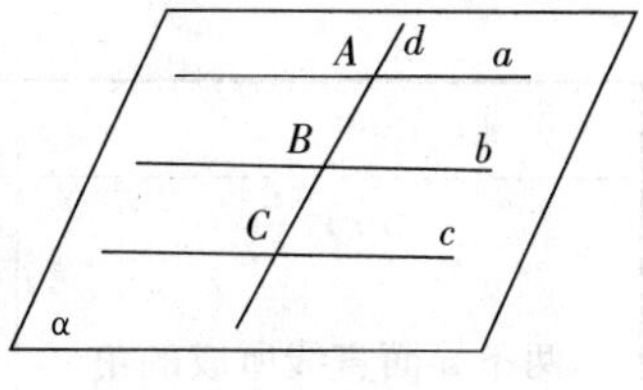

图 14－2

【例 6】求证：如果四边形的两条对角线相交于一点，那么此四边形一定是平面图形.

【解析】证明：已知 AC, BD 相交，所以 AC, BD 可以确定一个平面 α，如图 14－3 所示.

因为 A, B 两个点在平面 α 内，所以 AB 边在平面 α 内.

同理可证：BC, CD, DA 边在平面 α 内.

因此四边形 $ABCD$ 在平面 α 内，即四边形 $ABCD$ 是平面图形.

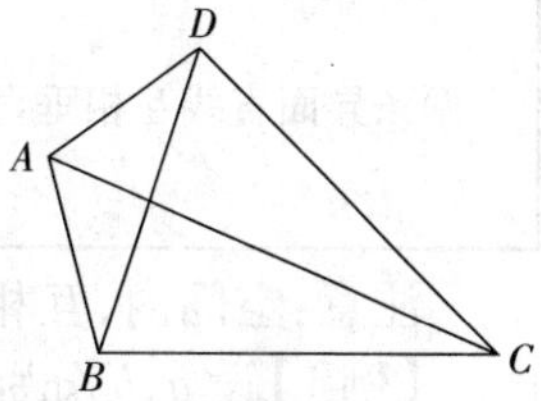

图 14－3

二、空间两条直线

1. 两条直线的位置关系

(1) 相交直线——有且只有一个公共点.

(2) 平行直线——在同一个平面内，没有公共点.

(3) 异面直线——不同在任何一个平面内，没有公共点. 如图 14－4 所示的直线 a, b.

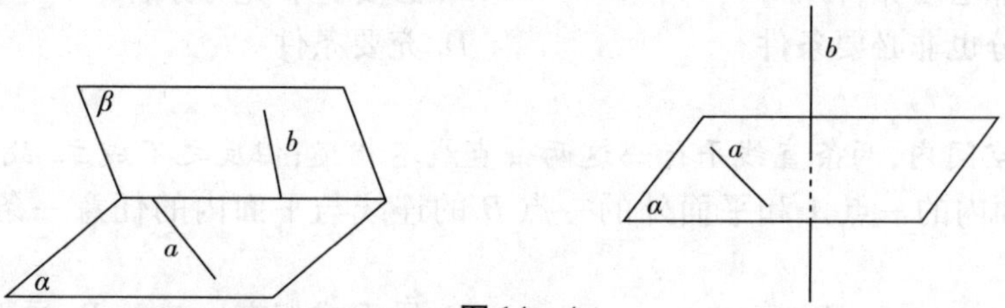

图 14－4

注意：两条异面直线既不平行也不相交.

2. 空间两条直线位置关系的有关概念、公理和定理

	定义	图示	表示法
公理 4 平行线传递公理	在空间中，平行于同一条直线的两条直线互相平行	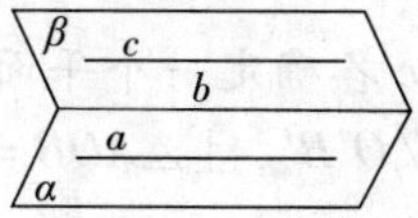	$\left.\begin{matrix} a /\!/ c \\ b /\!/ c \end{matrix}\right\} \Rightarrow a /\!/ b$
等角定理	如果一个角的两边和另一个角的两边分别平行，并且方向相同，那么这两个角相等	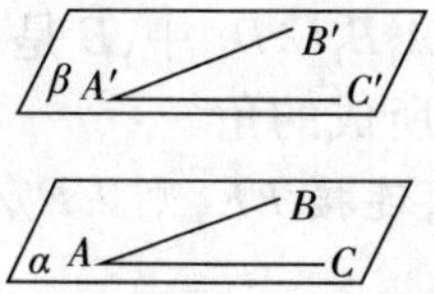	$\left.\begin{matrix} AB /\!/ A'B' \\ AC /\!/ A'C' \end{matrix}\right\} \Rightarrow$ $\angle BAC = \angle B'A'C'$
推论	如果两条相交直线和另两条相交直线分别平行，那么这两组直线所成的锐角(或直角)相等	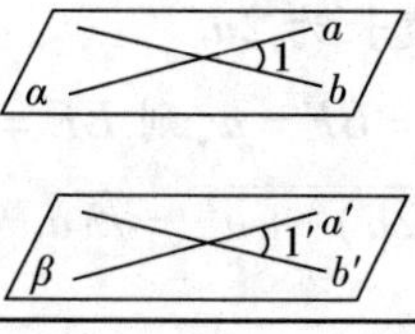	$\left.\begin{matrix} a /\!/ a' \\ b /\!/ b' \end{matrix}\right\} \Rightarrow \angle 1 = \angle 1'$

续表

	定义	图示
两条异面直线所成的角	经过空间任意一点分别作与两条异面直线平行的直线，这两条直线相交所成的锐角（或直角）叫作两条异面直线所成的角	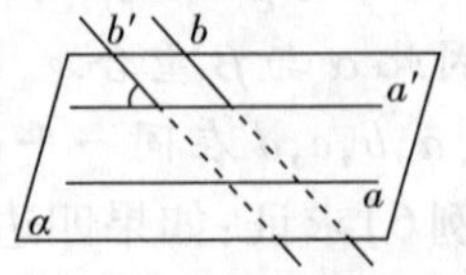
两条异面直线互相垂直	如果两条异面直线所成的角是直角，那么就称这两条异面直线互相垂直	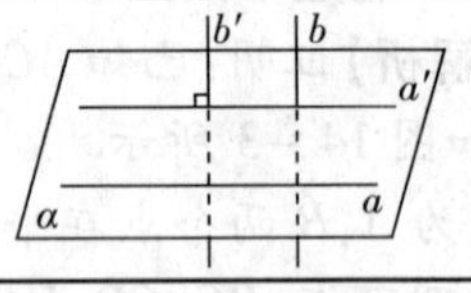

注意：空间内，互相垂直的两条直线不一定相交.

【例1】设 a,b 分别是长方体相邻两个面的对角线所在的直线，则 a 与 b（　　）.

A. 平行　　B. 是异面直线

C. 相交　　D. 可能相交，也可能是异面直线

【答案】D

【例2】空间内，不相交的两条直线是这两条直线平行的（　　）.

A. 充分但非必要条件　　B. 必要但非充分条件

C. 既非充分也非必要条件　　D. 充要条件

【答案】B

【解析】在空间内，两条直线平行⇒这两条直线不相交；但反之不成立. 故选 B.

【例3】平面内的一点 A 和平面外的一点 B 的连线与平面内的任意一条直线的位置关系是（　　）.

A. 异面　　B. 相交　　C. 异面或相交　　D. 异面或平行

【答案】C

【例4】若两条异面直线 a,b 都与直线 c 相交，那么由这三条直线中的两条所确定的平面共有______个.

【答案】2

【解析】由已知，a,c 与 b,c 各确定一个平面，且这两个平面不重合，故共确定两个平面.

【例5】若 $OA // O'A'$，$OB // O'B'$，且 $\angle AOB = \alpha$，则 $\angle A'O'B' =$______.

【答案】$\pi - \alpha$ 或 α

【例6】在正方体 $ABCD-A_1B_1C_1D_1$ 中，E 是 BC 的中点，如图 14－5 所示，求异面直线 AE 与 B_1C 所成的角.

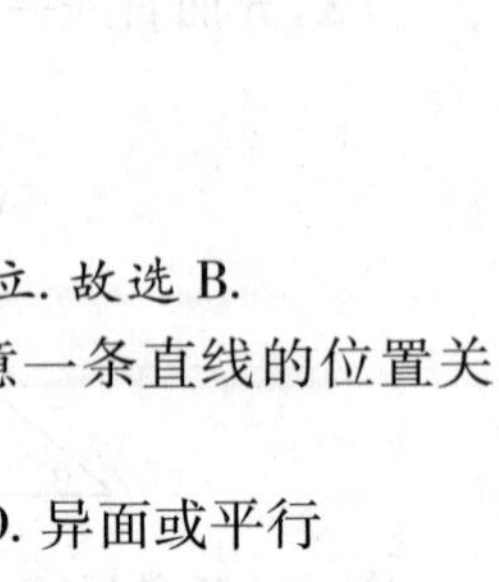

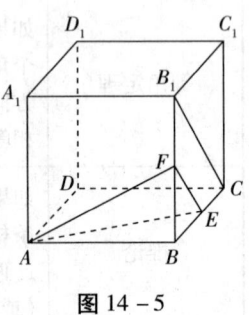

图 14－5

【解析】取 BB_1 的中点 F，连接 EF，则 $EF // B_1C$，$\angle AEF$ 为异面直线 AE 与 B_1C 所成的角.

连接 AF，并记正方体的棱长为 $2a$.

在 $\mathrm{Rt}\triangle BEF$ 中，由于 $BE = BF = a$，则 $EF = \sqrt{2}a$.

在 $\mathrm{Rt}\triangle ABF$ 中，$AF = \sqrt{(2a)^2 + a^2} = \sqrt{5}a$.

同样可得 $AE = \sqrt{5}a$.

在$\triangle AEF$中,由余弦定理,得

$$\cos\angle AEF=\frac{(\sqrt{5}a)^2+(\sqrt{2}a)^2-(\sqrt{5}a)^2}{2\cdot\sqrt{5}a\cdot\sqrt{2}a}=\frac{\sqrt{10}}{10}.$$

则$\angle AEF=\arccos\frac{\sqrt{10}}{10}$.

【例7】如图14-6所示,在空间四边形$ABCD$中,E,F,G,H分别是AB,BC,CD,DA上的点,且$\frac{AE}{AB}=\frac{CF}{CB}=\frac{CG}{CD}=\frac{AH}{AD}$.

求证:E,F,G,H四点共面.

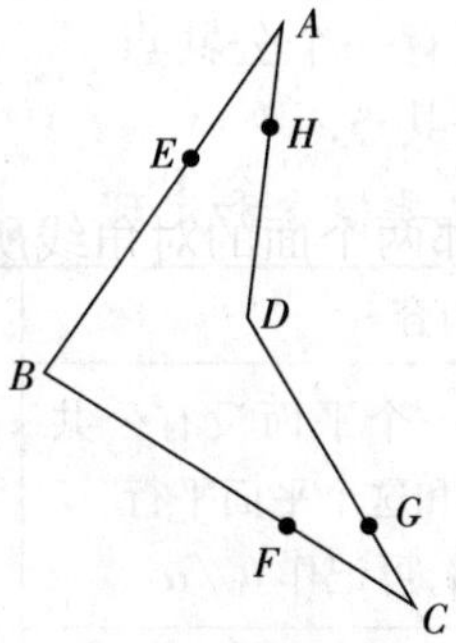

图14-6

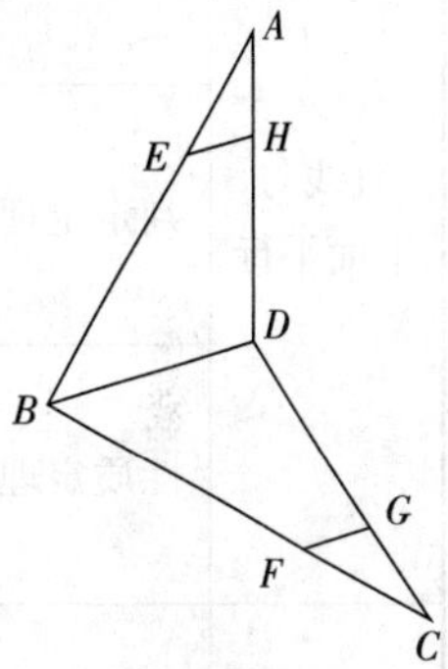

图14-7

【解析】证明:连接EH,BD,FG,如图14-7所示. 因为$\frac{AE}{AB}=\frac{AH}{AD}$,所以$EH/\!/BD$.

同理$FG/\!/BD$. 于是$EH/\!/FG$.

因此EH,FG可确定一个平面,故E,F,G,H四点共面.

【例8】在正方体$ABCD-A_1B_1C_1D_1$中,如图14-8所示,求下列各小题中的每两条线段所在直线所成的角的度数.

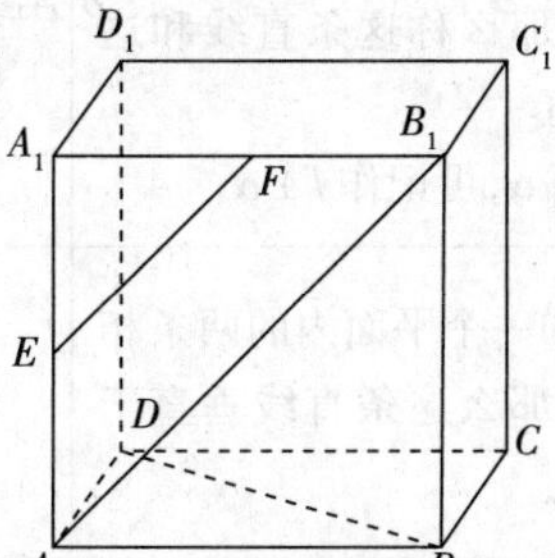

图14-8

(1)AB与A_1D_1所成的角;

(2)AD与B_1C所成的角;

(3)A_1C_1与B_1A所成的角;

(4)EF与BD所成的角,其中E,F分别是AA_1,A_1B_1的中点.

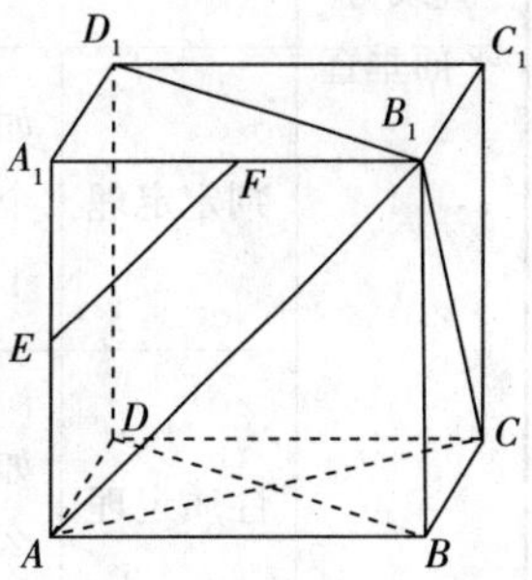

图14-9

【解析】(1)如图14-9所示,因为$AD/\!/A_1D_1$,$\angle BAD=90°$,所以AB与A_1D_1所成的角是90°.

(2)如图14-9所示,连接B_1C,由已知$\angle B_1CB=45°$.

因为 $AD /\!/ BC$，所以 AD 与 B_1C 所成的角为 $45°$.

(3) 连接 AC, B_1A. 因为 $AC /\!/ A_1C_1$，所以 $\angle B_1AC$ 是 A_1C_1 与 B_1A 所成的角.

在 $\triangle B_1AC$ 中，因为 $AB_1 = AC = CB_1$，所以 $\angle B_1AC = 60°$，因此 A_1C_1 与 B_1A 所成的角为 $60°$.

(4) 连接 B_1D_1. 由已知，$EF /\!/ AB_1$，而 $B_1D_1 /\!/ BD$，所以 $\angle AB_1D_1$ 是 EF 与 BD 所成的角.

连接 AD_1，在 $\triangle AB_1D_1$ 中，因为 $AB_1 = B_1D_1 = D_1A$，所以 $\angle AB_1D_1 = 60°$. 因此 EF 与 BD 所成的角为 $60°$.

三、空间直线和平面

1. 直线和平面的位置关系

(1) 直线在平面内——有无数个公共点.

(2) 直线和平面相交——有且只有一个公共点.

(3) 直线和平面平行——没有公共点.

2. 空间直线和平面位置关系的主要概念和定理

		内容	图示
直线与平面平行	定义	如果一条直线和一个平面没有公共点，则称这条直线和这个平面平行. 直线 a 平行平面 α，可记作 $a /\!/ \alpha$	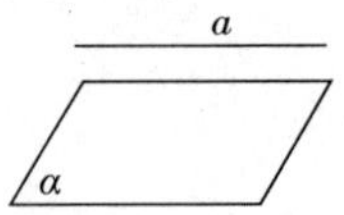
	判定定理	如果平面外一条直线和这个平面内的一条直线平行，那么这条直线和这个平面平行	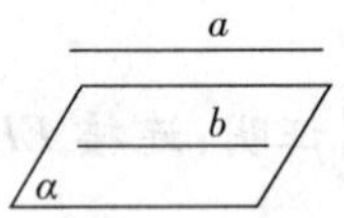
	性质定理	如果一条直线和一个平面平行，经过这条直线的平面和这个平面相交，那么这条直线就和交线平行	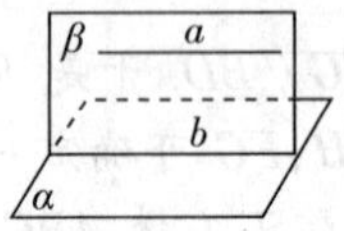
直线与平面垂直	定义	如果一条直线和一个平面内的任何一条直线都垂直，那么称这条直线和这个平面互相垂直. 直线 l 垂直平面 α，可记作 $l \perp \alpha$	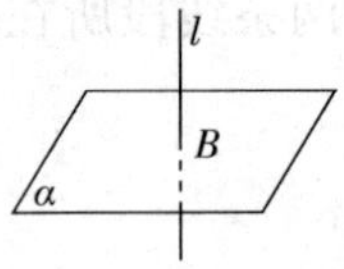
	判定定理	如果一条直线和一个平面内的两条相交直线都垂直，那么这条直线垂直于这个平面	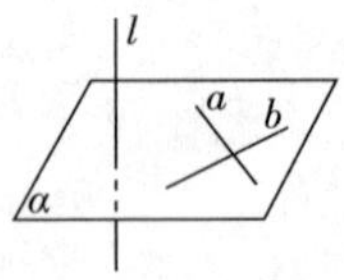
	判定定理	如果两条平行直线中的一条垂直于一个平面，那么另一条也垂直于同一个平面	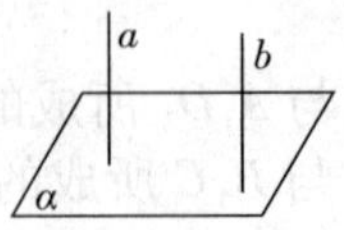
	性质定理	如果两条直线垂直于同一个平面，那么这两条直线平行	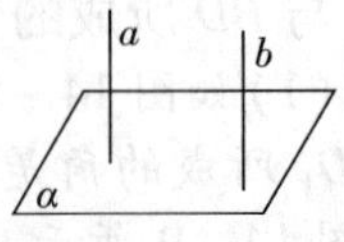

续表

		内容	图示
距离	点到平面的距离	从平面外一点引一个平面的垂线，这点和垂足间的距离叫作这点到这个平面的距离. 其中，垂足也叫作平面外这个点在平面内的射影	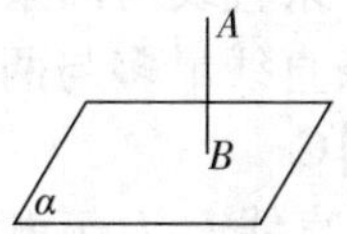
	直线到平面的距离	一条直线和一个平面平行，这条直线上任意一点到平面的距离叫作这条直线到平面的距离	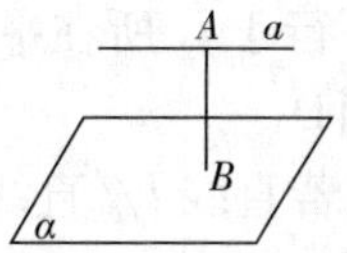
平面的斜线		一条直线和一个平面相交，但不和这个平面垂直，这条直线叫作这个平面的斜线，它们的交点叫作斜足	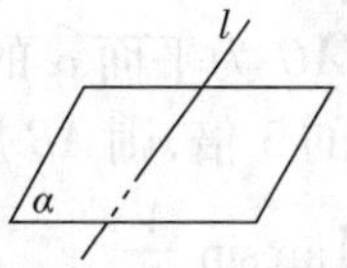
平面的斜线在平面内的射影		在平面的斜线上任取一点（斜足除外）作平面的垂线，过垂足与斜足的直线叫作斜线在平面内的射影	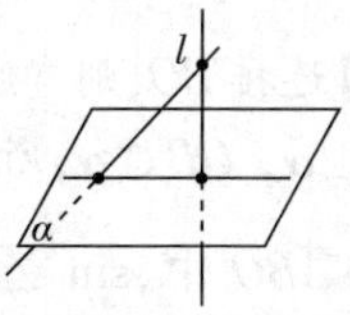
直线和平面所成的角		平面的一条斜线和它在平面上的射影所成的锐角叫作这条直线和这个平面所成的角. 一条直线垂直于平面，它们所成的角是直角. 如果直线和平面平行或在平面内，它们所成的角度是零	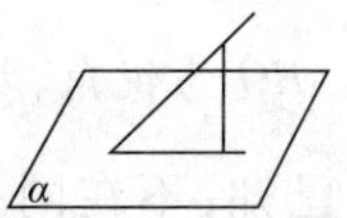
斜线长与射影长定理		从平面外一点向这个平面所引的垂线段和斜线段中： (1)射影相等的两条斜线段相等，射影较长的斜线段也较长. (2)相等的斜线段的射影相等，较长的斜线段的射影也较长. (3)垂线段比任何一条斜线段都短	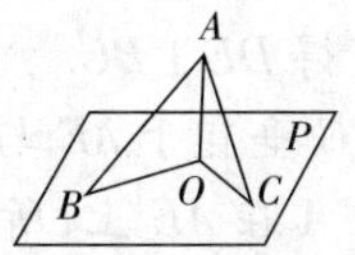

【例 1】若直线 $a\perp$ 直线 b，直线 $b/\!/$ 平面 M，则(　　).

A. $a/\!/M$

B. $a\subset M$

C. a 与 M 相交

D. $a/\!/M$，$a\subset M$，a 与 M 相交，这三种情况都有可能

【答案】D

【例 2】下列命题正确的是(　　).

A. 垂直于同一条直线的两条直线平行

B. 若一条直线与两条平行线中的一条相交,则它与另一条也相交

C. 若一条直线与两条平行线中的一条垂直,则它也与另一条直线垂直

D. 一条直线最多与两条异面直线中的一条相交

【答案】C

【例 3】直线 l_1,l_2 互相平行的一个充分条件是(　　).

A. l_1,l_2 都平行于同一个平面　　B. l_1,l_2 与同一平面所成的角相等

C. l_1 平行于 l_2 所在平面　　D. l_1,l_2 都垂直于同一平面

【答案】D

【例 4】若直线 $l//$直线 m,且 $l\perp$平面 α,则 m 与 α 的位置关系是________.

【答案】$m\perp\alpha$

【例 5】AO 为平面 α 的垂线段,O 为垂足,AB 为平面 α 的斜线段,B 为斜足. 若 AB 长度是 AO 长度的 3 倍,则 AB 所在直线与 α 所成的角为________.

【答案】$\arcsin\frac{1}{3}$

【解析】连接 BO,则直线 BO 为直线 AB 在平面 α 内的射影,$\angle ABO$ 为直线 AB 与 α 所成的角.

又 $AO\perp\alpha$, $OB\subset\alpha$,所以 $AO\perp BO$.

在 Rt$\triangle ABO$ 中,$\sin\angle ABO=\frac{AO}{AB}$.

已知 AB 长是 AO 长的 3 倍,于是 $\sin\angle ABO=\frac{1}{3}$.

因为 $\angle ABO$ 为锐角,所以 $\angle ABO=\arcsin\frac{1}{3}$.

【例 6】已知:不在同一平面内的两个等腰三角形 ABC 和 DBC 有公共的底 BC.

求证:$BC\perp AD$.

【解析】证明:如图 14－10 所示,取 BC 的中点为 E,连接 AE,DE.

在$\triangle ABC$ 中,因为 $AB=AC$,所以 $AE\perp BC$.

同理可得 $DE\perp BC$.

于是 BC 垂直于 AE 与 DE 所确定的平面,设此平面为 α.

因为点 A 在 AE 上,所以点 $A\in\alpha$.

因为点 D 在 DE 上,所以点 $D\in\alpha$.

因此直线 $AD\subset\alpha$

从而 $BC\perp AD$.

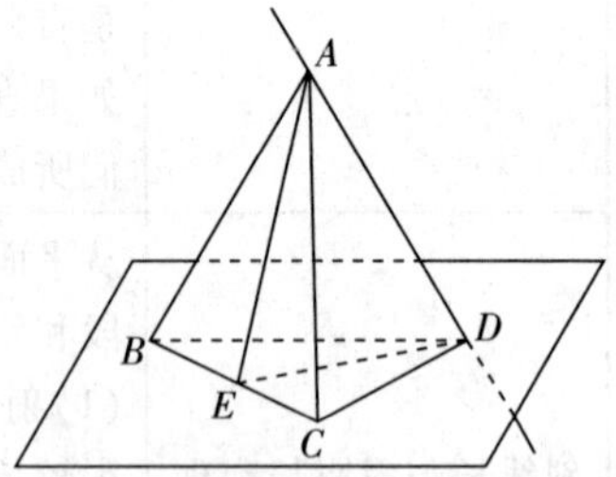

图 14－10

【例 7】已知$\triangle ABC$ 三边 AB,BC,CA 的长分别是 3,5,4,KA 垂直于$\triangle ABC$ 所在平面 M,且 $KA=3$,求点 K 到 BC 边的距离.

【解析】如图 14－11 所示,作 $AD\perp BC$ 于 D,连接 KD.

因为 $KA\perp M$,所以 $KA\perp BC$,于是 $BC\perp$平面 KAD,则 $BC\perp KD$.

在$\triangle ABC$ 中,由已知,$AB^2+AC^2=BC^2=25$,所以$\triangle ABC$ 为

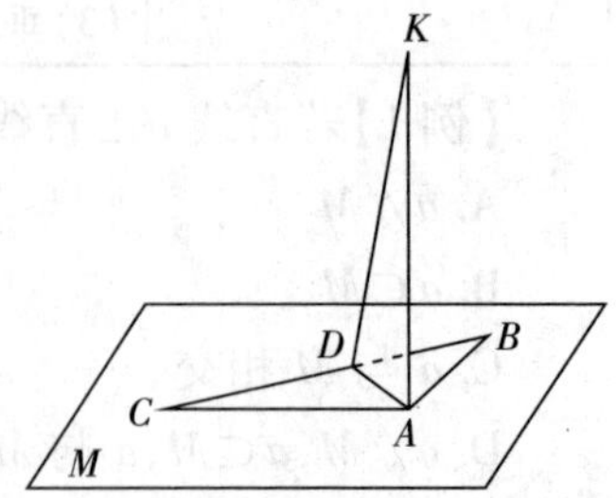

图 14－11

Rt△. Rt△ABC 的面积为$\frac{1}{2}AB\cdot AC$,亦为$\frac{1}{2}BC\cdot AD$,于是

$$3\times4=5\cdot AD,AD=\frac{12}{5}.$$

在 Rt△KAD 中,

$$KD=\sqrt{KA^2+AD^2}=\sqrt{3^2+\left(\frac{12}{5}\right)^2}=\frac{3\sqrt{41}}{5}.$$

所以点 K 到 BC 边的距离为$\frac{3\sqrt{41}}{5}$.

【例 8】已知$\angle ACB$ 在平面 α 内,且$\angle ACB=90°$,S 为平面 α 外一点,$\angle SCA=\angle SCB=60°$,求直线 SC 与平面 α 所成的角.

【解析】如图 14－12 所示,作 $SO\perp$平面 α,O 为垂足. 连接 OC,则 OC 是直线 SC 在平面 α 内的射影,$\angle SCO$ 为所求夹角.

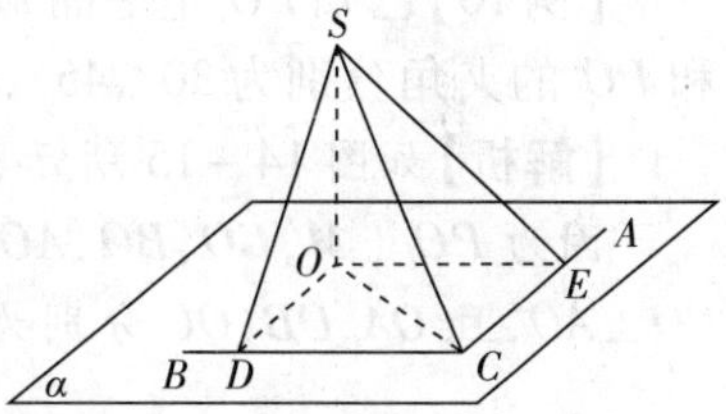

图 14－12

作 $SD\perp BC$ 于 D,作 $SE\perp AC$ 于 E. 由于$\angle SCE=\angle SCD$,$SC=SC$,则 Rt△SDC≌Rt△SEC,于是 $DC=EC$.

连接 OD,OE.

因为 $SO\perp$平面 α,$CD\subset\alpha$,所以 $SO\perp CD$. 又 $SD\perp CD$,则 $CD\perp$平面 SOD,而 $OD\subset$平面 SOD,故 $CD\perp OD$,$\angle ODC=90°$.

同理可证$\angle CEO=90°$,那么四边形 $OECD$ 是正方形.

记 $CE=a$,则 $OC=\sqrt{2}a$.

在 Rt△SEC 中,由已知$\angle CSE=30°$,则 $CE=\frac{1}{2}SC$,即 $SC=2a$.

在 Rt△SOC 中,$\cos\angle SCO=\frac{OC}{SC}=\frac{\sqrt{2}a}{2a}=\frac{\sqrt{2}}{2}$,所以$\angle SCO=45°$.

【例 9】已知线段 PA 垂直正方形 $ABCD$ 所在的平面,且 $PA=a$,$AB=a$,如图 14－13 所示,求:

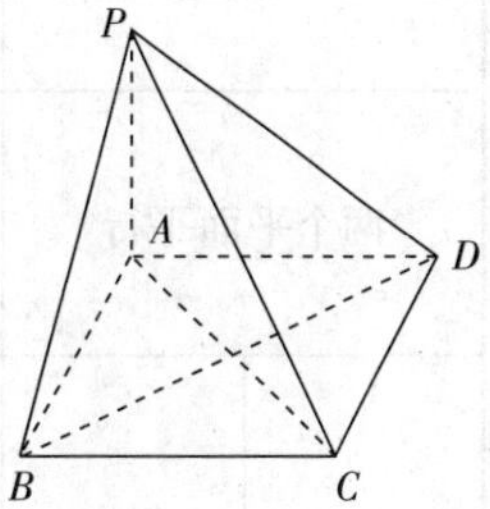

图 14－13

(1) P 到正方形各顶点的距离;

(2) P 到正方形各边的距离;

(3) P 到正方形两条对角线的距离.

【解析】(1)因为 PA 垂直于正方形 $ABCD$ 所在的平面,AB,AD,AC 都在平面 $ABCD$ 内,所以

$$PA\perp AB,PA\perp AD,PA\perp AC.$$

因此△PAB,△PAD,△PAC 都是直角三角形,如图 14－14 所示.

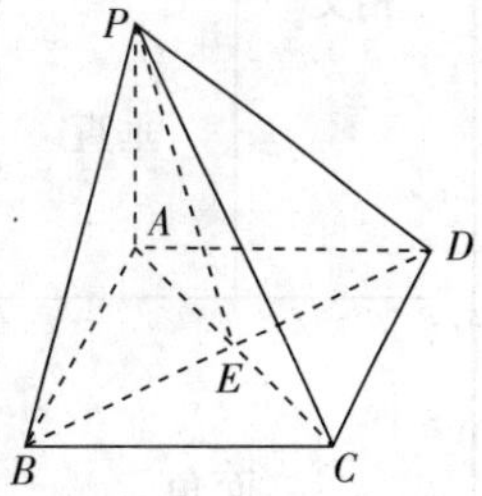

图 14－14

在 Rt△PAB 中,$PB^2=PA^2+AB^2=2a^2$,所以 $PB=\sqrt{2}a$.

在 Rt△PAD 中,同理可得 $PD=\sqrt{2}a$.

在正方形 $ABCD$ 中,$AC=\sqrt{2}a$.

在 Rt△PAC 中,$PC^2=PA^2+AC^2=a^2+(\sqrt{2}a)^2=3a^2$,所以 $PC=\sqrt{3}a$.

(2)由(1)知 $PA\perp AB$,$PA\perp AD$,所以 PA 分别是点 P 与 AB,AD 的距离. 因此点 P 与 AB,AD 的距离为 a.

由(1)知，AD是PD在平面$ABCD$内的射影，已知$AD\perp CD$，所以$PD\perp DC$，即PD是点P与CD的距离.

在$\mathrm{Rt}\triangle PAD$中$PD^2=2a^2$，$PD=\sqrt{2}a$.

同理可得，点P与BC的距离为$\sqrt{2}a$.

(3)由(1)知，$PA\perp AC$，所以点P与AC的距离为a.

因为$ABCD$是正方形，所以$AC\perp BD$.

设AC，BD交于E，连接PE. AE是PE在平面$ABCD$内的射影，所以$PE\perp BD$，即PE为点P与BD的距离.

因为$AE=\frac{1}{2}AC=\frac{1}{2}\sqrt{2}a$，所以$PE^2=a^2+\left(\frac{1}{2}\sqrt{2}a\right)^2$，则$PE=\frac{\sqrt{6}}{2}a$.

【例10】已知PO是平面M的垂线，O是垂足，$PO=a$，PA，PB，PC为平面M的斜线，它们和PO的夹角分别为$30°$，$45°$，$60°$. 求PA，PB，PC的长以及它们在平面M上的射影的长.

【解析】如图14－15所示，连接OA，OB，OC.

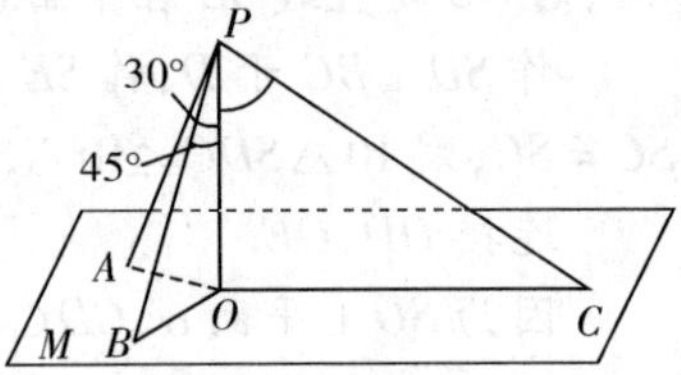

图14－15

因为$PO\perp M$，CO，BO，$AO\subset M$，所以$PO\perp CO$，$PO\perp BO$，$PO\perp AO$，且OA，OB，OC分别为PA，PB，PC在M内的射影.

在$\mathrm{Rt}\triangle POA$中，$OA=PO\cdot\tan 30°=\frac{\sqrt{3}}{3}a$，$PA=\frac{a}{\cos 30°}=\frac{2\sqrt{3}}{3}a$.

在$\mathrm{Rt}\triangle POB$中，$OB=PO\cdot\tan 45°=a$，$PB=\sqrt{2}a$.

在$\mathrm{Rt}\triangle POC$中，$OC=PO\cdot\tan 60°=\sqrt{3}a$，$PC=2PO=2a$.

四、空间两个平面

1. 两个平面的位置关系

		定义	图示	公共点	记法
两个平面平行		如果两个平面没有公共点，称这两个平面互相平行	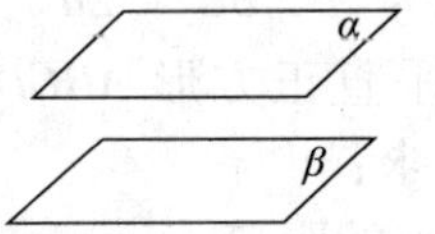	没有公共点	$\alpha/\!/\beta$
两个平面相交	斜交	如果两个平面相交，但不相互垂直，称这两个平面斜交	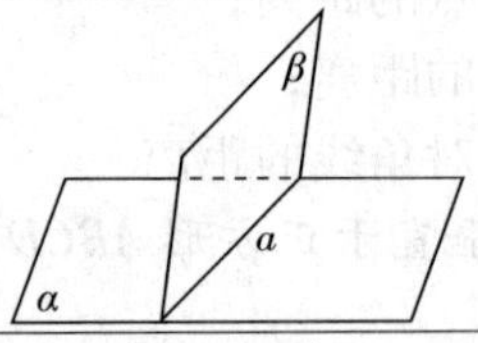	有无数个公共点	$\alpha\cap\beta$
	垂直	如果两个平面相交所成的二面角是直二面角，称这两个平面互为垂直平面	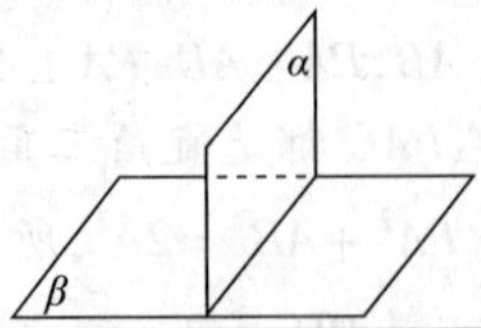	有无数个公共点	$\alpha\perp\beta$
二面角		从一条直线引出的两个半平面所组成的图形叫二面角	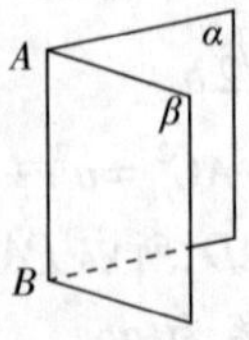	有无数个公共点	$\alpha-AB-\beta$

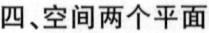

续表

	定义	图示	公共点	记法
两个平行平面的公垂线	和两个平行平面垂直的直线称为两个平行平面的公垂线	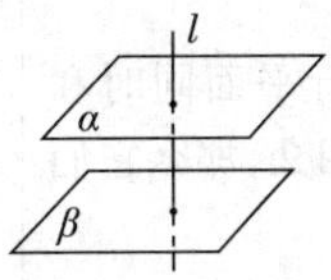	没有公共点	$l\perp\alpha$ 且 $\perp\beta$
两个平行平面之间的距离	夹在两个平行平面之间的公垂线(线段)的长叫作两个平行平面之间的距离	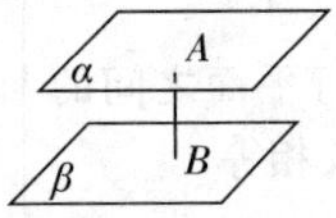	没有公共点	$d=AB$
二面角的平面角	以二面角的棱上任意一点为端点,在两个半平面内分别作垂直于棱的两条射线,这两条射线所成的角叫二面角的平面角	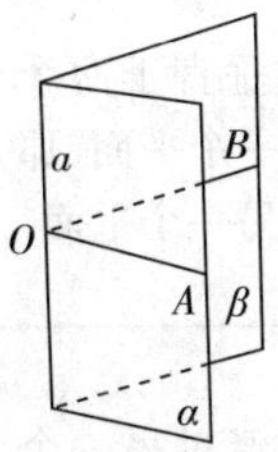	有无数个公共点	$\angle AOB$
直二面角	平面角是直角的二面角叫作直二面角	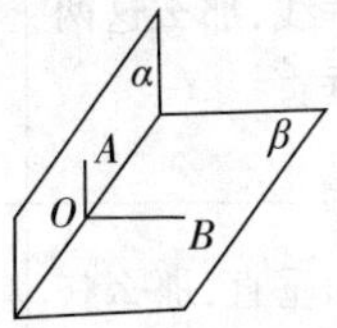	有无数个公共点	$\angle AOB=90^\circ$

2. 两个平面位置关系的定理和推论

		内容	图示	记法
	判定定理	如果一个平面内有两条相交直线都平行于另一个平面,那么这两个平面平行	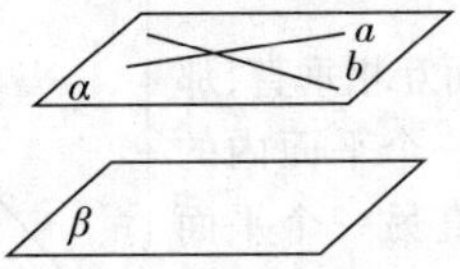	$\left.\begin{matrix}a/\!/\beta\\b/\!/\beta\\a\cap b\end{matrix}\right\}\alpha/\!/\beta$
两个平面平行	推论	如果一个平面内的两条相交直线分别和另一个平面内的两条相交直线平行,那么这两个平面平行	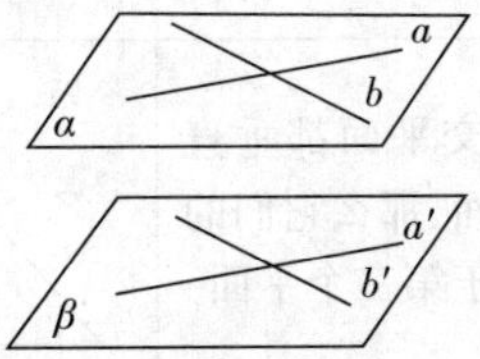	$\left.\begin{matrix}a/\!/a'\\b/\!/b'\\a\cap b\\a'\cap b'\end{matrix}\right\}\Rightarrow\alpha/\!/\beta$
	判定定理	垂直于同一条直线的两个平面平行	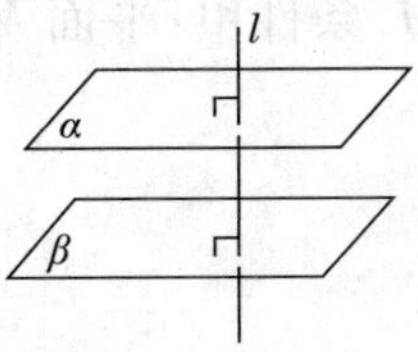	$\left.\begin{matrix}l\perp\alpha\\l\perp\beta\end{matrix}\right\}\Rightarrow\alpha/\!/\beta$

续表

		内容	图示	记法
两个平面平行	性质定理	如果两个平行平面同时和第三个平面相交，那么它们的交线平行	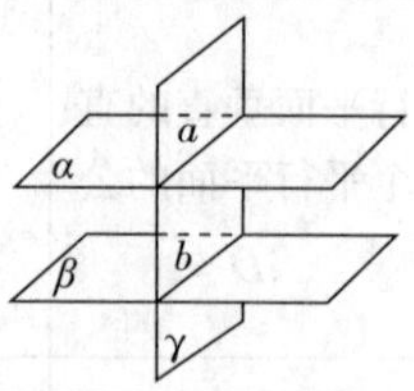	$\left.\begin{array}{l}\alpha\cap\gamma=a\\ \beta\cap\gamma=b\\ \alpha/\!/\beta\end{array}\right\}\Rightarrow a/\!/b$
	推论	夹在两个平行平面之间的平行线段的长相等	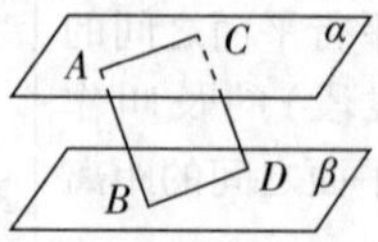	$\left.\begin{array}{l}\alpha/\!/\beta\\ AB/\!/CD\end{array}\right\}\Rightarrow AB=CD$
	性质定理	如果一条直线垂直于两个平行平面中的一个平面，那么它也垂直于另一个平面	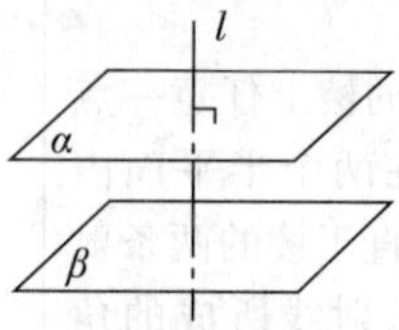	$\left.\begin{array}{l}l\perp\alpha\\ \alpha/\!/\beta\end{array}\right\}\Rightarrow l\perp\beta$
两个平面垂直	判定定理	如果一个平面经过另一个平面的一条垂线，那么这两个平面互相垂直	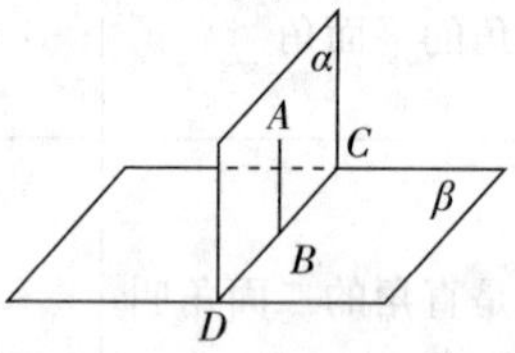	$\left.\begin{array}{l}AB\perp\beta\\ AB\subset\alpha\end{array}\right\}\Rightarrow\alpha\perp\beta$
	性质定理	如果两个平面垂直，那么在一个平面内垂直于它们交线的直线垂直于另一个平面	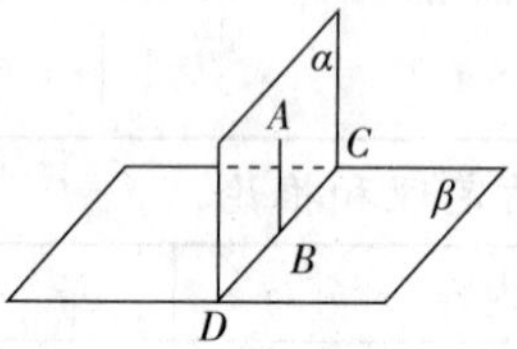	$\left.\begin{array}{l}\alpha\perp\beta\\ \alpha\cap\beta=CD\\ AB\subset\alpha\\ AB\perp CD\end{array}\right\}\Rightarrow AB\perp\beta$
	性质定理	如果两个平面互相垂直，那么经过其中一个平面内的任一点且垂直另一个平面的直线，必在前一个平面内	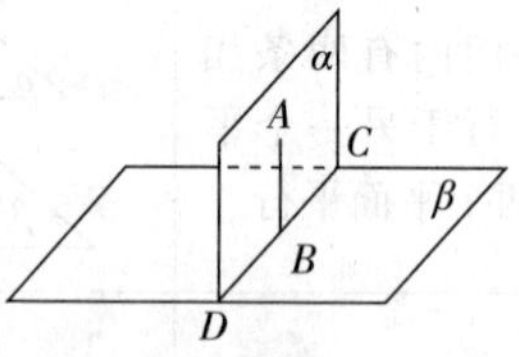	$\left.\begin{array}{l}\alpha\perp\beta\\ A\in\alpha\\ AB\perp\beta\end{array}\right\}\Rightarrow AB\in\alpha$
	性质定理	如果两个相交平面都垂直于第三个平面，那么它们的交线必垂直于第三个平面	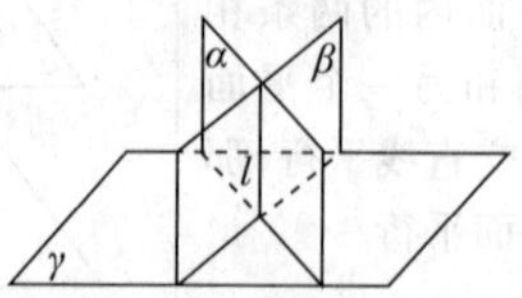	$\left.\begin{array}{l}\alpha\perp\gamma\\ \beta\perp\gamma\\ \alpha\cap\beta=l\end{array}\right\}\Rightarrow l\perp\gamma$

【例 1】设直线 $a\subset$ 平面 M，条件甲：平面 $M/\!/$ 平面 N；条件乙：直线 $a/\!/$ 平面 N. 则甲是乙的(　　).

A. 充分但非必要条件　　B. 必要但非充分条件

C. 充要条件　　D. 非充分又非必要条件

【答案】A

【解析】因为条件甲⇒条件乙；反之，不成立. 所以甲是乙的充分但非必要条件. 故选 A.

【例 2】直线 $a\subset$ 平面 α，直线 $b\subset$ 平面 β，若 $\alpha/\!/\beta$，则 a，b（ ）.

A. 平行　　B. 不可能垂直

C. 相交　　D. 可能平行，也可能是异面直线

【答案】D

【例 3】已知二面角 $\alpha-AB-\beta$ 的平面角是锐角 θ，α 内一点 C 到 β 的距离 $CE=3$，点 C 到二面角 $\alpha-AB-\beta$ 的棱 AB 的距离 $CD=4$，则 $\tan\theta$ 的值等于________.

【答案】$\frac{3}{7}\sqrt{7}$

【解析】连接 DE. 由于 $CE\perp\beta$，$AB\subset\beta$. 又 $CD\perp AB$，所以 $AB\perp$ 平面 CDE. 而 $DE\subset$ 平面 CDE，故 $AB\perp DE$，$\angle CDE$ 为 θ.

又 $CE\perp\beta$，$DE\subset\beta$，所以 $CE\perp DE$.

在 $Rt\triangle CDE$ 中，$DE=\sqrt{4^2-3^2}=\sqrt{7}$.

从而 $\tan\theta=\frac{3}{\sqrt{7}}=\frac{3\sqrt{7}}{7}$.

【例 4】在 150°的二面角 $\alpha-a-\beta$ 的两个半平面内有两点，$A\in\alpha$，$B\in\beta$，A，B 到棱 a 的距离分别为 $\sqrt{3}$，4，且 $AB=4\sqrt{3}$，如图 14－16 所示. 求：

（1）直线 AB 与棱 a 的夹角；

（2）直线 AB 与平面 β 的夹角.

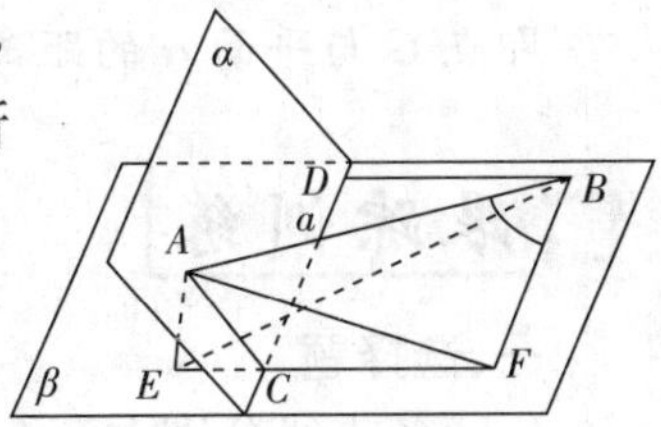

图 14－16

【解析】作 $AC\perp a$，交 a 于 C. 作 $BD\perp a$，交 a 于 D.

过 A 作 $AE\perp\beta$，连接 EC，则 $EC\perp a$.

在平面 β 内，作 $BF/\!/a$ 交 EC 的延长线于 F.

（1）由作图可知，四边形 $BDCF$ 为矩形，所以 $\angle ABF$ 为 AB 与棱 a 所成的角.

因 $\angle ACF$ 是平面 α 与平面 β 的二面角的平面角，所以 $\angle ACF=150°$.

在 $\triangle ACF$ 中，$AC=\sqrt{3}$，$CF=4$. 因此

$AF^2=3+16-2\times4\sqrt{3}\cos150°=19+12=31$，$AF=\sqrt{31}$.

因为棱 a 垂直 AC 与 CF 所确定的平面，所以 BF 垂直 AC 与 CF 所确定的平面，从而 $BF\perp AF$.

在 $Rt\triangle AFB$ 中，$\sin\angle ABF=\frac{\sqrt{31}}{4\sqrt{3}}=\frac{\sqrt{93}}{12}$. 由此得

$$\angle ABF=\arcsin\frac{\sqrt{93}}{12}.$$

因此，AB 与棱 a 所成的角为 $\arcsin\frac{\sqrt{93}}{12}$.

（2）在 β 内，连接 EB，则 $\angle ABE$ 为 AB 与 β 所成的角.

在 $Rt\triangle ACE$ 中，$\angle ACE=30°$，$AC=\sqrt{3}$，$\sin30°=\frac{AE}{\sqrt{3}}$，所以 $AE=\frac{\sqrt{3}}{2}$.

在 $Rt\triangle ABE$ 中，$AB=4\sqrt{3}$，$AE=\frac{\sqrt{3}}{2}$，$\sin\angle ABE=\frac{AE}{AB}=\frac{\frac{\sqrt{3}}{2}}{4\sqrt{3}}=\frac{1}{8}$，$\angle ABE=\arcsin\frac{1}{8}$.

【例5】过直角三角形 ABC 的斜边作一平面 α，这一平面与三角形所在的平面所成的二面角为 $60°$，如果已知三角形的两个直角边分别为6和8，求三角形的顶点 C 到平面 α 的距离.

【解析】如图14－17所示，过点 C 分别作 AB 与平面 α 的垂线，D，E 为垂足，连接 DE. 因为 $AB\subset\alpha$，所以 $CE\perp AB$，又 $CD\perp AB$，则 $AB\perp$ 平面 CED. 而 $DE\subset$ 平面 CED，故 $AB\perp DE$，$\angle CDE$ 是平面 α 与平面 ABC 所成二面角的平面角. 因此，$\angle CDE=60°$.

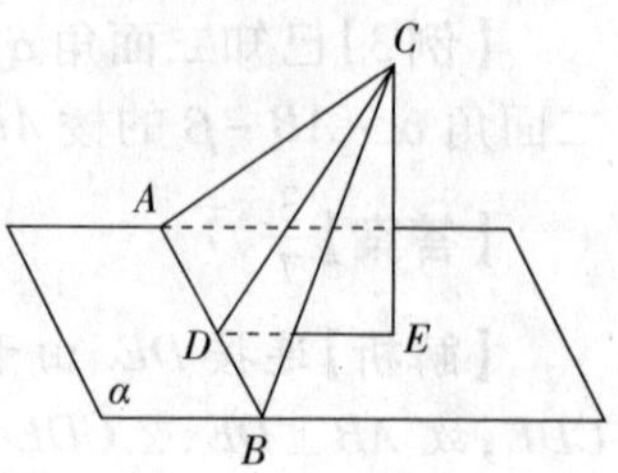

图14－17

在 $\mathrm{Rt}\triangle ABC$ 中，$AB=\sqrt{6^2+8^2}=10$.

因为 $\frac{1}{2}AC\cdot CB=\frac{1}{2}AB\cdot CD=\mathrm{Rt}\triangle ABC$ 的面积，所以

$AC\cdot CB=AB\cdot CD$，$CD=\frac{6\times8}{10}=\frac{24}{5}$.

因为 $CE\perp\alpha$，DE 在 α 上，所以 $CE\perp DE$.

在 $\mathrm{Rt}\triangle CDE$ 中，$CE=CD\sin60°=\frac{24}{5}\times\frac{\sqrt{3}}{2}=\frac{12\sqrt{3}}{5}$，

即点 C 与平面 α 的距离为 $\frac{12\sqrt{3}}{5}$.

跟踪训练

一、选择题

1. 两条直线分别在两个平面内，它们是(　　)直线.

A. 平行　　B. 重合　　C. 平行或异面　　D. 异面

2. 两条直线同垂直于同一条直线，这两条直线(　　).

A. 平行　　B. 相交　　C. 是异面直线　　D. 位置关系不能确定

3. 如果一条直线平行于一个平面，这条直线和这个平面内所有直线(　　).

A. 都平行　　B. 是异面直线　　C. 不一定平行　　D. 相交

4. 已知两条异面直线 a 和 b，以及 a 和 b 外的一点 C，过点 C 和直线 a，b 分别作两个平面 M 和 N，M 和 N 相交于 PQ，那么直线 PQ 和 a，b 的位置关系有(　　)种情形.

A. 1　　B. 2　　C. 3　　D. 4

5. 由距离平面 α 为4 cm的一点 P 向平面引斜线 PA，使斜线与平面成 $30°$ 角，则斜线 PA 在平面 α 上的射影长为(　　).

A. $\frac{4}{\sqrt{3}}$ cm　　B. $4\sqrt{2}$ cm　　C. $4\sqrt{3}$ cm　　D. $\frac{4}{\sqrt{2}}$ cm

6. 以二面角 $\alpha-AB-\beta$ 的棱 AB 上一点 P 为端点，在 β 内作一条射线 PC，使它与棱 AB 组成 $45°$ 的角，和 α 所成的角是 $30°$，则二面角 $\alpha-AB-\beta$ 的度数是(　　).

A. $30°$　　B. $45°$　　C. $60°$　　D. $90°$

二、填空题

1. 已知 a，b 是两条异面直线，$c/\!/a$，那么 c 与 b 的位置关系是________.

2. 直线 l 与平面 α 所成角为 $30°$，$l\cap\alpha=A$，$m\subset\alpha$，$A\notin m$，则 m 与 l 所成角的取值范围是________.

3. 直二面角 $\alpha-l-\beta$ 的棱 l 上有一点 A,在平面 α,β 内各有一条射线 AB,AC 都与 l 成 $45°$. $AB\subset\alpha,AC\subset\beta$,则 $\angle BAC=$__________.

4. 下列命题中:

(1)平行于同一直线的两个平面平行;

(2)平行于同一平面的两个平面平行;

(3)垂直于同一直线的两直线平行;

(4)垂直于同一平面的两直线平行,其中正确的个数是__________.

三、解答题

1. 设长方体 AC_1 的高为 5,底面是边长为 3 的正方形. 求异面直线 CD_1 与 BC_1 所成的角,如图 14-18 所示.

2. 已知 O 是正三角形 ABC 的中心,线段 PO 垂直 $\triangle ABC$ 所在的平面,$PO=h,AB=a$. 求点 P 到 $\triangle ABC$ 各边的距离.

3. 已知正方体 $ABCD-A_1B_1C_1D_1$,求二面角 A_1-BD-C_1,如图 14-19 所示.

4. A 为直二面角 $\alpha-a-\beta$ 棱上的一点,如图 14-20 所示,AB,AC 分别在 α,β 内,并且 AB 与 AC 与棱 a 的夹角都是 $45°$,求 $\angle BAC$ 的度数.

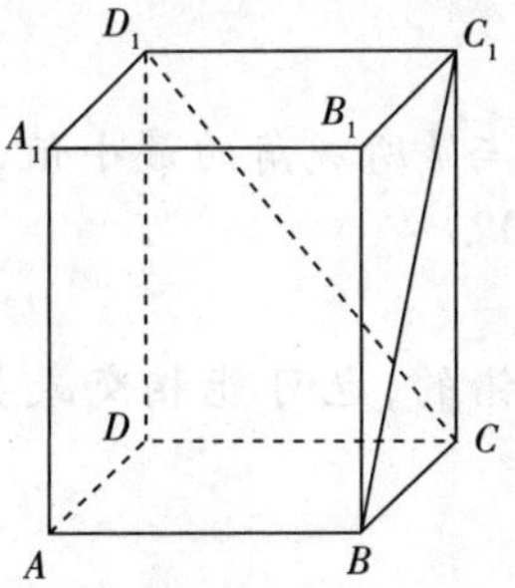

图 14-18

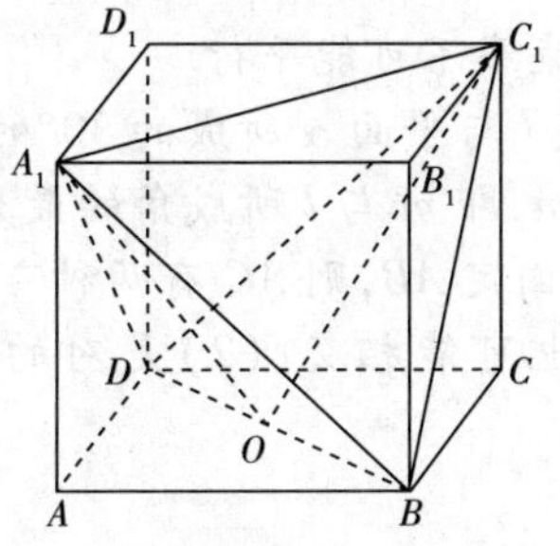

图 14-19

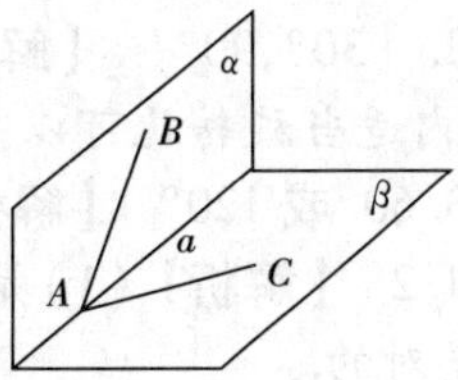

图 14-20

参考答案及解析

一、选择题

1. C 【**解析**】此题易误选 D,异面直线,但也有平行的情况.

2. D 【**解析**】有下列几种情况:平行、相交、异面直线. 故选 D.

3. C 【**解析**】一条直线平行于平面,这条直线与平面内的一部分直线平行(即过这条直线所作的平面与原来平面的交线),而平面内有无数条直线,不可能与这无数条直线都平行.

4. C 【**解析**】①$PQ/\!/b,PQ\cap a$,如图 14-21(a)所示;②$PQ/\!/a,PQ\cap b$,如图 14-21(a)中 a 与 b,M 与 N 互换位置;③$PQ\cap a$ 且 $PQ\cap b$,如图 14-21(b)所示.

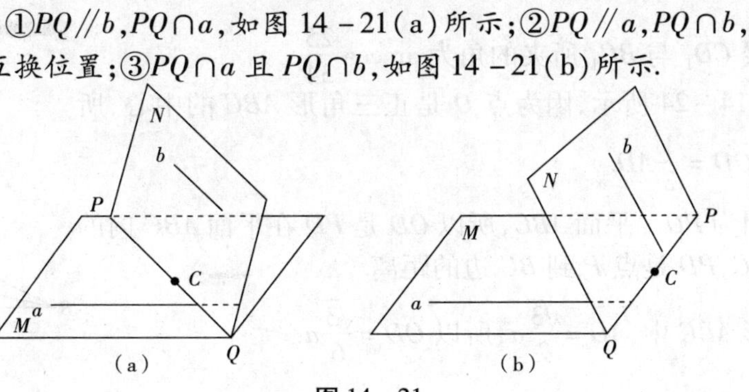

图 14-21

5. C 【解析】所求射影长为 $4\times\cot 30^\circ=4\sqrt{3}$ (cm).

6. B 【解析】如图 14－22 所示，$\angle CPB=45^\circ$，过 C 作 $CO\perp\alpha$，垂足为 O，连接 PO，则 $\angle CPO=30^\circ$，过 C 点在平面 β 内作 $CD\perp AB$，垂足为 D，连接 OD，则 $DO\perp AB$，$\angle CDO$ 为所求二面角的平面角.（当二面角 $\alpha-AB-\beta$ 为钝角时，$\angle CDO$ 为其外角）

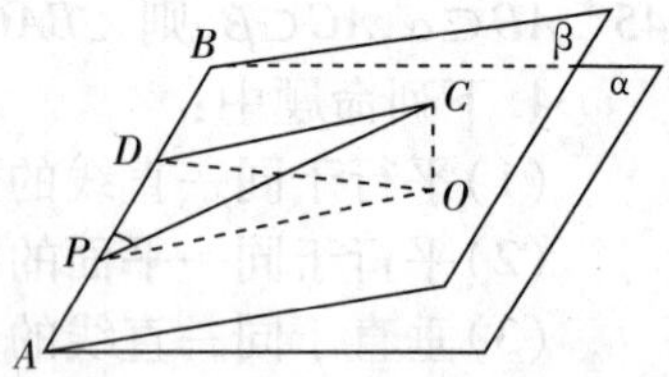

图 14－22

设 $PD=a$，则 $DC=a$，$PC=\sqrt{2}a$，

在 Rt△PCO 中，$CO=\frac{\sqrt{2}a}{2}$，$PC=\sqrt{2}a$，$PO=\frac{\sqrt{6}a}{2}$，

在 Rt△PDO 中，$DO=\sqrt{PO^2-PD^2}=\sqrt{\left(\frac{\sqrt{6}}{2}a\right)^2-a^2}=\frac{\sqrt{2}}{2}a$，

在 Rt△CDO 中，$\because CO=DO=\frac{\sqrt{2}}{2}a$，$\angle COD=90^\circ$，

$\therefore \angle CDO=45^\circ$，故选 B.

二、填空题

1. 异面或相交 【解析】两直线不可能平行.

2. $[30^\circ,90^\circ]$ 【解析】直线 l 与平面 α 所成的 30° 的角为 m 与 l 所成角的最小值，当 m 在 α 内适当旋转就可以得到 $l\perp m$，即 m 与 l 所成角的最大值为 90°.

3. 60° 或 120° 【解析】不妨固定 AB，则 AC 有两种可能.

4. 2 【解析】(1)是错的，也可能相交；(2)是对的；(3)是错的，也可能相交或异面；(4)是对的.

三、解答题

1. 解：连接 BA_1，如图 14－23 所示，因为 $BA_1 /\!/ CD_1$，所以 $\angle C_1BA_1$ 是异面直线 CD_1 与 BC_1 所夹的角.

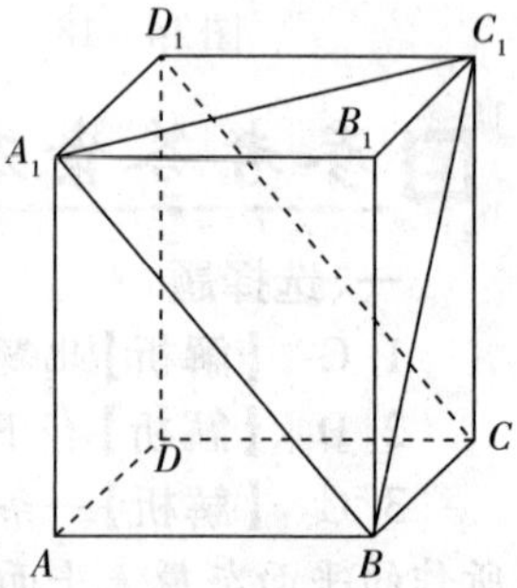

图 14－23

在△BA_1C_1 中，$BC_1^2=BA_1^2=3^2+5^2=34$，$A_1C_1^2=2\cdot 3^2=18$.

由余弦定理，得 $\cos\angle C_1BA_1=\frac{BC_1^2+BA_1^2-A_1C_1^2}{2BC_1\cdot BA_1}=\frac{34+34-18}{2\times 34}$

$=\frac{25}{34}$.

$\angle C_1BA_1=\arccos\frac{25}{34}$.

即异面直线 CD_1 与 BC_1 所夹的角为 $\arccos\frac{25}{34}$.

2. 解：如图 14－24 所示，因为点 O 是正三角形 ABC 的中心，所以 $OD\perp BC$，且 $OD=\frac{1}{3}AD$.

连接 PD，因为 $PO\perp$ 平面 ABC，所以 OD 是 PD 在平面 ABC 内的射影，则 $PD\perp BC$，PD 是点 P 到 BC 边的距离.

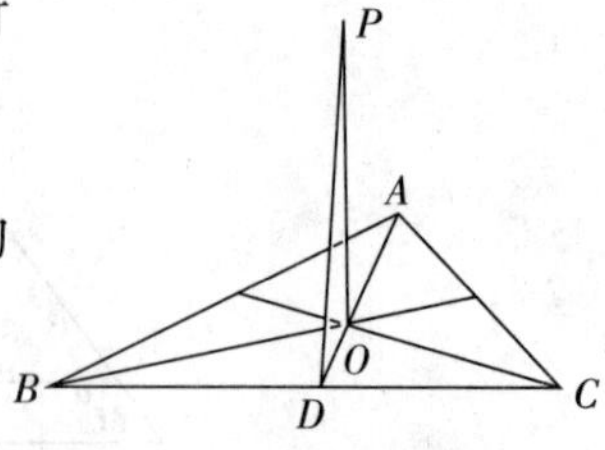

图 14－24

在正三角形 ABC 中，$AD=\frac{\sqrt{3}}{2}a$，所以 $OD=\frac{\sqrt{3}}{6}a$.

在 $Rt\triangle POD$ 中，$PD^2=OD^2+PO^2=\left(\frac{\sqrt{3}}{6}a\right)^2+h^2$，

$PD=\frac{1}{6}\sqrt{3a^2+36h^2}$.

因为点 P 与正三角形 ABC 各边的距离相等，所以点 P 与正三角形各边的距离均为 $\frac{1}{6}\sqrt{3a^2+36h^2}$.

3. 解：因为 $\triangle A_1BD$ 和 $\triangle C_1BD$ 都是等边三角形，设 BD 的中点为 O，连接 A_1O，C_1O，则 $A_1O\perp BD$，$C_1O\perp BD$，

所以 $\angle A_1OC_1$ 是二面角 A_1-BD-C_1 的平面角.

设正方体的棱长为 a，那么

$A_1B=\sqrt{2}a$，$A_1O=\sqrt{2a^2-\frac{1}{2}a^2}=\frac{\sqrt{6}}{2}a$.

在 $\triangle A_1OC_1$ 中，

$A_1O=C_1O=\frac{\sqrt{6}}{2}a$，$A_1C_1=\sqrt{2}a$.

由此得

$$\cos\angle A_1OC_1=\frac{\frac{3}{2}a^2+\frac{3}{2}a^2-2a^2}{2\times\frac{\sqrt{6}}{2}a\times\frac{\sqrt{6}}{2}a}=\frac{1}{3},$$

所以 $\angle A_1OC_1=\arccos\frac{1}{3}$，

二面角 A_1-BD-C_1 为 $\arccos\frac{1}{3}$.

4. 解：过点 B 作棱 a 的垂线，D 为垂足，在平面 β 内，过点 D 作 a 的垂线，交 AC 于 C'，连接 BC'，如图 14－25 所示.

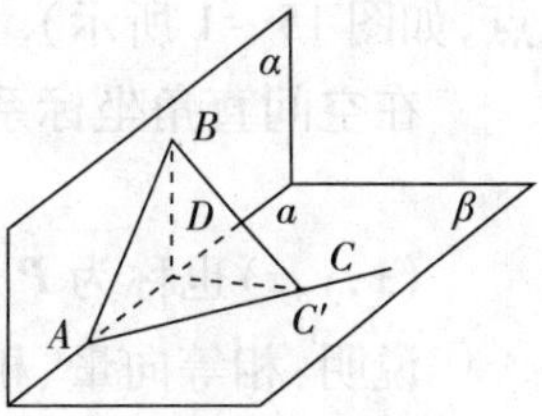

图 14－25

所以 $\angle BDC'$ 是直二面角 $\alpha-a-\beta$ 的平面角，则 $BD\perp DC'$，又 $BD\perp a$，于是 $BD\perp\beta$.

因此，$\angle BDA=\angle C'DA=\angle BDC'=90°$.

在 $Rt\triangle ABD$ 中，已知 $\angle BAD=45°$，所以 $BD=AD$.

同理可证 $AD=DC'$.

所以 $Rt\triangle ABD\cong Rt\triangle BDC'\cong Rt\triangle ADC'$. 因此，$AB=AC'=BC'$.

于是 $\angle BAC'=60°$，即 $\angle BAC=60°$.

第十五章　空间向量

考纲导读

1. 理解空间向量的概念，掌握空间向量的加法、减法和数乘向量的运算. 掌握向量平移.

2. 了解空间向量分解定理. 理解直线的方向向量.

3. 掌握空间向量数量积的定义及其运算，会解决空间直线的平行、垂直、夹角等几何问题.

考点精讲

一、向量的概念

1. 空间向量

在空间内，具有大小和方向的量叫作空间向量（简称向量）. 用空间的有向线段来表示空间向量. 模（长度）和方向是向量的两个要素.

2. 位置向量

向量 $\boldsymbol{P}$ 是指以坐标原点为始点，P 为终点的向量（P 为空间的任一点，如图 15－1 所示）.

在空间直角坐标系下

$$\boldsymbol{P} \xleftrightarrow{\text{一一对应}} P \xleftrightarrow{\text{一一对应}} (x,y,z)$$

(x,y,z) 也称为 $\boldsymbol{P}$ 的坐标，记为 $\boldsymbol{P}=(x,y,z)$.

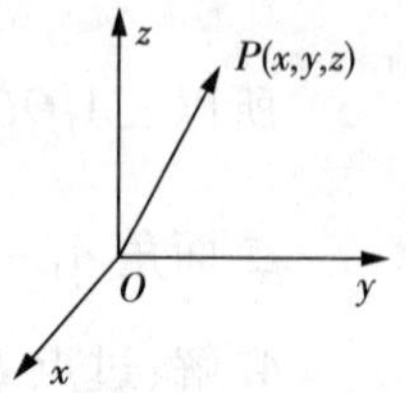

图 15－1

说明：相等向量、相反向量、零向量、单位向量的定义与平面向量相同.

二、向量的运算

1. 加法、减法、数乘及其运算律（同平面向量）

(1) 向量的加法

①三角形法则

已知空间向量 $\boldsymbol{a},\boldsymbol{b}$，在空间上任取一点 A，作 $\overrightarrow{AB}=\boldsymbol{a}$，$\overrightarrow{BC}=\boldsymbol{b}$，作向量 $\overrightarrow{AC}$，则向量 $\overrightarrow{AC}$ 叫作 $\boldsymbol{a}$ 与 $\boldsymbol{b}$ 的和（或和向量），记作 $\boldsymbol{a}+\boldsymbol{b}$.

②平行四边形法则

已知空间向量 $\boldsymbol{a},\boldsymbol{b}$，在空间上任取一点 A，作 $\overrightarrow{AB}=\boldsymbol{a}$，$\overrightarrow{AD}=\boldsymbol{b}$，以 $\overrightarrow{AB}$，$\overrightarrow{AD}$ 为邻边作 ▱$ABCD$，则此平行四边形对角线上的向量 $\overrightarrow{AC}=\boldsymbol{a}+\boldsymbol{b}$.

③向量的加法运算律

交换律 $\boldsymbol{a}+\boldsymbol{b}=\boldsymbol{b}+\boldsymbol{a}$.

结合律 $(\boldsymbol{a}+\boldsymbol{b})+\boldsymbol{c}=\boldsymbol{a}+(\boldsymbol{b}+\boldsymbol{c})$.

(2)向量的减法

已知空间向量 $\boldsymbol{a},\boldsymbol{b}$,在空间中任取一点 O,作 $\overrightarrow{OA}=\boldsymbol{a},\overrightarrow{OB}=\boldsymbol{b}$,则向量 $\overrightarrow{BA}$ 叫作 $\boldsymbol{a}$ 与 $\boldsymbol{b}$ 的差,记作 $\boldsymbol{a}-\boldsymbol{b}$,即 $\boldsymbol{a}-\boldsymbol{b}=\overrightarrow{OA}-\overrightarrow{OB}=\overrightarrow{BA}$.

注意:$\boldsymbol{a}-\boldsymbol{b}=\boldsymbol{a}+(-\boldsymbol{b})$.

(3)数乘向量

实数 λ 与非零向量 $\boldsymbol{a}$ 的积是一个向量,记作 $\lambda\boldsymbol{a}$,它的长度与方向规定如下:

①$|\lambda\boldsymbol{a}|=|\lambda|\cdot|\boldsymbol{a}|$.

②当 $\lambda>0$ 时,$\lambda\boldsymbol{a}$ 与 $\boldsymbol{a}$ 方向相同;当 $\lambda<0$ 时,$\lambda\boldsymbol{a}$ 与 $\boldsymbol{a}$ 方向相反;若 $\boldsymbol{a}$ 为零向量或 $\lambda=0$,规定 $\lambda\boldsymbol{a}=\boldsymbol{0}$.

③实数与向量的积满足如下运算律:

$(\lambda\mu)\boldsymbol{a}=\lambda(\mu\boldsymbol{a})$.

$(\lambda+\mu)\boldsymbol{a}=\lambda\boldsymbol{a}+\mu\boldsymbol{a}$.

$\lambda(\boldsymbol{a}+\boldsymbol{b})=\lambda\boldsymbol{a}+\lambda\boldsymbol{b}$.

其中,$\lambda,\mu\in\mathbf{R}$.

2. 向量的基本公式

$\boldsymbol{a}=(a_1,a_2,a_3),\boldsymbol{b}=(b_1,b_2,b_3)$,则有下列公式:

(1)两向量夹角的计算公式

$$\cos\langle\boldsymbol{a},\boldsymbol{b}\rangle=\frac{\boldsymbol{a}\cdot\boldsymbol{b}}{|\boldsymbol{a}|\cdot|\boldsymbol{b}|}=\frac{a_1b_1+a_2b_2+a_3b_3}{\sqrt{a_1^2+a_2^2+a_3^2}\cdot\sqrt{b_1^2+b_2^2+b_3^2}}.$$

(2)共线条件

$$\boldsymbol{a}/\!/\boldsymbol{b}\Leftrightarrow\begin{cases}\boldsymbol{a}=\lambda\boldsymbol{b},\\ \lambda_1\boldsymbol{a}+\lambda_2\boldsymbol{b}=\boldsymbol{0},\\ \dfrac{a_1}{b_1}=\dfrac{a_2}{b_2}=\dfrac{a_3}{b_3}.\end{cases}$$

(3)垂直

$$\boldsymbol{a}\perp\boldsymbol{b}\Leftrightarrow\begin{cases}\boldsymbol{a}\cdot\boldsymbol{b}=0,\\ a_1b_1+a_2b_2+a_3b_3=0.\end{cases}$$

(4)三个向量共面的条件

$$\boldsymbol{a},\boldsymbol{b},\boldsymbol{c}\text{ 共面}\Leftrightarrow\begin{cases}\boldsymbol{c}=\lambda\boldsymbol{a}+\mu\boldsymbol{b},\\ \lambda_1\boldsymbol{a}+\lambda_2\boldsymbol{b}+\lambda_3\boldsymbol{c}=\boldsymbol{0},\end{cases}(\boldsymbol{a},\boldsymbol{b}\text{ 不共线},\lambda,\mu\text{ 为实数}).$$

(5)三个向量不共面的条件、空间向量分解定理

如果三个向量 $\boldsymbol{a},\boldsymbol{b},\boldsymbol{c}$ 不共面,那么对空间任一向量 $\boldsymbol{P}$ 都存在唯一的有序实数组 (x,y,z),使 $\boldsymbol{P}=x\boldsymbol{a}+y\boldsymbol{b}+z\boldsymbol{c}$. (*)

$\{\boldsymbol{a},\boldsymbol{b},\boldsymbol{c}\}$ 称为空间的一个基底. 空间任意三个不共面的向量都可构成空间的一个基底. 如果基底 $\{\boldsymbol{a},\boldsymbol{b},\boldsymbol{c}\}$ 中的三个不共面向量为单位向量并且互相垂直,则称这个基底为单位正交基底.

(x,y,z) 称为向量 $\boldsymbol{P}$ 的坐标,(*)式叫向量 $\boldsymbol{P}$ 关于基底 $\{\boldsymbol{a},\boldsymbol{b},\boldsymbol{c}\}$ 的分解式.

(6)两向量内积的坐标式

设 $\boldsymbol{a}=(a_1,a_2,a_3),\boldsymbol{b}=(b_1,b_2,b_3)$,

$$\boldsymbol{a}\cdot\boldsymbol{b}=|\boldsymbol{a}|\cdot|\boldsymbol{b}|\cos\langle\boldsymbol{a},\boldsymbol{b}\rangle=a_1b_1+a_2b_2+a_3b_3.$$

三、空间直角坐标系及向量的直角坐标

1. 空间直角坐标系

设 $\boldsymbol{i},\boldsymbol{j},\boldsymbol{k}$ 为有公共起点 O 的三个两两垂直的单位向量，以 O 为原点，分别以 $\boldsymbol{i},\boldsymbol{j},\boldsymbol{k}$ 的方向为 x 轴、y 轴、z 轴的正方向建立空间直角坐标系 $Oxyz$，如图 15－2 所示.

2. 空间向量的直角坐标

对于空间的任意一个向量 $\boldsymbol{P}$，把它平移，使它的起点与空间直角坐标系的原点 O 重合，那么存在有序实数组 (x,y,z) 使得

$$\boldsymbol{P}=x\boldsymbol{i}+y\boldsymbol{j}+z\boldsymbol{k}.$$

x,y,z 叫作向量在单位正交基底 $\boldsymbol{i},\boldsymbol{j},\boldsymbol{k}$ 下的坐标，记作 $\boldsymbol{P}=(x,y,z)$.

可见，向量 $\boldsymbol{P}$ 的坐标是 $\boldsymbol{P}$ 的终点在空间直角坐标系中的坐标.

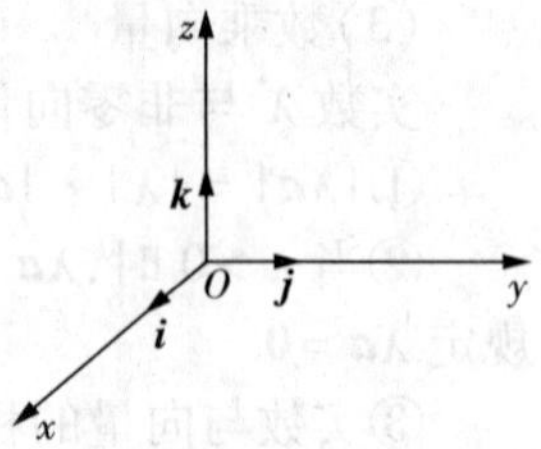

图 15－2

四、空间两点间的距离

已知点 $A(a_1,b_1,c_1)$，$B(a_2,b_2,c_2)$，则 A,B 两点间的距离

$$d_{AB}=|\overrightarrow{AB}|=\sqrt{(a_1-a_2)^2+(b_1-b_2)^2+(c_1-c_2)^2}.$$

注意：空间向量运算的坐标表示与平面向量运算的坐标表示类似，可类比记忆.

【例 1】向量 $\boldsymbol{a}=(0,1,0)$ 与 $\boldsymbol{b}=(-3,2,\sqrt{3})$ 的夹角的余弦值为（　　）.

A. $\frac{\sqrt{6}+\sqrt{2}}{4}$　　B. $\frac{\sqrt{3}}{2}$　　C. $\frac{1}{2}$　　D. 0

【答案】C

【解析】$\cos\langle\boldsymbol{a},\boldsymbol{b}\rangle=\frac{0\times(-3)+1\times2+0\times\sqrt{3}}{\sqrt{0^2+1^2+0^2}\cdot\sqrt{(-3)^2+2^2+(\sqrt{3})^2}}=\frac{1}{2}$，故选 C.

【例 2】已知向量 $\boldsymbol{a}=(2,4,-3)$，$\boldsymbol{b}=(m,-1,0)$，且 $\boldsymbol{a}\perp\boldsymbol{b}$，则实数 $m=$（　　）.

A. 2　　B. -2　　C. 1　　D. -1

【答案】A

【解析】由已知，$\boldsymbol{a}\cdot\boldsymbol{b}=0$，即

$(2,4,-3)\cdot(m,-1,0)=0$，$2m+4\times(-1)+(-3)\times0=0$，

则 $m=2$，故选 A.

【例 3】已知向量 $\boldsymbol{a}=(1,1,0)$，$\boldsymbol{b}=(-1,0,2)$，且 $k\boldsymbol{a}+\boldsymbol{b}$ 与 $2\boldsymbol{a}-\boldsymbol{b}$ 互相垂直，则实数 $k=$（　　）.

A. 1　　B. $\frac{1}{5}$　　C. $\frac{3}{5}$　　D. $\frac{7}{5}$

【答案】D

【解析】$k\boldsymbol{a}=k(1,1,0)=(k,k,0)$，

$k\boldsymbol{a}+\boldsymbol{b}=(k,k,0)+(-1,0,2)=(k-1,k,2)$.

又 $2\boldsymbol{a}=2(1,1,0)=(2,2,0)$，

$2\boldsymbol{a}-\boldsymbol{b}=(2,2,0)-(-1,0,2)=(3,2,-2)$.

由已知，$(k\boldsymbol{a}+\boldsymbol{b})\cdot(2\boldsymbol{a}-\boldsymbol{b})=0$，即

$(k-1,k,2)\cdot(3,2,-2)=0$，$(k-1)\times3+2k+2\times(-2)=0$，

则 $k=\frac{7}{5}$，故选 D.

【例 4】(1) 已知点 $A(3,5,-7)$，$B(-2,4,3)$，则 $\overrightarrow{AB}$ 的坐标为________，$\overrightarrow{BA}$ 的坐标

为________，$|\overrightarrow{AB}|=$________.

【答案】$(-5,-1,10)$；$(5,1,-10)$；$3\sqrt{14}$

【解析】$\overrightarrow{AB}=(-5,-1,10)$；$\overrightarrow{BA}=(5,1,-10)$；$|\overrightarrow{AB}|=\sqrt{(-5)^2+(-1)^2+10^2}=3\sqrt{14}$.

【例5】已知向量$\boldsymbol{a}=(2,-1,-2)$，$\boldsymbol{b}=(-10,5,10)$，则$\boldsymbol{a},\boldsymbol{b}$的位置关系是________.

【答案】$\boldsymbol{a}/\!/\boldsymbol{b}$

【解析】由已知，$-5\boldsymbol{a}=(-10,5,10)=\boldsymbol{b}$，所以$\boldsymbol{a}/\!/\boldsymbol{b}$.

【例6】已知正方体$ABCD-A'B'C'D'$中，CD'和DC'相交于O点，如图15－3所示.

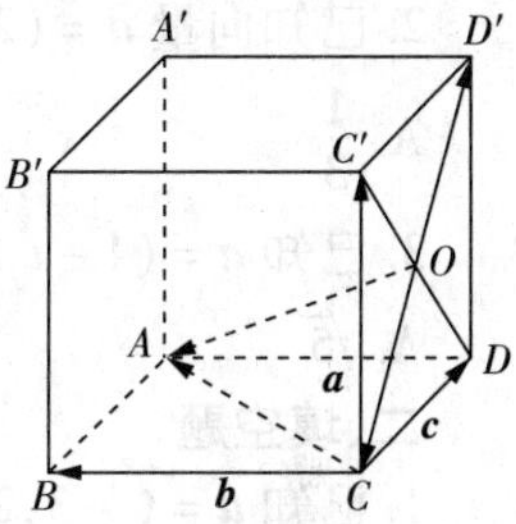

图15－3

求证：$AO\perp CD'$.

【解析】证明：记$\overrightarrow{CC'}=\boldsymbol{a}$，$\overrightarrow{CD}=\boldsymbol{c}$，$\overrightarrow{CB}=\boldsymbol{b}$.

则$\overrightarrow{CD'}=\boldsymbol{a}+\boldsymbol{c}$.

$$\overrightarrow{OA}=\overrightarrow{OC}+\overrightarrow{CA}=-\frac{1}{2}\overrightarrow{CD'}+\boldsymbol{b}+\boldsymbol{c}$$

$$=-\frac{1}{2}(\boldsymbol{a}+\boldsymbol{c})+\boldsymbol{b}+\boldsymbol{c}=\boldsymbol{b}+\frac{1}{2}\boldsymbol{c}-\frac{1}{2}\boldsymbol{a}.$$

于是$\overrightarrow{CD'}\cdot\overrightarrow{OA}=(\boldsymbol{a}+\boldsymbol{c})\cdot\left(\boldsymbol{b}+\frac{1}{2}\boldsymbol{c}-\frac{1}{2}\boldsymbol{a}\right)$

$$=\boldsymbol{a}\cdot\boldsymbol{b}+\frac{1}{2}\boldsymbol{a}\cdot\boldsymbol{c}-\frac{1}{2}\boldsymbol{a}^2+\boldsymbol{c}\cdot\boldsymbol{b}+\frac{1}{2}\boldsymbol{c}^2-\frac{1}{2}\boldsymbol{c}\cdot\boldsymbol{a}.$$

由于$\boldsymbol{a}\perp\boldsymbol{b}$，$\boldsymbol{b}\perp\boldsymbol{c}$，$\boldsymbol{a}\perp\boldsymbol{c}$，于是$\boldsymbol{a}\cdot\boldsymbol{b}=\boldsymbol{b}\cdot\boldsymbol{c}=\boldsymbol{a}\cdot\boldsymbol{c}=0$.

从而$\overrightarrow{CD'}\cdot\overrightarrow{OA}=-\frac{1}{2}\boldsymbol{a}^2+\frac{1}{2}\boldsymbol{c}^2=-\frac{1}{2}|\boldsymbol{a}|^2+\frac{1}{2}|\boldsymbol{c}|^2$.

又$|\boldsymbol{a}|^2=|\boldsymbol{c}|^2$，所以$\overrightarrow{CD'}\cdot\overrightarrow{OA}=0$.

故$AO\perp CD'$.

【例7】如图15－4所示，正方体$ABCD-A_1B_1C_1D_1$中，点M,N分别为棱AA_1，BB_1的中点，求异面直线CM和D_1N所成的角的余弦值.

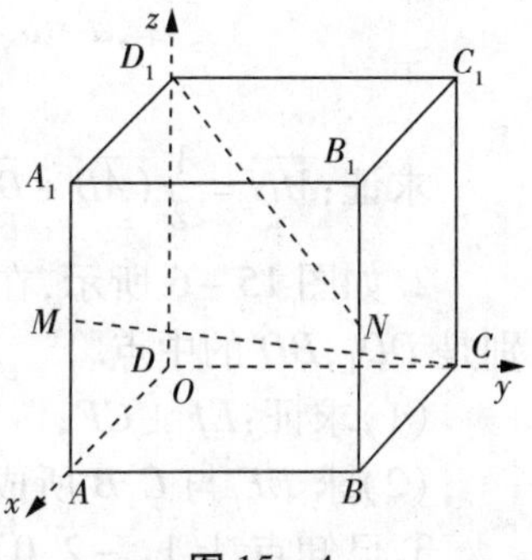

图15－4

【解析】以D为坐标原点，DA，DC，DD_1所在直线分别为x轴、y轴、z轴建立空间直角坐标系$Oxyz$，如图15－4所示. 设正方体的棱长为2个单位长，则

$M(2,0,1)$，$C(0,2,0)$，$D_1(0,0,2)$，$N(2,2,1)$，

故$\overrightarrow{MC}=(-2,2,-1)$，$\overrightarrow{D_1N}=(2,2,-1)$，

从而$\cos\langle\overrightarrow{MC},\overrightarrow{D_1N}\rangle=\dfrac{-2\times2+2\times2+(-1)\times(-1)}{\sqrt{(-2)^2+2^2+(-1)^2}\cdot\sqrt{2^2+2^2+(-1)^2}}=\dfrac{1}{9}$，

因此，异面直线CM与D_1N所成角的余弦值为$\frac{1}{9}$.

跟踪训练

一、选择题

1. 已知向量 $\boldsymbol{a}=(2,-3,1)$，$\boldsymbol{b}=(2,0,3)$，$\boldsymbol{c}=(0,0,2)$，则 $\boldsymbol{a}\cdot(\boldsymbol{b}+\boldsymbol{c})=$（　　）.

A. 8　　B. 9　　C. 13　　D. $\sqrt{61}$

2. 已知向量 $\boldsymbol{a}=(2,-1,1)$，$\boldsymbol{b}=(-6,3,n)$，且 $\boldsymbol{a}/\!/\boldsymbol{b}$，则 $n=$（　　）.

A. $\frac{1}{3}$　　B. $-\frac{1}{3}$　　C. 3　　D. -3

3. 已知 $\boldsymbol{a}=(1-t,2t-1,0)$，$\boldsymbol{b}=(2,t,t)$，则 $|\boldsymbol{b}-\boldsymbol{a}|$ 的最小值是（　　）.

A. $\sqrt{5}$　　B. $\sqrt{6}$　　C. $\sqrt{2}$　　D. $\sqrt{3}$

二、填空题

1. 已知 $\boldsymbol{a}=(-3,2,5)$，$\boldsymbol{b}=(1,-1,0)$，则 $\boldsymbol{b}\cdot(\boldsymbol{a}-\boldsymbol{b})=$________.

2. 已知点 $A(0,-1,0)$，$B(1,0,0)$，$C(0,1,2)$，则 $\overrightarrow{AB}\cdot\overrightarrow{AC}=$________，$\cos\langle\overrightarrow{AB},\overrightarrow{AC}\rangle=$________.

3. 已知 $\boldsymbol{a}=(3,-1,2)$，$\boldsymbol{b}=(-6,2,-4)$，则 $\boldsymbol{a},\boldsymbol{b}$ 的夹角为________.

4. 已知 $\boldsymbol{a}=(0,1,0)$，$\boldsymbol{b}=(1,0,1)$，则 $\boldsymbol{a}\cdot\boldsymbol{b}=$________.

三、解答题

1. 在空间四边形 $ABCD$ 中，M,N 分别是 AD,BC 的中点（如图 15－5 所示）.

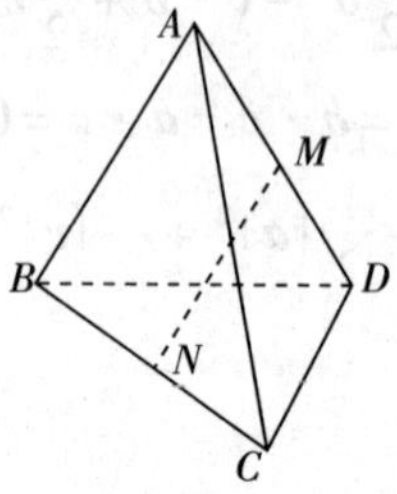

图 15－5

求证：$\overrightarrow{MN}=\frac{1}{2}(\overrightarrow{AB}+\overrightarrow{DC})$.

2. 如图 15－6 所示，在正方体 $ABCD-A_1B_1C_1D_1$ 中，点 E,F 分别是 DD_1，BD 的中点.

(1) 求证：$EF\perp CF$；

(2) 求 EF 与 C_1B 所成角的余弦值.

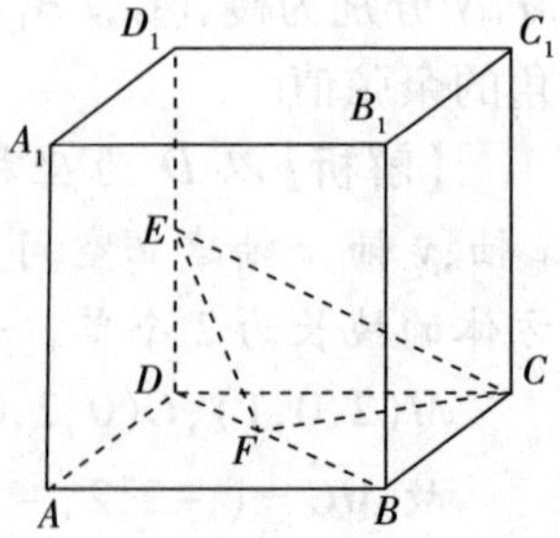

图 15－6

3. 已知点 $A(1,-2,0)$ 和向量 $\boldsymbol{a}=(-3,4,12)$，求点 B 的坐标，使 $\overrightarrow{AB}/\!/\boldsymbol{a}$，且 $|AB|=2|\boldsymbol{a}|$.

参考答案及解析

一、选择题

1. B 【解析】$\boldsymbol{b}+\boldsymbol{c}=(2,0,3)+(0,0,2)=(2,0,5)$，

$\boldsymbol{a}\cdot(\boldsymbol{b}+\boldsymbol{c})=(2,-3,1)\cdot(2,0,5)=2\times2+(-3)\times0+1\times5=9$. 故选 B.

2. D 【解析】由已知，$\boldsymbol{b}=\lambda\boldsymbol{a}$，即

$(-6,3,n)=\lambda(2,-1,1)$，$(-6,3,n)=(2\lambda,-\lambda,\lambda)$.

由 $-6=2\lambda$ 及 $n=\lambda$，得 $n=-3$，故选 D.

3. C 【解析】由已知，$\boldsymbol{b}-\boldsymbol{a}=(1+t,-t+1,t)$，则

$|\boldsymbol{b}-\boldsymbol{a}|=\sqrt{(1+t)^2+(-t+1)^2+t^2}=\sqrt{3t^2+2}$.

可见，当 $t=0$ 时，$|\boldsymbol{b}-\boldsymbol{a}|$ 的值最小，其值为 $\sqrt{2}$，故选 C.

二、填空题

1. -7 【解析】由已知，$\boldsymbol{a}-\boldsymbol{b}=(-4,3,5)$，则 $\boldsymbol{b}\cdot(\boldsymbol{a}-\boldsymbol{b})=1\times(-4)+(-1)\times3+0\times5=-7$.

2. $2;\frac{1}{2}$ 【解析】由已知，$\overrightarrow{AB}=(1,1,0)$，$\overrightarrow{AC}=(0,2,2)$，则 $\overrightarrow{AB}\cdot\overrightarrow{AC}=1\times0+1\times2+0\times2=2$,

$$\cos\langle\overrightarrow{AB},\overrightarrow{AC}\rangle=\frac{1\times0+1\times2+0\times2}{\sqrt{1^2+1^2+0^2}\cdot\sqrt{0^2+2^2+2^2}}=\frac{1}{2}.$$

3. $180°$ 【解析】由已知，$-2\boldsymbol{a}=-2(3,-1,2)=(-6,2,-4)$. 可见，$\boldsymbol{b}=-2\boldsymbol{a}$，所以 $\boldsymbol{a}/\!/\boldsymbol{b}$，且 $\boldsymbol{a}$ 与 $\boldsymbol{b}$ 方向相反，故 $\langle\boldsymbol{a},\boldsymbol{b}\rangle=180°$.

4. 0

三、解答题

1. 证明：$\because\overrightarrow{MN}=\overrightarrow{MA}+\overrightarrow{AB}+\overrightarrow{BN}$，①

$\overrightarrow{MN}=\overrightarrow{MD}+\overrightarrow{DC}+\overrightarrow{CN}$，②

①+②，得 $2\overrightarrow{MN}=(\overrightarrow{MA}+\overrightarrow{MD})+(\overrightarrow{AB}+\overrightarrow{DC})+(\overrightarrow{BN}+\overrightarrow{CN})$.

$\because\overrightarrow{MA}+\overrightarrow{MD}=\boldsymbol{0}$，$\overrightarrow{BN}+\overrightarrow{CN}=\boldsymbol{0}$，

$\therefore 2\overrightarrow{MN}=\overrightarrow{AB}+\overrightarrow{DC}$ 即 $\overrightarrow{MN}=\frac{1}{2}(\overrightarrow{AB}+\overrightarrow{DC})$.

2. (1) 证明：以 D 为原点，DA，DC，DD_1 所在直线分别为 x 轴、y 轴、z 轴建立空间直角坐标系 $Oxyz$，如图 15－7 所示.

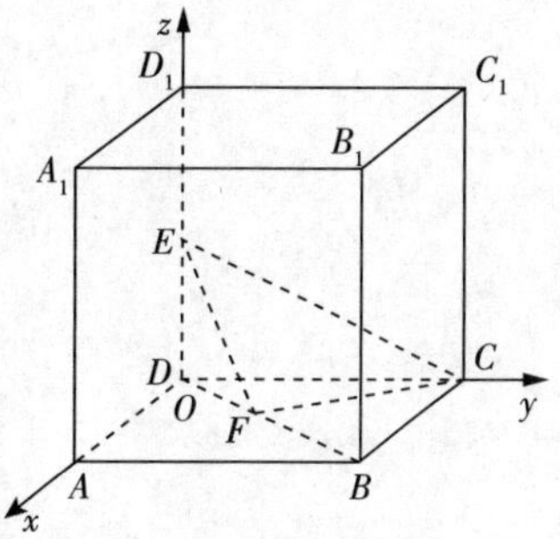

图 15－7

设此正方体的棱长为 2 个单位长.

由已知，$E(0,0,1)$，$F(1,1,0)$，$C(0,2,0)$，则

$\overrightarrow{EF}=(1,1,-1)$，$\overrightarrow{CF}=(1,-1,0)$，

从而 $\overrightarrow{EF}\cdot\overrightarrow{CF}=1\times1+1\times(-1)+(-1)\times0=0$，

因此，$EF\perp CF$.

(2) 解：由已知，$C_1(0,2,2)$，$B(2,2,0)$，则 $\overrightarrow{C_1B}=(2,0,-2)$.

由(1)知，$\overrightarrow{EF}=(1,1,-1)$，则

$$\cos\langle\overrightarrow{EF},\overrightarrow{C_1B}\rangle=\frac{2\times1+0\times1+(-2)\times(-1)}{\sqrt{1^2+1^2+(-1)^2}\cdot\sqrt{2^2+0^2+2^2}}=\frac{\sqrt{6}}{3},$$

因此，EF 与 C_1B 所成的角的余弦值为 $\frac{\sqrt{6}}{3}$.

3. 解：设点 B 的坐标为 (x,y,z)，由已知，$\overrightarrow{AB}=(x-1,y+2,z)$. 令 $\overrightarrow{AB}/\!/\boldsymbol{a}$，即

$$(x-1,y+2,z)=\lambda(-3,4,12)=(-3\lambda,4\lambda,12\lambda),$$

亦即 $\overrightarrow{AB}=(-3\lambda,4\lambda,12\lambda)$.

使 $|AB|=2|\boldsymbol{a}|$，即

$$\sqrt{(-3\lambda)^2+(4\lambda)^2+(12\lambda)^2}=2\sqrt{(-3)^2+4^2+12^2},$$

解之，得 $\lambda=\pm2$.

当 $\lambda=2$ 时，$(x-1,y+2,z)=(-6,8,24)$，则

$$x-1=-6,y+2=8,z=24,\text{故 } x=-5,y=6,$$

从而点 B 的坐标为 $(-5,6,24)$.

当 $\lambda=-2$ 时，$(x-1,y+2,z)=(6,-8,-24)$，则

$$x-1=6,y+2=-8,z=-24,\text{故 } x=7,y=-10.$$

从而点 B 的坐标为 $(7,-10,-24)$.

综上，点 B 的坐标为 $(-5,6,24)$ 或 $(7,-10,-24)$.

第十六章 多面体和旋转体

考纲导读

1. 了解直棱柱、正棱柱的概念、性质,会计算它们的体积.
2. 了解棱锥、正棱锥的概念、性质,会计算它们的体积.
3. 了解球的概念、性质,会计算球面面积和球体体积.

考点精讲

一、棱柱、棱锥的概念、性质及有关公式

		图形	定义	性质	体积
棱柱	棱柱	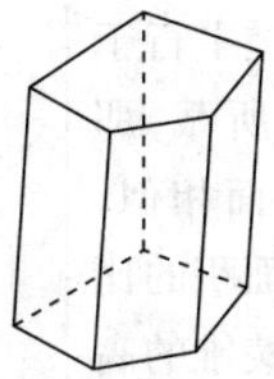	有两个面互相平行,其余各面都是四边形,并且每相邻两个四边形的公共边都互相平行,由这些面所围成的几何体叫作棱柱	1. 侧棱都相等,侧面是平行四边形. 2. 两个底面与平行于底面的截面是全等的多边形. 3. 过不相邻的两条侧棱的截面是平行四边形	
	直棱柱	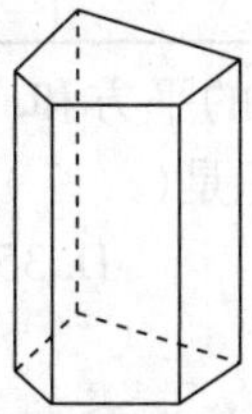	侧棱垂直于底面的棱柱叫作直棱柱	1. 侧面都是矩形. 2. 过不相邻的两条侧棱的截面是矩形. 3. 任何一条侧棱都可以看作它的高	$V_{棱柱}=Sh$(S 为底面积,h 为高)
	正棱柱	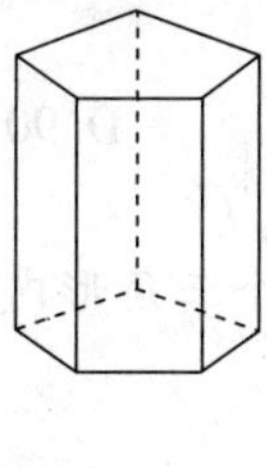	底面是正多边形的直棱柱叫作正棱柱	1. 侧面都是全等的矩形. 2. 两个底面与平行于底面的截面是全等的正多边形. 3. 两底面中心的连线垂直于底面	

续表

<table>
<tr><th></th><th></th><th>图形</th><th>定义</th><th>性质</th><th>体积</th></tr>
<tr><td rowspan="2">棱锥</td><td>棱锥</td><td>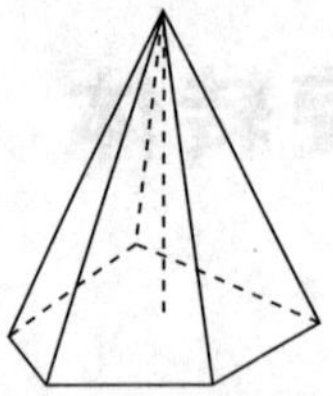</td><td>有一个面是多边形，其余各面是有一公共顶点的三角形，由这些面所围成的几何体叫作棱锥</td><td rowspan="2">1. 各侧棱相等，各侧面都是全等的等腰三角形，并且斜高相等.
2. 棱锥的高、斜高和斜高在底面上的射影组成一个直角三角形；棱锥的高、侧棱和侧棱在底面上的射影也组成一个直角三角形.
3. 如果棱锥被平行于底面的平面所截，那么截面和底面相似，并且它们的面积的比等于截得的棱锥的高和已知棱锥的高的平方比</td><td rowspan="2">$V_{棱锥}=\frac{1}{3}Sh$（S 为底面积，h 为高）</td></tr>
<tr><td>正棱锥</td><td>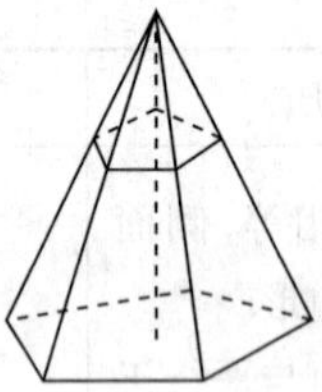</td><td>棱锥的底面是正多边形，并且顶点在底面上的射影是底面中心，这样的棱锥叫作正棱锥</td></tr>
</table>

注：长方体的一条对角线的平方等于一个顶点上三条棱的长的平方和.

【例 1】直三棱柱的每个侧面的面积为 5，底面积是 10，全面积是（　　）.

A. 15　　B. 20　　C. 25　　D. 35

【答案】D

【解析】求全面积 = 侧面积 + 2 × 底面积 = 5 × 3 + 10 × 2 = 35，故选 D.

【例 2】正四棱锥的底的边长为 8 cm，侧棱长为 $4\sqrt{5}$ cm，则它的侧面与底面所成的角是（　　）.

A. 30°　　B. 45°　　C. 60°　　D. 90°

【答案】C

【解析】求侧面与底面所成的角，即二面角的大小，归结到一个三角形内讨论.

侧棱长 $=4\sqrt{5}$，侧高 $=\sqrt{(4\sqrt{5})^2-4^2}=8$.

设二面角的平面角为 α，$\cos\alpha=\frac{4}{8}=\frac{1}{2}$，$\therefore \alpha=60°$，故选 C.

【例3】长方体的全面积为11,12条棱的长度之和为24,则这个长方体的一条对角线长为(　　).

A. $2\sqrt{3}$　　B. $\sqrt{14}$　　C. 5　　D. 6

【答案】C

【解析】设长方体的长、宽、高分别为x,y,z.

由已知,得 $2(xy+xz+yz)=11$,①

且 $4(x+y+z)=24$,

即 $x+y+z=6$. ②

由②,得 $x^2+y^2+z^2+2xy+2xz+2yz=36$. ③

将①代入③,得 $x^2+y^2+z^2=25$,所以 $\sqrt{x^2+y^2+z^2}=5$.

故选C.

【例4】长方体有一个公共顶点的三个面的面积分别为4,8,18,则此长方体的体积为(　　).

A. 12　　B. 24　　C. 36　　D. 48

【答案】B

【解析】设长方体的长、宽、高分别为a,b,c,则有$ab=4$,$ac=8$,$bc=18$.

将这三式相乘,得

$$(abc)^2=4\times8\times18=4\times4\times2\times2\times3\times3=(4\times2\times3)^2,$$

$$abc=4\times2\times3 \text{ 或 } abc=-(4\times2\times3)\text{(舍去)},$$

即 $abc=24$.

因此长方体的体积为24. 故选B.

【例5】长方体有一个公共顶点的三条棱的比为2:3:5,全面积是1 550,则此长方体的体积为________.

【答案】3 750

【解析】依题意可设长方体的长、宽、高分别为$2x,3x,5x$,于是有

$$2(2x\cdot3x+2x\cdot5x+3x\cdot5x)=1\ 550,$$

$$62x^2=1\ 550, x^2=25, x=5 \text{ 或 } x=-5\text{(不合题意,舍去)},$$

所以长方体长、宽、高分别为10,15,25. 因此长方体的体积为3 750.

【例6】正四棱锥的底面积为12平方分米,侧面积是24平方分米,求它的体积(如图16-1所示).

【解析】$\because V=\frac{1}{3}Sh$,

S已知为12平方分米,即要求 $h=OP=\sqrt{PE^2-OE^2}$.

$\because S_{侧}=24, S_{\triangle PAB}=\frac{24}{4}=6\Rightarrow\frac{AB\cdot PE}{2}=S_{\triangle PAB}$,

$\therefore PE=\sqrt{12}\Rightarrow OP=3$,

$\therefore V=\frac{1}{3}\times12\times3=12$(立方分米).

图16-1

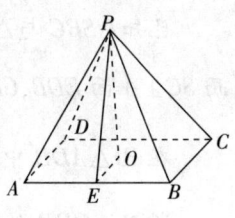

【例7】在正三棱锥 $S-ABC$ 中，自底面的顶点 A 向其所对侧面 SBC 作垂线，垂足为 O，连接 SO 并延长交 BC 于 D.

(1)求证：BC 垂直平面 SAD；

(2)设 $\frac{SO}{SD}=\frac{1}{4}$，求 $S-ABC$ 侧面与底面所成的二面角的度数.

【解析】(1)证明：如图16-2所示，连接 OB，OC.

因为 $AO\perp SBC$ 平面，所以 OB，OC 分别为 AB，AC 在平面 SBC 内的射影.

已知 $AB=AC$，所以 $OB=OC$.

这表明点 O 在 BC 的垂直平分线上.

又点 S 也在 BC 的垂直平分线上，所以 $SD\perp BC$.

又因为 $BC\subset SBC$ 平面，所以 $AO\perp BC$.

因此，$BC\perp$ 平面 SAD.

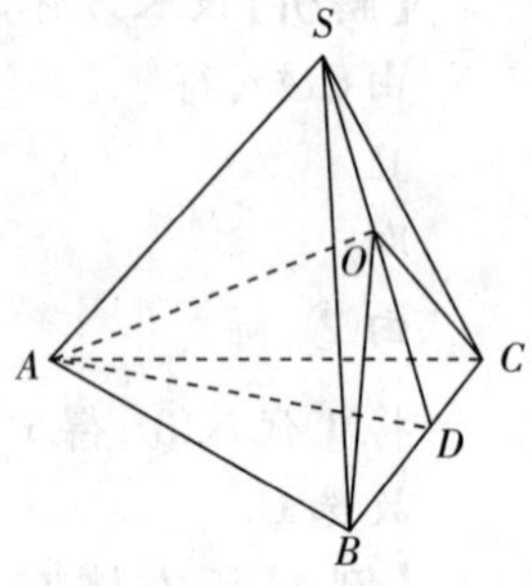

图16-2

(2)由(1)知，D 为 BC 的中点，连接 AD，则 $\angle SDA$ 为所求二面角的平面角，记 $\angle SDA=\alpha$. 作 $SH\perp$ 底面 ABC. 由已知，SH 交 AD 于 H.

在 Rt$\triangle ADO$ 中，$\cos\alpha=\frac{OD}{AD}$. ①

在 Rt$\triangle SHD$ 中，$\cos\alpha=\frac{HD}{SD}$. ②

①×②，得 $\cos^2\alpha=\frac{OD}{SD}\cdot\frac{HD}{AD}$.

由于 $\frac{OD}{SD}=\frac{3}{4}$，$\frac{HD}{AD}=\frac{1}{3}$，所以 $\cos^2\alpha=\frac{1}{4}$.

又 α 为锐角，则 $\cos\alpha=\frac{1}{2}$，$\alpha=60°$，即 $\angle SDA=60°$.

【例8】已知正四棱锥 $S-ABCD$ 底面边长与侧棱长均为 a，过 BD 平行于 SA 的平面交 SC 于 E，求三棱锥 $E-DBC$ 的体积，如图16-3所示.

【解析】连接 AC，交 BD 于点 O，则 O 为 AC 的中点.

连接 OE. 因为 $SA\parallel$ 平面 BDE，所以 $AS\parallel OE$.

因此 E 为 $\triangle ASC$ 一边 SC 上的中点，且 $EO=\frac{1}{2}AS=\frac{a}{2}$.

已知 $\triangle SBC$ 与 $\triangle SDC$ 均为正三角形，所以 $BE\perp SC$，$DE\perp SC$，从而 $SC\perp$ 平面 EDB，CE 为三角锥 $C-EDB$ 的高，且 $CE=\frac{a}{2}$.

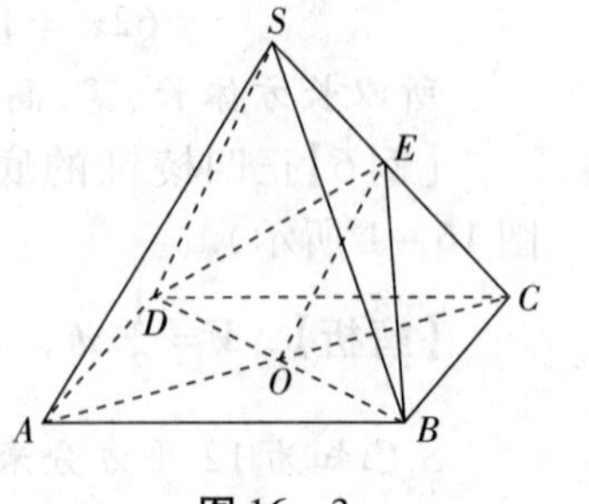

图16-3

在 Rt$\triangle ADB$ 中，$BD=\sqrt{a^2+a^2}=\sqrt{2}a$.

所以 $\triangle EDB$ 的面积为 $\frac{1}{2}\cdot\sqrt{2}a\cdot\frac{a}{2}=\frac{\sqrt{2}}{4}a^2$.

因此 $V_{C-EDB}=\frac{1}{3}\cdot\frac{\sqrt{2}}{4}a^2\cdot\frac{a}{2}=\frac{\sqrt{2}}{24}a^3$ 即为所求体积.

二、旋转体的定义、性质及表面积、体积公式

	圆锥	圆柱	球
图示	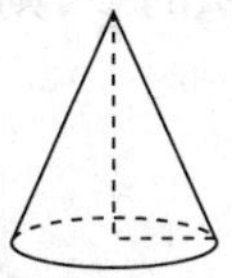 侧面展开图 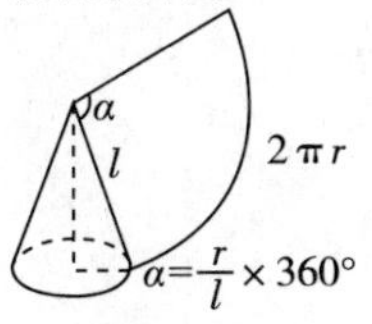	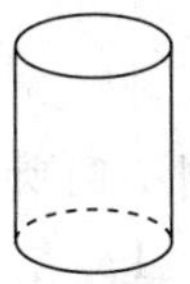	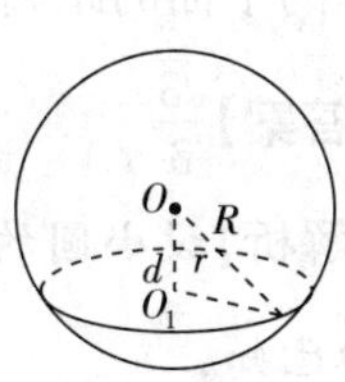
定义	以直角三角形的一直角边所在的直线为旋转轴,其余各边旋转而成的面围成的几何体叫作圆锥	矩形绕它的一边所在直线旋转生成的几何体叫圆柱	以半圆的直径所在的直线为轴,半圆旋转而成的曲面叫作球面. 球面所围成的几何体叫作球
性质	1. 圆锥的轴过底面的圆心,并且垂直于底面. 2. 平行于底面的截面都是圆,截面面积和底面面积的比等于从顶点到截面和从顶点到底面距离的平方比. 3. 过轴的截面是一个等腰三角形. 轴截面是等边三角形的圆锥叫作等边圆锥	1. 平行于底面的截面是和底面相等的圆. 2. 过轴的截面(轴截面)是全等的矩形. 3. 两底面圆圆心的连线(高)垂直于底面. 4. 轴截面是正方形的圆柱(即圆柱的高等于底面半径的2倍),叫作等边圆柱	1. 球被平面所截得的截面是一个圆,球心和截面圆心的连线垂直于截面. 2. 球心到截面的距离 d,截面圆的半径 r,球的半径 R,有如下关系:$r=\sqrt{R^2-d^2}$. 3. 和球心距离相等的截面截得的圆相等. 4. 和球心距离不相等的截面截得的圆不相等,距离球心近的截面圆较大
面积	$S_{圆锥侧}=\frac{1}{2}cl=\pi rl$($c$ 为底面周长,r 为底面半径,l 为侧面母线长)	$S_{圆柱侧}=cl=2\pi rl$(c 为底面周长,r 为底面半径,l 为侧面母线长)	$S_{球}=4\pi R^2$(R 为半径)
体积	$V_{圆锥}=\frac{1}{3}\pi r^2h$($r$ 为底面半径,h 为高)	$V_{圆柱}=Sh=\pi r^2h$(S 为底面面积,r 为底面半径,h 为高)	$V_{球}=\frac{4}{3}\pi R^3$(R 为半径)

【例1】已知球的球面积为 64π,则此球的体积为________.

【答案】$\frac{256}{3}\pi$

【解析】设球的半径为 R. 由已知,得

$$4\pi R^2=64\pi, R=4.$$

所以球的体积为$\frac{4}{3}\pi R^3=\frac{256}{3}\pi$.

【例 2】已知球的半径为 1，它的一个小圆的面积是这个球表面积的$\frac{1}{6}$，则球心到这个小圆所在的平面的距离是________.

【答案】$\frac{\sqrt{3}}{3}$

【解析】设小圆的半径为 r，球心到小圆所在平面的距离为 h.

由已知，
$$\pi r^2=\frac{1}{6}\cdot 4\pi\cdot 1^2,r^2=\frac{2}{3},$$

所以
$$h=\sqrt{1-\frac{2}{3}}=\frac{\sqrt{3}}{3}.$$

【例 3】一个圆柱的底面半径和高都与一个球的直径相等，则该圆柱与该球的体积比为________.

【答案】6:1

【解析】$V_{柱}=\pi r^2\cdot h=\pi r^2\cdot r=\pi r^3$,

$V_{球}=\frac{4}{3}\pi\cdot\left(\frac{r}{2}\right)^3=\frac{1}{6}\pi r^3$,

$\therefore\ \frac{V_{柱}}{V_{球}}=\frac{\pi r^3}{\frac{1}{6}\pi r^3}=\frac{6}{1}=6:1$.

【例 4】已知一个圆锥的底面半径为 R，高为 H，在其中有一个高为 x 的内接圆柱（如图 16－4 所示）.

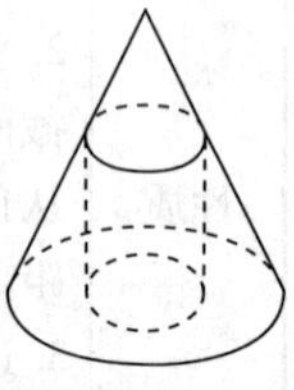

图 16－4

(1)求圆柱的侧面面积；

(2)x 为何值时，圆柱的侧面的面积最大？

【解析】(1)求圆柱的侧面面积，关键是求圆柱的半径，一般都是作过轴的截面，将该问题化为平面几何问题. 画圆锥及内接圆柱的轴截面，如图 16－5 所示，设所求的圆柱的底面半径为 r，它的侧面面积 $S_{圆柱侧}=2\pi rx$.

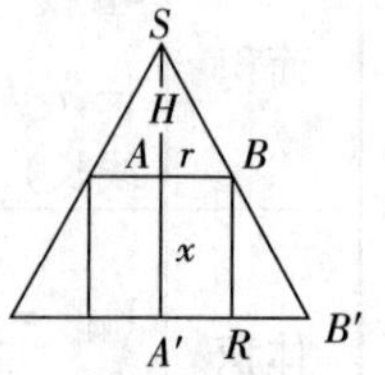

图 16－5

$\because\ \triangle SAB\backsim\triangle SA'B'$，$\therefore\ \frac{r}{R}=\frac{H-x}{H}$.

$\therefore\ r=R-\frac{R}{H}x$.

由圆柱的侧面面积公式得，$S_{圆柱侧}=2\pi Rx-\frac{2\pi R}{H}\cdot x^2$.

(2)$\because\ S_{侧}=-\frac{2\pi R}{H}x^2+2\pi Rx$ 是一元二次函数式，

$\because\ x^2$ 的系数 $-\frac{2\pi R}{H}<0(2\pi R>0,H>0)$，

$\therefore$ 这个二次函数有最大值($y=ax^2+bx+c,a<0$ 有最大值).

($\because$ 当 $x=-\dfrac{b}{2a}$ 时，$y_{最大值}=\dfrac{4ac-b^2}{4a}$.)

$\therefore$ 当 $x=-\dfrac{2\pi R}{2\left(-\dfrac{2\pi R}{H}\right)}=\dfrac{H}{2}$ 时，圆柱的侧面面积最大.

结论：当圆柱的高是已知圆锥高的一半时，它的侧面面积最大.

【例 5】在球心的一侧有相距为 9 的两个平行截面，面积分别是 49π 和 400π，求球面的面积.

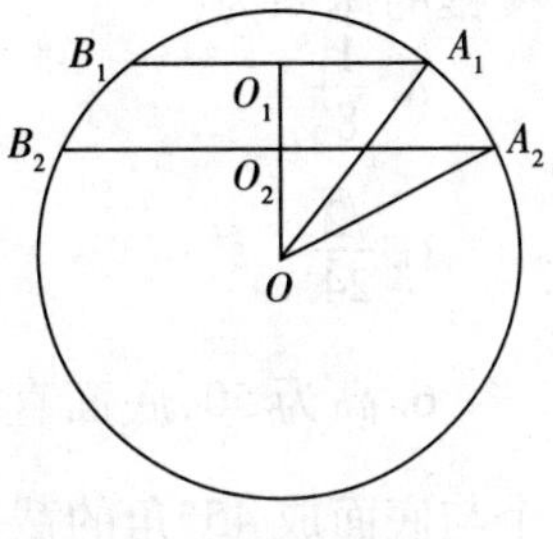

图 16－6

【解析】如图 16－6 所示，过球心 O 作两个平行截面的垂线，垂足 O_1 和 O_2 分别是这两个截面的圆心，过 OO_1 作一个平面和这两个截面相交，所得的交线 A_1B_1 和 A_2B_2 分别是截面 O_1 与截面 O_2 的直径.

由已知条件，$\pi(O_1A_1)^2=49\pi$，$\pi(O_2A_2)^2=400\pi$.

所以 $O_1A_1=7$，$O_2A_2=20$.

设球的半径为 R，那么，$OA_1=OA_2=R$.

在 $\text{Rt}\triangle OA_1O_1$ 中，$OO_1=\sqrt{R^2-7^2}$.

在 $\text{Rt}\triangle OA_2O_2$ 中，$OO_2=\sqrt{R^2-20^2}$.

已知 $O_1O_2=OO_1-OO_2=9$，

所以 $\sqrt{R^2-7^2}-\sqrt{R^2-20^2}=9$，解得 $R^2=625$.

因此 $S_{球面}=4\pi R^2=4\pi\times625=2\ 500\pi$.

跟踪训练

一、选择题

1. 如图 16－7 所示，正三棱锥 $V-ABC$ 中，D,E,F 分别是 VC,VA,AC 的中点，P 为 VB 上任意一点，则直线 DE 与 PF 所成角的大小是(　　).

A. 30°

B. 60°

C. 90°

D. 随 P 点的变化而变化

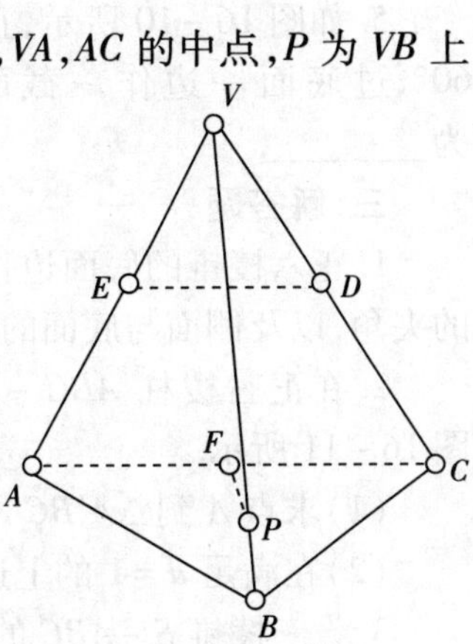

图 16－7

2. 一个长方体共顶点的三个面的面积分别为 $\sqrt{2}$，$\sqrt{3}$，$\sqrt{6}$，这个长方体对角线长是(　　).

A. $2\sqrt{3}$　　B. $3\sqrt{2}$

C. 6　　D. $\sqrt{6}$

3. 棱长为 a 的正方体中，连接相邻面的中心，以这些线段为棱的八面体的体积为(　　).

A. $\dfrac{a^3}{3}$　　B. $\dfrac{a^3}{4}$　　C. $\dfrac{a^3}{6}$　　D. $\dfrac{a^3}{12}$

4. 如图 16 - 8 所示，球面上有 3 个点，其中任意两点的球面距离都等于大圆周长的$\frac{1}{6}$，经过这 3 个点的小圆的周长为 4π，那么这个球的半径为(　　).

A. $4\sqrt{3}$　　B. $2\sqrt{3}$

C. 2　　D. $\sqrt{3}$

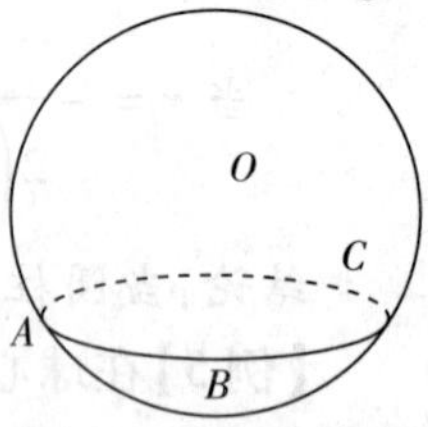

图 16 - 8

5. 如图 16 - 9 所示，$ABCD$ 是边长为 1 的正方形，E，F 为 BC，CD 的中点，沿 AF，AE，EF 折成一个三棱锥，使 B，C，D 三点重合，那么这个三棱锥的体积为(　　).

A. $\frac{1}{8}$　　B. $\frac{1}{24}$

C. $\frac{\sqrt{2}}{24}$　　D. $\frac{\sqrt{5}}{48}$

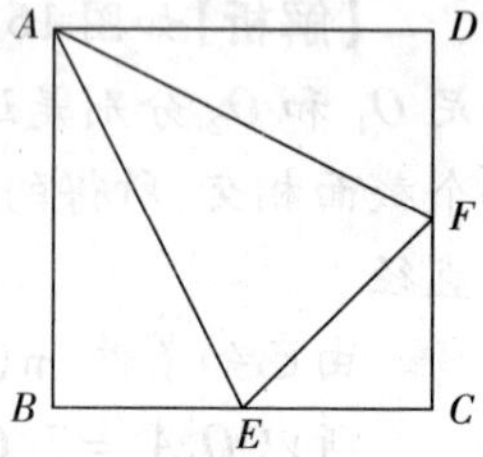

图 16 - 9

6. 高为 50，底面直径为 20 的圆柱，过两底面中心连线的$\frac{2}{3}$处作一个与底面成 45°角的截面，其侧面被截出的两部分面积之比为(　　).

A. 1∶2　　B. 2∶3　　C. 2∶5　　D. 3∶5

二、填空题

1. 将边长为 a 的正方形 $ABCD$ 沿对角线 AC 折起，使得 $BD=a$，则三棱锥 $D-ABC$ 的体积为________.

2. 把直径分别为 6 cm，8 cm，10 cm 的三个铁球熔制成一个较大的铁球，则此球的球面面积为________.

3. 已知球 O_1、球 O_2、球 O_3 的体积之比为 1∶8∶27，则它们的半径之比为________.

4. 一个正三棱柱的底面边长是 40，高是 60，过下底面一边与下底面成 30°角作截面，这个截面的面积为________.

5. 如图 16 - 10 所示，正三棱锥底面边长为 a，侧棱与底面所成的角为 60°，过底面一边作一截面，使与底面成 30° 的二面角，此截面的面积为________.

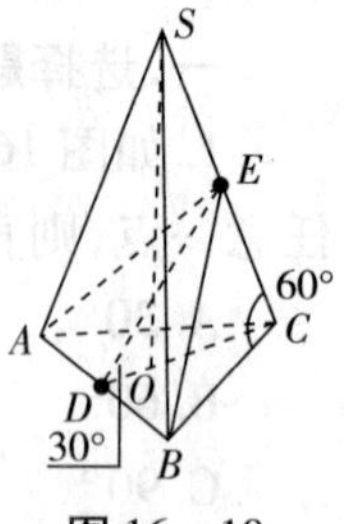

图 16 - 10

三、解答题

1. 正六棱锥的底面边长为 a，侧棱长为 $2a$，求棱锥的体积，侧棱与底面的夹角，以及侧面与底面的夹角.

2. 在正三棱柱 $ABC-A'B'C'$ 中，记底面边长为 a，侧棱长为 h，如图 16 - 11 所示.

(1)求点 A 到$\triangle A'BC$ 所在平面的距离 d；

(2)在满足 $d=1$ 的上述正三棱柱中，求侧面积的最小值.

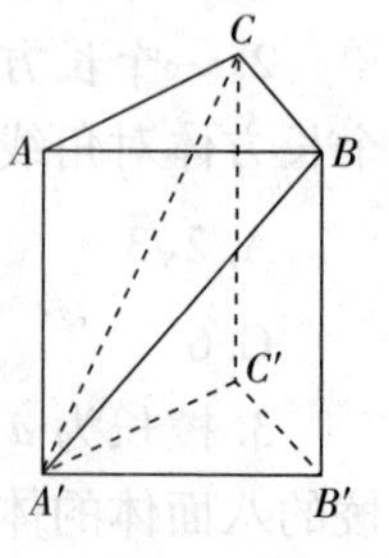

图 16 - 11

3. 设三棱锥 $S-ABC$ 的侧面 SAC 垂直于底面 ABC，$\angle ACB=90°$，$SA=AC=SC=BC$. 记侧面 SAB 与侧面 SAC 所成的二面角为 α，求 $\cos\alpha$.

4. 设正方体的全面积是 a^2，且它的顶点都在同一个球面上，求此球的表面积.

5. 圆柱的高是 10 cm，用一个平行于轴，并且和轴相距 2 cm 的平面去截，若截面与圆柱底面的交线所对的圆心角为120°(如图16-12所示),求圆柱的侧面积和体积.

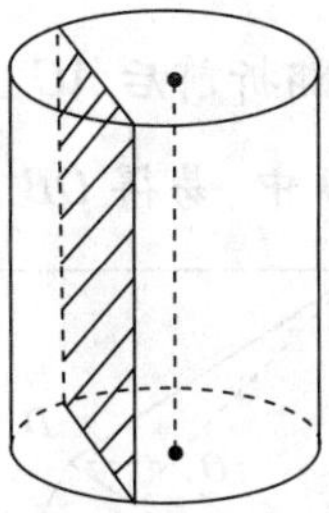

图16-12

参考答案及解析

一、选择题

1. C 【解析】连接VF,BF,则AC垂直于平面VBF,即$AC\perp PF$,而$DE/\!/AC$,所以$DE\perp PF$.

2. D 【解析】设共顶点的三条棱长分别为a,b,c.

则$\begin{cases}ab=\sqrt{2},\\bc=\sqrt{3},\\ca=\sqrt{6},\end{cases}$可得$abc=\sqrt{6}$,解得$\begin{cases}a=\sqrt{2},\\b=1,\\c=\sqrt{3},\end{cases}$

所以$l=\sqrt{a^2+b^2+c^2}=\sqrt{6}$.

3. C 【解析】由题设和正多面体定义知所得八面体为正八面体,可将其分割为两个等体积且棱长均为$\frac{\sqrt{2}}{2}a$的正四棱锥,而每个四棱锥底面边长为$\frac{\sqrt{2}}{2}a$,高为$\frac{a}{2}$,故八面体的体积为$V=2\cdot\left[\frac{1}{3}\cdot\left(\frac{\sqrt{2}}{2}a\right)^2\cdot\frac{1}{2}a\right]=\frac{1}{6}a^3$.

4. B 【解析】设A,B,C是球O面上三点,连接OA,OB,OC,则$OA=OB=OC=R$(球半径).

令$\angle AOB=\theta$,则$\theta R=\frac{1}{6}\times2\pi R$,故$\theta=\frac{\pi}{3}$,又$OA=OB=OC=R$,所以$AB=R$,

同理可得$BC=CA=R$,故$\triangle ABC$为正三角形,由正弦定理可得过A,B,C的小圆半径为$r=\frac{R}{2\sin 60^\circ}=\frac{R}{\sqrt{3}}$,由$2\pi\cdot\frac{R}{\sqrt{3}}=4\pi$,得球半径$R=2\sqrt{3}$.

5. B 【解析】$\because$ 三棱锥的底是$\triangle ECF$,而$S_{\triangle ECF}=\frac{1}{2}\times\frac{1}{2}\times\frac{1}{2}=\frac{1}{8}$.

$\therefore AB\perp BE$、$AD\perp DF$,折成三棱锥后,B,C,D三点重合,这时AB与AD重合,AC垂直于底面三角形EFC,因此$AC=AB=AD$便是三棱锥的高,故$V_{三棱锥}=\frac{1}{3}\times\frac{1}{8}\times1=\frac{1}{24}$. 故选B.

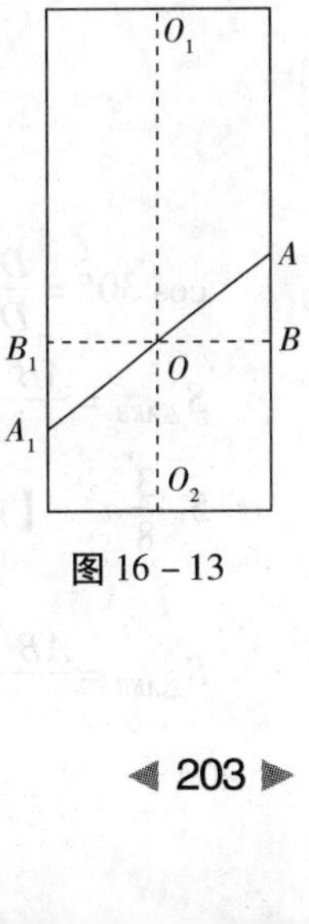

图16-13

6. A 【解析】过两底面中心的连线的$\frac{2}{3}$处作与底面平行的平面(面B_1B),并作过圆柱两中心连线的纵截面如图16-13所示.

$\because AB=A_1B_1$,由AB和A_1B_1绕O_1O_2旋转所得到的旋转面的面积是相等的,由此侧面被截面截成的两部分面积之比,等于$\frac{OO_2}{OO_1}=\frac{1}{2}$. 故选A.

二、填空题

1. $\frac{\sqrt{2}}{12}a^3$　【解析】设 O 为 AC 中点，翻折前后 $AC\perp OD$，$AC\perp OB$ 不变，故 $AC\perp$ 面 OBD，如图 16－14 所示，翻折后在 $\triangle OBD$ 中，易得 $OB^2+OD^2=BD^2$，故 $\angle BOD=90°$，

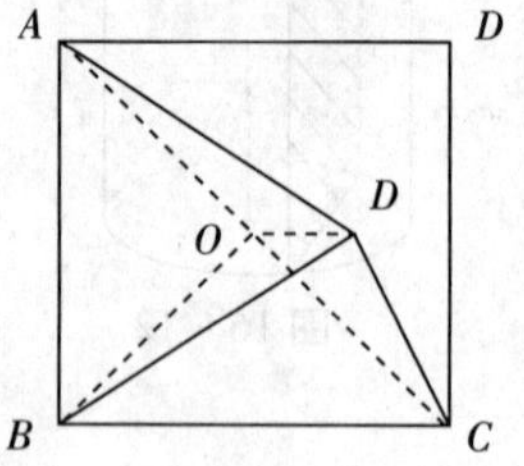

图 16－14

所以 $S_{\triangle OBD}=\frac{1}{2}OB\cdot OD=\frac{1}{4}a^2$，$AC=\sqrt{2}a$

所以 $V_{D-ABC}=\frac{1}{3}S_{\triangle OBD}\cdot AC=\frac{\sqrt{2}}{12}a^3$.

2. $144\pi\ \mathrm{cm}^2$　【解析】设较大的铁球半径为 R，则

$$\frac{4}{3}\pi(3^3+4^3+5^3)=\frac{4}{3}\pi R^3,$$

$$R^3=27+64+125,R=6,$$

故所求的面积为 $4\pi\cdot 6^2=144\pi\ (\mathrm{cm}^2)$.

3. $1:2:3$　【解析】记球 O_1，球 O_2，球 O_3 的半径分别为 R_1，R_2，R_3. 则

$$\frac{4}{3}\pi R_1^3:\frac{4}{3}\pi R_2^3:\frac{4}{3}\pi R_3^3=1:8:27,$$

$$R_1^3:R_2^3:R_3^3=1^3:2^3:3^3,$$

所以 $R_1:R_2:R_3=1:2:3$.

4. 800　【解析】过底面的一条边，作的截面与底面成 $30°$ 角，此截面为等腰三角形（如图 16－15 所示），

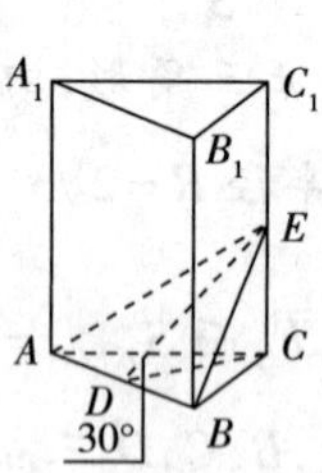

图 16－15

$\cos 30°=\frac{DC}{DE}\Rightarrow DE=40$，

$S_{\triangle AEB}=\frac{AB\cdot DE}{2}=\frac{40\times 40}{2}=800$.

5. $\frac{3}{8}a^2$　【解析】$\triangle DCE$ 为 $\mathrm{Rt}\triangle$，$\cos 30°=\frac{DE}{CD}\Rightarrow DE=\frac{3}{4}a$，

$S_{\triangle AEB}=\frac{AB\cdot DE}{2}=\frac{a\cdot\frac{3}{4}a}{2}=\frac{3}{8}a^2$.

三、解答题

1. 解：如图 16－16 所示，过正六棱锥 $S-ABCDEF$ 的底面中心 O 作 BC 的垂线，G 为垂足，连接 SG.

因为 SO 为正六棱锥的高，所以 OG 是 SG 在底面内的射影，$SG\perp BC$，$\angle OGS$ 是侧面与底面所成二面角的平面角.

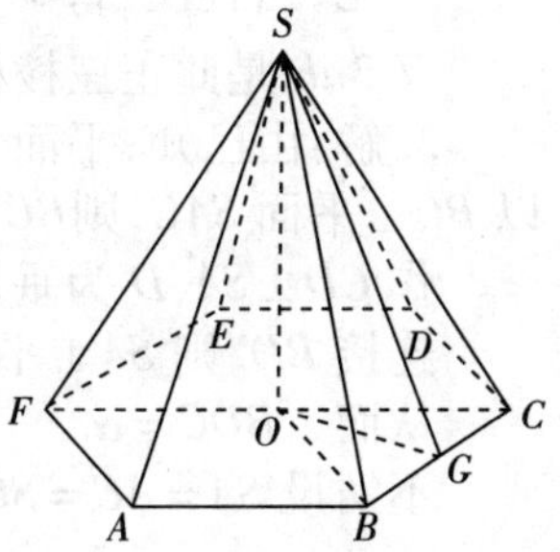

图 16－16

连接 OB，在 Rt$\triangle OBG$ 中，$OG=OB\sin 60^\circ=\dfrac{\sqrt{3}}{2}a$.

所以正六棱锥的底面积为$\dfrac{1}{2}\cdot\dfrac{\sqrt{3}}{2}a\cdot 6a=\dfrac{3\sqrt{3}}{2}a^2$.

在 Rt$\triangle SOG$ 中，$SO^2=SG^2-OG^2=\dfrac{15}{4}a^2-\dfrac{3}{4}a^2$，$SO=\sqrt{3}a$.

所以正六棱锥的体积为$\dfrac{1}{3}\cdot\sqrt{3}a\cdot\dfrac{3\sqrt{3}}{2}a^2=\dfrac{3}{2}a^3$.

因为 OB 是 SB 在底面内的射影，所以$\angle SBO$ 是侧棱与底面的夹角.

在 Rt$\triangle SOB$ 中，$\cos\angle OBS=\dfrac{OB}{SB}=\dfrac{a}{2a}=\dfrac{1}{2}$.

所以$\angle OBS=60^\circ$. 因此侧棱与底面的夹角为 60°.

在 Rt$\triangle SOG$ 中，$\cos\angle SGO=\dfrac{OG}{SG}=\dfrac{\frac{\sqrt{3}}{2}a}{\frac{\sqrt{15}}{2}a}=\dfrac{\sqrt{5}}{5}$.

所以$\angle SGO=\arccos\dfrac{\sqrt{5}}{5}$. 因此侧面与底面的夹角为 $\arccos\dfrac{\sqrt{5}}{5}$.

2. 解：(1) 在三棱锥 $A'-ABC$ 中，$\triangle ABC$ 为正三角形，

$$S_{\triangle ABC}=\frac{1}{2}a^2\sin 60^\circ=\frac{\sqrt{3}}{4}a^2.$$

又 $AA'=h$，则 $V_{A'-ABC}=\dfrac{\sqrt{3}}{12}a^2h$.

在 Rt$\triangle ABA'$中，$A'B^2=h^2+a^2$.

在等腰$\triangle A'BC$ 中，设底边 BC 上的高为 h'，则

$$h'=\sqrt{A'B^2-\left(\frac{a}{2}\right)^2}=\sqrt{h^2+a^2-\frac{a^2}{4}}=\frac{1}{2}\sqrt{4h^2+3a^2}.$$

于是
$$S_{\triangle A'BC}=\frac{a}{4}\sqrt{4h^2+3a^2},$$

$$V_{A\text{-}BCA'}=\frac{1}{3}\cdot\frac{a}{4}\cdot\sqrt{4h^2+3a^2}\cdot d.$$

由于　$V_{A-BCA'}=V_{A'-ABC}$，从而

$$d=\frac{\sqrt{3}ah}{\sqrt{4h^2+3a^2}}.$$

(2) 当 $d=1$ 时，由 (1) 得

$$\sqrt{3}ah=\sqrt{4h^2+3a^2},$$

$$3a^2h^2=4h^2+3a^2\geqslant 2\sqrt{4h^2\cdot 3a^2},$$

即 $$3a^2h^2 \geqslant 4\sqrt{3}ah.$$

由于 $ah>0$，所以 $3ah \geqslant 4\sqrt{3}$.

可见，当且仅当 $3a^2=4h^2$ 时，上式等号成立.

又 $3ah$ 是此正三棱柱的侧面积，故其最小值为 $4\sqrt{3}$.

3. 解：由已知，平面 $SAC\perp$ 平面 ABC，$\angle BCA=90°$，即 $BC\perp AC$，所以 $BC\perp$ 平面 SAC，则 $BC\perp SA$.

作 $CD\perp SA$，D 为垂足.

连接 BD. 则 $SA\perp$ 平面 BDC，$SA\perp BD$.

从而 $\angle BDC=\alpha$.

不妨设 $SA=AC=SC=BC=1$.

在 Rt$\triangle SDC$ 中，$DC=\sqrt{1-\left(\frac{1}{2}\right)^2}=\frac{\sqrt{3}}{2}$.

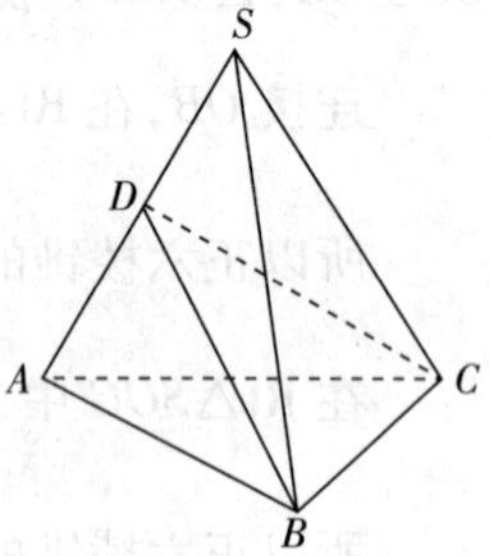

图 16－17

又 $BC\perp$ 平面 SAC，所以 $BC\perp CD$.

因此在 Rt$\triangle BCD$ 中，$\tan\alpha=\frac{2}{\sqrt{3}}$，则 $\sec\alpha=\sqrt{1+\frac{4}{3}}=\sqrt{\frac{7}{3}}$. 从而 $\cos\alpha=\frac{\sqrt{21}}{7}$.

4. 解：如图 16－18 所示，以 A,C,C_1,A_1 为顶点的矩形的对角线 AC_1 与 A_1C 的交点记作 O，则 $OA=OC=OC_1=OA_1$.

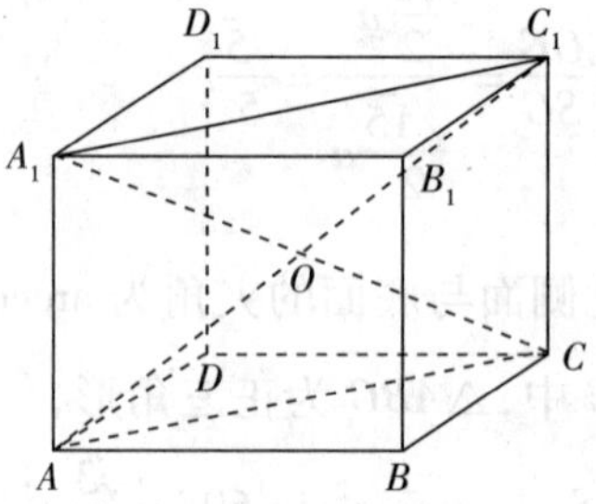

图 16－18

由于 O 是 A_1C 的中点，那么，以 A_1,B,C,D_1 为顶点的矩形的对角线 BD_1 与 A_1C 必交于 O 点，则 $OA_1=OD_1=OB$.

同理可证 $OC_1=OB_1=OD$. 则 O 为球心，正方体的对角线为球的直径.

设正方体的棱长为 x，则 $6x^2=a^2$，$x=\frac{\sqrt{6}}{6}a$，于是球的直径

$2R=\sqrt{3}x=\frac{\sqrt{2}}{2}a$，$R=\frac{\sqrt{2}}{4}a$，

所以 $S_{球}=4\pi\cdot\left(\frac{\sqrt{2}}{4}a\right)^2=\frac{1}{2}\pi a^2$.

5. 解：圆柱的底面如图 16－19 所示.

其中，$OC=2$ cm，$\angle AOB=120°$，

$\therefore$ 圆柱半径 $r=\frac{OC}{\cos 60°}=4$ (cm).

$S_{圆柱侧面}=2\pi\times 4\times 10=80\pi$ (cm^2)，

$V_{圆柱}=\pi\times 4^2\times 10=160\pi$ (cm^3).

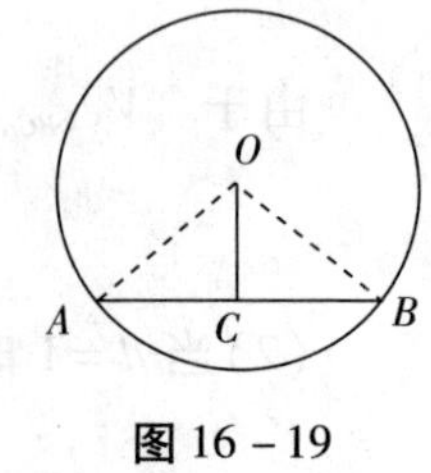

图 16－19

第五部分　概率与统计初步

概率与统计初步主要是对随机现象数量规律与统计学的基本理论和方法进行研究.

第十七章　排列、组合与二项式定理

考纲导读

1. 了解分类计数原理和分步计数原理.

2. 理解排列、组合的意义,会用排列数、组合数的计算公式.

3. 会解排列、组合的简单应用题.

★4. 了解二项式定理,会用二项式展开式的性质和通项公式解决简单问题.

考点精讲

一、分类计数原理

如果完成一件事有 n 类方法,第一类方法中有 m_1 种方法,第二类方法中有 m_2 种方法,……,第 n 类方法中有 m_n 种方法,不论采用哪类方法中的哪一种方法都可以完成这件事,那么完成这件事总共有 $m_1+m_2+\cdots+m_n$ 种方法.

例如,从甲地到乙地,可以乘火车,也可以乘飞机,每天有 3 班火车,有 1 班飞机. 所以,从甲地到乙地有两类方法:一类是乘火车;另一类是乘飞机. 第一类方法中有 3 种选择,第二类方法中有 1 种选择,不论选择哪一类方法中的哪一种走法都可以到达目的地,所以从甲地到乙地共有 $3+1=4$ 种方法.

二、分步计数原理

如果完成一件事有 n 个步骤,第一个步骤有 m_1 种方法,第二个步骤有 m_2 种方法,……,第 n 个步骤有 m_n 种方法,连续完成这 n 个步骤这件事才完成,那么完成这件事总共有 $m_1\times m_2\times\cdots\times m_n$ 种方法.

例如,从甲地到丙地必须经过乙地,甲地到乙地有 3 种走法,乙地到丙地有 2 种走法,则从甲地到丙地分两个步骤完成:第一步是先从甲地到乙地,有 3 种方法;第二步是从乙地到丙地,有 2 种方法,连续完成这两步才能到达目的地,所以从甲地到达乙地共有 $3\times2=6$ 种方法.

说明:分类计数原理中的“类”与“类”之间具有独立性和并列性,即完成一件事的任何一种方法必须属于某一类,而且属于不同类的方法是不同的;分步计数原理中的“步”与“步”之间具有相依性和连续性,即完成一件事的任何一种方法必须连续完成若干步骤,这件事才算完成.

三、排列

1. 定义

从 n 个不同元素中，任取 $m(m,n\in\mathbf{N}_+$，且 $m\leqslant n)$ 个不同元素，按照一定的顺序排成一列，叫作从 n 个不同元素中任意取出 m 个元素的一个排列. 当 $m=n$ 时，又叫作全排列.

2. 排列数

从 n 个不同元素中取出 $m(m,n\in\mathbf{N}_+$，且 $m\leqslant n)$ 个不同元素的所有排列的个数，叫作从 n 个不同元素中取出 m 个元素的排列数，用符号 P_n^m 或 A_n^m 表示.

3. 公式

$\mathrm{A}_n^m=n(n-1)(n-2)\cdots(n-m+1)$.

$\mathrm{A}_n^n=n!$.

A_n^m 的阶乘形式：$\dfrac{n!}{(n-m)!}$.

其中 $n!$ 表示正整数 1 到 n 的连乘积，即 $n!=1\times2\times\cdots\times n$，叫作 n 的阶乘，并规定 $0!=1$.

4. 性质

$\mathrm{A}_n^m=n\mathrm{A}_{n-1}^{m-1}$.

$\mathrm{A}_n^m=(n-m+1)\mathrm{A}_n^{m-1}$.

说明：$\mathrm{A}_n^m=n(n-1)(n-2)\cdots(n-m+1)$是这样的正整数的连乘积.

(1)第一个因数最大，是 A 的下标 n.

(2)因数的个数是 A 的上标 m.

(3)第 m 个因数(最后一个因数)是 A 的下标 n 减上标 m 再加 1.

四、组合

1. 定义

从 n 个不同元素中，任取 $m(m,n\in\mathbf{N}_+$，且 $m\leqslant n)$ 个不同元素，不管顺序并成一组，叫作从 n 个不同元素中取出 m 个元素的一个组合.

2. 组合数

从 n 个不同元素中取出 $m(m,n\in\mathbf{N}_+$，且 $m\leqslant n)$ 个不同元素的所有组合的个数，叫作从 n 个不同元素中取出 m 个元素的组合数，用符号 C_n^m 表示.

3. 公式

$$\mathrm{C}_n^m=\frac{\mathrm{A}_n^m}{\mathrm{A}_m^m}=\frac{n(n-1)\cdots(n-m+1)}{m!}$$

或 $\mathrm{C}_n^m=\dfrac{n!}{m!\,(n-m)!}$.

规定 $\mathrm{C}_n^0=1$.

4. 性质

$\mathrm{C}_n^m=\mathrm{C}_n^{n-m}$.

$\mathrm{C}_{n+1}^m=\mathrm{C}_n^m+\mathrm{C}_n^{m-1}$.

说明：排列与组合的区别主要体现在顺序性，排列与元素的顺序有关，如 ab 与 ba 是两个不同的排列；而组合与顺序无关，如 ab 与 ba 是同一个组合.

【例 1】(1) $\dfrac{A_5^3-A_4^4}{5!+4!}=$________.

(2) $\dfrac{C_n^7+C_n^6}{C_{n+1}^{n-6}}=$________.

(3) 若 $C_{n+1}^{n-1}=36$，则 $n=$________.

【答案】(1) $\dfrac{1}{4}$；(2) 1；(3) 8

【解析】(1) 原式 $=\dfrac{5\times4\times3-4!}{4!\ (5+1)}=\dfrac{4\times3(5-2)}{4\times3\times2\times6}=\dfrac{1}{4}$.

(2) 由组合的性质可得 $C_n^6+C_n^7=C_{n+1}^7$，$C_{n+1}^{n-6}=C_{n+1}^{n+1-(n-6)}=C_{n+1}^7$，$\therefore$ 原式 $=\dfrac{C_{n+1}^7}{C_{n+1}^7}=1$.

(3) 根据组合公式的基本性质可知，$C_{n+1}^{n-1}=C_{n+1}^{n+1-(n-1)}=C_{n+1}^2$.

因此可得 $C_{n+1}^2=\dfrac{(n+1)n}{2!}$.

由已知条件，得 $\dfrac{(n+1)n}{2}=36$，即 $n^2+n-72=0$，整理可得 $(n-8)(n+9)=0$，

解得 $n=8$，$n=-9$（不合题意，舍去）.

【例 2】由数字 0，1，2，3 组成的没有重复数字的三位数共有（　　）.

A. 24 个　　B. 18 个　　C. 12 个　　D. 10 个

【答案】B

【解析】解法一（分类计数原理）

可分成如下三类：

第一类：先不考虑 0，由 1，2，3 三个数字排在百位、十位、个位三个位置上，有 A_3^3 种排法；

第二类：把 0 固定在十位位置上，这时 1，2，3 三个数字排在百位、个位两个位置上的排法有 A_3^2 种；

第三类：把 0 固定在个位位置上，这时 1，2，3 三个数字排在百位、十位两个位置上的排法也有 A_3^2 种.

依据分类计数原理，可组成三位数的种数共有

$$A_3^3+A_3^2+A_3^2=3\times2\times1+2\times3\times2=18\text{（个）}.$$

解法二（分步计数原理）

第一步：因为 0 不能排在百位位置上，所以可从 1，2，3 三个数字中任选一个排在百位位置上，则有 A_3^1 种排法.

第二步：当百位位置上的数字选定后，把 1，2，3 中剩下的两个数字与 0 共三个数字，排在十位、个位两个位置上，有 A_3^2 种排法.

依分步计数原理，可组成三位数的种数共有

$$A_3^1A_3^2=3\times3\times2=18\text{（个）}.$$

说明:没有重复的三位数是指百位、十位、个位中的任何两个数字都不相同.

【例3】某车间有工人40人,其中正、副组长各1人,现欲选4人参加歌咏比赛:

(1)如果正、副组长必须参加,有几种选法?

(2)如果正、副组长必须有1人且只能有1人参加,有几种选法?

(3)如果正、副组长都不参加,有几种选法?

(4)如果正、副组长至少有1人必须参加,有几种选法?

【解析】(1)由于正、副组长必须参加,因此只能从剩下的38人中任选2个,选法有

$$C_{38}^{2}=\frac{38\times37}{2}=703(\text{种}).$$

(2)第一步:由于正、副组长必须有1人且只有1人参加,因此在两位组长中任选1位的方法有C_2^1种;

第二步:从其余38人中任选3人的选法有C_{38}^3种.

依分步计数原理,选法有

$$C_2^1C_{38}^3=2\times\frac{38\times37\times36}{1\times2\times3}=16\ 872(\text{种}).$$

(3)由于正、副组长都不参加,因此只能从38人中任选4人参加,选法有

$$C_{38}^{4}=\frac{38\times37\times36\times35}{1\times2\times3\times4}=73\ 815(\text{种}).$$

(4)由于正、副组长至少有1人必须参加,此时可分成两种情况:

第一种情况,正、副组长有且只有1人参加,然后从余下的38人中任选3人,则其共有$C_2^1C_{38}^3$种选法.

第二种情况,正、副组长都必须参加,然后从余下的38人中任选2人,则其共有C_{38}^2种选法.

依分类计数原理,共得选法

$$C_2^1C_{38}^3+C_{38}^2=16\ 872+703=17\ 575(\text{种}).$$

五、解排列组合应用问题的基本方法

1.分组问题

分组问题的六种模型:①无序等分;②有序等分;③无序局部等分;④有序局部等分;⑤无序不等分;⑥有序不等分.

处理该类问题的原则:

(1)若干个不同的元素“等分”为m个组,要将选取出每一个组的组合数的乘积除以$m!$.

(2)若干个不同的元素局部“等分”有m个均等组,要将选取出每一个组的组合数的乘积除以$m!$.

(3)非均分组问题,只要按比例取出分完再用分步计数原理作积.

(4)要明确组的顺序时,必须先分组后再把组别数当作元素个数做全排列.

【例】有四项不同的工程,要分包给三个工程队,要求每个工程队至少要得到一项工程,

则共有多少种不同的分包方式？

【解析】要完成分包工程，可分为两个步骤：

(1)先将四项工程分为三"组"有$\frac{C_4^2C_2^1C_1^1}{A_2^2}=6$(种)分法；

(2)再将分好的三"组"依次分给三个工程队，有$3!=6$(种)分法.

所以共有$6\times6=36$(种)不同的分包方式.

2. 插空法

解决一些不相邻问题时，可以先把"一般"元素进行排列，然后插入"特殊"元素，使问题得以解决.

【例】7人排成一排，甲、乙两人不相邻，共有多少种不同的排法？

【解析】分两步进行：

第1步，把除甲、乙外的其他人排列.

有$A_5^5=120$(种)排法.

第2步，将甲、乙分别插入到不同的间隙或两端中(插空).

有$A_6^2=30$(种)插入法.

所以共有$120\times30=3\ 600$(种)排法.

3. 捆绑法

相邻元素的排列，可以采用"局部到整体"的排法，即将相邻的元素局部排列当成一个元素，然后再进行整体排列.

【例】6人排成一排，甲、乙两人必须相邻，则有多少种不同的排法？

【解析】分两步进行：

第一步，把甲、乙排列(捆绑).

有$A_2^2=2$(种)排法.

第二步，把甲、乙两个人的捆绑排列看作一个元素与其他人进行排列.

有$A_5^5=120$(种)排法.

所以共有$2\times120=240$(种)排法.

4. 消序法

几个元素顺序一定的排列问题，一般是先排列，再消去这几个元素的顺序，或者先让其他元素选取位置排列，留下来的空位置自然就是顺序一定的了.

【例】5个人站成一排，甲总是站在乙的右侧，则共有多少种站法？

【解析】解法一：将5个人依次站成一排，有A_5^5种站法，

然后再消去甲、乙之间的顺序数A_2^2.

所以甲总是站在乙的右侧的所有站法总数为

$$\frac{A_5^5}{A_2^2}=5\times4\times3=60.$$

解法二：先让甲、乙之外的三人从5个位置选出3个位置站好，有A_5^3种站法，留下的两个位置自然就是甲、乙两人的站法，有1种站法.

所以甲总是站在乙的右侧的站法总数为

$$A_5^3\times1=A_5^3=5\times4\times3=60.$$

5. 剪截法

n 个相同小球放入 $m(m\leqslant n)$ 个盒子里，要求每个盒子里至少有一个小球的放法等价于 n 个相同小球穿成一串从间隙里选 $m-1$ 个结点剪截成 m 段.

【例】某校准备参加今年高中数学联赛，把16个选手名额分配到高三年级的4个教学班，每班至少1个名额，则不同的分配方案共有________种.

【答案】455

【解析】问题等价于把16个相同小球放入4个盒子里，每个盒子至少有一个小球的放法种数问题.

将16个小球穿成一串，截为4段有 $C_{15}^3=455$(种)截断法，对应放到4个盒子里.

因此，不同的分配方案共有455种.

说明：解决带有限制条件的排列组合问题时，通常采用直接法和间接法.

直接法是把符合条件的排列或组合的种数直接计算出来；

间接法是先算出无限制条件的所有排列或组合的种数，再从中减去不符合条件的排列或组合种数.

解题时需注意的问题：

(1)明确问题是排列问题还是组合问题；

(2)正确使用分类计数原理和分步计数原理；

(3)检查做题思路是否符合要求的所有答案，要做到没有重复也没有遗漏.

★六、二项式定理

1. 二项式定理

$(a+b)^n=C_n^0a^n+C_n^1a^{n-1}b+C_n^2a^{n-2}b^2+\cdots+C_n^ra^{n-r}b^r+\cdots+C_n^nb^n(n\in\mathbf{N}_+)$.

等式右边的式子叫作 $(a+b)^n$ 的二项展开式，$C_n^0,C_n^1,\cdots,C_n^n$ 叫作二项式的系数.

2. 通项公式

$(a+b)^n$ 的二项展开式的通项公式是：$T_{r+1}=C_n^ra^{n-r}b^r(r=0,1,2,3,\cdots,n)$.

3. 二项展开式的性质

(1)项数：$(a+b)^n$ 展开后共有 $n+1$ 项.

(2)指数：各项中 a 的指数依次从 n 减少1，直到为0；b 的指数依次从0增加1，直到为 n；且每一项中 a 与 b 的指数之和等于 n.

(3)二项式系数的性质.

因为 $C_n^r=C_n^{n-r}$，所以在展开式中，与首末两端"等距离"的两项的二项式系数相等.

如果二项式的幂指数 n 是偶数，中间一项即第 $\left(\frac{n}{2}+1\right)$ 项的二项式系数 $C_n^{\frac{n}{2}}$ 最大；如果 n 是奇数，中间两项即第 $\frac{n+1}{2},\frac{n+3}{2}$ 项的二项式系数 $C_n^{\frac{n-1}{2}},C_n^{\frac{n+1}{2}}$ 相等且最大.

在二项式定理中令 $a=1,b=1$，可得各项二项式系数和公式：$C_n^0+C_n^1+C_n^2+\cdots+C_n^n=2^n$.

在二项式定理中令 $a=1,b=-1$,可得公式:$C_n^0+C_n^2+C_n^4+\cdots=C_n^1+C_n^3+C_n^5+\cdots=2^{n-1}$,即各奇数项的二项式系数之和等于各偶数项的二项式系数之和.

【例1】$\left(x-\frac{1}{\sqrt{x}}\right)^6(x\neq 0)$展开式的第6项是(　　).

A. x^{-3}　　B. $-6x^{-\frac{3}{2}}$　　C. $6x^{-\frac{3}{2}}$　　D. $-6x^{-\frac{5}{2}}$

【答案】B

【解析】$\left(x-\frac{1}{\sqrt{x}}\right)^6=\left[x+\left(-\frac{1}{\sqrt{x}}\right)\right]^6$.

$T_{5+1}=C_6^5x^{6-5}\cdot\left(-\frac{1}{\sqrt{x}}\right)^5=C_6^1x\cdot(-1)^5\cdot(x^{-\frac{1}{2}})^5=-6x^{-\frac{3}{2}}$. 故选B.

【例2】$\left(x^2-\frac{1}{2y}\right)^8$展开式的所有项系数的总和是(　　).

A. 2^8　　B. $\frac{1}{2^8}$　　C. 0　　D. 1

【答案】B

【解析】令 $x=y=1$,即得$\left(x^2-\frac{1}{2y}\right)^8$展开式的所有项系数总和,而当 $x=y=1$ 时,$\left(x^2-\frac{1}{2y}\right)^8=\left(1-\frac{1}{2}\right)^8=\frac{1}{2^8}$. 故选B.

【例3】在$(1-2x)^5(2+x)$的展开式中,含有 x^3 项的系数是(　　).

A. -120　　B. 120　　C. 100　　D. -100

【答案】A

【解析】$(1-2x)^5$展开式中的第3项、第4项分别含有 x^2 和 x^3 项,它们分别与$(2+x)$中的 x 与2相乘均含有 x^3 项,因此所求系数为 $C_5^2\cdot(-2)^2+C_5^3(-2)^3\cdot 2=40-160=-120$. 故选A.

【例4】已知$(x^3+y^2)^n$的展开式中第4项与第6项的系数相等,则此展开式有(　　).

A. 10项　　B. 11项　　C. 9项　　D. 8项

【答案】C

【解析】由已知 $C_n^3=C_n^5$,则 $C_n^{n-3}=C_n^5$,$n-3=5$,$n=8$. 故选C.

【例5】$(x-\sqrt{2}y)^4$的二项展开式为________.

【答案】$x^4-4\sqrt{2}x^3y+12x^2y^2-8\sqrt{2}xy^3+4y^4$

【解析】
$$\begin{aligned}(x-\sqrt{2}y)^4&=[x+(-\sqrt{2}y)]^4\\&=C_4^0x^4+C_4^1x^3(-\sqrt{2}y)+C_4^2x^2(-\sqrt{2}y)^2+C_4^3x(-\sqrt{2}y)^3+C_4^4(-\sqrt{2}y)^4\\&=x^4-4\sqrt{2}x^3y+12x^2y^2-8\sqrt{2}xy^3+4y^4.\end{aligned}$$

【例6】在$\left(\frac{x}{3}-\frac{3}{x}\right)^7$的展开式中,$x$ 的系数是________.

【答案】$-\frac{35}{3}$

【解析】设 T_{k+1} 为含 x 的项.

由于 $T_{k+1}=C_7^k\left(\frac{x}{3}\right)^{7-k}\cdot\left(-\frac{3}{x}\right)^k=C_7^k\left(\frac{1}{3}\right)^{7-k}\cdot x^{7-k}\cdot(-3)^k\cdot\left(\frac{1}{x}\right)^k$

$=C_7^k\cdot 3^{k-7}\cdot(-3)^k\cdot x^{7-2k}$,

则 $7-2k=1, k=3$,故所求系数为

$$C_7^3\times 3^{-4}\times(-3)^3=-\frac{1}{3}\times\frac{7\times6\times5}{3!}=-\frac{35}{3}.$$

【例7】设 $a\neq 0$,如果 $(ax+1)^{10}$ 和 $(x+a)^{11}$ 关于 x 的展开式中 x^5 的系数相同,则 $a=$________.

【答案】$\frac{6}{11}$

【解析】由二项式定理及二项展开式的性质,知 $(ax+1)^{10}$ 展开式的第 6 项与 $(x+a)^{11}$ 展开式的第 7 项为含 x^5 项.

$(ax+1)^{10}$ 展开式的第 6 项为 $C_{10}^5(ax)^5$,其系数为 $C_{10}^5a^5$.

$(x+a)^{11}$ 展开式的第 7 项为 $C_{11}^6x^5\cdot a^6$,其系数为 $C_{11}^6a^6$.

于是 $C_{10}^5a^5=C_{11}^6a^6$, $C_{10}^5=C_{11}^6\cdot a$,

$$\frac{10\times9\times8\times7\times6}{5!}=\frac{11\times10\times9\times8\times7}{5!}\times a,$$

所以 $a=\frac{6}{11}$.

【例8】在 $(x^2+3x+2)^5$ 的展开式中,求含 x 项的系数.

【解析】$(x^2+3x+2)^5=[(x+1)(x+2)]^5=(x+1)^5\cdot(x+2)^5$.

在 $(1+x)^5$ 的展开式中,常数项为 1,含 x 的项为 C_5^1x;在 $(2+x)^5$ 的展开式中,含 x 项为 $C_5^1\cdot 2^4x$,常数项为 2^5. 对应相乘得含 x 项的系数为 $C_5^1\cdot 2^4+C_5^1\cdot 2^5=5(16+32)=240$.

【例9】求 $\left(x+\frac{1}{x}\right)^4$ 的二项展开式.

【解析】$\left(x+\frac{1}{x}\right)^4=C_4^0x^4\left(\frac{1}{x}\right)^0+C_4^1x^3\left(\frac{1}{x}\right)^1+C_4^2x^2\left(\frac{1}{x}\right)^2+C_4^3x\left(\frac{1}{x}\right)^3+C_4^4x^0\left(\frac{1}{x}\right)^4$

$=x^4+4x^2+6+4x^{-2}+x^{-4}$.

【例10】求 $\left(\sqrt[3]{a}-\frac{1}{\sqrt{a}}\right)^{15}$ 展开式里不含 a 的项.

【解析】展开式里不含 a 的项,即求 $\left(\sqrt[3]{a}-\frac{1}{\sqrt{a}}\right)^{15}$ 展开式的常数项.

设不含 a 的项是第 $r+1$ 项,

$\because T_{r+1}=C_{15}^r(\sqrt[3]{a})^{15-r}\left(-\frac{1}{\sqrt{a}}\right)^r=(-1)^rC_{15}^ra^{\frac{30-5r}{6}}$,

由题意知 $\frac{30-5r}{6}=0$.

$\therefore r=6$.

因此,不含 a 的项是第 7 项,即 $T_7=(-1)^6\times C_{15}^6=5\ 005$.

跟踪训练

一、选择题

1. $C_6^4-C_5^3=($　　$)$.

A. 4　　B. 5　　C. 6　　D. 7

2. 从 13 名学生中选出两人担任正、副组长,不同的选举结果共有(　　).

A. 26 种　　B. 78 种

C. 156 种　　D. 169 种

3. 正六边形中,由任意 3 个顶点连线构成的三角形的个数为(　　).

A. 6　　B. 20　　C. 120　　D. 720

4. 从 5 名男生和 4 名女生中选 3 名代表参加数学竞赛,其中选出的男生 2 名,女生 1 名的选法共有(　　).

A. 30 种　　B. 36 种

C. 40 种　　D. 45 种

5. 只用 1,2,3 三个数字组成一个四位数,规定这三个数必须同时使用,且同一数字不能相邻出现,这样的四位数有(　　).

A. 6 个　　B. 9 个　　C. 18 个　　D. 36 个

6. 某公司招聘来 8 名员工,平均分配给下属的甲、乙两个部门,其中 2 名英语翻译人员不能分在同一个部门,另外 3 名电脑编程人员也不能全分在同一个部门,则不同的分配方案共有(　　).

A. 24 种　　B. 36 种

C. 38 种　　D. 108 种

7. 已知集合 $A=\{5\}$, $B=\{1,2\}$, $C=\{1,3,4\}$,从这三个集合中各取一个元素构成空间直角坐标系中的点的坐标,则确定的不同点的个数为(　　).

A. 33　　B. 34　　C. 35　　D. 36

8. 如果在一周内(周一至周日)安排三所学校的学生参观某展览馆,每天最多只安排一所学校,要求甲学校连续参观两天,其余学校均只参观一天,那么不同的安排方法有(　　).

A. 50 种　　B. 60 种

C. 120 种　　D. 210 种

二、填空题

1. 如果 $nC_n^{n-3}+A_n^3=4C_{n+1}^3$,则 $n=$________.

2. 三位自然数共有________.

3. 将 3 个乒乓球投到 5 个容器内,共有________种不同的投法.

4. 若 a,b 分别在 0,1,2,3,…,9 这 10 个数字中取值,则点 $P(a,b)$ 在第一象限的个数是________.

5. 由1,2,3,4,5,6组成没有重复数字且1,3都不与5相邻的六位偶数的个数是________.

6. 已知从 n 个不同的元素中选取2个元素的排列数等于从 $n-4$ 个不同元素中选取2个元素的排列数的7倍,则 $n=$ ________.

三、解答题

1. 从5名男生和4名女生中选3名代表参加一次数学竞赛,要求至少有2名男生,问一共有多少种选法.

2. 有20件产品,其中有2件是次品,现从20件中任意抽出3件.

(1)总共有多少种不同的抽法?

(2)至少有1件是次品的抽法有多少种?

3. 6男4女站成一排:

(1)任何2名女生都不相邻,有多少种排法?

(2)男甲不在首位,男乙不在末位,有多少种排法?

(3)男生甲、乙、丙排序一定,有多少种排法?

(4)男甲在男乙的左边(不一定相邻)有多少种排法?

4. 已知函数 $f(x)=(1+x)^m+(1+2x)^n(m,n\in\mathbf{N}_+)$ 的展开式中 x 的系数为11,求:

(1) x^2 的系数的最小值.

(2)当 x^2 的系数取得最小值时,求 x^3 的系数.

5. 在 $(ax+1)^7$ 的展开式中,x^3 的系数是 x^2 的系数与 x^4 的系数的等差中项,若实数 $a>1$,求 a 的值.

6. 求 $(1+x)+(1+x)^2+(1+x)^3+\cdots+(1+x)^{10}$ 的展开式中 x^2 的系数.

参考答案及解析

一、选择题

1. B 【解析】根据组合公式的性质可得

$$C_6^4=C_6^{6-4}=C_6^2=\frac{6\times5}{2!},C_5^3=C_5^{5-3}=C_5^2=\frac{5\times4}{2!}.$$

原式 $=C_6^2-C_5^2=\dfrac{6\times5}{2!}-\dfrac{5\times4}{2!}=5$.

说明:计算 C_n^m 时,如果 $m>n-m$,即 $m>\dfrac{n}{2}$,可根据 $C_n^m=C_n^{n-m}$,用 C_n^{n-m} 代替 C_n^m.

2. C 【解析】根据分步计数原理可分为两步:第一步,从13名学生中任意选出2人,共有 C_{13}^2 种选法;第二步,将选出的2人分别担任正、副组长,共有 A_2^1 种方法.

因此,不同的选举结果共有

$$C_{13}^2A_2^1=\frac{13\times12}{2}\times2=156(\text{种}).$$

3. B 【解析】由平面几何可知,不在一直线上的三点可构成一个三角形,且这个三角形与顶点的次序无关(即△*ABC* 与△*BAC* 是同一三角形). 因此,正六边形中的任意3个顶点(它们都不在一直线上)构成的三角形的个数为从6个点中任取3个点的组合数:

$$C_6^3=\frac{6\times5\times4}{3\times2\times1}=20.$$

4. C 【解析】从5名男生中选出2名,共有 C_5^2 种选法;

从4名女生中选出1名,共有 C_4^1 种选法.

根据分步计数原理,得

$$C_5^2C_4^1=\frac{5\times4}{2}\times4=40.$$

5. C 【解析】根据题中的条件要求,一是三个数字必须全部使用,二是相同的数字不能相邻.

选四个数字共有 $C_3^1=3$(种)选法;

每种选法有 $A_2^2\times C_3^2=6$(种)排法.

因此,符合要求的四位数共有 $3\times6=18$(种)情况,即共有这样的数字18个.

6. B 【解析】本题考查排列组合的综合应用.

根据题意,第一步,将2名英语翻译人员分到两个部门,共有2种方法;

第二步,将3名电脑编程人员分成两组,一组1人,另一组2人,共有 C_3^1 种分法;然后再将其分到两个部门,共有 $C_3^1A_2^2$ 种方法;

第三步,将其他3人分成两组,一组1人,另一组2人,由于是每个部门各4人,故分组后2人所去的部门就已确定,故第三步共有 C_3^1 种方法.

因此,由分步计数原理可得共有 $2C_3^1A_2^2C_3^1=36$(种).

7. A 【解析】根据已知条件可分为三类:

①所得空间直角坐标系中的点的坐标中不含1的有 $C_2^1A_3^3=12$(个);

②所得空间直角坐标系中的点的坐标中含有1个1的有 $C_2^1A_3^3+A_3^3=18$(个);

③所得空间直角坐标系中的点的坐标中含有2个1的有 $C_3^1=3$(个).

因此,符合条件的点的个数共有 $12+18+3=33$(个),故选A.

8. C 【解析】第一步,先安排甲学校的参观时间,一周内两天连排的方法一共有6种:(1,2),(2,3),(3,4),(4,5),(5,6),(6,7),甲任选一种为 C_6^1;

第二步,在剩下的5天中任选2天有序地安排其余两所学校参观,安排方法有 A_5^2 种.

按照分步计数原理可知,共有不同的安排方法 $C_6^1A_5^2=120$(种),故选C.

二、填空题

1. 4 【解析】$C_n^{n-3}=C_n^{n-(n-3)}=C_n^3=\frac{n(n-1)(n-2)}{3!}$,

$A_n^3=n(n-1)(n-2)$,$C_{n+1}^3=\frac{(n+1)n(n-1)}{3!}$.

由已知条件可得

$$n\cdot\frac{n(n-1)(n-2)}{3!}+n(n-1)(n-2)=4\cdot\frac{(n+1)n(n-1)}{3!}.$$

由 A_n^3 及 C_n^3 的定义知，n 是比 2 大的正整数，所以

$$n(n-2)+3!\cdot(n-2)=4(n+1)，即\ n^2=16，$$

因此，$n=4$.

2. 900 【解析】百位位置上的数字不能为 0，则百位位置上的数字共有 C_9^1 种选法；十位位置上的数字可从 0 到 9 这 10 个数字中任意选取，则共有 C_{10}^1 种选法；同理，个位位置上的数字有 C_{10}^1 种选法，根据分布计数原理可得三位自然数共有 $C_9^1C_{10}^1C_{10}^1=9\times10\times10=900$(个).

3. 125 【解析】因为每个球都可以投到 5 个容器中的任一容器内，即每个球都有 C_5^1 种不同的投法，则 3 个球共有 $C_5^1\cdot C_5^1\cdot C_5^1=5\times5\times5=125$(种)不同的投法.

4. 81 【解析】因为点 P 在第一象限，所以 $a\neq0,b\neq0$. 因此 a,b 只能从 1 ~ 9 这 9 个数字中任选两个数字，且可以重复，所以共有 $C_9^1\cdot C_9^1=9\times9=81$(个).

5. 108 【解析】根据题意可分为两类：

若 1 与 3 相邻，有 $A_2^2\cdot C_3^1A_2^2A_3^2=72$(个)；

若 1 与 3 不相邻，有 $A_3^3A_3^2=36$(个).

因此，符合条件的六位偶数共有 $72+36=108$(个).

6. 7 【解析】由题意可知 $A_n^2=7A_{n-4}^2$.

即可得 $n(n-1)=7(n-4)(n-5)$

$\Rightarrow 3n^2-31n+70=0$

$\Rightarrow n_1=7,n_2=\dfrac{10}{3}$.

由于 $n\in\mathbf{N}_+$，所以 $n_2=\dfrac{10}{3}$ 舍去，所以 $n=7$.

三、解答题

1. 解：解法一

选取的 3 名代表中要求至少有 2 名男生，有两种情况：

第一种是 3 名代表为 2 名男生，1 名女生.

先从 5 名男生中任意选取 2 名男生，有 C_5^2 种选法；

然后从 4 名女生中任意选取 1 名女生，有 C_4^1 种选法.

根据分步计数原理，共有 $C_5^2C_4^1$ 种选法.

第二种是 3 名代表全是男生.

从 5 名男生中任意选取 3 名男生，有 C_5^3 种选法.

两种情况都符合参加数学竞赛的要求，因此按照分类计数原理，共有

$$C_5^2C_4^1+C_5^3=\frac{5\times4}{2\times1}\times4+\frac{5\times4\times3}{3\times2\times1}=40+10=50(种).$$

解法二

先求出 9 名学生中任意选取 3 名代表的种数，有 C_9^3 种选法.

然后求出其中不符合要求的选法. 不符合要求的选法共有两类：一是 3 名代表全是女生，有 C_4^3 种选法；二是 3 名代表中有 2 名女生，1 名男生，共有 $C_4^2C_5^1$ 种选法.

根据分类计数原理可得,不符合要求的选法有($C_4^3+C_5^2C_5^1$)种.

从没有限制条件的种数中剔除不符合要求的种数,即符合要求的选法有

$$C_9^3-(C_4^3+C_4^2C_5^1)=\frac{9\times8\times7}{3\times2\times1}-\left(4+\frac{4\times3}{2\times1}\times5\right)=84-(4+30)=50(\text{种}).$$

说明:从总体中排除不符合条件的方法数,这是一种间接解题的方法.

在分步解题过程中,要把可能的情况都要考虑到,不要有遗漏,而且要注意步与步之间不要有重复.

2. 解:(1)从 20 件产品中任取 3 件产品的组合数为

$$C_{20}^3=\frac{20\times19\times18}{3\times2\times1}=1\ 140(\text{种}),$$

即从 20 件产品中任意抽出 3 件共有 1 140 种不同的抽法.

(2)根据题意可知,题中的限制条件为至少有 1 件次品,即可分为两类情况:

第一类:3 件中有 1 件次品.

有 $C_2^1C_{18}^2=2\times\frac{18\times17}{2\times1}=2\times153=306$(种).

第二类:3 件中有 2 件次品.

有 $C_2^2C_{18}^1=1\times18=18$(种).

根据分类计数原理,抽 3 件至少有 1 件是次品的抽法有

$$C_2^1C_{18}^2+C_2^2C_{18}^1=306+18=324(\text{种}).$$

即从 20 件产品中任意抽出 3 件至少有 1 件是次品的抽法共有 324 种.

3. 解:(1)任何 2 名女生都不相邻,则采用插空法,先将男生排列,然后再把女生插到男生间的空隙中.

第一步:将 6 名男生排列,有 A_6^6 种排法.

第二步:将 4 名女生分别插入不同的间隙,有 A_7^4 种排法.

根据分步计数原理,共有 $A_6^6A_7^4$ 种不同的排法.

(2)由甲不在首位,可将甲的排法分类:

甲在末位,则有 A_9^9 种排法;

甲不在末位,则甲有 A_8^1 种排法,乙有 A_8^1 种排法,其余人有 A_8^8 种排法.

综上所述,共有($A_9^9+A_8^1A_8^1A_8^8$)种排法.

(3)10 人的所有排列方法有 A_{10}^{10}种,其中甲、乙、丙的排列有 A_3^3 种.

由已知条件甲、乙、丙的排序一定,即甲、乙、丙只有一种排列方式,所以甲、乙、丙排序一定的排法有$\frac{A_{10}^{10}}{A_3^3}$种.

(4)男甲在男乙的左边的 10 人排列数 = 男乙在男甲的右边的 10 人排列数,

10 人排列数 = 男甲在男乙的左边的 10 人排列数 + 男乙在男甲的右边的 10 人排列数.

因此,满足条件男甲在男乙左边(不一定相邻)的排法有$\frac{1}{2}A_{10}^{10}$种.

4. 解：(1) x 的系数为 $C_m^1+C_n^1\times2=m+2n=11$.

x^2 的系数为 $C_m^2+C_n^2\times4=\frac{m(m-1)}{2}+2n(n-1)$.

把 $n=\frac{11-m}{2}$ 代入，得 $C_m^2+C_n^2\times4=\left(m-\frac{21}{4}\right)^2+\frac{351}{16}$.

又因为 $m\in\mathbf{N}_+$，所以当 $m=5$ 时，x^2 的系数取得最小值22.

(2) 由 $m=5$，得 $n=3$，$f(x)=(1+x)^5+(1+2x)^3$，则 x^3 的系数为18.

5. 解：由于 $(ax+1)^7=(1+ax)^7$.

可见，展开式中 x^2,x^3,x^4 的系数分别为 $C_7^2a^2,C_7^3a^3,C_7^4a^4$.

由已知，$2C_7^3a^3=C_7^2a^2+C_7^4a^4$.

又 $a>1$，则

$$2\times\frac{7\times6\times5}{3\times2}\times a=\frac{7\times6}{2}+\frac{7\times6\times5}{3\times2}\times a^2,5a^2-10a+3=0.$$

解之，得 $a=\frac{5\pm\sqrt{10}}{5}$.

由 $a>1$，得 $a=\frac{\sqrt{10}}{5}+1$.

6. 解：$(1+x),(1+x)^2,\cdots,(1+x)^{10}$ 组成 $a_1=1+x,q=1+x$ 的等比数列，所以

$$\text{原式}=\frac{(1+x)[1-(1+x)^{10}]}{1-(1+x)}=\frac{1+x}{-x}+\frac{(1+x)^{11}}{x}.$$

由此可知，仅 $(1+x)^{11}$ 展开式的第4项除以 x 得含 x^2 项，故所求系数为

$$C_{11}^3=\frac{11\times10\times9}{3\times2}=165.$$

第十八章　概率初步

考纲导读

1. 了解随机事件及其概率的意义.

2. 了解等可能性事件的概率的意义,会用计数方法和排列组合基本公式计算一些等可能性事件的概率.

3. 了解互斥事件的意义,会用互斥事件的概率加法公式计算一些事件的概率.

4. 了解相互独立事件的意义,会用相互独立事件的概率乘法公式计算一些事件的概率.

5. 会计算事件在 n 次独立重复试验中恰好发生 k 次的概率.

考点精讲

一、随机事件及其概率

1. 定义

在一定条件下,必然会发生的事件叫作必然事件;可能发生,也可能不发生的事件叫作随机事件,简称事件;一定不会发生的事件叫作不可能事件.

2. 概率

在大量重复同一试验时,事件 A 发生的频率 $\frac{m}{n}$(其中,m 为事件 A 发生的次数,n 为试验的总数)总是接近于某个常数,在它附近摆动,该常数称为事件 A 的概率,记作 $P(A)$,且 $0\leqslant P(A)\leqslant 1$,此时必然事件的概率是 1,不可能事件的概率为 0.

说明:在 n 次试验中,事件 A 发生了 m 次,则把 $\frac{m}{n}$ 叫作事件 A 发生的频率.

二、等可能事件的概率

1. 基本事件

在一次试验中,可能出现的每一个结果都是一个基本事件.

2. 基本事件的概率

如果一次试验是由 n 个基本事件组成,且所有基本事件出现的可能性相等,则每一个基本事件的概率均为 $\frac{1}{n}$.

如果一次试验中共有 n 种等可能出现的结果,其中事件 A 包含的结果有 m 种,那么事件 A 的概率 $P(A)$ 为 $\frac{m}{n}$,即 $P(A)=\frac{m}{n}$.

【例 1】从 1,2,3,…,8,9 这 9 个数字中,随机抽取一个数字,这个数字是奇数的概率是(　　).

A. $\frac{1}{9}$　　B. $\frac{5}{9}$　　C. $\frac{4}{9}$　　D. $\frac{1}{5}$

【答案】B

【解析】本题试验是从1～9这九个数字中任取一个数字,选取任意数字的可能性是相同的,属于等可能事件的概率.因为$n=9$,其中的奇数个数$m=5$,所以其概率是$\frac{5}{9}$.

【例2】把一对色子掷一次,得到12点的概率是(　　).

A. $\frac{1}{4}$　　B. $\frac{1}{6}$　　C. $\frac{1}{12}$　　D. $\frac{1}{36}$

【答案】D

【解析】本题的试验是掷一对色子,如果把第一颗色子掷出的点数写在前面,把第二颗色子掷出的点数写在后面,试验的等可能结果有以下这些数对:

(1,1),(1,2),(1,3),(1,4),(1,5),(1,6),(2,1),(2,2),…,(5,5),(5,6),(6,1),(6,2),(6,3),(6,4),(6,5),(6,6).

共有36种结果,掷出12点即数对(6,6),其概率是$\frac{1}{36}$.

三、互斥事件有一个发生的概率

1. 互斥事件定义

试验时不可能同时发生的事件称为互斥事件或互不相容事件.

2. 互斥事件的概率加法公式

设事件A,B互斥,把A,B中有一个发生的事件记为$A+B$,则有

$$P(A+B)=P(A)+P(B).$$

如果事件$A_1,A_2,A_3,\cdots,A_n$彼此互斥,把其中一个发生的事件记为$A_1+A_2+A_3+\cdots+A_n$,则有

$$P(A_1+A_2+A_3+\cdots+A_n)=P(A_1)+P(A_2)+P(A_3)+\cdots+P(A_n).$$

3. 对立事件

试验时,如果两个互斥事件A,B中必有一个发生,那么就称A,B为对立事件.

一个事件A的对立事件记为$\overline{A}$,两个对立事件的概率和为1,即有$P(A+\overline{A})=1$,且$P(A)+P(\overline{A})=1$,由此可得$P(\overline{A})=1-P(A)$.

【例1】某人从一副扑克牌(52张)中任抽1张出来,则其抽到黑桃或红桃的概率是(　　).

A. 0　　B. $\frac{1}{52}$　　C. $\frac{13}{52}$　　D. $\frac{1}{2}$

【答案】D

【解析】一副扑克牌中有13张黑桃、13张红桃.

从中任意抽取1张牌是等可能的.因此,“抽到黑桃”的概率是$\frac{13}{52}$,“抽到红桃”的概率是$\frac{13}{52}$,这两个事件是互斥的,所以抽到黑桃或红桃的概率是

$$\frac{13}{52}+\frac{13}{52}=\frac{26}{52}=\frac{1}{2}.$$

【例2】一个问题在1小时内,甲能独立解决的概率是0.5,乙能独立解决的概率是0.4,两人在1小时内解决问题的概率为________.

【答案】0.7

【解析】设事件A为两人在1小时内解决问题,即1小时内至少有一人能解决问题,事件B为甲在1小时内解决问题,事件C为乙在1小时内解决问题,事件B,C是相互独立事件,事件A的对立事件$\overline{A}$为1小时内两人都没有解决问题,所以

$$\begin{aligned}P(A)&=1-P(\overline{A})\\&=1-P(\overline{B}\cdot\overline{C})\\&=1-P(\overline{B})\cdot P(\overline{C})\\&=1-(1-0.5)\times(1-0.4)\\&=1-0.5\times0.6\\&=1-0.3\\&=0.7.\end{aligned}$$

四、相互独立事件同时发生的概率

1.相互独立事件定义

对于事件A,B,如果A是否发生对B发生的概率没有影响,则称它们为相互独立事件.

2.相互独立事件的概率乘法公式

设事件A,B相互独立,把A,B同时发生的事件记为$A\cdot B$,则有

$$P(A\cdot B)=P(A)\cdot P(B).$$

设事件$A_1,A_2,A_3,\cdots,A_n$相互独立,把它们同时发生的事件记为$A_1\cdot A_2\cdot A_3\cdot\cdots\cdot A_n$,则有

$$P(A_1\cdot A_2\cdot A_3\cdot\cdots\cdot A_n)=P(A_1)\cdot P(A_2)\cdot P(A_3)\cdot\cdots\cdot P(A_n).$$

【例1】甲、乙两人各进行1次射击,甲击中目标的概率是0.3,乙击中目标的概率是0.6,那么两人都击中目标的概率是(　　).

A.0.18　　B.0.6　　C.0.9　　D.1

【答案】A

【解析】甲击中目标与乙击中目标相互是没有影响的,也就是说,这两个事件是相互独立的.应用相互独立事件的概率乘法公式,可得所求概率为$0.3\times0.6=0.18$.

【例2】某车间有甲、乙两台车床,已知甲机床停机的概率为0.06,乙机床停机的概率为0.07,甲、乙两车床同时停机的概率是(　　).

A.0.13　　B.0.004 2　　C.0.03　　D.0.04

【答案】B

【解析】甲机床的停机与否不影响乙机床是否停机,甲、乙车床停机事件是相互独立同时发生的事件,因此,根据相互独立事件的概率乘法公式,可得甲、乙两车床同时停机的概率为$0.06\times0.07=0.004\ 2$.

五、独立重复试验

如果在一次试验中事件A发生的概率为p,那么A在n次独立重复试验中恰好发生k次

的概率

$$P_n(k)=C_n^k p^k(1-p)^{n-k}.$$

【例1】某气象预报站天气预报的准确率为80%，计算：

(1)5次预报中恰有4次准确的概率；

(2)5次预报中至少有4次准确的概率.(结果保留两位有效数字)

【解析】把每次预报看作一次试验，“预报结果准确”看成事件A，$P(A)=0.8$，本题就相当于在5次独立重复试验中求事件A恰好发生4次或至少4次的概率.

(1)由公式$P_n(k)=C_n^k p^k(1-p)^{n-k}$及题意可知，$n=5,p=0.8,k=4$.

因此，该气象站在5次预报中恰有4次准确的概率为

$$P_5(4)=C_5^4\times0.8^4\times(1-0.8)^{5-4}$$
$$=5\times0.8^4\times0.2\approx0.41.$$

因此，5次预报中恰有4次准确的概率为0.41.

(2)5次中至少有4次准确的概率就是5次中恰有4次准确的概率与5次预报都准确的概率的和，即

$$P=P_5(4)+P_5(5)$$
$$=C_5^4\times0.8^4\times(1-0.8)^{5-4}+C_5^5\times0.8^5\times(1-0.8)^{5-5}$$
$$=5\times0.8^4\times0.2+0.8^5\approx0.74.$$

因此，5次预报中至少有4次准确的概率为0.74.

【例2】100件产品中有3件次品，每次抽取一件，有放回地抽取三次，恰好1件是次品的概率是________.

【答案】0.084 7

【解析】由于三个抽取是独立的，每次抽取可看作是一次试验，每次试验只有两种可能发生的结果，“正品”或“次品”，次品率为$\frac{3}{100}=0.03$，因此三次独立重复试验恰有1件次品的概率是$P_3(1)=C_3^1\times0.03\times(1-0.03)\times(1-0.03)\approx0.0847$.

六、解概率问题的步骤

求概率问题通常有四个步骤：

第一步，确定事件的性质.

将所考查的问题归结为等可能事件、互斥事件、对立事件或n次独立重复试验四类事件中的一种.

第二步，判断事件的运算.

分析事件是至少有一个发生，还是同时都发生，选择相应的概率加法或乘法公式.

第三步，运用公式求解.

将所给问题中的已知数据代入到选择的概率公式中进行求解.

第四步，答疑.

根据求解结果，确定所提出问题的答案.

跟踪训练

一、选择题

1. 掷两颗色子,得到的点数之和等于 4 的概率是(　　).

A. $\frac{1}{11}$　　B. $\frac{1}{12}$　　C. $\frac{5}{36}$　　D. $\frac{1}{6}$

2. 任选一个不大于 20 的正整数,它恰好是 3 的整数倍的概率是(　　).

A. $\frac{3}{20}$　　B. $\frac{1}{4}$　　C. 0.3　　D. 0.2

3. 随机掷两枚硬币,落地后全部正面朝上的概率是(　　).

A. 1　　B. $\frac{1}{2}$　　C. $\frac{1}{3}$　　D. $\frac{1}{4}$

4. 关于频率和概率的关系,下列说法正确的是(　　).

A. 频率等于概率

B. 当试验次数很大时,频率稳定在概率附近

C. 当试验次数很大时,概率稳定在频率附近

D. 试验得到的频率与概率不可能相等

5. 6 本不同的语文书和 4 本不同的数学书,任意排放在书架上,则 4 本数学书放在一起的概率是(　　).

A. $\frac{4!\times6!}{10!}$　　B. $\frac{7}{10}$　　C. $\frac{4!\times7!}{10!}$　　D. $\frac{4}{10}$

6. 从一副 52 张的扑克牌(没有大小王)中,任抽 1 张,得到 K 或 A 的概率为(　　).

A. $\frac{2}{25}$　　B. $\frac{4}{52}$　　C. $\frac{6}{52}$　　D. $\frac{8}{52}$

7. 一个不透明的口袋里装有除颜色外其他性质都相同的 5 个白球和若干个红球,在不允许将球倒出来数的前提下,小亮为了估计其中的红球数,采用如下方法:先将口袋中的球摇匀,再从口袋中随机摸出一球,记下颜色,然后把它放回口袋中. 不断重复上述过程. 小亮共摸了 100 次,其中有 10 次摸到白球. 因此,小亮估计口袋中的红球大约有(　　).

A. 45 个　　B. 48 个　　C. 50 个　　D. 55 个

8. 甲、乙两人射击的命中率都是 0.6,他们对着目标各射击一次,恰有一人击中目标的概率是(　　).

A. 0.36　　B. 0.48　　C. 0.84　　D. 1

二、填空题

1. 必然事件的概率等于________,不可能事件的概率等于________,把一颗色子掷一次点数大于 4 的概率等于________.

2. 3 个运动员打破纪录的概率都是 0.1,一次比赛中纪录未能打破的概率是________.

3. 从 1 到 10 这十个正整数中任取一数,取到素数的概率是________,取得合数的概率是________.

4. 小芳掷一枚硬币 10 次,有 7 次正面向上,当她掷第 18 次时,正面向上的概

率是________.

5. 5个同学站成一排,其中某个人恰好站在排头的概率是________.

6. 有五张分别印有圆、等腰三角形、矩形、菱形、正方形图案的卡片(卡片中除图案不同,其余均相同),现将有图案的一面朝下任意摆放,从中任意抽取一张,抽到有中心对称图案的卡片的概率是________.

三、解答题

1. 甲、乙两人各进行1次射击,如果两人击中目标的概率都是0.6,计算至少有1人击中目标的概率.

2. 某厂的三个车间的职工代表在会议室开会,第一、二、三车间的与会人数分别是10,12,9. 一个门外经过的工人听到有代表在发言,那么发言人是第二或第三车间职工代表的概率是多少?

3. 小颖和小红两位同学在学习"概率"时,做投掷色子(质地均匀的正方体)试验,一共做了60次试验,试验的结果如下:

朝上的点数	1	2	3	4	5	6
出现的次数	7	9	6	8	20	10

(1)计算"3点朝上"的频率和"5点朝上"的频率;

(2)小颖说:"根据上述试验,一次试验中出现5点朝上的概率最大."小红说:"如果投掷600次,那么出现6点朝上的次数正好是100次."小颖和小红的说法正确吗?为什么?

4. 在30件产品中,有5件次品,从这30件产品中任意抽取3件,至少有1件是次品的概率是多少?

参考答案及解析

一、选择题

1. B 【解析】掷一对色子等可能的结果共有$n=36$种,点数之和等于4的结果有$1+3=4$,$3+1=4$,$2+2=4$,故有$m=3$种,因此所求掷两颗色子点数之和为4的概率为$\frac{m}{n}=\frac{3}{36}=\frac{1}{12}$. 故选B.

2. C 【解析】不大于20的正整数为1,2,3,…,20,其中是3的整数倍的有6个:3,6,9,12,15,18,所以所求概率是0.3. 求3的整数倍的个数时也可以利用除法计算:因为3除20得商6余2,所以其中有6个数是3的整数倍.

3. D 【解析】随机掷两枚硬币,有四种可能的结果:(正,正),(正,反),(反,正),(反,反),落地后全部正面朝上的情况只有(正,正),所以落地后全部正面朝上的概率是$\frac{1}{4}$.

4. B 【解析】A错误,频率只能估计概率;B正确;C错误,概率是定值;D错误,可以相等,如"抛硬币试验",可以得到正面向上的频率为$\frac{1}{2}$,与概率相同.

5. C 【解析】本题考查等可能事件的概率,6本不同的语文书和4本不同的数学书任意排放在书架上的排列数为基本事件的总数 $n=A_{10}^{10}=10!$,4 本数学书排在一起的排列数为 $A_7^7A_4^4$,即 $m=A_7^7A_4^4=7!\times4!$,所以 4 本数学书放在一起的概率为 $\frac{m}{n}=\frac{7!\times4!}{10!}$,故选 C.

6. D 【解析】本题属于互斥事件有一个发生的概率. 设 C 为抽到 K 的事件,B 为抽到 A 的事件,则 $P(C+B)=P(C)+P(B)=\frac{4}{52}+\frac{4}{25}=\frac{8}{52}$,故应选 D.

7. A 【解析】本题考查简单的随机事件的概率计算. 设口袋中有 x 个红球,由题意可得,P(摸到白球)$=\frac{5}{5+x}=\frac{10}{100}$,解得 $x=45$.

8. B 【解析】设事件 A="甲击中目标",事件 B="乙击中目标". A 与 $\overline{B}$,$\overline{A}$ 与 B 都是相互独立的. 此外,事件 $A\cdot\overline{B}$ 与 $\overline{A}\cdot B$ 互斥,应用互斥事件的概率加法公式与相互独立事件的概率乘法公式,可得恰有一人击中目标的概率为

$$\begin{aligned}P(A\cdot\overline{B}+\overline{A}\cdot B)&=P(A\cdot\overline{B})+P(\overline{A}\cdot B)\\&=P(A)\cdot P(\overline{B})+P(\overline{A})\cdot P(B)\\&=0.6\times0.4+0.4\times0.6\\&=0.48.\end{aligned}$$

二、填空题

1. 1;0;$\frac{1}{3}$

2. 0.729 【解析】把每个运动员参加这次比赛作为一个试验,共有 3 次独立重复试验. 事件 A="该运动员未能破纪录",由题意可知 $P(\overline{A})=0.1$,所以 $P(A)=1-P(\overline{A})=0.9$. 一次比赛中纪录未能打破就是事件 A 在 3 次独立重复试验中发生了 3 次,其概率为 $P_3(3)=C_3^3 0.9^3(1-0.9)^{3-3}=0.9^3=0.729$.

3. $\frac{2}{5}$;$\frac{1}{2}$ 【解析】从 1 到 10 这十个正整数中,2,3,5,7 为素数;4,6,8,9,10 为合数.

因此,取到素数的概率是 $\frac{4}{10}=\frac{2}{5}$;

取到合数的概率为 $\frac{5}{10}=\frac{1}{2}$.

说明:1 不是素数.

4. $\frac{1}{2}$ 【解析】掷一枚硬币正面向上的概率是 $\frac{1}{2}$,概率是个固定数,不随试验次数的变化而变化.

5. $\frac{1}{5}$ 【解析】基本事件的总数 $n=5!$,其中某人恰好站在排头的排法有 $m=4!$ 种. 所以所求概率为 $\frac{m}{n}=\frac{4!}{5!}=\frac{4!}{5\times4!}=\frac{1}{5}$.

6. $\frac{4}{5}$ 【解析】在圆、等腰三角形、矩形、菱形、正方形 5 种图形中,只有等腰三角形不是

中心对称图形，所以抽到有中心对称图案的卡片的概率是$\frac{4}{5}$.

三、解答题

1. 解：设事件A=“甲击中目标”，事件B=“乙击中目标”.“甲击中目标”与“乙击中目标”相互之间是没有影响的，所以事件A和事件B是相互独立的.$\overline{A}$=“甲未击中目标”，$\overline{B}$=“乙未击中目标”，$\overline{A}$与$\overline{B}$也是相互独立的.

因此，两人都未击中目标的概率是

$$P(\overline{A}\cdot\overline{B})=P(\overline{A})\cdot P(\overline{B})=(1-0.6)\times(1-0.6)$$
$$=0.4\times0.4=0.16.$$

因此，至少有1人击中目标的概率是

$$1-P(\overline{A}\cdot\overline{B})=1-0.16=0.84.$$

2. 解：由题意可知，开会总人数为$10+12+9=31$.

第一、二、三车间的职工代表在发言的概率分别是$\frac{10}{31},\frac{12}{31},\frac{9}{31}$.

因为只有一人发言，所以上述三个事件互斥.

根据互斥事件的概率加法公式，发言人是第二或第三车间职工代表的概率是

$$\frac{12}{31}+\frac{9}{31}=\frac{21}{31}.$$

3. 解：(1)“3点朝上”的频率是：$\frac{6}{60}=\frac{1}{10}$；

“5点朝上”的频率是$\frac{20}{60}=\frac{1}{3}$.

(2)小颖的说法是错误的.

因为“5点朝上”的频率最大并不能说明“5点朝上”这个事件发生的概率最大，只有当试验的次数足够多时，该事件发生的频率才会稳定在事件发生的概率附近.

小红的说法也是错误的.

因为事件的发生具有随机性，所以“6点朝上”的次数不一定是100次.

4. 解：解法一

设从30件产品中任意抽取3件，恰有1件为次品的事件为A_1. 恰有2件为次品的事件为A_2，3件全是次品的事件为A_3.

这三个事件的概率分别为$P(A_1)=\frac{C_5^1C_{25}^2}{C_{30}^3}=\frac{1\,500}{4\,060}$；

$$P(A_2)=\frac{C_5^2C_{25}^1}{C_{30}^3}=\frac{250}{4\,060};$$

$$P(A_3)=\frac{C_5^3C_{25}^0}{C_{30}^3}=\frac{10}{4\,060}.$$

由题意可知事件A_1,A_2,A_3彼此互斥.

所以由互斥事件有一个发生的概率加法公式可得

$$P(A_1+A_2+A_3)=P(A_1)+P(A_2)+P(A_3)$$

$$=\frac{1\ 500+250+10}{4\ 060}$$

$$=\frac{1\ 760}{4\ 060}$$

$$=0.433\ 5.$$

即至少有一件次品的概率是 0. 433 5.

解法二

设 30 件产品中任意抽取 3 件全是合格品的事件为 A.

则 $P(A)=\frac{C_{25}^3}{C_{30}^3}=\frac{115}{203}$.

因为任取 3 件至少有 1 件是次品的事件的对立事件为 $\overline{A}$. 由对立事件概率公式可得

$$P(\overline{A})=1-P(A)=1-\frac{115}{203}=\frac{88}{203}=0.433\ 5.$$

第十九章　统计初步

考纲导读

1. 了解总体和样本的概念，会计算样本平均数和样本方差.

★2. 了解离散型随机变量及其期望的意义，会根据离散型随机变量的分布列求出期望值.

考点精讲

一、总体、样本

在统计中，所考察的对象全体称为总体，其中每一个考察对象称为个体，从总体中抽取的一部分个体称为总体的一个样本，样本中的个体的数目叫作样本容量.

二、样本平均数

样本中所有个体的平均数叫作样本平均数.

设样本数据为 $x_1, x_2, \cdots, x_n$，则样本平均数

$$\bar{x} = \frac{1}{n}\sum_{i=1}^{n} x_i = \frac{1}{n}(x_1 + x_2 + \cdots + x_n).$$

【例】从一批零件毛坯中取出 20 件作为一个样本，测得它们的质量如下(单位：kg)：

210，208，200，205，202，218，206，214，215，207，

195，207，218，192，202，216，185，227，187，215.

则样本平均数等于________(结果保留到个位).

【答案】206

【解析】使用计算样本平均数的公式

$$\begin{aligned}\bar{x} &= \frac{1}{20}(210 + 208 + 200 + \cdots + 187 + 215) \\ &= \frac{4\ 129}{20} \\ &\approx 206.\end{aligned}$$

三、样本方差

在一组数据 $x_1, x_2, \cdots, x_n$ 中，若其平均数为 $\bar{x}$，那么

$$\begin{aligned}s^2 &= \frac{1}{n}\sum_{i=1}^{n}(x_i - \bar{x})^2 \\ &= \frac{1}{n}[(x_1 - \bar{x})^2 + (x_2 - \bar{x})^2 + \cdots + (x_n - \bar{x})^2].\end{aligned}$$

s^2 为这组数据的样本方差.

样本方差的算术平方根叫作样本标准差，即样本标准差为 s.

计算样本平均数与样本方差可以使用计算器.

【例】从一个班级中任取 10 名学生做英语口语测试,成绩如下(单位:分):

76,90,84,86,81,87,86,82,85,83.

那么样本方差等于________.

【答案】13.2

【解析】先算出样本平均数

$$\bar{x}=\frac{1}{10}(76+90+84+\cdots+85+83)=84;$$

再算出样本方差

$$s^2=\frac{1}{10}[(76-84)^2+(90-84)^2+(84-84)^2+\cdots+(85-84)^2+(83-84)^2]$$

$$=\frac{1}{10}\times 132$$

$$=13.2.$$

四、抽样方法

1. 简单随机抽样

设一个总体的个数为 N,如果通过逐个抽取的方法从中抽取一个样本,且每次抽取时各个个体被抽到的概率相等,那么就称这样的抽样为简单随机抽样.

常用方法有抽签法和随机数表法.

2. 系统抽样

当总体中的个数较多时,可将总体分成均衡的几个部分,然后按照预先定出的规则,从每一部分抽取一个个体,得到所需要的样本,这种抽样叫作系统抽样(也称为机械抽样).

3. 分层抽样

当已知总体由差异明显的几部分组成时,常将总体分成几部分,然后按照各部分所占的比进行抽样,这种抽样叫作分层抽样.

【例 1】一个总体含有 100 个个体,以简单随机抽样的方式从该总体中抽取一个容量为 5 的样本,则指定的某个个体被抽到的概率是________.

【答案】$\frac{1}{20}$

【解析】总体中每个个体被随机抽取的概率是相同的,所以某个个体被抽到的概率为 $\frac{5}{100}=\frac{1}{20}$.

【例 2】一个总体中有 100 个个体,随机编号 0,1,2,…,99,依编号顺序平均分成 10 个小组,组号依次为 1,2,3,…,10. 现用系统抽样方法抽取一个容量为 10 的样本,规定如果在第 1 组随机抽取的号码为 m,那么在第 k 组中抽取的号码个位数字与 $m+k$ 的个位数字相同,若 $m=6$,则在第 7 组中抽取的号码是________.

【答案】63

【解析】第 k 组的号码为 $(k-1)10,(k-1)10+1,\cdots,(k-1)10+9$.

当 $m=6$ 时,第 k 组抽取的号码的个位数字为 $m+k$ 的个位数字,所以第 7 组中抽取的号码的个位数字为3，所以抽取号码为63.

五、总体分布的估计

由于总体分布通常不易知道，我们往往用样本的频率分布去估计总体的分布，一般地，样本容量越大，这种估计就越精确.

1. 总体分布

总体取值的概率分布规律通常称为总体分布.

当总体中的个体取不同数值很少时，其频率分布表由所取样本的不同数值及相应的频率表示，几何表示就是相应的条形图.

当总体中的个体取值在某个区间上时，用频率分布直方图来表示相应样本的频率分布.

2. 总体密度曲线

当样本容量无限增大，分组的组距无限缩小，那么频率分布直方图就会无限接近于一条光滑曲线，即总体密度曲线.

【例】某工厂生产 A,B,C 三种不同型号的产品，产品数量之比依次为 2∶3∶5. 现用分层抽样方法抽出一个容量为 n 的样本，样本中 A 种型号产品有 16 件. 那么此样本的容量 $n=$ ________.

【答案】80

【解析】A 种型号的频率是$\frac{2}{10}$，则样本容量 $n=16\times\frac{10}{2}=80$.

★六、离散型随机变量及其期望值

1. 随机变量

如果随机试验的结果可以用一个变量来表示，那么这样的变量叫作随机变量.

随机变量常用ξ,η等表示.

2. 离散型随机变量

如果随机变量可能取的值，可以按一定次序一一列出，这样的随机变量叫作离散型随机变量.

3. 数学期望

(1)随机变量的分布列：

设随机变量ξ可能取的值为

$$x_1,x_2,\cdots,x_n,$$

ξ取每一个值$x_i(i=1,2,\cdots,n)$的概率$P(\xi=x_i)=p_i$，则称下表

ξ	x_1	x_2	$\cdots$	x_n
P	p_1	p_2	$\cdots$	p_n

为随机变量的概率分布，简称为ξ的分布列.

其中，$p_1+p_2+\cdots+p_n=1$，且$p_i\geqslant 0,i=1,2,\cdots,n$.

(2)若随机变量ξ的分布列如上表，则称

$$E(\xi)=x_1p_1+x_2p_2+\cdots+x_np_n$$

为ξ的数学期望(简称期望).

期望也叫作均值或平均数，它反映了离散型随机变量取值的平均水平.

【例 1】离散型随机变量的分布列为

ξ	0	2	5
P	0.5	0.3	0.2

则其数学期望 $E(\xi)=$________.

【答案】1.6

【解析】$E(\xi)=0\times0.5+2\times0.3+5\times0.2=1.6$.

【例 2】甲、乙两运动员进行射击训练，已知他们击中的环数都稳定在 7，8，9，10 环，且每次射击成绩互不影响. 甲、乙射击环数的频率分布条形图对应如图 19－1，19－2：

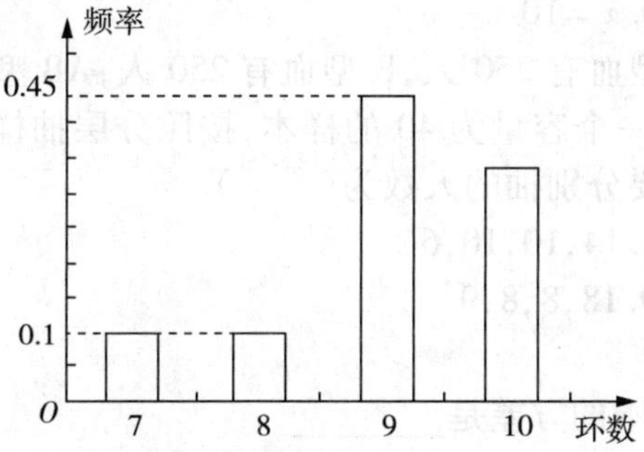

图 19－1

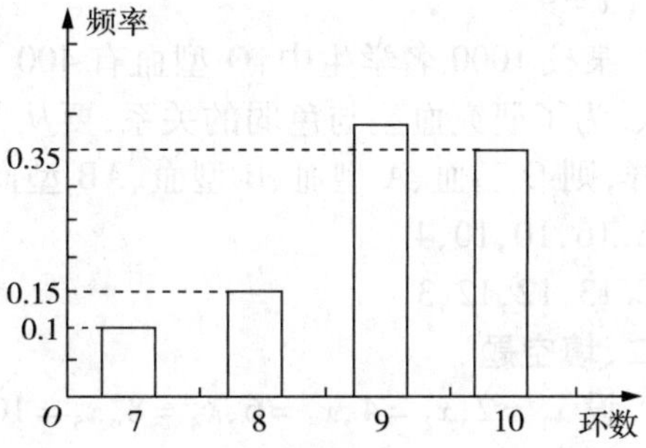

图 19－2

若将频率视为概率，回答下列问题.

（1）求甲运动员在 3 次射击中至少有 1 次击中 9 环以上（含 9 环）的概率；

（2）若甲、乙两运动员各自射击 1 次，ξ 表示这 2 次射击中击中 9 环以上（含 9 环）的次数. 求 ξ 的分布列及 $E(\xi)$.

【解析】（1）甲运动员击中 10 环的概率是：$1-0.1-0.1-0.45=0.35$，

设事件 A 表示"甲运动员射击一次，恰好命中 9 环以上（含 9 环，下同）"，则

$$P(A)=0.35+0.45=0.8.$$

事件"甲运动员在 3 次射击中，至少 1 次击中 9 环以上"包含三种情况：

恰有 1 次击中 9 环以上，概率为 $P_1=C_3^1(0.8)^1(1-0.8)^2=0.096$；

恰有 2 次击中 9 环以上，概率为 $P_2=C_3^2(0.8)^2(1-0.8)^1=0.384$；

恰有 3 次击中 9 环以上，概率为 $P_3=C_3^3(0.8)^3(1-0.8)^0=0.512$；

因为上述三个事件互斥，所以甲运动员射击 3 次，至少 1 次击中 9 环以上的概率

$$P=P_1+P_2+P_3=0.992.$$

（2）记"乙运动员射击 1 次，击中 9 环以上"为事件 B，则 $P(B)=1-0.1-0.15=0.75$，

因为 ξ 表示 2 次射击击中 9 环以上的次数，所以 ξ 的可能取值是 0，1，2.

因为 $P(\xi=2)=0.8\times0.75=0.6$；

$P(\xi=1)=0.8\times(1-0.75)+(1-0.8)\times0.75=0.35$；

$P(\xi=0)=(1-0.8)\times(1-0.75)=0.05$；

所以 ξ 的分布列是

ξ	0	1	2
P	0.05	0.35	0.6

所以 $E(\xi)=0\times0.05+1\times0.35+2\times0.6=1.55$.

跟踪训练

一、选择题

1. 在统计中，样本的方差可以近似地反映总体的（　　）.

A. 平均状态　　B. 分布规律

C. 波动大小　　D. 最大值和最小值

2. 已知一组数据 1，2，x 的平均数为 4，那么（　　）.

A. $x=7$　　B. $x=8$

C. $x=9$　　D. $x=10$

3. 某校 1000 名学生中，O 型血有 400 人，A 型血有 250 人，B 型血有 250 人，AB 型血有 100 人. 为了研究血型与色弱的关系，要从中抽取一个容量为 40 的样本，按照分层抽样的方法抽样，则 O 型血、A 型血、B 型血、AB 型血的人要分别抽的人数为（　　）.

A. 16，10，10，4　　B. 14，10，10，6

C. 13，12，12，3　　D. 18，8，8，9

二、填空题

1. 设 $x_1=2, x_2=4, x_3=6, x_4=8, x_5=10$，则样本的方差是________.

2. 设一个样本的数据为 7，14，12，4，8，那么样本平均数 $\bar{x}=$________，样本方差 $s^2=$________.

3. 已知离散型随机变量 ξ 的分布列为

ξ	0	1	2	3
P	0.4	0.3	0.1	0.2

则 $E(\xi)=$________.

三、解答题

1. 从某班的一次英语测试卷中取出 10 份作为一个样本，记录试卷的得分如下：

86，91，100，72，93，89，90，85，75，95.

那么样本的平均值 $\bar{x}$ 为多少？

2. 已知一组数据为：

9.9，10.3，9.8，10.1，10.4，10，9.8，9.7.

计算这组数据的方差.

3. 甲、乙两人在一场保龄球比赛中的所得分数如下：

甲：158，192，255，221，173，208；

乙：207，248，163，176，194，219.

试比较这两人保龄球技术的高低.

4. 一项商业活动中，某人获利 300 元的概率为 0.6，亏损 100 元的概率为 0.4，求此人经营的期望值.

5. 一个篮球运动员投篮两次，若两投全中得 2 分，两投一中得 1 分，两投全不中得 0 分. 已知该运动员两投全中及两投一中的概率分别为 0.375 及 0.5，求他投篮两次得分的期望值.

参考答案及解析

一、选择题

1. C

2. C 【解析】$4=\frac{1+2+x}{3}$,故可得 $x=9$.

3. A

二、填空题

1. 8 【解析】样本平均数 $\bar{x}=\frac{2+4+6+8+10}{5}=6$.

根据样本平均数计算样本方差,样本方差

$$s^2=\frac{1}{5}\times[(2-6)^2+(4-6)^2+(6-6)^2+(8-6)^2+(10-6)^2]=8.$$

2. 9;12.8 【解析】样本平均数 $\bar{x}=\frac{7+14+12+4+8}{5}=9$.

根据样本平均数计算样本方差,样本方差

$$s^2=\frac{1}{5}\times[(7-9)^2+(14-9)^2+(12-9)^2+(4-9)^2+(8-9)^2]=12.8.$$

3. 1.1 【解析】$E(\xi)=0\times0.4+1\times0.3+2\times0.1+3\times0.2=1.1$.

三、解答题

1. 解:利用计算样本平均数的公式可得

$$\bar{x}=\frac{1}{10}\times(86+91+100+72+93+89+90+85+75+95)$$
$$=87.6.$$

即样本的平均数为 87.6.

2. 解:先求出样本平均数

$$\bar{x}=\frac{1}{8}\times(9.9+10.3+9.8+10.1+10.4+10+9.8+9.7)$$
$$=10.$$

因此,样本方差为

$$s^2=\frac{1}{8}\times[(9.9-10)^2+(10.3-10)^2+(9.8-10)^2+(10.1-10)^2+(10.4-10)^2+(10-10)^2+(9.8-10)^2+(9.7-10)^2]=0.055.$$

3. 解:把这场比赛所得分数看作两人保龄球技术的一个样本,比较样本平均数和样本方差,样本平均数大,表明保龄球技术高.若样本平均数相等,则样本方差小的表明技术发挥较稳定.

$$\bar{x}_甲=\frac{1}{6}\times(158+192+255+221+173+208)$$
$$=201.2.$$

$$\bar{x}_乙=\frac{1}{6}\times(207+248+163+176+194+219)$$
$$=201.2.$$

$s_{甲}^2 = \frac{1}{6} \times [(158-201.2)^2 + (192-201.2)^2 + (255-201.2)^2 + (221-201.2)^2 +$

$(173-201.2)^2 + (208-201.2)^2] = 1\,013.1.$

$s_{乙}^2 = \frac{1}{6} \times [(207-201.2)^2 + (248-201.2)^2 + (163-201.2)^2 + (176-201.2)^2 +$

$(194-201.2)^2 + (219-201.2)^2] = 781.1.$

因此 $\bar{x}_{甲} = \bar{x}_{乙}, s_{甲}^2 > s_{乙}^2$.

所以乙的保龄球技术较稳定.

4. 设随机变量 ξ 的取值为此人获利或亏损的金额，其概率分布如下：

ξ	300	−100
P	0.6	0.4

则 $E(\xi) = 300 \times 0.6 + (-100) \times 0.4 = 140$（元），为所求期望值.

5. 设随机变量 ξ 的取值为该运动员投篮两次的得分，其概率分布如下：

ξ	2	1	0
P	0.375	0.5	0.125

则 $E(\xi) = 2 \times 0.375 + 1 \times 0.5 + 0 \times 0.125 = 1.25$（分），为所求期望值.